MATLAB für Studierende und Professionals der Sozial- und Wirtschaftswissenschaften

MATLAB für Studierende und Professionals der Sozial- und Wirtschaftswissenschaften

Thorsten Poddig Armin Varmaz Christian Fieberg Benjamin M. Abdel-Karim

1. Auflage

BOD – Books on Demand

Bibliografische Information der Deutschen Nationalbibliothek:
Die Deutsche Nationalbibliothek verzeichnet diese Publikation in der Deutschen Nationalbiblio-
grafie; detaillierte bibliografische Daten sind im Internet über http://dnb.dnb.de abrufbar.
©2020 Thorsten Poddig, Armin Varmaz, Christian Fieberg, Benjamin M. Abdel-Karim
Herstellung und Verlag: BoD – Books on Demand, Norderstedt
Gestaltung des Buchcovers: Timo Grahl, grow Werbeagentur GmbH
ISBN: 978-3-752630-16-9

Über das Buch

Viele einführende Lehrbücher in MATLAB decken ähnliche Inhalte ab und dieses Buch stellt keine Ausnahme dar. Ein Blick in die Inhaltsangabe verdeutlicht diesen Punkt: dieses Buch stimmt inhaltlich weitestgehend mit traditionellen Lehrbüchern überein. Das besondere Merkmal dieses Buches sind nicht die (universellen) Inhalte. Das Buch zeichnet sich durch die innovative Art und Weise aus, wie die Inhalte der Leserin vermittelt werden. Wir, das Autorenteam, haben diesen innovativen Ansatz der Lehrvermittlung jahrelang an Hochschulen und in Praxisseminaren erfolgreich eingesetzt und sind überzeugt, einen ausgezeichneten Ansatz entwickelt zu haben, den Leserinnen[1] die Grundlagen der Programmierung mit MATLAB zu vermitteln. Viele Erfahrungen und Ansätze aus unseren Veranstaltungen ohne einen wöchentlichen Termin („Lernen auf Distanz") sind in Erstellung dieses Lehrbuches geflossen.

Innovationen im Ansatz

Jede interessierte Leserin kann die Grundlagen der Programmierung erlernen. Programmieren mit MATLAB ist nicht schwieriger als der gewöhnliche Lehrinhalt, der in verschiedenen fachbezogenen Einführungskursen an Hochschulen oder in zahlreichen Workshops angeboten wird. Die notwendigen Vorkenntnisse gehen nicht weiter als die Nutzung einer Tabellenkalkulationssoftware. Bei der Programmierung wird eine gedankliche Zerlegung der anstehenden Aufgabe in Teilschritte vorgenommen. Analog haben wir das Erlernen der Programmierung mit MATLAB in Teilaufgaben gegliedert, die graduell die Komplexität des Themas, und damit auch die Fähigkeiten der Leserin, steigern. Dabei haben wir den Fokus auf die konkrete Anwendung in typischen Fallstudien gelegt. Die Fallstudien sind nicht fachbezogen, bedürfen keiner Vorkenntnisse und sind häufig aus dem „Leben" (z.B. den Zeitschriften) entnommen. Erst dann haben wir, falls überhaupt notwendig, die abstrakten Theorien erläutert.

Das Lehrbuch startet mit Themen und Problemstellungen, die sich einfach lösen lassen. Darauf aufbauend schreitet das Buch zu komplexeren, und realitätsnahen, Themen und Problemstellungen voran, deren Lösung komplexere Programmierschritte erfordert. Der Lernfortschritt folgt einem logischen Ablauf und berücksichtigt die Herausforderungen, vor denen eine typische Leserin steht. Beispielsweise beginnt das Buch mit einer detaillierten Anleitung der MATLAB–Installation und geht über zu einer Beschreibung der grafischen Benutzeroberfläche. Gerade diese ersten Schritte können viele Probleme erzeugen, die sich einfach beheben lassen. In dieser Struktur des Buches bauen die Kapitel auf den erlernten Konzepten der Vorkapitel auf. Diese stetige Steigerung der Komplexität erlaubt der Leserin, das Erlernte wieder (und immer wieder) zu

---

[1]   Sämtliche Personenbezeichnungen gelten für alle Geschlechter. Aus Gründen der besseren Lesbarkeit verzichten wir auf die gleichzeitige Verwendung unterschiedlicher Sprachformen.

benutzen, die Kompetenzen zu festigen und die Auswirkungen von neuen Konzepten besser zu verstehen.

Nach unserer Erfahrung lernen die Leserinnen am besten, wenn sie einem konkreten Fallbeispiel folgen. Auch wir selbst versuchen neue Ideen zunächst in vereinfachten Beispielen zu verstehen. Dabei gilt: je einfacher ein Beispiel, desto besser. Diesem einfachen Prinzip folgen wir im Buch. Anstelle einer „Vogelperspektive", die mit der Darstellung der Theorie beginnt, erläutern wir das zu lösende (vereinfachte) Problem zuerst. Diese vereinfachten Beispiele überführen wir im nächsten Schritt zu übergeordneten Konzepten und wieder im nächsten Schritt zu komplexeren Beispielen usw. Jeder einzelne Schritt ist an sich einfach zu verstehen. Die vielen einfachen Schritte führen in der Summe zum sicheren Umgang mit MATLAB.

Das Lösen von vereinfachten Fragestellungen mithilfe der Fallbeispiele dient der Vermittlung von Kompetenzen in der Programmierung. Wir versuchen den Leserinnen zu zeigen, wie sie sich einer Problemstellung annähern und diese lösen können. Das Lösen einer Fragestellung führt zum besseren Verständnis über die Methoden der Programmierung – und diese Methoden können universell zur Lösung neuer, bisher unbekannter Probleme angewendet werden. Viele Leserinnen werden unterschiedliche Bildungspfade und somit unterschiedliches Hintergrundwissen entlang ihres Ausbildungsweges erworben haben. Aus unserer Erfahrung mit anderen Lehrmaterialien werden beim Erlernen von MATLAB unnötig Lücken im Fachwissen der Leserinnen durch die Fallstudien der Lehrenden sichtbar, die zu Frustrationen führen. Die Frustrationen haben zwar an sich nichts mit MATLAB zu tun, bewirken aber oft ein Aufgeben der Leserinnen. Daher ist dieses Buch in sich abgeschlossen. Ein besonderes, fachliches bzw. themenbezogenes Vorwissen in Sozialwissenschaften und/oder Wirtschaftswissenschaften ist nicht notwendig.

Neben der besonderen Art der Beschreibung durch die vereinfachten Fallbeispiele zeichnet sich dieses Buch auch durch die begleitenden Lehrvideos aus. Bei den Lehrvideos handelt es sich nicht um Aufnahmen von Frontalvorlesungen. Vielmehr haben wir die (kurzen) Lehrvideos speziell für das Lehrbuch an einem Rechner aufgenommen. Dadurch sehen, hören und beobachten die Leserinnen, wie wir verschiedene Problemstellungen in MATLAB angehen. Der Zweck der Lehrvideos ist vielfältig. Erstens, zahlreiche Möglichkeiten und Limitationen von MATLAB lassen sich viel eindrucksvoller zeigen als in einem Text beschreiben. Beispielsweise ist es deutlich lehrreicher (und weniger frustrierend), eine Fehlermeldung, ihre Ursache und ihre Behebung in einem Lehrvideo zu sehen, als darüber zu lesen. Weil Fehlermeldungen so frustrierend sind, haben wir ihnen immer wieder Lehrvideos gewidmet. Zweitens, die Lehrvideos greifen ausgewählte Aspekte aus dem Buch auf und vertiefen diese. In diesem Sinne sind die Lehrvideos eine *Ergänzung* zum Buch. Drittens, beinhalten die Lehrvideos auch eigenständige Inhalte (seltener) und eigenständige Fallstudien (häufiger), die über die Inhalte und Fallstudien des Buches hinausgehen. In diesem Sinne sind diese Lehrvideos *Erweiterungen* des Buches. Die erweiterten Fallstudien gehen teilweise weit über die Fallstudien aus dem Buch hinaus. An der einen oder anderen Stelle werden die Videos als schwer, gerade im Vergleich zum Buch, empfunden. Das ist Absicht und zielt auf die Leserinnen ab, die ihre Kenntnisse in MATLAB im Rahmen von komplexeren Fallstudien vertiefen wollen. Viertens, aus unserer Erfahrung gelingt das Erreichen der Lernergebnisse deutlich besser, wenn die Leserinnen die Inhalte nicht nur lesen, sondern auch beobachten, sehen und hören sowie zusätzlich selbst ausführen. Frei nach dem chinesischen Sprichwort: „Ich höre und vergesse, ich sehe und behalte, ich handle und verstehe."

Fünftens, die Lehrvideos sind permanent. Sie können wiederholt und jederzeit, losgelöst von den zeitlichen und räumlichen Limitationen einer gewöhnlichen Vorlesung, durchgearbeitet werden.

Ein integraler, erweiternder Bestandteil der Lehrvideos ist die Darstellung der „typischen Fehler". Aus unserer Erfahrung stehen 99% der Leserinnen (und wir sind dabei keine Ausnahme gewesen) immer wieder vor denselben Problemen. Für den reibungslosen Einstieg sorgen wir durch das explizite Hervorrufen dieser Fehler in den Lehrvideos, durch das Interpretieren der Fehlermeldungen und schließlich durch das Beheben der Fehler. Gerade zu Beginn handelt es sich um Kleinigkeiten, z.B. falsche Schreibweisen, falsche aktuelle Ordner etc., die aus Unerfahrenheit der Leserinnen zu Frustrationen und manchmal zum Aufgeben führen. Die Fehler passieren allen und sind nicht auf die Person der Leserin zurückzuführen!

Wir glauben fest an das Sprichwort: „Übung macht den Meister". Daher beinhaltet das Buch (und die Online–Lernumgebung) eine Vielzahl von Aufgaben, die didaktischen Überlegungen folgen, das Lernen der Programmierung mit MATLAB zu erleichtern. Wir haben vier Arten von Aufgaben:

Online-Quizzes sind einfache, kurze Aufgaben zu Definitionen, die der Leserin helfen, das faktische Wissen in den Ebenen Erinnern und Verstehen zu sichern. Die Rückmeldung zu den Lernergebnissen erfolgt unmittelbar in der Online–Lernumgebung.

Aufgaben im Text innerhalb eines Kapitels sind eher einfache, kurze Aufgaben, in denen wir das faktische Wissen der Leserin in den Ebenen Erinnern, Verstehen und Anwenden fördern. Die beispielhaften Lösungen der Aufgaben im Text werden am Ende des jeweiligen Kapitels dargestellt.

„End–of–Chapter–Aufgaben" am Ende eines Kapitels sind komplizicrtere und etwas längere Aufgaben, die das konzeptionelle Wissen in den Ebenen Verstehen, Anwenden und Analysieren testen. Die beispielhaften Lösungen zu diesen Aufgaben erhalten nur Dozenten für die einführenden MATLAB-Kurse.

Online-Aufgaben umfassen auch (aber nicht ausschließlich) längere Aufgaben, die das prozedurale Wissen der Leserin in den Ebenen Verstehen, Anwenden, Analysieren und Evaluieren unterstützen. Die Rückmeldung zu den Lernergebnissen erfolgt unmittelbar in der Online–Lernumgebung.

Die graduell steigende Komplexität, verbunden mit dem Lernen in inhaltlich kleinen Schritten, das Sehen der Umsetzung von Fallstudien in Lehrvideos, das eigenständige Umsetzen der Fallstudien begleitet durch Lehrvideos sowie das Lösen von vielen Aufgaben mit praktischem Einsatz von MATLAB sind nach unserer Meinung die Kernelemente in der Kompetenzvermittlung. Dieser innovative Ansatz ist das Besondere unseres Buches, der unser Buch von anderen einführenden Lehrbücher maßgeblich unterscheidet.

Lernumgebung

Für die begleitenden Lehrvideos, die Online–Quizzes, die Online–Aufgaben sowie Lernbegleitmaterialien bedürfen wir einer Online–Umgebung, in der wir zusätzlich und reibungslos mit den Leserinnen kommunizieren können. Neben vielen „Non–Profit"– und privaten „For–Profit"–Organisationen haben wir uns mit „ILIAS" (bzw. „AULIS") für eine „Open–Source"–Lösung entschieden. Unter

```
https://bit.ly/2UtZKf5
```

haben wir einen Online–Kurs eingerichtet und alle Lernmaterialien (Online–Quizzes, Online–Aufgaben, MATLAB–Codes aus dem Buch, MATLAB–Codes als Lösungen der Aufgaben, frei verfügbare Daten aus dem Buch, Folien zu den Lehrvideos sowie Vorlesungsfolien für die Dozenten) dort zusammengetragen. Die Lernmaterialien haben wir kapitelweise und übersichtlich in Online–Modulen organisiert. Zusätzlich haben wir im Anhang A eine Tabelle mit der Zuordnung von MATLAB–Dateien aus den Begleitmaterialien und den Quellcodes aus dem Buch erstellt. Aus unserer Erfahrung erzielen die Leserinnen die besten Lernergebnisse, wenn sie diesem idealisierten Verlauf folgen:

1. Lesen eines Buchkapitels

2. Selbst–Ausprobieren der mitgelieferten MATLAB–Codes aus dem Buchtext

3. Lösen der Aufgaben im Text

4. Anschauen und Durcharbeiten der ergänzenden Online–Lehrvideos

5. Lösen der Online–Quiz–Aufgaben

6. Lösen der Online–Aufgaben

7. Lösen der „End–of–Chapter–Aufgaben"

Zur Unterstützung der Leserinnen haben wir in der Lernumgebung Online–Module eingerichtet, die das Lernen im idealtypischen Verlauf fördern. Natürlich lernen alle individuell. Aus diesem Grund achten wir durchgängig auf die identische Bezeichnung der Lernelemente im Buch, in den Lehrvideos und in der Online–Umgebung. Daher kann jede Leserin ohne Nachteile von dem idealtypischen Verlauf abweichen und wird jederzeit wissen, worauf im Buch und in den Lehrvideos verwiesen wird.

Der Zugang zur Lernumgebung mit allen Lernmaterialien ist für alle frei. In der Lernumgebung wird sogar eine Online–Version des Buches verfügbar sein. Wir sind überzeugt, durch unsere Art der Lehrvermittlung deutlich mehr Leserinnen von den Vorzügen von MATLAB überzeugen zu können. Dazu sind wir gerne bereit, neben der klassischen Print–Variante auch eine Online–Version anzubieten. Die Online–Variante des Buches stellen wir unter

```
www.matlab-intro.de
```

zum Online–Lesen bereit.

Organisation des Buches

Dieses Buch ist kein reines Referenzbegleitbuch zu MATLAB oder ein einfaches MATLAB–Tutorial. Es ist eher ein einführendes Lehrbuch in Programmierung, das MATLAB nutzt, um die unterschiedlichen Konzepte und Methoden zu illustrieren. Daher wird die Leserin nicht nur eine solide Kenntnis von MATLAB erwerben, sondern auch Grundlagen der Programmierung.

Die Lernmaterialien dieses Buches haben wir in vielen Seminaren an der Universität Bremen, Universität Oldenburg, an der Hochschule Bremen und in zahlreichen Seminaren in Kooperation mit Uhlenbruch erprobt. Auch aufgrund der dortigen Diskussionen gelangen wir zu der Einsicht, dass nicht die Inhalte per se unverständlich sind, sondern die Art der Kompetenzvermittlung. Daher stellt der nachfolgende Streifzug durch die Inhalte des Buches keine Überraschung im Vergleich zu anderen Lehrbüchern dar. Das Buch beginnt mit der Installation und der Beschreibung der MATLAB–Benutzeroberfläche und endet mit dem Datenimport und –export und einer abschließenden empirischen Studie:

Installation und Programmeinstieg Das Kapitel erläutert den Installationsprozess und gibt einen Schnellüberblick über die wichtigsten Elemente des MATLAB–Systems und der MATLAB–Programmierung.

Matrizenoperationen und Indexierung Das Kapitel führt in die Grundlagen der Nutzung von Matrizen in MATLAB ein. Neben der obligatorischen linearen Algebra werden in diesem Kapitel auch die Möglichkeiten von Indexierung aufgezeigt, um auf Teilbereiche einer Matrix zugreifen zu können.

Die Datentypen Die grundlegenden Datentypen wie `Double`, `String`, `Boolean` und `Arrays` werden in diesem Kapitel eingeführt und ihre Nutzung und Einsatzgebiete erarbeitet.

Grafik erstellen Dieses Kapitel beschäftigt sich mit der Visualisierung von Daten und Ergebnissen. Dort werden die häufig genutzten Grafik–Typen wie Liniendiagramme, Häufigkeitsdiagramme, Punktwolken sowie Kuchen– und Säulendiagramme vorgestellt.

Datenstrukturen Dieses Kapitel stellt spezielle Datentypen vor. Diese Datenstrukturen sind für den effizienten Einsatz in spezialisierten Einsatzgebieten verfügbar.

Kontrollstrukturen Die Nutzung von `if`– und `for`–Strukturen (und einige weitere), sicherlich einige der bekanntesten Konzepte der Programmierung, werden in diesem Kapitel eingeführt.

Datenimport und Datenexport Das Kapitel beschreibt den Import empirischer Daten, die die Grundlage jeder empirischen Analyse darstellen. Der Schwerpunkt liegt auf dem Import von Excel–Dateien.

Anreizwirkungen in der Nachfrage nach Gesundheitsvorsorge Das Kapitel führt keine neuen Konzepte ein. Es stellt vielmehr dar, wie die bisherigen Kompetenzen und Fähigkeiten auf eine umfangreiche Fallstudie übertragen werden können. Dazu wird auf einen empirischen Datensatz aus der Literatur zurückgegriffen, mit dem die Ergebnisse der Literatur repliziert werden.

Das Begleitprogramm

Unser Lehrbuch behandelt die notwendigsten Grundlagen für einen einführenden Kurs zu MAT-LAB. Das hält das Buch angenehm kurz. Alle anderen Materialien, je nach Vorkenntnis mehr oder weniger bedeutend für die eigenen Bedürfnisse, haben wir in der Online–Umgebung aufbereitet. Die zentralen Bestandteile der Online–Umgebung sind die Online–Quizzes, Online–Aufgaben sowie die Online–Videos.

Bei den Online–Videos haben wir mehrheitlich darauf geachtet, die Doppelung der Inhalte auf ein Minimum zu reduzieren. Die Online-Videos sind eine Ergänzung des Buches und können dieses, gerade für die Einsteigerinnen, nicht ersetzten. Vielmehr sollen die Online-Videos das Buch ergänzen und erweitern. Die Online–Videos behandeln in der Regel komplexere Themen als das Buch. Als Beispiel seien die Videos begleitend zum Kapitel 2 genannt. Diese Online–Videos haben den Charakter eines Tutorials „MATLAB in 90 Minuten lernen". Dort werden die MATLAB–Elemente eingehender beschrieben und in herausfordernden Fallstudien im Vergleich zum Buchkapitel eingesetzt. Wenn Sie Probleme haben die Videos zum Kapitel 2 vollständig nachzuvollziehen, liegt es nicht an Ihnen, sondern am Charakter der Videos. Dort wird ein Schnelleinstieg beschrieben, um die Möglichkeiten von MATLAB, im Sinne von einem „Appetizer", aufzuzeigen. Die dortigen Inhalte werden in den nachfolgenden Kapiteln vertieft.

Bremen, Frankfurt am Main, Dezember 2020
Thorsten Poddig
Armin Varmaz
Christian Fieberg
Benjamin M. Abdel-Karim

Inhaltsverzeichnis

Abbildungsverzeichnis

Tabellenverzeichnis

Verzeichnis der Quellcodes

Teil I.

Installation, Kennenlernen, erste Grundlagen

1. Einleitung

1.1. Gegenstandsbereich dieses Buches

Der Einsatz von Software ist in vielen Wissenschaftsdisziplinen, nicht nur aufgrund der kontinuierlich steigenden Menge und Komplexität an zu verarbeitenden Daten in Forschung und Lehre, kein Novum mehr. Darüber hinaus ist der Umgang mit Software in der beruflichen Praxis (z.B. in der Industrie, dem Dienstleistungssektor oder der Finanzwirtschaft) nicht mehr wegzudenken. Dieser Umstand erfordert, dass sich auch Studierende und Berufsanfängerinnen frühzeitig mit den elementaren Softwarekenntnissen vertraut machen.

Das Lehrbuch richtet sich prinzipiell an Studierende aller Fachrichtungen, die sich Grundlagen des Programms MATLAB oder Octave aneignen wollen. Das Buch adressiert vorzugsweise, aber nicht ausschließlich, Wirtschafts- und Sozialwissenschaftler im Bachelor- und Masterstudium (z.B. Wirtschaftswissenschaften, Soziologie, Politologie, Psychologie, aber auch z.B. Biologie, Medizin, etc.).

Darüber hinaus ist das Lehrbuch auch für Berufspraktikerinnen gedacht, die in ihrer Tätigkeit eine moderne und flexibel einzusetzende Software zur Analyse von Daten benötigen. Dieses Buch möchte in verständlicher Weise Studierende der Sozial- und Naturwissenschaften, Wissenschaftlerinnen und Berufspraktikerinnen ermutigen, professionelle Software zur Datenerhebung und Datenauswertung für Evaluationen, wissenschaftliche oder berufspraktische Studien, Bachelor- und Masterarbeiten o.Ä. zu nutzen. Das Erlernen der Software erfordert zwar Basiswissen in der Programmierung, was jedoch keine Hürde für die Nutzung der Software darstellen soll, da dieses Buch den Anspruch erhebt, den Umgang mit der Software fallstudienorientiert zu vermitteln. Dadurch kann das nötige Handwerkszeug, um die eigenen Vorhaben realisieren zu können, erworben werden. In diesem Buch werden zwei matrizenorientierte Programmsysteme parallel verwendet, die in Wissenschaft und Praxis sehr weit verbreitet sind: MATLAB und Octave. In diesem Buch wird vornehmlich ein Einblick in das Programm MATLAB und an geeigneter Stelle zum kostenlosen Open Source Klone Octave[1] vermittelt.
Dieses Lehrbuch ist als Einführungswerk zu verstehen und entstand aus der Überlegung heraus, einen möglichst einfachen Einstieg zum Fachbuch Computational Finance von PODDIG et al. (2015) zu liefern, gleichzeitig aber auch, einen breiteren Kreis von Leserinnen anzusprechen. Im Rahmen einer ersten Einführung gibt dieses Buch einen Einblick in elementare Grundlagen der angewandten Programmierung und Statistik. Diese Kenntnisse werden anhand verschiedener Fallstudien aus unterschiedlichen thematischen Bereichen vertieft und durch zahlreichen Übungsaufgaben intensiv trainiert, da empirische Forschung mittels Software keine „Buchgelehr-

---

[1] Aus Gründen der Leseergonomie wird im Folgenden von MATLAB gesprochen. Sofern im Text nicht explizit darauf verwiesen wurde, ist es möglich, die Codes analog für Octave zu verwenden.

samkeit" ist, sondern nur durch praktisches Tun erlernt werden kann. Dafür ist die eigenständige Bearbeitung aller Übungs- und Testaufgaben dringlich angeraten.

1.2. Aufbau und Zielsetzung

Als Grundlagenwerk hat dieses Buch den primären Anspruch, die Umsetzung von grundlegenden Methoden im Umgang mit den Programmen zu vermitteln. Daraus ergibt sich der grundlegende Aufbau dieses Buches (Abb. 1.1).

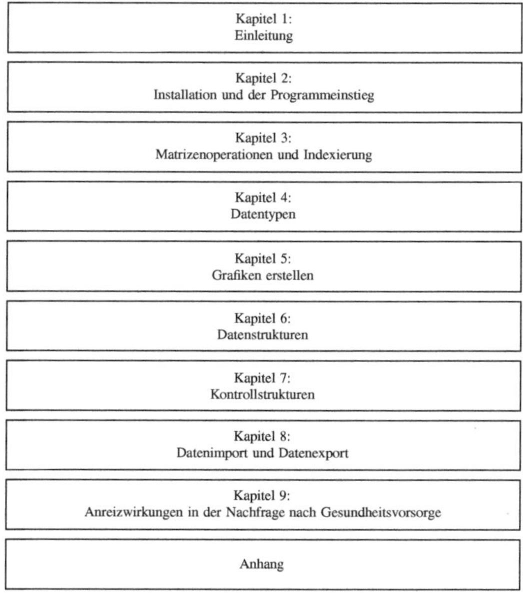

Abbildung 1.1.: Der Aufbau des Buches. Das Buch besteht aus insgesamt neun Kapiteln und einem Anhang.

Das Lehrbuch besteht insgesamt aus 9 Kapiteln und einem Anhang. Jedes Kapitel endet mit einer Schlussbetrachtung und fasst die wesentlichen Inhalte zusammen. Im ersten Kapitel erfolgt die Einleitung. Anschließend wird der Installationsprozess von MATLAB beschrieben. In der Folge beginnt Teil I „Grundlagen der Programmierung". In diesem Teil werden im dritten Kapitel Grundkenntnisse zu Matrizenoperationen vermittelt (siehe Kapitel 3), welche den Ausgangspunkt für das Arbeiten mit MATLAB bilden. In Kapitel 4 werden die Datentypen und in Kapitel 6 die Datenstrukturen dargestellt. Zwischen diesen beiden Kapiteln ist eine erste Einführung in die Möglichkeiten der grafischen Darstellung und Visualisierung von Datenanalysen eingefügt (siehe Kapitel 5). Es soll bereits frühzeitig illustrieren, wie einfach derartige Analysen sind und welche interessanten Darstellungsmöglichkeiten sich daraus ergeben. Daran knüpft das Kapitel 7 an, welches die verschiedenen Kontrollstrukturen vorstellt. In Kapitel 8 werden Im- und Exportverfahren für empirische Daten vorgestellt. Den Abschluss des Buches bildet das Kapitel 9, in dem die vermittelten MATLAB–Konzepte aus den vorangegangenen Kapiteln im Rahmen einer umfangreichen Fallstudie mit der Replikation der Ergebnisse aus der Literatur angewendet werden.

Einfache Handgriffe, die im Rahmen der alltäglichen Computerhandhabung vorausgesetzt werden, können nicht explizit erklärt werden. Jedoch sind scheinbar einfache Sachverhalte der Programmierung an einigen Stellen ausführlicher erklärt und in Online–Videos gezeigt, denn eben jene Grundkenntnisse sind elementarer Bestandteil im Umgang mit MATLAB und in der Folge auch essenziell für den Praxiseinsatz.

1.2.1. Matrizenorientierte Programmiersprachen

In den meisten Fällen besteht der erste Ansatz im empirischen Arbeiten für das Studium in der Verwendung eines Tabellenkalkulationsprogrammes wie Microsoft Excel[2]. Die Gründe dafür werden vermutlich primär in der Vertrautheit und der Einfachheit im Umgang liegen. Im privaten und schulischen Bereich ist derartige Software durch ihre Verbreitung als Standardsoftware-ausstattung auf den meisten PCs bekannt, zumal die eingebauten (statistischen) Funktionen für einfache Datenanalysen ausreichend erscheinen. Dazu können einfache Optimierungsprobleme durch den mitgelieferten *Solver*, einem allgemeinen Optimierungstool, gelöst werden. Als Erweiterung bietet die integrierte Programmiersprache Visual Basic for Applications (VBA) weitreichende Möglichkeiten. Mit diesem Tabellenkalkulationstool lassen sich wahrscheinlich mit ausreichend Zeit, einer großen Frustrationstoleranz und entsprechendem Ehrgeiz, eine Vielzahl an Problemen lösen. Insbesondere im Studium können die Grenzen eines Tabellenkalkulationssystems aber schnell erreicht werden, weil komplexe Probleme in annehmbarer Zeit mit möglichst großer Effizienz gelöst werden müssen. Vor diesem Hintergrund wird in diesem Werk auf den Einsatz von beispielsweise Excel und VBA konsequent verzichtet.

Allerdings stellt sich somit die Frage nach geeigneten Alternativen, beispielsweise zur Auswertung von empirischen Daten im Rahmen akademischer oder berufspraktischer Fragestellungen in unterschiedlichsten Disziplinen. Aus der Vielzahl an verfügbaren Softwarelösungen z. B. MATLAB, R, Gauss, etc. lässt sich unschwer folgern, dass die Entscheidung für eine bestimmte Software durch persönliche Vorlieben des Anwenders bestimmt wird. Bei aller Vielseitigkeit dieser Systeme lassen sich jedoch einige zentrale Gemeinsamkeiten derartiger matrizenorientierter Programmierwerkzeuge identifizieren:

- Grundlegend werden Vektoren und Matrizen als Datenstrukturen verwendet, um komplexe Rechenoperationen effizient auszuführen. Dies ist gerade für die Analyse großer Mengen empirischer Daten von Vorteil, da sich diese zumeist in natürlicher Weise in Form von Vektoren oder Matrizen organisieren und bearbeiten lassen.

- Umfangreiche Bibliotheken mit vordefinierten Funktionen und Algorithmen werden durch

---

[2] An dieser Stelle sei ausdrücklich angemerkt, dass die Tabellenkalkulation Microsoft Excel in Verbindung mit der eingebauten Programmiersprache Visual Basic for Applications nur als Stellvertreter für Tabellenkalkulationen mit integrierter Programmiersprache allgemein dient. Die dargestellten Überlegungen beziehen sich damit auf die gesamte Klasse dieser Werkzeuge und gelten nicht ausschließlich für Microsoft Excel.

den Hersteller und eine aktive Community[3] bereitgestellt. Für Anwender bedeutet dies eine erhebliche Zeit- und Arbeitsersparnis.

- Geschwindigkeitsoptimierte Basisfunktionen für größtmögliche Recheneffizienz helfen gerade bei der Verarbeitung großer Datenmengen oder aufwendigen Simulationen von (wissenschaftlichen) Modellen.

- Viele Schnittstellen für die Dateneingabe, Datenausgabe, Datenvisualisierung und teilweise auch zu Datenbanksystemen stehen zur Verfügung, sodass automatisierte Datenbankabrufe leicht implementiert werden können. Gerade immer wiederkehrende Datenanalysen können dadurch erheblich vereinfacht und beschleunigt werden.

- Zahlreiche Schnittstellen stehen bereit, um mit anderen Programmiersprachen zu kommunizieren. Dies ist von Vorteil, falls doch bestimmte Spezialprobleme nicht oder nicht effizient mit den eigenen Mitteln des Werkzeugs gelöst werden können. Außerdem werden spezielle Hardwarezugriffe bereitgestellt. Dies ermöglicht z.B. den Zugriff auf die Grafikkarten als zusätzliche Recheneinheiten, um z.B. besonders intensive Datenanalysen oder Simulationen zu beschleunigen, ohne dass dafür besondere Programmierkenntnisse von Nöten wären.

Zusammenfassend liegen die Vorteile solcher matrizenorienterter Programme in (i) den sehr viel umfangreicheren und elaborierteren vordefinierten Funktionen, (ii) den darauf aufbauenden Funktionsbibliotheken (auch Toolboxen oder Packages genannt), (iii) der hohen Flexibilität und dem Umgang mit großen Datenmengen, (iv) den mitunter einfacher erlernbaren internen Programmiersprachen im Vergleich zu denen der Tabellenkalkulationen (z.B. VBA), (v) den geschwindigkeitsoptimierten Matrizenoperationen, sowie nicht zuletzt (vi) den herausragenden Möglichkeiten zur Datenvisualisierung, die weit über die von Tabellenkalkulationen bekannten Möglichkeiten hinausgehen.

1.2.2. Warum MATLAB?

In Anbetracht der möglichen Alternativen zu Matlab (und Octave) erscheint eine kurze Auseinandersetzung mit den Vorzügen sinnvoll.

- MATLAB[4] ist eine weit verbreitete Standardsoftware in Forschung und Praxis. Gerade in vielen Wirtschaftsunternehmen sind Grundkenntnisse im Umgang mit MATLAB für die berufliche Zukunft von Vorteil. Die Verwendung dieser Software ist im Hinblick auf die angesprochene Zielgruppe eine folgerichtige Konsequenz. Dieses Werk vermittelt die hierfür erforderliche Grundlagenexpertise.

---

[3] Beispielhaft sei vorab der MATLAB-Fileexchange-Sever URL: `http://www.mathworks.com/matlabcentral/fileexchange/` genannt.

[4] Das Programm MATLAB® ist eingetragenes Warenzeichen von The Mathworks, Inc. Im weiteren Verlauf dieses Buches wird zur Vereinfachung „MATLAB" ohne Hinweis auf das eingetragene Warenzeichen verwendet.

- Die Software wird auch durch ein großes Spektrum an umfassender Grundlagenliteratur komplementiert. Dabei werden spezielle Anwendungsgebiete abgedeckt.

- Die Software besitzt eine große Nutzergemeinde, die sich in der Anzahl der verschiedenen Internetplattformen und Foren widerspiegelt.

- MATLAB hat einen umfangreichen Supportdienst durch den Hersteller Mathworks. Hinzu kommt die Versorgung mit kontinuierlichen Updates.

- Der Einsatz von MATLAB in Forschung und Praxis hat gezeigt, dass MATLAB im Vergleich zu ähnlich gelagerten matrizenorientierten Programmiersystemen recht schnell ist. Dies macht sich bei aufwändigeren Rechenoperationen wie umfangreichen Datenanalysen oder Simulationen von Modellen schnell bemerkbar, wodurch die Software gegenüber vielen Alternativen einen entscheidenden Vorzug besitzt.

- Abschließend führt die parallele Koexistenz kompatibler „Open Source"-Software wie Octave zur Freiheit des Anwenders bei der Wahl der Software. Wer - aus welchen Gründen auch immer - die Nutzung von MATLAB meiden möchte oder muss, findet dort eine für viele Zwecke ausreichende Alternative.

1.2.3. Warum Octave?

Als „Open Source" Alternative zu MATLAB kann dessen „Open Source" Pendant *Octave* benutzt werden. Man könnte hier auch von einem „Klon" sprechen, jedoch verfolgt die Entwicklergemeinde von Octave das ehrgeizige Ziel, ein etwas anderes, „besseres" MATLAB zu erstellen. Daher zielt die Entwicklergemeinde zwar auf eine weitgehende, jedoch nicht vollständige Kompatibilität mit MATLAB ab. In MATLAB einerseits, in Octave andererseits geschriebene Programme sind nicht immer beliebig wechselseitig austauschbar. So benutzt Octave eine leicht abgeänderte Programmsyntax, kann jedoch Programme ausführen, welche die Programmsyntax von MATLAB beachten. Umgekehrt sind in Octave geschriebene Programme, welche die Erweiterungen der Octave-Syntax nutzen, nicht unter MATLAB ablauffähig. Soweit jedoch die in diesem Buch vorgestellte MATLAB-Syntax auch bei Verwendung von Octave streng beachtet wird, ergeben sich diesbezüglich keine Kompatibilitätsprobleme zwischen beiden Systemen. Die erstellten Skripte und Funktion bleiben dann stets wechselseitig austauschbar.

Wesentlicher sind die Einschränkungen, die sich aus den gänzlich unterschiedlichen Funktionsbibliotheken (in MATLAB *Toolboxen*, in Octave *Packages* genannt) ergeben. Sowohl das MATLAB- als auch das Octave-System besitzen einen sehr elementar gehaltenen Systemkern, der im Wesentlichen die Benutzeroberfläche und den „Rechenkern" enthält. Letzterer ist in der Lage, in der MATLAB-eigenen Sprache geschriebene Programme einzulesen, zu interpretieren und auszuführen. Die Mächtigkeit beider Systeme ergibt sich später aus den mitgelieferten Funktionsbibliotheken, welche zahlreiche vordefinierte Funktionen enthalten. Art und Umfang dieser Funktionsbibliotheken bestimmen letztendlich, wie komfortabel und produktiv mit dem jeweiligen System gearbeitet werden kann. Hierin unterscheiden sich beide Systeme deutlich: MATLAB besitzt eine große Fülle an Funktionsbibliotheken, die fast jeden erdenklichen Anwendungszweck berücksichtigen. Octave liefert bereits ebenfalls eine Menge an Systembibliotheken mit, deren Umfang und Leistungsfähigkeit im Allgemeinen jedoch deutlich hinter denen der MATLAB-Funktionsbibliotheken zurückbleiben. Ein weiterer Unterschied ist die Geschwindigkeit beider Systeme. MATLAB ist als kommerzielles System über seine lange Entwicklungszeit gereift. Insbesondere besitzt es einen integrierten, hoch effizienten sog. *Just-in-Time-Compiler* (JIT-Compiler), welcher die Ablaufgeschwindigkeit von MATLAB-Programmen erheblich beschleunigt. Auch Octave besitzt einen JIT-Compiler, dieser wird aber noch als „experimentell" angesehen. In den meisten Standard-Distributionen ist der JIT-Compiler deaktiviert bzw. nicht enthalten und bringt nach eigenen Messungen auch keinen besonderen Vorteil. Insgesamt ist damit die Programmausführung unter Octave in der Regel meist deutlich langsamer. Teilweise wird dies in Octave dadurch kompensiert, dass weitaus mehr Funktionsbibliotheken in Maschinencode kompiliert und in den Octave-Systemkern integriert wurden. Soweit solche Funktionsbibliotheken benutzt werden, ergeben sich hier keine Geschwindigkeitsnachteile bzw. sind diese sogar schneller als in MATLAB. Betrachtet man aber am Ende die Gesamtlaufzeit eines MATLAB-Programms, so ist dieses unter Octave teilweise deutlich langsamer als unter MATLAB. Glücklicherweise spielt dieser Unterschied auf den heutigen, sehr leistungsstarken Heimcomputern und typischen Notebooks nur noch selten eine Rolle. Die Laufzeitunterschiede sind zwar messbar, aber nicht immer spürbar. Diese spielen erst bei rechenintensiven Programmen eine Rolle, z.B. bei Monte-Carlo-Simulationen. Wie ausgeprägt diese Nachteile sind, lässt sich aber generell kaum aussagen. Dies hängt sehr stark von der spezifischen Anwendung und von der Möglichkeit, in den Octave-Systemkern integrierte Funktionsbibliotheken nutzen zu können, ab. Schlussendlich kann keine generelle Empfehlung für das eine oder das andere System ausgesprochen werden. Die jeweiligen Vor- und Nachteile sind im individuellen Anwendungskontext abzuwägen, insbesondere vor dem Hintergrund der mitunter sehr hohen Anschaffungskosten. Soweit die Möglichkeit zum Bezug der Studentenversion von MATLAB besteht und der Studentenpreis erschwinglich erscheint, sollte diese erworben werden, da der damit verbundene Vorteil im Bedienungskomfort, im Funktionsumfang und Ablaufgeschwindigkeit beträchtlich erscheint. Anwender, die auf kommerzielle, akademische oder auch Heim-Lizenzen von MATLAB zurückgreifen müssen, sollten Vor- und Nachteile genauer abwägen. Soweit es um reine Lehr- und Ausbildungszwecke oder auch nur um kleinere Projekte geht, kann Octave als vollwertige Alternative zu MATLAB angesehen werden. Auch für Studierende, denen die Studentenversion als zu teuer erscheint, kann Octave zumindest für den Einstieg und erste „Gehversuche" empfohlen werden, wenn zunächst eine erste Erprobung im Vordergrund des Interesses steht. Auch im fortgeschrittenen Studium lässt sich grundsätzlich jedes Vorhaben mit Octave realisieren. Dabei sind aber die genannten Einschränkungen zu akzeptieren. Ein höheres Durchhalte- und Frustrationsvermögen ist hier erforderlich, auch ist wesentlich mehr Programmierarbeit zu investieren, da fehlende Funktionsbibliotheken selbst geschrieben werden müssen. Im kommerziellen Einsatz kostet dies (unnötige) Zeit der involvierten Spezialisten, sodass trotz der hohen Anschaffungskosten von MATLAB der Einsatz von Octave wohl überlegt sein muss. Für Zwecke dieses Buchs stellen aber alle genannten Einschränkungen keine wesentliche Beinträchtigung dar, sodass wir im Folgenden auch Octave als Alternative zu MATLAB stets mitbehandeln werden. Aufgrund der Kompatibilität von Octave zu MATLAB beschränken wir alle Darstellungen primär auf MATLAB. Soweit nicht anders erwähnt, sind alle Programmierbeispiele ebenso unter Octave ablauffähig und getestet worden. Wenn spezifische Anpassungen erforderlich sind, so werden diese explizit an den betreffenden Stellen erläutert.

2. Die Installation und der Programmeinstieg

In diesem Kapitel wird der Grundstein für die Benutzung der Software gelegt, indem diese betriebsfähig installiert wird. Zuerst wird die Studenten-Version von MATLAB vorgestellt (Kap. 2.1) und die Installation der Software in Teilschritten beschrieben (Kap. 2.2). Nach der Installation wird ein Augenmerk auf die Benutzeroberfläche gelegt (Kap. 2.3), um eine erste Orientierung über das Bedienkonzept zu vermitteln. Die Installation der Alternative Octave wird im Anhang (Kap. B) näher vorgestellt.

Darauf aufbauend werden die grundlegenden Elemente der grafischen Benutzeroberfläche („GUI") vorgestellt. Davon leiten sich die Verwendung von Skripten (Kap. 2.5) und der Einsatz von Funktionen (Kap. 2.6) ab.

Lernergebnisse

Nach dem Durcharbeiten dieses Kapitels werden Sie in der Lage sein,

⇒ das Lizenzsystem von MathWorks zu verstehen.

⇒ die Installation der Software durchführen zu können.

⇒ den grundlegenden Aufbau der (Studenten-) Version von MATLAB zu kennen.

⇒ den Umgang mit einfachen Befehlen, Skripten und Funktionen vorführen zu können.

⇒ den Unterschied zwischen einer Funktion und einem Skript zu benennen.

⇒ die Notwendigkeit der geeigneten Dokumentation des erstellen Programmcodes begründen zu können.

2.1. Die Studenten-Version von MATLAB

Die erste Fassung von MATLAB wurde Ende der 1970er von Clece Moler an der Universität New Mexico entwickelt[1] und später durch die gegründete Firma „The MathWorks, Inc." (im Folgenden MathWorks) der Öffentlichkeit zur Verfügung gestellt. Seither hat das Programm viele Entwicklungsschritte vollzogen. Diese kontinuierlichen Entwicklungen äußern sich heute in Form vieler zusätzlicher Funktionen und Erweiterungen von MATLAB, sodass bereits eine große Produktfamilie existiert. Einsteigerinnen werden daher vor dem Erwerb einer Lizenz zunächst mit einigen Fragen - bezüglich des Anwendungsfeldes und der Aufgabenbereiche - konfrontiert, um

---

[1] Eine detaillierte Beschreibung findet sich auf der Seite des Herstellers: `http://de.mathworks.com/company/newsletters/articles/the-origins-of-matlab.html`.

die passende MATLAB-Variante zu finden. Auch vor dem Hintergrund der Anschaffungskosten ist es erforderlich, sich mit den o. g. Fragen zu beschäftigen. Unter der Adresse des Herstellers[2] findet sich die aktuelle Produktpalette mit den entsprechenden Produktbeschreibungen. Im Fokus nachfolgender Erläuterungen steht die Studentenversion von MATLAB[3]. Daher wird an dieser Stelle auf eine ausführliche Diskussion der verschiedenen Toolboxen verzichtet.

Die „Student Suite" beinhaltet die Basisprogramme MATLAB und Simulink, sowie zehn weitere Toolboxen. Für ca. 69,00 Euro zzgl. MwSt. (Stand: 30. November 2020) gibt es ein umfangreiches Paket, welches für den Einstieg mehr als ausreichend ist.[4] Im Rahmen der Bestellung besteht die Möglichkeit als Studentin weitere Toolboxen zu einem äußert günstigen Vorzugspreis dazu zu bestellen. Ist bereits zum Zeitpunkt der Bestellung bekannt, dass aufwendige Optimierungsprobleme gelöst oder mehrere Prozessorkerne genutzt werden, empfiehlt sich der Kauf der *Global Optimization Toolbox*. Dieses Lehrbuch geht von der Nutzung der „Student Suite"–Version von MATLAB aus, also ohne weitere, noch zusätzlich zu lizenzierende Toolboxen. Damit reicht der Erwerb dieser Variante für das Nachvollziehen nachfolgender Beispiele und Übungen aus.

Alternativ kann die MATLAB Student (unbundled) Version für ca. 35,00 Euro (Stand: 30. November 2020) ohne zusätzliche Toolboxen erworben werden. Allerdings ist der Kauf dieser Version in den meisten Fällen nicht sinnvoll, da die Toolboxen der „Student Suite" viele hilfreiche Funktion mitbringen, die äußert wertvoll sind, zumal die Toolboxen ausgesprochen günstig sind. Der nachträgliche Erwerb zusätzlicher Toolboxen ist, selbst mit dem Studentenrabatt, deutlich teurer als im Bündel.

Die aktuelle Konfiguration der Studentenversion kann auf der Mathworks–Webseite abgerufen werden.[5] Gerade in Bezug auf Bedienungskomfort, Dokumentation und Support ist der Erwerb der Studenten-Lizenz, im Vergleich zu Open-Source-Software, empfehlenswert. Für die Installation von MATLAB benötigt der Nutzer im ersten Schritt eine spezielle MATLAB-Lizenz von MathWorks. Analog zu den bekannten Warenkorbsystemen der zahlreichen Online-Versandhändler, kann die passende Versionslizenz im Online-Shop von MathWorks selektiert werden.[6] Ferner wird ein MathWorks-Account benötigt. Dieser wird während des Bestellprozesses angelegt. Nachdem der Erwerb der Lizenz stattgefunden hat, kann direkt über die Webseite des Anbieters, im Nutzerbereich, das Programm auf das gewünschte System geladen werden. Hierbei ist darauf zu achten, dass die aktuellen System-Spezifikationen des PCs und des Betriebssystems bekannt sind, auf dem MATLAB tatsächlich installiert wird.

---

[2] `http://www.mathworks.de/de/help/index.html`

[3] Die Studenten-Version unterscheidet sich dabei - abgesehen von den Lizenz- und Nutzungsbedingungen - nicht wesentlich von allen anderen Versionen. Die folgenden Betrachtungen sind daher weitgehend für alle Versionen gültig.

[4] Eine ausführliche Beschreibung dieser Standard-Toolboxen würde zu weit führen. Daher sein an dieser Stelle auf die ausführliche Beschreibung des Herstellers URL: `http://de.mathworks.com/academia/student_version/` verwiesen.

[5] `https://de.mathworks.com/store/link/products/student/SV?s_tid=ac_buy_sv_but1`

[6] Hier sei vorab der Hinweis gesetzt, dass beim Direkterwerb über MathWorks eine vollwertige Kreditkarte verwendet werden muss. Alternativ kann das Programm über die bekannten Online-Buchhändler geordert werden, sodass der Einsatz einer Kreditkarte durch andere Zahlungsmittel ersetzt werden kann.

Die folgende Anleitung vereinfacht den Einstieg mit der Software. Es wird Schritt für Schritt beschrieben, wie die Installation der Studentenversion von MATLAB durchzuführen ist.

2.2. Die Installation von MATLAB

Die Firma MathWorks regelt den Vertrieb der Software über sogenannte Lizenzvergaben. Der Kunde muss sich eine Berechtigung für die Nutzung des Softwarepaketes über eben jene Lizenz beschaffen. Dazu muss sich der potenzielle Nutzer zunächst auf der Webseite anmelden.

2.2.1. Erster Schritt: Account-Erstellung und Lizenzerwerb

Über das obere rechte Startseitenfenster auf `http://www.mathworks.de` gelangt der Nutzer in den Registrierungs– bzw. Anmeldebereich. Die weiteren Schritte erfolgen analog zu den herkömmlichen Anmeldeprozessen diverser Internetanbieter. Über das Warenkorbmenü wird die Lizenz bestellt. Alternativ besteht die Möglichkeit, eine Lizenz über die bekannten Online-Versandhändler zu bestellen. In diesem Fall wird der Aktivierungscode per Post verschickt, welcher über den Benutzer-Account eingegeben wird.

Eingeschriebene Studierende können häufig über das Rechenzentrum ihrer Hochschule MATLAB für die Lehre ohne Zusatzkosten beziehen.

2.2.2. Zweiter Schritt: Aktivierung von MATLAB

Unabhängig von dem Weg, über den die Lizenz erworben wurde, muss diese über die Homepage von MathWorks aktiviert werden. Diese Aktivierung geschieht in folgenden Schritten:

1. Zunächst erfolgt die Anmeldung auf der Homepage mit den Accountdaten.

2. Über die Taste „Add license" erfolgt die Verlinkung der Lizenz (vgl. Abb. 2.1).

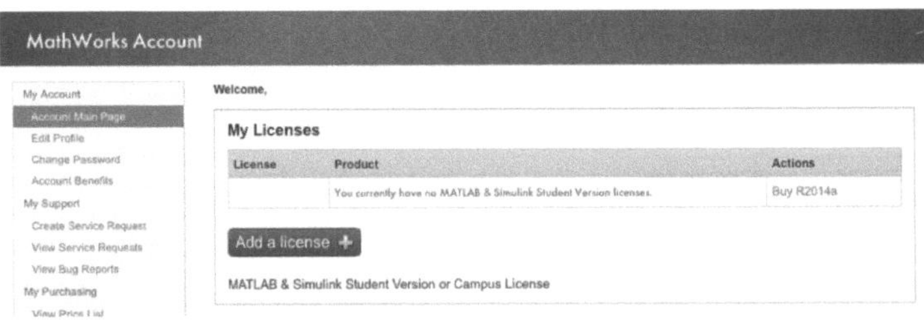

Abbildung 2.1.: Der Aktivierungsprozess-Schritt 1.

3. Im folgenden Dialog muss der Aktivierungscode eingegeben und bestätigt werden (vgl. Abb. 2.2).

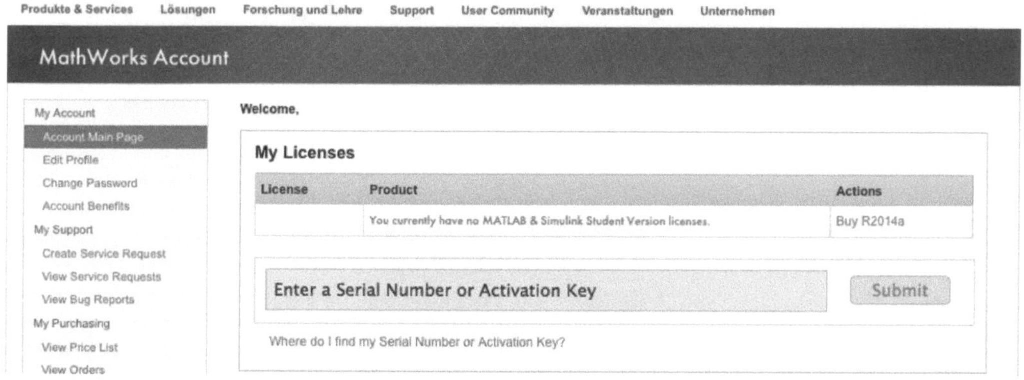

Abbildung 2.2.: Der Aktivierungsprozess-Schritt 2.

4. Nach der erfolgreichen Eingabe des Aktivierungsschlüssels ist das MathWorks-Profil erstellt. Ab diesem Zeitpunkt ist es möglich, MATLAB im Downloadfenster herunterzuladen (vgl. Abb. 2.3).

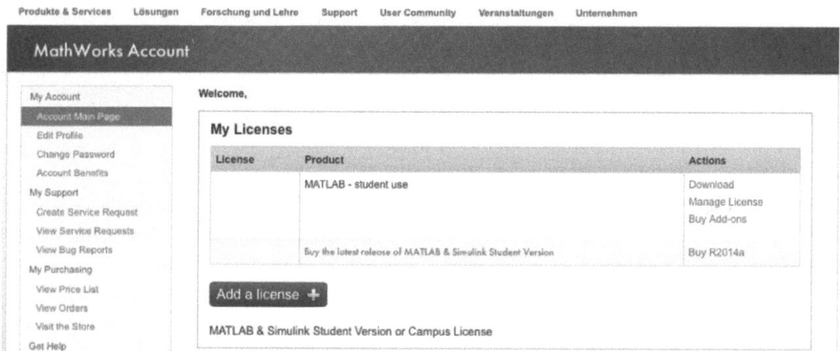

Abbildung 2.3.: Der Aktivierungsprozess-Schritt 3.

5. Im nächsten Dialogfenster wird der Nutzer aufgefordert, ein Betriebssystem auszuwählen (vgl. Abb. 2.4). Daher ist es ratsam, die Installation direkt auf dem Computer durchzuführen, auf dem das Programm später genutzt wird. Die detaillierten Informationen finden sich i. d. R. über die Systemeinstellungen des jeweiligen Betriebssystems.

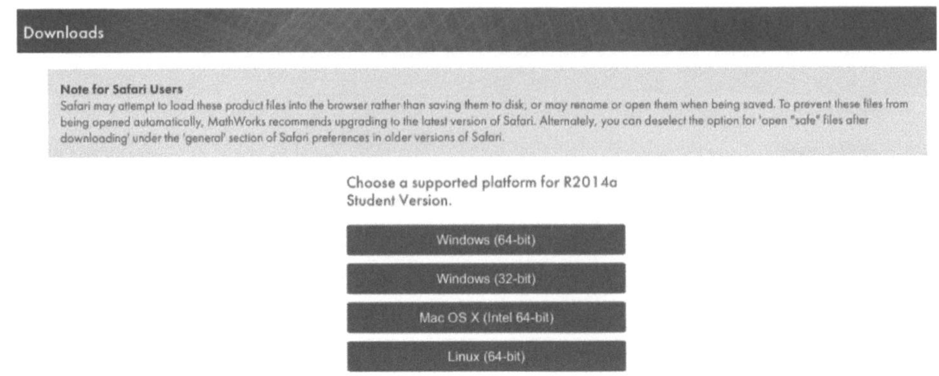

Abbildung 2.4.: Der Aktivierungsprozess-Schritt 4.

6. Nach der Verifizierung muss ein sogenannter *Installer* heruntergeladen werden (vgl. Abb.
   2.5). Dieses Hilfstool umfasst ca. 200 MB und beinhaltet die relevante Startdatei, die ein
   Dialogfenster öffnet. Dieses Fenster repräsentiert das Installationsmenü, welches den Nutzer durch den eigentlichen Installationsprozess führt. Mit Hilfe einer stabilen Internetverbindung und nach der Eingabe der Accountdaten wird die entsprechende MATLAB-Version
   vom Server geladen und auf dem Rechner installiert. Die MATLAB-Installationsdateien,
   in der hier vorgestellten Version, umfassen dabei 5–10 GB. Je nach Geschwindigkeit der
   benutzten Internetverbindung, kann sich der Installationsprozess in die Länge ziehen.

7. Nach der Installation von MATLAB muss die gekaufte Lizenz aktiviert werden. Der Akti-
   vierungsprozess erfolgt direkt nach der Installation durch ein zusätzliches Dialogfenster
   (vgl. Abb. 2.5). In diesem müssen die Benutzerdaten eingeben werden, um die Lizenz
   abschließend zu aktivieren.

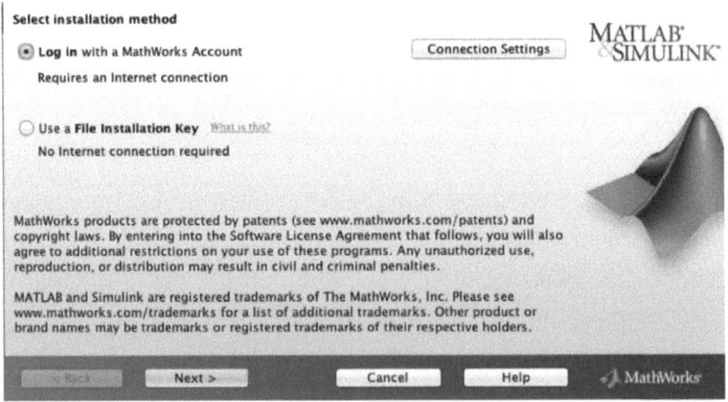

Abbildung 2.5.: Der Aktivierungsprozess-Schritt 5.

2.3. Die graphische Benutzeroberfläche

Nach der Installation von MATLAB sieht die Benutzerin die GUI[7], die sich im Fall von MATLAB in vier elementare Sektionen gliedert. Diese Bereiche sind der Workspace, die Konsole, die History und der Current Folder. Die Abbildung 2.6[8] illustriert den Aufbau der GUI. Die GUI von MATLAB sowie ihre wichtigsten Elemente sind auch in einem begleitenden Video im Online–Modul (OM) zu diesem Kapitel erläutert.

Leser mit etwas Programmiererfahrung werden einige Parallelen zu bekannten Entwicklungsumgebungen (IDE)[9] erkennen. Einsteiger können sich etwas Zeit lassen, um sich zurecht zu finden. Dieses Werk geht ausführlich auf den modularen Aufbau der GUI ein, um die scheinbare Komplexität zu vereinfachen. Zunächst erfolgt eine kurze Vorstellung der einzelnen Fenster unter dem Betriebssystem Mac OS X[10].

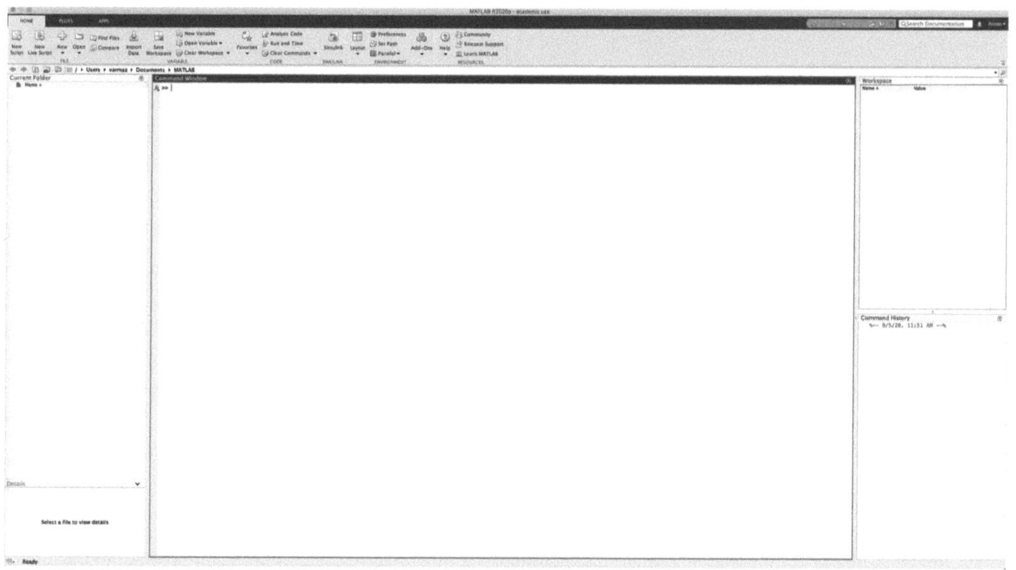

Abbildung 2.6.: Die Benutzeroberfläche von MATLAB R2020a unter Mac OS X. Die standardisierte Aufteilung in die wichtigsten Sektionen wie den Current Folder, die Konsole, den Workspace und die Menüleiste sind unter Windows und Linux praktisch identisch.

---

[7] Graphical User Interface (engl.) beschreibt die Schnittstelle zwischen Programm und Benutzer (User), die mittels Interaktionen bedient wird und dementsprechende Programmausführungen veranlasst.

[8] Die grafische Benutzeroberfläche wird unter dem Betriebssystem Mac OS X verwendet. Die Darstellung in anderen Betriebssystemen ist im Wesentlichen identisch.

[9] IDE (Integrated Development Environment) bezeichnet eine integrierte Entwicklungsumgebung. Sie stellt eine wichtige Werkzeugkomponente dar, die für die Entwicklung von Programmen essenziell ist.

[10] Die GUI mit ihren einzelnen Fenstern ist unter Windows oder Linux praktisch identisch.

2.3.1. Menüleiste

Die Menüleiste ist das zentrale Navigationsinstrument (vgl. Abb. 2.7). Sie vereinigt die Datei- und Ordnerverwaltung, sowie den Zugang zu den weiteren Anwendungen. Über die aus anderen Programmen bekannten Symbole und Beschreibungen ist ein intuitiver Zugang zu den entsprechenden Programmfunktionen möglich. Besonders nützlich ist das *Search Documentation Field*. Hiermit kann die Dokumentation durchsucht werden.

Abbildung 2.7.: In der Menüleiste finden sich die übergeordneten Funktionen (die Speicheroptionen, die Entwicklungsumgebung sowie die Ordnerverwaltung).

2.3.2. Current Folder

Das Fenster *Current Folder* zeigt den aktuellen Ordner an. Diese Ansicht ist wichtig, da hier Skripte, Diagramme und Tabellenim- und -exporte von MATLAB im aktuellen Systemordner bearbeitet werden. Ein entsprechender Ordner wird, wie gewohnt, im Wunschverzeichnis durch einen Rechtsklick auf die Auswahlmöglichkeit „Neuer Ordner" erstellt und mit einem beliebigen Namen versehen. Anschließend wird über die Menüleiste in MATLAB (Abb. 2.7) zum neu erstellten Ordner navigiert. Damit ist der neu angelegte Ordner für MATLAB der *Current Folder*. Aktuell zu bearbeitende Dateien können mit Hilfe dieses Fensters aufgerufen werden. Gerade zu Beginn der Programmierung lassen sich viele Fehler vermeiden, indem auf eine klare und transparente Ordnerstruktur geachtet wird. Im Sinne der späteren Übungen empfiehlt es sich, einen Ordner auf dem eigenen *Desktop* oder in einem sonstigen präferierten Arbeitsverzeichnis anzulegen. Eine prägnante Bezeichnung, bspw. MATLAB Quickstart, ermöglicht ein effizientes Arbeiten. Die beispielhafte Darstellung (vgl. Abb. 2.8) zeigt den *Current Folder*, in welchem sich bei diesem Beispiel einige Unterordner befinden.

Abbildung 2.8.: Der Current Folder zeigt das aktuelle Systemverzeichnis an, in dem sich MATLAB aktuell bei der Suche nach zu bearbeitenden Dateien befindet. Dieser ist wichtig für die Ausführung von vordefinierten Abläufen, z.B. bei Skripten.

2.3.3. Workspace

Der *Workspace* ist der Arbeitsspeicher. In ihm werden die aktuellen Objekte angezeigt. Die Objekte können Zahlen, Matrizen, Strings (Zeichenketten)[11], logische Werte (Wahr, Falsch) und ähnliches darstellen. Dieses Fenster zeigt Objekte, die zum Zeitpunkt der Programmierung bzw. Programmausführung existent sind.

2.3.4. Konsole

In der Standardeinstellung findet sich in der Mitte der GUI das Ein- und Ausgabefenster (die Konsole). Diese Positionierung ist bewusst gewählt, denn sie ist die zentrale Schnittstelle zwischen Software und dem Nutzer. Sie ist das Eingabeinstrument, um Anweisungen aufzunehmen und liefert ebenfalls Ausgaben in Form der Ergebnisse. In diesem Werk wird der Umgang mit der *Konsole* besonders hervorgehoben, indem relevante Eingaben in der Konsole explizit dargestellt und durch zusätzlich eingeführte Kommentare ergänzt werden. Am sogenannten *Promt* erfolgt die Kommandoeingabe.

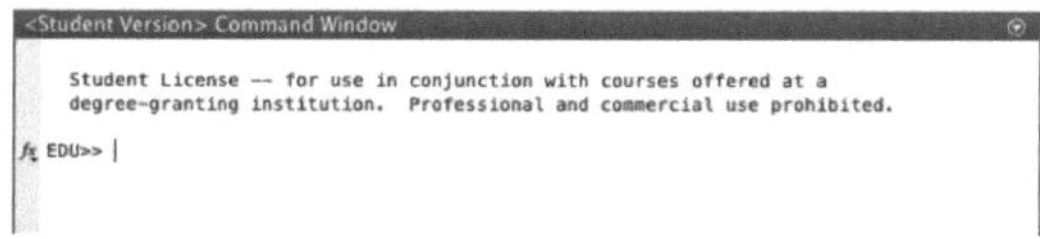

Abbildung 2.9.: Die Konsole ist das wichtigste Element für die Interaktion mit MATLAB. Sie dient als Eingabe- und Ausgabemedium. Alle Anweisungen werden hierüber durch den Benutzer eingegeben. Ebenso gibt MATLAB über dieses Fenster Systemhinweise, Fehlermeldungen und Ergebnisse von Berechnungen aus.

2.4. Befehle und Ausdrücke

Im Kapitel 2.3 wurde der Aufbau der GUI vorgestellt. Der folgende Teil des Kapitels konzentriert sich auf den Konsolenumgang in MATLAB. Die zentrale Schnittstelle zum Benutzer ist die Konsole, auf welcher der Nutzer Kommandos an das MATLAB-System übergibt. Die Konsole wird auch als „Kommandprompt" und „Command Window" bezeichnet. Derartige Kommandos können Ausdrücke zur Berechnung eines numerischen Problems, der Aufruf einer Funktion oder eines Skriptes sein.

Bei der Darstellungen im Buch sind die Konsolen Ein- und Ausgaben durch zusätzliche Kommentare nachträglich erweitert.[12] Diese Annotationen werden durch zwei Querstriche eingeleitet // und enden in der Regel am rechten Seitenrand. Folgendes Beispiel illustriert den Umgang mit

---

[11] In jüngeren Matlab-Versionen wird hier von *chars* gesprochen, in älteren von *strings*. Zu diesen Begriffen siehe näher die Erläuterungen in 4.3.

[12] Um Missverständnisse zu vermeiden: Diese Kommentare wurden nachträglich beim Schreiben dieses Buches ergänzt, sie erscheinen also nicht beim Nacharbeiten auf der eigenen Konsole.

der Konsole. Das `help` Kommando ist ein elementarer und in nahezu jeder Programmiersprache vorkommender Befehl. Hierbei erfolgt die Eingabe ohne den Doppelslash //.[13]

Quellcode 2.1: Die erste Konsoleneingabe

```
1 >> help  // Eingabe am Kommandoprompt des Wortes help
2 HELP topics: // Alle Themen werden aufgelistet
3 matlab/datafun - Data analysis and Fourier transforms.
4 matlab/datatypes - Data types and structures.
5 matlab/elfun - Elementary math functions.
6 ...
7 >>
```

Zunächst ist es zweckdienlich, einfache Rechenoperationen auf der oben vorgestellten Konsole durchzuführen, deren Ergebnisse leicht verifiziert werden können. Dadurch kann der Umgang mit Rechenoperationen auf der Konsole geübt werden. Allgemein ist die Berechnung der folgenden Gleichung bekannt:

$$4 * 3 = 12 \tag{2.1}$$

$$a * b = c \tag{2.2}$$

Jedoch besteht die Aufgabe darin, diese Berechnung von MATLAB durchführen zu lassen. Diese erste Rechenoperation kann analog, wie der Befehl `help`, direkt auf der Konsole von MATLAB eingegeben werden. Zunächst ist es hilfreich, die bisherigen Ausgaben im Konsolenfenster nach der `help` Eingabe zu löschen, indem das Kommando `clc` (Clear Command Window) unter den `help` Vorschlägen von MATLAB eingegeben wird. Dadurch ist die Konsole wieder „geleert". Anschließend wird die Rechenaufforderung 4 * 3 eingegeben und mittels der Taste *Enter* bestätigt. Als Ergebnis dieser Berechnung präsentiert MATLAB das Ergebnis 12. Dabei wird das Resultat der Berechnung in der Standardvariable `ans` zwischengespeichert.

Quellcode 2.2: Die erste Matlab-Berechnung

```
1 >> clc // Leert das Kommandofenster
2 >> 4 * 3 // Eingabe von 4 * 3, mit Enter wird die Eingabe bestätigt
3 ans =
4
5         12 // Ausgabe des Ergebnisses der Berechnung von 4 * 3
```

Der aufmerksamen MATLAB-Benutzerin wird beim Ausprobieren der ersten Eingabe auffallen, dass im *Workspace* mit der *Enter*-Eingabe ein neues Objekt erscheint. Dieses Objekt ist eine 1×1 Matrix mit dem Namen `ans`. Dieses Objekt repräsentiert das aktuelle Zwischenergebnis aus der Berechnung. Die Abkürzung `ans` ist eine MATLAB-eigene Abkürzung und steht für *most recent answer*.

AUFGABEN

Aufg. 2.1 Berechnen Sie den Wert von $56 \cdot 67 + 23$ auf der Konsole!

---

[13] Der Doppelslash // wurde mit dem folgenden Kommentar nachträglich ergänzt.

Aufg. 2.2 Benutzen Sie die Hilfefunktion und recherchieren Sie, wie mit Hilfe von MATLAB der Mittelwert eines Vektors von Zahlen berechnet werden kann. Hinweise: Sie können dafür entweder die Kommandokonsole benutzen oder das Suchfenster für die Hilfefunktion in der oberen rechten Ecke der GUI.

Aufg. 2.3 Berechnen Sie den Mittelwert aus den Werten 3, 6 und 8! Hinweis: Die Zahlenwerte 3, 5 und 8 können Sie mit [3, 5, 8] zu einem Vektor verbinden (konkatenieren) und der Funktion mean übergeben.

2.5. Das Skript

Das Konzept des Skripts wird im Verlauf dieses Buches eine zentrale Rolle spielen. Daher erfolgt die Einführung in dieses Themenfeld vorab, um die nötigen Grundlagen frühzeitig zu vermitteln. Mit MATLAB–Skripten lassen sich wiederholende Arbeitsabläufe effizienter gestalten. Was ein Skript genau ist und wozu diese verwendet werden, wird in diesem Kapitel genauer erläutert.

MATLAB-Skripte sind einfache Folgen von MATLAB-Anweisungen, die in einer Textdatei zusammengefasst werden. Die Erzeugung eines Skriptes ist in MATLAB leicht nachvollziehbar. Hierzu bringt das Software-Paket die nötige Entwicklungsumgebung (IDE) mit, in der ein passender Editor zur Bearbeitung und Erstellung von Skriptdateien integriert ist.

Die Verwendung des in MATLAB integrierten Editors ist nicht unbedingt notwendig, es kann auch jeder beliebige externe Programmeditor, wie z. B. Notepad++, verwendet werden. Dennoch ist die Verwendung des integrierten Editors empfehlenswert, da dieser zum einen einige sehr hilfreiche, unterstützende Funktionen enthält und zum anderen die Entwicklungsumgebung nicht verlassen werden muss und somit ein „Fenster-in-Fenster-Arbeiten" ermöglicht wird (vgl. Abb. 2.10).

Die folgende Analogie verdeutlicht das Prinzip der Skripte: Stellen Sie sich vor, Sie müssen in regelmäßigen Abständen einen Kuchen backen. Dieser Kuchen besteht aus einer klar definierten Menge und Zusammensetzung aus Zutaten. Die Erstellung dieses Kuchens unterliegt immer den selben Schritten. Sie entscheiden sich dazu, dass Sie in Zukunft diesen Kuchen nicht mehr selbst backen wollen, sondern MATLAB dazu nutzen möchten. Dabei soll MATLAB den Kuchen identisch zu Ihrer Vorlage erstellen. Hierzu schreiben Sie im Editor für MATLAB ein Backrezept, welches genau die Menge der Zutaten und die Reihenfolge angibt, in der MATLAB für Sie den Kuchen auf Ihre Order hin backen soll. Dieses Rezept ist das Skript.

An dieser Stelle wird die Erstellung eines einfachen MATLAB-Skripts veranschaulicht. Im Fokus steht eine schrittweise Anleitung, welche die elementaren Handgriffe illustriert. Der aufgeführte Quellcode wird mit Hilfe des Editors erstellt, die dargestellten Zeilen können entweder direkt abgeschrieben oder von unserer Lernumgebung heruntergeladen werden.

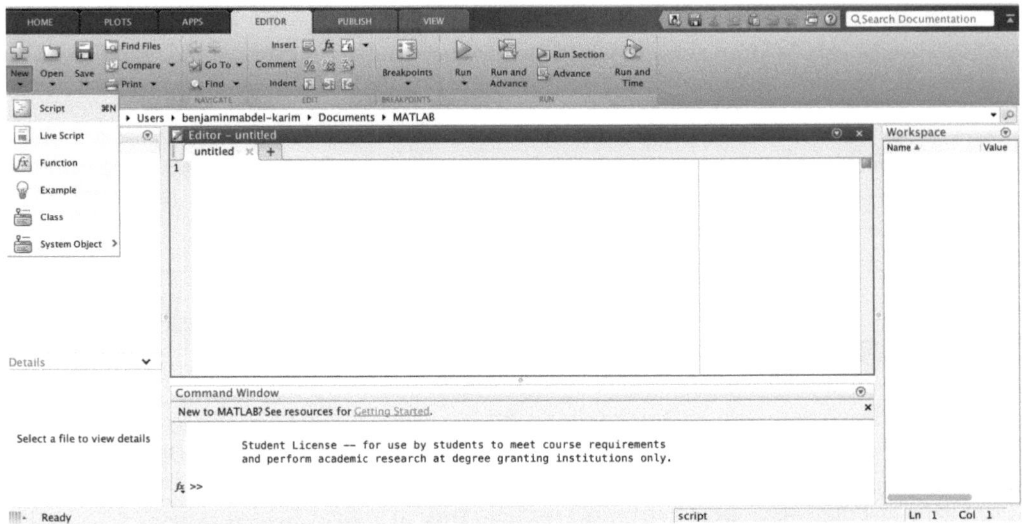

Abbildung 2.10.: Der MATLAB-Editor - Skripterstellung im Editor.

Quellcode 2.3: Multiplizieren zweier Matrizen

```
 1  % bSkript_Beispielskript zum Umgang mit dem Editor.
 2  %
 3  % In diesem Skript soll eine Matrixberechnung durchgefuehrt werden.
 4  % Erwartet wird das Ergebnis in Form eine Matrixdarstellung
 5
 6  % Workspace loeschen: Arbeitsspeicher , Kommandokonsole , Grafiken
 7  clear;      % Arbeitsspeicher
 8  clc;        % Kommandokonsole
 9  close all;  % Grafiken
10
11  % Matrizenberechnung:
12  %
13  % Benennung einer Matrix mit dem Namen mA, diese bekommt die Werte
14  % in Matrixschreibweise [1 2;3 4] zugewiesen.
15  % Wertebereich: Ganze Zahlen
16  mA = [1 2;3 4];
17
18  % Benennung einer zweiten Matrix mit dem Namen mB, diese bekommt die Werte
19  % in Matrixschreibweise [10 10;10 10] zugewiesen.
20  % Wertebereich: Ganze Zahlen
21  mB = [10 10;10 10];
22
23  % Multiplikation der Matrizen mA und mB:
24  mC = mA * mB;
```

Zu erkennen ist, dass die Kommentare durch ein Prozentzeichen eingeleitet werden.[14] Die Notwendigkeit und Sinnhaftigkeit der Kommentierung ergibt sich vor dem Hintergrund einer

---

[14] In Octave wird für die Standardkommentierung die Raute (#) verwendet. Allerdings erkennt das Programm das Prozentzeichen (%) als Kommentierungseinleitung an. Daher empfiehlt es sich, stets das Prozentzeichen als Kommentierungszeichen zu verwenden.

besseren Lesbarkeit. Für den Autor des Skriptes und insbesondere für Dritte ist die Kommentierung eine wichtige Hilfe, um die Verständlichkeit zu erhöhen. Welche Kriterien für eine „gute" Kommentierung erfüllt sein müssen, wird im späteren Verlauf dieses Werkes aufgeführt. Zunächst dient das Skriptbeispiel (Programmlisting: 2.3) als Orientierung. Die Besonderheit im Skript besteht darin, dass die Kommentare über der jeweiligen Ausführung stehen. Außerdem erfolgt eine kleine Skripteinleitung, die beschreibt, worum es in diesem Skript geht und was am Ende erwartet wird. Dabei werden die Kommentare genutzt, um eine detaillierte Beschreibung der Befehle und Funktionen zu verfassen. Dies hat den Vorteil, dass präventiv Fehler verhindert werden. Auf Umlaute der deutschen Sprache sollte verzichtet werden, um Dekodierungsprobleme aufgrund unterschiedlicher Versionen und Plattformen zu vermeiden.

Damit sich das erstellte Skript ausführen lässt, muss der *Current Folder* der Ordner sein, in dem sich die Skript-Datei befindet. Ist das nicht der Fall, kann mit wenigen Klicks der Ordner über MATLAB angesteuert werden. Hierzu ist in der Standard-GUI ein Verzeichnisverwalter positioniert, mit dem der Aufruf des Standardverzeichnisses relativ schnell durchgeführt werden kann. Die folgende Abbildung (2.11) zeigt die Darstellung des aktuellen Verzeichnispfades (Arbeitsverzeichnis, in der Abbildung also `/Users/Desktop/Matlab_Ordner`) unter Mac OS X. Es ist dringlich angeraten, stets zu kontrollieren, ob hier auch wirklich das beabsichtigte Arbeitsverzeichnis angezeigt wird.

Abbildung 2.11.: Die Speicherung des Skripts mit Hilfe der Ordnerübersicht.

Das Skript wird in diesem Werk zunächst auf dem Desktop in einem eigenen Ordner namens `MATLAB_Ordner` gespeichert. Das Skript lässt sich durch Eingabe des Skriptnamens (ohne die Typenbezeichnung .m) in der Konsole ausführen. Alternativ hierzu kann in der Menüleiste über die Registerkarte *Editor* die Taste *Run* angeklickt werden. Diese startet das Skript aus der Benutzeroberfläche heraus. Die Abbildung 2.12 visualisiert den Skriptaufruf in der Konsole. Anschauliche Hinweise und weitere Erläuterungen zum Arbeiten mit Verzeichnissen, dem Speichern und Ausführen von Matlab-Dateien finden sich in den begleitenden Online-Videos.

Die Befehle `clc` und `clear`, welche gleich zu Beginn im Skript stehen, haben zwei spezifische Aufgaben. `clc` leert das Konsolenfenster und löscht damit alte Eingaben. `clear` führt zur Löschung aller Objekte im Workspace (Arbeitsspeicher) von MATLAB. Dies stellt sicher, dass keine „Relikte" vorhergehender Berechnungen im Arbeitsspeicher vorhanden sind, die sich ggf. ungewollt auf den Verlauf der Berechnungen auswirken. Sinnvoll ist es, den `clear` Befehl als ersten Befehl in das Skript aufzunehmen. Die Eingabe von `bSkript_Beispielskript` im Beispiel bewirkt den Aufruf des Skriptes und dessen Ausführung. Da im Skript jeder Ausdruck mit einem Semikolon abgeschlossen wird, erfolgt keine Ausgabe der Berechnungsergebnisse

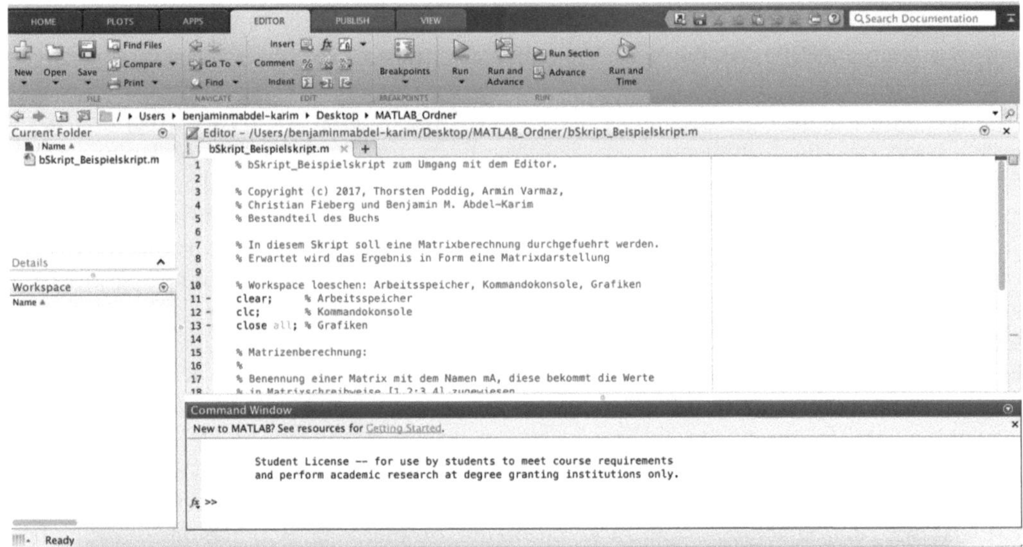

Abbildung 2.12.: Die Ausführung des Skripts.

auf der Konsole. Das Semikolon unterdrückt die Ausgabe der Ergebnisse. Das Ergebnis der Berechnung in Form der Multiplikation der Matrizen mA mit mB kann leicht verifiziert werden. Zum einen befinden sich die Objekte im Workspace (dies lässt sich mit dem Dateninspektor überprüfen). Zum anderen kann durch die Eingabe des Objektnamens mC das neue Objekt auf der Kommandokonsole angezeigt werden.

AUFGABEN

Aufg. 2.4 Beim ersten Arbeiten auf der Matlab-Konsole (siehe oben) haben wir einige Befehle nacheinander eingetippt. So sollte der Wert des Ausdrucks $56 \cdot 67 + 23$ berechnet, danach die Hilfe zur Matlab-Funktion mean aufgerufen und anschließend der Mittelwert der Zahlen 3, 5 und 8 berechnet werden. Nehmen Sie an, diese Abfolge der drei Befehle sei eine täglich wiederkehrende Aufgabe und daher bietet es sich an, dafür ein Skript zu schreiben. Erstellen Sie ein solches Skript und versehen Sie dieses mit hilfreichen Kommentaren.

2.6. Einfache Benutzer–Funktionen

Funktionen führen, ähnlich wie Skripte, zeilenweise die vom Benutzer erstellten Anweisungen in einer sog. m-Datei von MATLAB aus. Im Unterschied zu einem Skript ist eine (gewöhnliche) Funktion nicht alleine für sich lauffähig. Sie erwartet Inputvariablen, mit denen sie Berechnungen ausführt. Das Ergebnis (ggf. die Ergebnisse) der Berechnungen wird bzw. werden in Form von Outputvariablen zurückgeliefert. Ferner, auch im Unterschied zu einem Skript, werden alle Zwischenschritte und –ergebnisse nach der Ausführung der Funktion gelöscht, d.h., die berechneten Zwischenergebnisse stehen nach dem Verlassen der Funktion nicht mehr weiter zur Verfügung. Eine Funktion erleichtert dem Nutzer die (Schreib–) Arbeit, weil mit unterschiedlichen Parametern immer wieder die gleichen Berechnungsschritte umgesetzt werden können, ohne immer wieder neue Skripte erstellen zu müssen. Anders ausgedrückt, sind Funktionen quasi abstrakte Skripte, also immer wieder verwendbare Codeabschnitte, die zur Laufzeit erst durch die Belegung der konkreten Inputvariablen mitgeteilt bekommen, auf welchen konkreten Daten sie arbeiten. Skripte sind dagegen längst nicht so universell einsetzbar und erfordern stets Anpassungen im Code an die konkret zu lösende Aufgabe.

Das MATLAB-System selbst differenziert nicht zwischen internen System-, lizenzierten Toolbox- oder benutzerdefinierten Funktionen. Sobald eine Funktion aufgerufen und das MAT-LAB-System die entsprechende Funktion mit passendem Namen auf den voreingestellten Such-pfaden findet, wird diese ausgeführt - unabhängig von ihrer Herkunft. Analog zu Skripten werden Funktionen am besten mit dem systemeigenen Editor erstellt. Hierzu bietet MATLAB im Aus-wahlfenster unter New den Eintrag Function. Direkt nach dem Aufruf stellt MATLAB einen Funktionsrohling bereit, welcher im Wesentlichen ein Funktionskopf ist, bestehend aus *Eingabe-* und *Rückgabeparameter*. Anhand des folgenden Editor-Ausschnittes wird eine selbstgeschriebe-ne Funktion, mit dem Namen fHalbieren, illustriert. Zusätzlich zu den Kommentaren wurde diese Funktion nachträglich für die Darstellung im Buch durch erweiterte Erklärungen ergänzt, um die entsprechenden Programmiergrundlagen zu erläutern. Entsprechend ergeben sich aus dem Quellcode (Programmlisting: 2.4) die detaillierten Erläuterungen.

Quellcode 2.4: Funktionen erstellen - Teil I

```matlab
 1  function [ dHalbierterWert ] = fHalbieren( dZuhalbieren )
 2  % Eingabewert der Funktion (Input):
 3  %    dZuhalbieren: 1 x 1 Skalar (Eine Zahl).
 4  %
 5  % Ausgabewert der Funktion (Output):
 6  %    dHalbierterWert: 1 x 1 Skalar (Eine Zahl) in Form des Ergebnisses.
 7
 8  % Fuer die Funktion fHalbieren.m ist wichtig, dass die Funktionsdatei den
 9  % selben Namen wie die Funktion in der function-Deklaration hat. Ansonsten
10  % kann es zu Problemen kommen.
11
12  % Eigentliche Berechnung: Halbieren.
13  dHalbierterWert = dZuhalbieren / 2;
14
15  end
```

Eine Funktion wird durch die Schlüsselwörter function und end eingeschlossen; dazwischen befindet sich der Funktionskopf. Dieser besteht aus dem Namen der Funktion und aus Eingabe- und Rückgabeparameter. Im oben genannten Beispiel (Code: 2.4) ist die Struktur sehr einfach. Der Rückgabeparameter hat den (formalen) Namen dHalbierterWert, der Eingabeparame-ter trägt den (formalen) Namen dZuhalbieren. Danach folgen erläuternde Kommentare. Der Funktionskörper im engeren Sinne enthält die notwendigen Berechnungsausdrücke. Als Benen-nungskonvention in diesem Buch sei vereinbart, dass eine Funktion mit einem vorangestellten

Kleinbuchstaben f, dann gefolgt von einem Großbuchstaben, dann gefolgt von einer beliebigen Zeichenkette aus Groß-, Kleinbuchstaben und Sonderzeichen wie _ zu benennen ist.[15]

Beim Einstieg in die Programmierung ist es eine häufig anzutreffende Schwierigkeit, den Unterschied von formalen und aktuellen Parametern zu verstehen. Unter formalen Parametern sind die Namen der Ein- und Ausgabeparameter innerhalb der Funktion zu verstehen. Sie dienen als Platzhalter (formale Parameter) für die später, bei der Ausführung, konkrete Werte eingesetzt werden. Mit dem Aufruf einer Funktion erfolgt die Übergabe der Eingabe- (synonym Input-Parameter) und die Rückholung der Ausgabe-Parameter (synonym Output-Parameter). Erst beim Funktionsaufruf werden die konkreten Werte referenziert und ersetzen die formalen Platzhalter durch eine konkrete Wertebelegung. Daher müssen die Namen der Parameter beim Aufruf der Funktion nicht identisch mit den Namen der Parameter innerhalb der Funktion sein. Die Bindung von aktuellen Parametern an die formalen Parameter vollzieht sich mit dem Funktionsaufruf (zur Laufzeit). Dies zeigt das nachfolgende Beispiel:

Quellcode 2.5: Funktionen erstellen - Teil II

```
1  >> dA = 4;  // dA bekommt den Zahlenwert 4 zugewiesen, sodass dA jetzt 4 ist.
2  >> dB = fHalbieren(dA) // dB ist das Ergebnis der Funktion fHalbieren
3  // Die Funktion bekommt  dA uebergeben. Dabei ist dA vorher als 4 definiert,
4  // sodass MATLAB 4 / 2 berechnet und das Ergebnis in Form von dB ausgibt:
5  dB =
6  2
7  >>
```

Die aktuellen Parameter sind hier dA und dB, die beim Funktionsaufruf an die formalen Parameter (dA an dZuhalbieren und dB an dHalbierterWert) gebunden werden.

Selbst geschriebene, also Benutzer-definierte Funktionen lassen sich ebenso leicht aus Skripten erstellen. Beispielhaft greifen wir dafür auf unser oben dargestelltes Beispielskript zur Multiplikation zweier Matrizen zurück (siehe Codebeispiel 2.3). Dort findet sich in Codezeile 28 die Anweisung mC = mA * mB;. Nehmen wir einmal für den Moment an, dies sei eine höchst komplexe Berechnung, vielleicht bestehend aus einigen hundert Codezeilen. Diese Berechnung möge mit mA und mB als Eingangsparametern beginnen und am Ende möge das Ergebnis der langen Berechnungen in mC stehen. Anstatt diese einige hundert Codezeilen lange Berechnung als Skript auszuführen, würde es sich anbieten, diese Berechnung in Form einer Funktion auszulagern, damit sie zukünftig universeller einsetzbar und allgemein verfügbar ist. Mit Copy-and-Paste kann der entsprechende Codeabschnitt aus dem Skript herausgeschnitten und anschließend in eine benutzerdefinierte Funktion umgewandelt werden, wie es beispielhaft im Codebeispiel 2.6 gezeigt wird.

Quellcode 2.6: Multiplizieren zweier Matrizen als Funktion

```
1  function mC = fMyMMult(mA,mB)
2  % Einfache Demo fuer die Verwendung einer selbst geschriebenen
3  % Benutzer -Funktion
4
5  % Durchfuehrung der Berechnung
```

---

[15] Die verwendeten Benennungskonventionen können grundsätzlich frei gewählt werden. Jedoch ist eine einheitliche Benennung sinnvoll und im Rahmen dieses Buches unerlässlich.

```
6 mC = mA * mB;
7
8 end
```

Jetzt muss im Skript der Codeabschnitt mit der Berechnung nur noch durch den Funktionsaufruf ersetzt werden, wie es exemplarisch das Codebeispiel 2.7 zeigt.

Quellcode 2.7: Multiplizieren zweier Matrizen mit Funktion

```
 1 % bSkript_Beispielskript zum Umgang mit dem Editor, jetzt mit
 2 % Nutzung einer eigenen Funktion
 3 %
 4 % In diesem Skript soll eine Matrixberechnung durchgefuehrt werden.
 5 % Erwartet wird das Ergebnis in Form eine Matrixdarstellung
 6
 7 % Workspace loeschen: Arbeitsspeicher, Kommandokonsole, Grafiken
 8 clear;      % Arbeitsspeicher
 9 clc;        % Kommandokonsole
10 close all;  % Grafiken
11
12 % Matrizenberechnung:
13 %
14 % Benennung einer Matrix mit dem Namen mA, diese bekommt die Werte
15 % in Matrixschreibweise [1 2;3 4] zugewiesen.
16 % Wertebereich: Ganze Zahlen
17 mA = [1 2;3 4];
18
19 % Benennung einer zweiten Matrix mit dem Namen mB, diese bekommt die Werte
20 % in Matrixschreibweise [10 10;10 10] zugewiesen.
21 % Wertebereich: Ganze Zahlen
22 mB = [10 10;10 10];
23
24 % Multiplikation der Matrizen mA und mB, diesmal mittels selbstgeschriebener
25 % Funktion
26 mC = fMyMMult(mA,mB);
```

Obwohl es aufgrund der Einfachheit in diesem Beispiel völlig unnötig ist, die eigentlichen Berechnungen innerhalb des Skriptes in eine eigenständige Funktion auszulagern, kann dieses Beispiel als eine generelle Leitlinie oder Empfehlung angesehen werden. Skripte können durchaus als Startpunkt dienen, um umfängliche Berechnungsfolgen zu entwickeln. Arbeiten diese dann zu voller Zufriedenheit, sollten diese Berechnungsfolgen am besten in eine eigenständige Funktion ausgelagert werden. Dies gestaltet nicht nur das Skript anschließend lesefreundlicher und leichter wartbar, auch die Auslagerung der Codeabschnitte erhöht deren Wiederverwendbarkeit bei ähnlich gelagerten Aufgabenstellungen.

AUFGABEN

Aufg. 2.5 Gegeben sei die quadratische Funktion $f(x) = 3x^2 + 5x - 7$. Schreiben Sie eine Matlab-Funktion, die den Wert dieser quadratischen Funktion berechnet! Rufen Sie die Funktion auf der Konsole mit dem Argument $x = 5$ auf.

Aufg. 2.6 Gegeben sei die quadratische Funktion $f(x) = a * x^2 + b * x + c$. Schreiben Sie eine Matlab-Funktion, die den Wert dieser quadratischen Funktion berechnet! Rufen Sie die Funktion auf der Konsole mit dem Argument $x = 5$ auf. Es handelt sich hier offensichtlich um nahezu die selbe Aufgabe wie oben, jedoch sind die Koeffizienten a, b und c jetzt als freie Parameter der

Funktion mit zu übergeben. Wählen Sie für den Aufruf der Funktion z.B. die Parameter $a = 2$, $b = 3$ und $c = 4$.

Der obige Abschnitt zeigt, wie eigene Formeln und allgemeine Funktionen in MATLAB realisiert werden. Dabei ist es nicht nötig „das Rad neu zu erfinden", die Nutzung von internen MATLAB-Funktionen ist in aller Regel empfehlenswert. Dabei reicht es völlig aus, die aufgeführte Funktion mit den entsprechenden Parametern auf der Konsole einzugeben oder im eigenen Skript oder gar in eigener Funktion zu verwenden. Als Beispiel kann die Funktion sum herangezogen werden, wie im nachfolgenden Programmlisting gezeigt wird.

Quellcode 2.8: Die vordefinierten MATLAB-Funktionen

```
1  >> vA=[1,2,3,4,5,6,7,8,9,10]; // Ein Vektor mit zehn Zahlen wird angelegt
2  >> sum(vA) // Der MATLAB-Funktion sum() wird der Vektor vA uebergeben
3  ans =
4
5        55 // Das Ergebnis der summierten Elemente aus dem Vektor vA
```

Die Tabelle 2.1 liefert einen kleinen Ausschnitt über einige nützliche Grundfunktionen.

Funktion:	Berechnungsoperation:
Standard-Funktionen	
sqrt	berechnet die Quadratwurzel
round	rundet das Ergebnis
Statistische-Funktionen	
sum	bildet die Summe
cumsum	bildet die kumulierte Summe
mean	bildet den Mittelwert
std	bildet die Standardabweichung
diff	bildet die Differenz
min	bildet das Minimum
max	bildet das Maximum
sort	sortiert die Elemente
Vergleichs-Operatoren	
$<$ bzw. $<=$	kleiner, kleiner oder gleich
$>$ bzw. $>=$	größer, größer oder gleich

Tabelle 2.1.: Übersicht über einige ausgewählte MATLAB-Grundfunktionen und Operatoren.

2.7. Exkurs: Codeausführung in Matlab

Im folgenden kurzen Exkurs wollen wir kurz einige nützliche Hintergrundinformationen zur Codeausführung bei Matlab geben. Diese Betrachtungen sind für das Arbeiten mit Matlab nicht essenziell, verdeutlichen aber, welche Grundüberlegungen für eine effiziente Programmierung in Matlab bedeutsam sind.

Das Herzstück eines jeden modernen Computers ist der Prozesser, die sog. CPU (engl. *Central Processing Unit*). Jeder Prozessortyp besitzt dabei einen spezifischen Befehlssatz (eng. *instruction set*), der als Binärcode (Folge aus Nullen und Einsen) ausgeführt ist. Die Programmierung eines Prozessors in diesem Maschinencode ist zwar grundsätzlich möglich, aber auch sehr umständlich und mühsam. Daher existieren bestimmte Hilfsprogramme, sog. *Compiler*, die es menschlichen Programmierern erlauben, den Programmcode auf einer höheren, von dem konkreten Prozessor unabhängigen Programmiersprache zu schreiben. Die historisch ältesten (Hoch-) Programmiersprachen sind z.B. FORTRAN für wissenschaftlich-technische Zwecke oder COBOL für kaufmännische Anwendungen. Modernere (Hoch-) Programmiersprachen sind z.B. C, C++ oder Java. Auch die Matlab-eigene Programmiersprache *m* kann als eine solche Hochsprache angesehen werden. Dabei schreibt der Anwender sein Programm in der jeweiligen Hochsprache und anschließend wird dieses vom Compiler in die Maschinensprache des jeweiligen (System-) Prozessor übersetzt. Das so übersetzte Programm kann der Prozessor dann direkt ausführen.

Der Vorteil eines Compilers besteht darin, direkt ausführbaren Maschinencode zu erzeugen, der dann mit hoher Effizienz vom Prozessor abgearbeitet werden kann. Allerdings verlangsamt dieser Compiler den Programmentwicklungszyklus enorm. Typischerweise passieren beim Programmieren viele Fehler, so dass daraus langwierige Zyklen aus Programmieren, Kompilieren, Fehlersuche, Korrektur, Kompilieren, usw. entstehen. Bei längeren Programmen kann dabei ein Compilerlauf (Übersetzungsvorgang in die Maschinensprache) durchaus einiges an Wartezeit verursachen. Die fortlaufenden Iterationen aus Programmcode editieren, Kompilieren, Fehlersuche können für den Programmierer bzw. Anwender sehr lästig, mühsam und vor allem zeitaufwändig sein.

Deshalb entstanden schon frühzeitig als Alternative sog. Interpreter bzw. Interpretersprachen, wie z.B. BASIC. Hier schreibt der Anwender seinen Programmcode in einer Hochsprache, der (scheinbar) direkt ausführbar ist (jedenfalls keinen expliziten Compilerlauf mehr benötigt). Tatsächlich wird aber nur zur Laufzeit des Programms der Code Zeile-für-Zeile eingelesen, durch den Interpreter übersetzt und dann ausgeführt. Für den Anwender erscheint dies so, als ob der programmierte Code sofort ablauffähig ist. Intern ist aber diese Arbeitsweise recht ineffizient, da durch die beständige Interpretation jeder Programmzeile viel Overhead verursacht wird. Interpretersprachen sind zur Laufzeit sehr viel langsamer als Compilersprachen. Matlab und seine Programmiersprache *m* ist im Prinzip ein solches Interpretersystem.

Um die Nachteile eines solchen Interpretersystems abzumildern, besitzt Matlab viele in Maschinencode kompilierte Systemfunktionen, wie z.B. die algebraischen Matrizenfunktionen. Matlab-Operationen, die auf diese Systemfunktionen zurückgreifen, sind hoch effizient und kaum noch zu beschleunigen. Um die Ablaufgeschwindigkeit von in *m* geschriebenen Programmen zu erhöhen, setzt Matlab ferner einen sog. Just-in-time-Compiler ein. Dieser übersetzt während des Ablaufs eines Matlab-Programms dieses in einen Zwischencode, sog. *p-Code*. Dieser stellt eine Vorstufe eines in Maschinensprache übersetzten Programms dar. Der p-Code ist schneller ablauffähig als der originäre Programmcode, wenn dieser Zeile-für-Zeile immer wieder neu interpretiert werden müsste. Hieraus resultiert z.B. ein spürbarer Laufzeitvorteil von Matlab gegenüber Octave. Allerdings ist dieser Laufzeitvorteil kaum merklich, soweit beide (Matlab und Octave) überwiegend Operationen nutzen, die als in Maschinencode kompilierte Systemfunktionen vorliegen.

Als praktische Folgerungen aus diesen Darstellungen ergeben sich zwei Leitlinien: Erstens sollte der Programmcode in Matlab und Octave immer so geschrieben werden, dass weitgehend in Maschinencode kompilerte Systemfunktionen genutzt werden. Sehr vereinfacht ausgedrückt heißt dies schlichtweg, wenn immer möglich, Matrizenoperationen zu nutzen. Umfängliche Eigenprogrammierungen, insbesondere unter Nutzung von Schleifenkonstruktionen, sollten wenn möglich vermieden werden. Zweitens ist der Einsatz eines Just-in-time-Compilers hilfreich; in Matlab arbeitet dieser automatisch immer im Hintergrund mit. Die Erwartungen daran sollten aber nicht übertrieben werden, die Codeausführung bleibt langsam im Vergleich zu Kompilersprachen. Wir werden die Betrachtungen zur Codeausführung in Matlab im Abschnitt 7.4 erneut aufgreifen und dort ein kleines Tool vorstellen, mit dem sich die Geschwindigkeit der Programmausführung messen lässt, um so gezielt ineffiziente Schwachstellen im eigenen Programm zu identifizieren.

2.8. Fallstudie Wetterdaten

Die bisherigen Betrachtungen zeigen, wie sich MATLAB über die Kommandokonsole bedienen lässt, wie Berechnungsfolgen in Skripten organisiert werden und wie sich das MATLAB-System mittels benutzerdefinierter Funktionen erweitern lässt. Um die in diesem Kapitel erläuterten Inhalte zu vertiefen, wird das Kapitel mit einer sich laufend fortentwickelnden Fallstudie abgeschlossen. Konkret geht es hier um die Analyse von Wetterdaten, da das Phänomen „Wetter" jedem Leser lebenspraktisch vertraut sein sollte und daher für die Behandlung dieser Fallstudie keine fachspezifische Einführung erforderlich ist; zumindest nicht in Bezug auf die hier beabsichtigten Analysen. Die Wetterdaten stellen einen Auszug aus dem Datenkatalog des Deutschen Wetterdienstes (DWD) dar. Der DWD bietet eine Sammlung von historischen und aktuellen Klimadaten an, wobei der Zugang zum „Climate Data Center" (CDC) des DWD über FTP–Server grundsätzlich frei ist.[16] Auf dem FTP–Server werden folgende Daten in stündlicher, täglicher, monatlicher, jährlicher oder vieljähriger Auflösung bereitgestellt:

1. gemessene Parameter an DWD-Stationen

2. abgeleitete Parameter an den Stationsstandorten

3. Rasterfelder für Deutschland

4. Mittelwerte für die einzelnen Bundesländer und für Gesamtdeutschland

5. Rasterfelder für Europa

---

[16] Der Zugang zum FTP–Server erfolgt über `ftp://ftp-cdc.dwd.de/pub/`.

6. Weltweite Klimastationsdaten

In diesem Buch werden wir als fortlaufende Fallstudie historische Monatsdaten für Deutschland benutzen. Dabei handelt es sich um jeweilige Monatsmittelwerte unterschiedlicher Wettermessstationen, die über ganz Deutschland verteilt sind. Ungültige oder fehlerhafte Messwerte in der Stichprobe sind mit dem Marker -999 gekennzeichnet.

Die Daten sind für die Durchführung der jeweiligen Abschnitte einer (Teil-) Fallstudie bereits vorselektiert, aufbereitet und gegebenenfalls in das benötigte Datenformat konvertiert. So beginnt der erste einführende Abschnitt zur Wetterdatenfallstudie mit der Analyse der Temperaturen für die Wetterstation Nummer 72. Der folgende Beispiel-Code zeigt, wie die Wetterdaten für die Fallstudie zu laden sind.[17]

Quellcode 2.9: Temperaturdaten Station 72 laden

```
1  >> load('TemperaturStation72.mat');
```

Der Matlab-Befehl `load` lädt eine Matlab-Datendatei. Das Argument der Funktion ist der Dateiname, im Beispiel etwa `'WetterDatenStation72.mat'`. Das Ergebnis dieser Ladeoperation ist im Beispiel ein Datenvektor mit Namen `vTemperatur`. Eine interessierende Frage könnte nun sein, welche mittlere Temperatur über den gesamten Beobachtungszeitraum an der Wetterstation 72 gemessen wurde. Das folgende Code-Beispiel zeigt die Berechnung.[18]

Quellcode 2.10: Mittlere Temperatur der Station 72 berechnen

```
1  >> mean(vTemperatur)
2
3  ans =
4
5          6.6422
```

AUFGABEN

Aufg. 2.7 Berechnen Sie für die gemessenen Monatsmittelwerte an der Wetterstation 72 den minimalen und maximalen Temperaturwert!

Aufg. 2.8 Wie viele Beobachtungen enthält die Beobachtungsreihe `vTemperatur`? Tipp: Am einfachsten können Sie dies anhand der Anzahl der Elemente bestimmen. Recherchieren Sie in der Matlab-Hilfe, wie sich die Anzahl der Elemente einer Datenreihe (Vektor) bestimmen lässt!

---

[17] Für Zwecke dieses Buches und der darin enthaltenen Fallstudien haben wir die Daten in der Vergangenheit geladen und teilweise für die Fallstudien aufbereitet. Für die Fallstudie wurden bewusst die Daten der Wetterstation 72 benutzt, die im Jahre 1995 enden, damit Leser, welche die Daten direkt vom Server laden, beim späteren Nacharbeiten die Ergebnisse reproduzieren können. Bei einer noch aktiven Wetterstation kämen ansonsten ja fortlaufend neue Daten hinzu und es müsste stets genau auf die Einhaltung des benutzten Datenzeitraums geachtet werden. Tatsächlich zeigte sich allerdings bei einem zwischenzeitlichen Update der Fallstudiendaten, dass der DWD nicht nur Umfang und Anordnung der Wetterdaten geändert hatte, sondern auch den Ausweis signifikanter Nachkommastellen (zwei statt zuvor eine). Da derartige Änderungen auch in der Zukunft nicht ausgeschlossen werden können, sollten bei systematischen Ergebnisunterschieden unbedingt die Ausgangsdaten verglichen werden.

[18] Das Beispielskript `bSkript_Wetterdaten_Kap_2.m` kann zum Nachbau der Fallstudie genutzt werden.

2.9. Zusammenfassung - Installation und Programmeinstieg

Für die MATLAB-Installation wird eine MATLAB-Lizenz benötigt. Diese kann zum einen auf der Homepage des Herstellers (`www.mathworks.de`) direkt bestellt werden. Hierbei wird eine Kreditkarte benötigt. Zum anderen gibt es die Alternative über Online-Versandhändler. Während der Installation muss eine Internetverbindung bestehen.[19] Die zentrale Benutzeroberfläche (GUI) der MATLAB Software besteht im Wesentlichen aus der *Konsole*, aus dem *Workspace* und aus dem *Current Folder*. Dabei ist die Konsole das Hauptinteraktionsfenster. Das *Skript* ist vergleichbar mit einem Backrezept. Mit diesem lassen sich wiederholende Arbeitsschritte einmal aufschreiben und dann beliebig oft ausführen. Ähnlich verhält es sich mit den Funktionen. Sie lassen sich ebenfalls über einen passenden Editor erstellen. MATLAB bietet ein großes Spektrum an vordefinierten Funktionen an.

Weiterführende Literatur:

Eine grundlegende Orientierung in der Benutzeroberfläche vermittelt das Buch von SCHWEIZER (2009).

Die Auseinandersetzung mit Skripten lässt sich im Buch MATLAB 7 von UEBERHUBER et al. (2005) vertiefen.

Lösungen zu den Aufgaben im Kapitel 2

2.1:

```
1 >> clc
2 >> 56 * 67 + 23
3 ans =

5        3775
6
```

HINWEISE:
Der Befehl clc löscht das Konsolenfenster, ist aber nicht unbedingt notwendig. Der Berechnungsausdruck kann ganz normal auf der Konsole eingegebenen werden. Die Eingabe ist mit Enter abzuschließen.

2.2:

```
1 >> help mean
2 mean    Average or mean value.
3        S = mean(X) is the mean value of the elements in X if X is a vector.
4        For matrices, S is a row vector containing the mean value of each
5        column.
6        For N-D arrays, S is the mean value of the elements along the first
7        array dimension whose size does not equal 1.

9        ...
10
```

HINWEISE:
Weitere Ausgaben erfolgen auf der Konsole zur Erläuterung von mean, sind aber hier nicht weiter mit angegeben.

---

[19] Alternativ kann die kostenlose Software Octave verwendet werden.

2.3:

```
1 >> mean([3,6,8])
2 ans =

4          5.6667
```

2.4:

```
1 % Uebungsskript: Berechnung von 56 * 67 + 23,
2 % Aufruf der Hilfe zu mean und Berechnung des
3 % Mittelwertes von [3, 5, 8]

5 % Schritt 1: Berechnung von 56 * 67 + 23;
6 % Ergebnis wird in dA abgelegt
7 dA = 56 * 67 + 23;

9 % Schritt 2: Aufruf der Hilfefunktion
10 help mean

12 % Schritt 3: Berechnung des Mittelwertes von [3, 5, 8],
13 % Ergebnis wird in dB abgelegt
14 dB = mean([3, 5, 8]);
```

2.5:

```
1 Vgl. Datei: fQuadFunc.m

3
```

> **HINWEISE:**
> Der Aufruf der Funktion auf der Konsole erfolgt dann durch Eingabe des Funktionsnamens und Angabe des Parameters:

```
5 >> fQuadFunc(5)

7 ans =

9          93
```

2.6:

```
1 Vgl. Datei: fQuadFuncArg.m

3
```

> **HINWEISE:**
> Der Aufruf der Funktion auf der Konsole erfolgt dann durch Eingabe des Funktionsnamens und Angabe der Parameter:

```
5 >> fQuadFuncArg(2,3,4,5)

7 ans =

9          69
```

2.7:

```
1 >> min(vTemperatur)

3 ans =

5          -7.8200
```

```
7  >> max(vTemperatur)

9  ans =

11        19.5500
```

2.8:

```
1  >> numel(vTemperatur)

3  ans =

5         200
6
```

> **HINWEISE:**
> Alternativ kann die Funktion `size` oder die Funktion `length` genutzt werden.

3. Matrizenoperationen und Indexierung

Ein elementarer Bestandteil der Software MATLAB sind Berechnungen auf Matrizen. Den Kern dieses Kapitels bildet das Rechnen mit diesen algebraischen Objekten. Nach einem kurzen Einstieg in die mathematischen Grundlagen (Kap. 3.1) wird insbesondere in die Indexierung von Matrizen (Kap. 3.2) eingeführt. Die Indexierung der Matrizen ist vermutlich eines der wichtigsten Elemente, um sehr effizient unterschiedlichste Aufgaben in MATLAB zu lösen. Danach werden die ersten Berechnungsschritte in Form von Matrizenoperationen (Kap. 3.3) dargestellt. Anschließend wird das Belegen von Matrizen mit speziellen Werten (Kap. 3.4) gezeigt. Alle Berechnungen werden in diesem Kapitel am Beispiel von MATLAB illustriert, lassen sich jedoch in selber Art und Weise mit Octave umsetzen.

Lernergebnisse

Nach dem Durcharbeiten dieses Kapitels werden Sie in der Lage sein,

⇒ das grundlegende Konzept der Matrix zu verstehen.

⇒ das Anlegen von Matrizen in MATLAB zu verstehen.

⇒ die Indexierung als Instrument zum Zugriff auf Matrizen zu beherrschen.

⇒ Berechnungsoperation mit Matrizen durchführen zu können.

⇒ die Initialisierung der Matrizen mit spezifischen Werten durchzuführen.

⇒ den Aufbau einer (Daten-) Matrix zu verstehen.

⇒ Rechenoperationen mit Matrizen zu verstehen und anzuwenden.

⇒ elementenweise Rechenoperationen zu verstehen und anzuwenden.

⇒ Lösungen von Gleichungssystemen umzusetzen und zu verstehen.

3.1. Was ist eine Matrix?

Eine Matrix lässt sich als rechteckiges Zahlenschema begreifen, in welchem die Zahlen spaltenweise aufgeführt werden (vgl. STRY und SCHWENKERT, 2013, S. 152). Dabei ist eine Matrix in M Zeilen und N Spalten organisiert. Die Dimension einer Matrix wird entsprechend als $M \times N$ geschrieben. Jedes Element innerhalb der Matrix ist anhand seiner Position in diesem rechteckigen Zahlenschema eindeutig identifizierbar. Daher kann eine Matrix als ein Speichermedium für eine große Menge von Zahlen aufgefasst werden. Sie ermöglicht eine kompakte und zugleich übersichtliche Darstellung dieser Zahlen (Elemente oder Komponenten einer Matrix). Somit ist die Matrix auch in den Wirtschafts- und Sozialwissenschaften ein geeignetes Hilfsmittel, um große Mengen an empirischen Beobachtungsdaten zu repräsentieren und später weiter zu verarbeiten. Folgende Beispiele sollen beim Verständnis helfen. Den Beginn macht die Matrix **A**, welche zur besseren Identifikation mit einem voranstehenden **m** als Matrix kenntlich gemacht wird. Die Matrix **mA** ist z.B. eine 2×2 Matrix mit vier Werten.

$$\mathbf{mA} = \begin{bmatrix} 4 & 2 \\ 3 & 1 \end{bmatrix} \tag{3.1}$$

Hingegen ist die Matrix **mB** z.B. eine 2×4 Matrix.

$$\mathbf{mB} = \begin{bmatrix} 0 & 2 & 3 & 4 \\ 3 & 1 & 7 & 6 \end{bmatrix} \tag{3.2}$$

Die Matrix **mC** ist z.B. eine 4×3 Matrix.

$$\mathbf{mC} = \begin{bmatrix} 0 & 2 & 3 \\ 3 & 1 & 7 \\ 4 & 5 & 6 \\ 1 & 3 & 3 \end{bmatrix} \tag{3.3}$$

Die Eingabe von Matrizen in Matlab folgt im Wesentlichen dieser mathematischen Notation. Dabei werden die eckigen Klammern [] als sog. *Kontakenationsoperator* benutzt, welche die von ihnen eingeschlossenen Elemente zu einer Matrix zusammenbinden. Zur Separation der einzelnen Elemente einer Matrix bei deren Eingabe kann das Leerzeichen oder das Komma verwendet werden; es dient als *Separationsoperator*. Eine Zeilenschaltung innerhalb der Matrix wird durch das Semikolon bewirkt. Der nachfolgende Codeabschnitt illustriert die Eingabe der Matrix mC auf der Matlab-Konsole.

Quellcode 3.1: Das Anlegen einer 4 x 3 Matrix mit dem Namen mC

```
1  mC = [0, 2, 3 ; 3, 1, 7 ; 4, 5, 6 ; 1, 3, 3 ]
```

Analysieren wir die Eingabe anhand der zuvor gegebenen, abstrakten Erläuterung: Die Eingabe von mC = [0, 2, 3 ; 3, 1, 7 ; 4, 5, 6 ; 1, 3, 3] legt eine Matrix an. Dabei ist mC die *Variable*, die eben diese Werte *zugewiesen* bekommt. Die eckigen Klammern in mC = [] (Konkatenationsoperator) binden die von ihnen eingeschlossenen Elemente zusammen. Jedes Element der Matrix wird dabei durch ein Komma (,) von seinen Nachbarn getrennt. Jede neue Zeile wird durch einen Zeilenumbruch (Semikolon ;) innerhalb der Klammerung eingeleitet. Durch die Bestätigung mit der *Enter*-Taste wird der Befehl ausgeführt und das Ergebnis auf der Konsole ausgeben.

Quellcode 3.2: Das Ergebnis des Anlegens der 4 x 3 Matrix mC

```
1  mC =
2
3         0      2      3
4         3      1      7
5         4      5      6
6         1      3      3
```

Optional kann die Zuweisung der Werte zu mC mit einem Semikolon (;) abgeschlossen werden. Damit wird die Konsolenausgabe unterdrückt.

Im Kontext der Matrizenberechnung finden sich häufig die Begriffe *Vektor* und *Skalar*. Wir wollen einen *Vektor* als einen Spezialfall einer Matrix-Form einer einzelnen Spalte (Dimension $M \times 1$) oder einzelnen Zeile (Dimension $1 \times N$) auffassen. Der Standardfall eines Vektors ist der Spaltenvektor. Dieser lässt sich als $M \times 1$ Matrix beschreiben. Hierzu soll ebenfalls ein Beispiel dienlich sein. Der Vektor **D** wird zwecks Unterscheidung von einer Matrix durch ein vorangestelltes **v** kenntlich gemacht.

$$\mathbf{vD} = \begin{bmatrix} 0 \\ 1 \\ 2 \\ 4 \end{bmatrix} \tag{3.4}$$

Die Eingabe in Matlab ist einfach, wie es der folgende Codeabschnitt zeigt (das Semikolon am Ende der Eingabezeile unterdrückt die Ausgabe des Ergebnisses auf der Matlab-Konsole; probieren Sie dieses einmal aus):

Quellcode 3.3: Das Anlegen eines 4 x 1 Spaltenvektors mit dem Namen vD

```
1  vD = [0; 1; 2; 4];
```

Davon abzugrenzen ist der Zeilenvektor, welcher sich durch die Matrix-Form $1 \times N$ darstellen lässt. Dafür soll der Vektor **vE** als Beispiel dienlich sein.

$$\mathbf{vE} = \begin{bmatrix} 0 & 1 & 2 & 4 \end{bmatrix} \tag{3.5}$$

In Abgrenzung dazu ist ein *Skalar* eine 1×1 Matrix und damit eine einzige Zahl.

Eine erste wichtige Operation auf Vektoren und Matrizen ist das Transponieren. Beim Transponieren werden alle Zeilen einer Matrix als Spalten geschrieben (bzw. alle Spalten einer Matrix als Zeilen), wie es das Code-Beispiel 3.4 illustriert. Das Transponieren wird in MATLAB durch den Hochstrich ' bewirkt. Durch Transponieren wird aus einem Zeilenvektor ein Spaltenvektor, aus einem Spaltenvektor ein Zeilenvektor.

Quellcode 3.4: Das Transponieren einer 4 x 3 Matrix mit dem Namen mC

```
1  mC = [0, 2, 3 ; 3, 1, 7 ; 4, 5, 6 ; 1, 3, 3 ]
2
3  mC =
4
5          0       2       3
6          3       1       7
7          4       5       6
8          1       3       3
9
10 >> mC'
11
12 ans =
13
```

14	0	3	4	1
15	2	1	5	3
16	3	7	6	3

AUFGABEN

Aufg. 3.1 Geben Sie den Vektor **vE** auf der Matlab-Konsole ein!

Aufg. 3.2 Transponieren Sie den Vektor **vE** auf der Matlab-Konsole!

3.2. Indexierung von Matrizen

Sehr wichtig und hilfreich beim Arbeiten mit Matrizen ist es, wenn auf einzelne Elemente oder gar ganze Teilausschnitte einer Matrix gezielt zugegriffen werden kann, weil dort z.B. gerade interessierende Daten stehen. Grundstein für solche gezielten Zugriffe ist die sogenannte *Indexierung*. Die Indexierung basiert im Grunde auf einer Nummerierung aller Elemente einer Matrix, sodass auf spezifische Elemente einer Matrix unter Angabe dieser „Nummern " (Indices) zugegriffen werden kann. Hierzu wird die Matrix **mC** aus dem vorangegangen Beispiel als Grundlage herangezogen.

Angenommen, der Zugriff auf die letzte Zeile der Matrix mC ist erwünscht, sodass als Ergebnis ein Vektor mit den Zahlen 1, 3, 3 steht. Hierbei hilft die Indexierung. Am einfachsten ist es, eine neue Variable zu definieren, in diesem Fall **vF**. Anschließend wird **vF** mit einer Zuweisung (=) die betreffende Zeile aus der ursprünglichen Matrix **mC** zugewiesen. Der Trick besteht in dem Anfügen von runden Klammern (und) direkt nach mC(). Innerhalb der Klammer wird der gewünschte Bereich angegeben. Der generelle Aufbau lässt sich wie folgt beschreiben:

```
(Startpunkt Zeile : Endpunkt Zeile, Startpunkt Spalte : Endpunkt Spalte)
```

Die Zählung des Index beginnt mit 1.[1] Im beschriebenen Beispiel sind damit die Parameterwerte der runden Klammern wie folgt zu definieren: (4,1:3). Die 4 reicht hier zur Angabe der letzten Zeile aus. 1:3 markiert die Lauflänge der Spalten. Alternativ wäre auch die Schreibweise 1:end[2] zulässig. Das Ergebnis (Code: 3.5) stellt sich wie folgt auf der Konsole dar.

Quellcode 3.5: Zugriff auf Zeile einer Matrix

```
1  mC = [0, 2, 3 ; 3, 1, 7 ; 1, 5, 6 ; 1, 3, 3 ];  // Anlegen der Matrix mC.
2
3  vC= mC(4,1:3)   // Anlegen eines neuen Vektors durch Indexzugriff auf die Matrix mC.
4
5  vC =
```

---

[1] In anderen (verbreiteten) Programmiersprachen wie z.B. *Java, C, C++* oder *VBA* beginnt die Indexierung (Zählung) üblicherweise mit 0. MATLAB folgt hier vermutlich der Programmiersprache FORTRAN, in der ebenfalls die Zählung bei 1 beginnt. Dieser Unterschied kann für Umsteiger aus anderen Programmiersprachen mitunter ein „Stolperstein" sein.

[2] Das end dient als Schlüsselwort. Damit bestimmt MATLAB das letzte Element einer Zeile bzw. Spalte automatisch.

```
6
7        1    3    3    // Das Ergebnis des neuen Vektors auf der Konsole.
```

MATLAB lässt dem Anwender bei der Indexierung viele Freiheiten. Analog zum Ausgangsbeispiel im Code 3.5 führt der Aufruf mC(4,:)[3] zum selben Ergebnis. Die Tabelle 3.1 gibt eine Übersicht der möglichen Syntax zur Indexierung in MATLAB.

Indexzugriff bei Matrizen				
Objekt (Indizes)	Alternativen	Zeile	Spalte	Ergebnisse
v(:)				Matrix zu Vektor
m(:,:)	m(1:end, 1:end)	Alle Zeilen	Alle Spalten	Komplette Matrix
m(A:N,B:M)		A:N	B:M	Teil aus Matrix

Tabelle 3.1.: Syntax der Indexierung bei Matrizen. Die Tabelle zeigt mögliche Eingabeformen, um mit Hilfe der Indexierung auf bestimmte Werte einer Matrix zuzugreifen.

Zusätzlich zur Indexierung durch die Spezifikation von Zeilen und Spalten einer Matrix bietet MATLAB die Möglichkeit des sog. linearen Indexierens an. MATLAB wird eine Matrix $\mathbf{A}$,

$$\mathbf{A} = \begin{bmatrix} 2 & 6 & 9 \\ 4 & 2 & 8 \\ 3 & 5 & 1 \end{bmatrix}$$

intern als Zahlenreihenfolge $2, 4, 3, 6, 2, 5, 9, 8, 1$ abspeichern. Das Element in der 1. Zeile und 3. Spalte (Wert 9) aus der Matrix $\mathbf{A}$ ist in der Zahlenreihenfolge an der 7. Stelle. Daher ist es möglich, auf dieses Element mittels des Befehls A(7) zuzugreifen. Manche MATLAB–Funktionen (z.B find) liefern die Ergebnisse im linearen Index zurück, wie das nachfolgende Programmlisting aufzeigt.

Quellcode 3.6: Zugriff auf Elemente einer Matrix mittels des linearen Indexierens

```
1  mC = [0, 2, 3 ; 3, 1, 7 ; 1, 5, 6 ; 1, 3, 3 ];   // Anlegen der Matrix mC.
2
3  >> vF = find(mC>3) // Finde die Stelle der Elemente in mC, die groesser als 3 sind
4
5  vF =
6
7  7
8  10
9  11
10
11  >> mC(vF) // Ausgabe der Werte aus mC, die groesser als 3 sind
12
13  ans =
14
```

---

[3] In MATLAB ist : ein Synonym für die Schreibweise 1:end, um alle Elemente in einer Zeile bzw. Spalte zu betrachten.

```
15  5
16  7
17  6
```


Aufg. 3.3 Gegeben sei die Matrix **mTest** als z.B. eine 5×5 Matrix.

$$\mathbf{mTest} = \begin{bmatrix} 1 & 2 & 3 & 4 & 5 \\ 6 & 7 & 8 & 9 & 10 \\ 11 & 12 & 13 & 14 & 15 \\ 16 & 17 & 18 & 19 & 20 \\ 21 & 22 & 23 & 24 & 25 \end{bmatrix} \tag{3.6}$$

Geben Sie diese Matrix auf der Matlab-Konsole ein! Wir benötigen diese für die folgenden Aufgaben zur Indexierung.

Aufg. 3.4 Selektieren Sie aus der Matrix **mTest** dasjenige Element, welches den Wert 12 besitzt.

Aufg. 3.5 Selektieren Sie aus der Matrix **mTest** die Elemente der zweiten bis dritten Zeile und vierten bis fünften Spalte. Geben Sie dazu auf der Matlab-Konsole den dafür notwendigen Befehl ein!

Aufg. 3.6 Entnehmen Sie aus der Matrix **mTest** alle Elemente der vierten Zeile. Geben Sie dazu auf der Matlab-Konsole den dafür notwendigen Befehl ein!

Aufg. 3.7 Wandeln Sie die Matrix **mTest** in einen Vektor um. Schauen Sie sich das Ergebnis auf der Konsole genau an. In welcher Reihenfolge entnimmt MATLAB die Elemente aus der Matrix? (Hinweis: Die Beantwortung dieser Frage ist für viele spätere Operationen, in denen Matrizen umgewandelt oder deren Dimensionen geändert werden, von zentraler Bedeutung.)

3.3. Elementare Matrizenoperationen

Berechnungen auf der Grundlage von Matrizen erfordern, dass einige Voraussetzungen erfüllt sein müssen, um zulässige Rechenoperationen durchführen zu können. In diesem Werk findet keine Annäherung an diese Thematik über mathematische Definitionen statt. Vielmehr wird ein intuitiver Zugang gewählt. Eine solche Herangehensweise hilft bei der späteren Programmierung von Codes, intuitiv Fehler im Quellcode zu finden oder zu vermeiden.

3.3.1. Voraussetzungen

Die Matrix, als elementare Datenstruktur, wird in MATLAB als Objekt der Linearen Algebra behandelt. Analog zur Linearen Algebra in der Mathematik gelten auch in MATLAB die üblichen Rechenregeln, sodass die grundlegenden algebraischen Operationen Addition (+), Subtraktion (-)

und Multiplikation (*) vorhanden sind, die wie Operationen der Linearen Algebra interpretiert und ausgeführt werden. Sehr hilfreich für das praktische Arbeiten sind auch die elementweise Multiplikation (.*) und Division (./). Für Neueinstciger in die Lineare Algebra mag es zunächst etwas „eigentümlich" erscheinen, dass es eine Divisionsoperation - wie als Divisionsoperation auf Skalaren bekannt - in dieser direkten Form nicht gibt. Wir gehen darauf etwas später ein.

Die erste Regel bei Operationen bezieht sich auf die Dimension der zu verrechnenden Matrizen. Dabei gilt für die Matrizenaddition (Kap. 3.3.2) und Matrizensubtraktion (Kap. 3.3.3) sowie die elementenweise Operationen (z.B. Multiplikation (Kap. 3.3.4), Division (Kap. 3.3.5)), dass Matrizen, die miteinander verrechnet werden, dieselbe Dimension haben müssen. Für die Matrizenmultiplikation ist dies nur ein zulässiger Spezialfall. Die allgemeine Voraussetzung für die Matrizenmultiplikation ist etwas komplexer und wird später näher erläutert. Eine exemplarische Übersicht der Operationen sowie der denkbaren Matrixdimensionen sind in der Tabelle 3.2 zusammengestellt.

Operation	MATLAB–Befehl	Dimensionen		
		erste Matrix	zweite Matrix	Ergebnismatrix
Addition	+	$M \times N$	$M \times N$	$M \times N$
Subtraktion	-	$M \times N$	$M \times N$	$M \times N$
Elementenweise Multiplikation	.*	$M \times N$	$M \times N$	$M \times N$
Elementenweise Division	./	$M \times N$	$M \times N$	$M \times N$
Multiplikation	*	$M \times N$	$N \times K$	$M \times K$
Rechtsdivision	\	$M \times N$	$M \times K$	$N \times K$
Linksdivision	/	$M \times N$	$K \times N$	$K \times M$

Tabelle 3.2.: Übersicht gängiger Matrixoperationen, der Dimensionen der zu verrechnenden Matrizen sowie die Dimension der resultierenden Ergebnismatrix.

Diese Voraussetzung zur Dimension basiert auf der Eindeutigkeit, denn zu jedem Rechenschritt müssen eindeutig die Elemente der jeweiligen Matrix bestimmbar sein, die als Rechenbausteine zum Ergebnis verwendet werden. Die Abbildung (Abb. 3.1) illustriert die erste Voraussetzung der Rechenoperationen mit Matrizen in MATLAB. Unzulässige Matrizen-Operationen werden erkannt und durch Fehlermeldungen kenntlich gemacht, wie z.B.: `Matrix dimensions must agree`.

$$\begin{bmatrix} x1 & x2 \\ x3 & x4 \end{bmatrix} \xrightarrow{\ Operation:\ +,\ -,\ .*,\ ./\ } \begin{bmatrix} y1 & y2 \\ y3 & y4 \end{bmatrix} = \begin{bmatrix} z1 & z2 \\ z3 & z4 \end{bmatrix}$$

Abbildung 3.1.: Die Abbildung visualisiert die elementare Grundregel für die Berechnung mit vollständigen Matrizen. Beide Matrizen müssen die selbe Dimension haben.

3.3.2. Die Matrizenaddition

Die Matrizenaddition erfolgt dadurch, dass jedes Element der ersten Matrix zu dem korrespondierenden Element der zweiten Matrix addiert wird. Die elementenweise (im Folgenden synonym auch als *komponentenweise* bezeichnet) Addition aller einzelnen Elemente ergibt schließlich die Ergebnismatrix. Die folgende Formel 3.7 stellt die Vorgehensweise bei der Matrizenaddition dar:

$$c_{ij} = a_{ij} + b_{ij} \tag{3.7}$$

Dabei bezeichnet c_{ij} ein Element der Ergebnismatrix **C** an der Position i-te Zeile und j-te Spalte, a_{ij} ein Element der ersten Matrix **A** an der Position i-te Zeile und j-te Spalte und b_{ij} ein Element der zweiten Matrix **B** an der Position i-te Zeile und j-te Spalte. Aus der Definition der Matrizenaddition wird zugleich ersichtlich, warum beide Matrizen **A** und **B** dieselbe Dimension haben müssen, weil sonst dieses Vorgehen nicht durchführbar wäre.

Das folgende Beispiel illustriert die Umsetzung in MATLAB.

Quellcode 3.7: Die Matrizenaddition

```
1  >> mA = [1 2;3 4]; // Deklarierung einer 2 * 2 Matrix mit dem Namen mA.
2  >> mB = [5 6;7 8]; // Deklarierung einer 2 * 2 Matrix mit dem Namen mB.
3  >> mC = mA + mB // Es erfolgt eine komponentenweise Addition
4
5  mC =                        // Das Ergebnis ist eine Matrix derselben Dimension.
6
7        6      8
8       10     12
```

Die Eingabe der Matrizen mA und mB zeigt, dass an der Stelle, an der das Semikolon eingetragen wird, ein Zeilenumbruch stattfindet. Entsprechend der vereinbarten Notation werden die Matrizen mit einem führenden m benannt.

3.3.3. Die Matrizensubtraktion

Die folgende Formel 3.8 stellt die Vorgehensweise bei der Matrizensubtraktion dar.

$$c_{ij} = a_{ij} - b_{ij} \tag{3.8}$$

Offensichtlich wird hier analog zu der Matrizenaddition vorgegangen, jedoch wird jetzt komponentenweise jedes Element der zweiten Matrix von dem korrespondierenden Element der ersten

Matrix abgezogen. Es wird in diesem Schritt quasi „zurückgerechnet", sodass die Ausgangsmatrizen mA und mB wieder zur Verfügung stehen. Das nachfolgende Beispiel illustriert die Umsetzung in MATLAB.

Quellcode 3.8: Die Matrizensubtraktion

```
1  >> mC = [6 8;10 12];
2  >> mA = [1 2;3 4];
3  >> mB = mC - mA // Es erfolgt eine komponentenweise Subtraktion.
4
5  mB =                        // Das Ergebnis ist eine Matrix der selben Dimension.
6
7        5      6
8        7      8
```

3.3.4. Elementenweise Matrizenmultiplikationen

Die elementenweise Matrizenmulitplikation ist in analoger Weise wie die zuvor dargestellte Matrizenaddition und Matrizensubtraktion definiert. Hier werden elementenweise alle korrespondierenden Elemente der Matrizen **A** und **B** miteinander multipliziert. Die folgende Formel 3.9 stellt die Vorgehensweise bei der elementenweisen Matrizenmultiplikation dar:

$$c_{ij} = a_{ij} * b_{ij} \tag{3.9}$$

Anhand eines einfachen Beispiels in MATLAB wird gezeigt, wie eine solche komponentenweise Matrizenmultiplikation durchzuführen ist. Dies lässt sich mit der Anweisung (.*) erreichen. Der Quellcode zeigt die Vorgehensweise. Im ersten Schritt werden die Matrizen mA und mB angelegt und mit Werten vorbelegt. Anschließend werden die Ergebnisse der komponentenweisen Multiplikation mA .* mB in der Matrix mC gespeichert und auf der Konsole ausgegeben.

Quellcode 3.9: Elementenweise Matrizenmultiplikationen

```
1  >> mA= [10, 100; 1000, 10000];
2  >> mB= [500, 50; 5, 0.5];
3
4  >> mC = mA .* mB;
5
6  >> mC
7
8  mC =
9
10        5000       5000
11        5000       5000
```

Während die (elementenweise) Matrizenaddition und Matrizensubtraktion in der Linearen Algebra das Pendant zur Addition und Subtraktion bei Skalaren darstellt, ist die elementweise Matrizenmultiplikation **nicht** das Pendant zur Multiplikation bei Skalaren. In diesem Sinne ist die elementenweise Matrizenmultiplikation keine Basisoperation der Linearen Algebra, jedoch beim praktischen Arbeiten extrem hilfreich. Dies gilt in derselben Weise für die nachfolgend vorgestellte, elementenweise Matrizendivision.

3.3.5. Elementenweise Matrizendivisionen

Neben der elementenweisen Multiplikation lassen sich auch elementenweise Divisionen durchführen. Hier werden elementenweise alle korrespondierenden Elemente der Matrix **A** durch die entsprechenden Werte der Matrix **B** dividiert. Die folgende Formel 3.10 stellt die Vorgehensweise bei der elementenweisen Matrizendivision dar:

$$c_{ij} = \frac{a_{ij}}{b_{ij}} \tag{3.10}$$

Die nachfolgenden Programmzeilen zeigen die Umsetzung in MATLAB mit Hilfe der Anweisung ./ für elementenweise Division. Zunächst werden die Matrizen mA und mB mit einer Wertezuweisung angelegt. Anschließend erfolgt die Anweisung, dass die Matrix mC die Ergebnisse aus der elementenweisen Division mC = mA ./ mB enthalten soll.

Quellcode 3.10: Elementenweise Matrizendivisionen

```
1  >> mA = [40, 40; 40, 40];
2  >> mB = [2, 4; 8, 12];
3
4  >> mC = mA ./ mB;
5
6
7  mC =
8
9          20.0000    10.0000
10          5.0000     3.3333
```

Zusammengefasst sei, dass die vorgestellten vier Operationen (Matrizenaddition, Matrizensubtraktion, elementenweise Matrizenmultiplikation, elementenweise Matrizendivision) als komponentenweise[4] Addition, Subtraktion, Multiplikation und Division funktionieren. Komponentenweise Operationen werden in Matlab durch einen vorangestellten Punkt (.) vor dem eigentlichen Operator (z.B. *) eingeleitet; die Operatoren für die komponentenweisen Operationen sind also .* (komponentenweise) Multiplikation und ./ (komponentenweise) Division.[5]

Die komponentenweise Matrizenmultiplikation und Matrizendivision sind sehr hilfreiche Operationen, jedoch keine Basisoperationen bzw. reguläre[6] Operationen in der Linearen Algebra[7]. Die hierzu korrespondieren Basisoperationen * (Multiplikation) und / (Division) funktionieren auf Matrizen völlig anders. Das sorgt bei Neueinsteigern in die Lineare Algebra und beim ersten Arbeiten mit MATLAB immer wieder für ungeahnte Überraschungen. Komponentenweise und reguläre Operationen sind also sorgfältig voneinander zu unterscheiden und es ist hier erhebliche Sorgfalt beim Programmieren geboten!

---

[4] Die Begriffe *elementenweise* und *komponentenweise* werden synonym verwendet.

[5] Da die Matrizenaddition und Matrizensubtraktion ohnehin als komponentenweise Operationen definiert sind, ist + die komponentenweise Addition und - die komponentenweise Subtraktion, also ohne vorangestellten Punkt.

[6] Als *reguläre* Operationen seien solche bezeichnet, die im Sinne der Linearen Algebra interpretiert und ausgeführt werden.

[7] Tatsächlich existieren in der Linearen Algebra auch Definitionen für solche komponentenweisen Multiplikationen bzw. Divisionen; hierbei handelt es sich aber um spezielle Operationen der Linearen Algebra, nicht um reguläre Basisoperationen.

3.3.6. Reguläre Matrizenmultiplikation

Nach dem kurzen Zwischenfazit am Ende des vorhergehenden Abschnitts ist im Rahmen der kurzen Einführung in das Rechnen mit Matrizen der reguläre Fall der Matrizenmultiplikation zu behandeln. Voraussetzung im Fall der (regulären) Matrizenmultiplikation ist es, dass die erste Matrix genauso viele Spalten besitzt wie die zweite Matrix Zeilen (vgl. Tabelle 3.2).

Die Dimensionen M und N oder N und K können dabei unterschiedlich sein. Das Programmlisting 3.11 kann als Anschauungsbeispiel betrachtet werden. Im ersten Schritt wird die Matrix mMN angelegt. Sie besteht aus drei Zeilen und drei Spalten. Entsprechend zur Voraussetzung wird die zweite Matrix mNK mit drei Zeilen und zwei Spalten angelegt. Die Multiplikation erfolgt durch die Eingabe mMN * mNK.

Quellcode 3.11: Reguläre Matrizenmultiplikation

```
1 >> mMN =[1,2,3;1,2,3;1,2,3];
2 >> mNK =[4,5;4,5;4,5];
3 >> mMK= mMN * mNK;
```

Die Ergebnismatrix mMK liefert eine Matrix mit der Wertebelegung [24 30;24 30;24 30]. Damit entspricht die neue Matrix der Dimension M x K. Das Ergebnis der Matrizenmultiplikation im Beispiel mag dabei auf den ersten Blick überraschen. Nach den Rechenregeln der Linearen Algebra ergibt sich definitionsgemäß die (reguläre) Matrizenmultiplikation $\mathbf{C} = \mathbf{A} * \mathbf{B}$ nach folgender Formel:

$$c_{ij} = \sum_{k=1}^{N} a_{ik} * b_{kj} \tag{3.11}$$

Dabei bezeichnet c_{ij} ein Element der Ergebnismatrix $\mathbf{C}$ an der Position i-te Zeile und j-te Spalte, a_{ik} ein Element der ersten Matrix $\mathbf{A}$ an der Position i-te Zeile und k-te Spalte und b_{kj} ein Element der zweiten Matrix $\mathbf{B}$ an der Position k-te Zeile und j-te Spalte. Verkürzt formuliert, werden bei der Matrizenmultiplikation die Elemente der i-te Zeile der ersten Matrix $\mathbf{A}$ komponentenweise mit den Elementen der j-te Spalte der zweiten Matrix $\mathbf{B}$ multipliziert und aufsummiert. Noch kürzer formuliert ist der Merksatz: „Zeile mal Spalte". Zur Illustration sei ein weiteres Beispiel herangezogen mit den Matrizen $\mathbf{mA}$ und $\mathbf{mB}$. Das Ergebnis der Multiplikation ist die Matrix $\mathbf{mC}$.

$$\mathbf{mA} = \begin{bmatrix} 1 & 2 & 3 \\ 4 & 5 & 6 \end{bmatrix} * \mathbf{mB} = \begin{bmatrix} 1 & 2 \\ 3 & 4 \\ 5 & 6 \end{bmatrix} \tag{3.12}$$

$$\mathbf{mC} = \begin{bmatrix} 1*1+2*3+3*5 & 1*2+2*4+3*6 \\ 4*1+5*3+6*5 & 4*2+5*4+6*6 \end{bmatrix} = \begin{bmatrix} 22 & 28 \\ 49 & 64 \end{bmatrix} \tag{3.13}$$

3.3.7. Lösen von Gleichungssystemen: Die „Matrizendivision"

Eine „herkömmliche Division" (/) bei Matrizen und Vektoren, d.h. wie von Skalaren bekannt, existiert in der Linearen Algebra nicht; zumindest nicht in einer zu skalaren Operationen vergleichbar „intuitiven Weise". Die „Division" arbeitet stattdessen mit Gleichungssystemen, welche gelöst werden. Dabei wird auf folgende Analogie zur Division bei Skalaren zurückgegriffen: Bei Skalaren a, b, c gilt im Grunde für c = a / b, dass c so zu bestimmen ist, dass hinterher c * b = a gilt. Diese Bestimmung wird durch den (/) Operator mit den Matrizen mA, mB und mC realisiert. Bei mC = mA / mB wird mC so bestimmt, dass am Ende mC * mB = mA gilt. Ein kleines Matlab-Beispiel illustriert diese Operation.

Quellcode 3.12: Die „Matrizendivision"

```
 1  >> mA = [1 2;3 4];
 2  >> mB = [5 6;7 8];
 3
 4  >> mC = mA / mB
 5
 6  mC =
 7
 8           3.0000    -2.0000
 9           2.0000    -1.0000
10
11
12  >> mC * mB
13
14  ans =
15
16           1      2
17           3      4
```

Diese Art der vorgestellten Operation wird auch (in MATLAB und ähnlichen Programmiersystemen) als „(matrix) right division" (frei übersetzt: Matrixrechtsdivision) bezeichnet. Entsprechend gibt es auch eine „(matrix) left division" (frei übersetzt: Matrixlinksdivision). Der zugehörige Operator ist \. Hier gilt für drei Matrizen mA, mB und mC mit mC = mA \ mB für die Bestimmung von mC, dass am Ende mA * mC = mB gilt. Die Fortführung des vorhergehenden, kleinen Matlab-Beispiels illustriert diese Operation.

Quellcode 3.13: Die „Matrizenlinksdivision"

```
 1  >> mC = mA \ mB
 2
 3  mC =
 4
 5          -3     -4
 6           4      5
 7
 8  >> mA * mC
 9
10  ans =
11
12           5      6
13           7      8
```

In Analogie zur Division bei Skalaren kann die „(matrix) right division" am ehesten als Pendant der „Matrizendivision" angesehen werden. Grundlegend gilt also für (/) bei Matrizen dieselbe *prinzipielle* Funktionsweise, die bei Skalaren verwendet wird. Allerdings sind Verwendung und Ergebnis von (/) für Neueinsteiger in die Lineare Algebra zunächst verwirrend und wenig intuitiv, trotz ihrer funktionalen Äquivalenz. Im Detail arbeiten beide Operatoren bei Skalaren einerseits und Matrizen andererseits außerdem recht unterschiedlich. Für die Anwendung im Rahmen dieses Buches genügt aber die Kenntnis über die grundlegende Funktionsweise. Außerdem ist bei der Eingabe des Operators auf den „richtigen" Backslash (/) zu achten, da die andere Form \ ebenfalls ein Berechnungsergebnis erzeugen wird, aber nicht das beabsichtigte.

Bei der Nutzung der Funktionen „matrix right division" und „marix left division" ist, wie bei allen anderen Matrizenoperationen, auf die Voraussetzung in Bezug auf die Dimension zu achten. Die Voraussetzungen können in der Tabelle 3.2 gefunden werden. In der Tabelle sind die Dimensionen angegeben, wenn diese Funktionen zur Lösung von Gleichungssystemen herangezogen werden. Das Lösen von Gleichungssystem ist eine von mehreren Aufgabe dieser Funktionen und für dieses Buch alleine von Interesse. Gleichungssysteme beinhalten Matrizenmultiplikationen, für die bereits die Voraussetzung diskutiert wurde. Anstelle der gewöhnlicherweise notwendigen Formulierung eines Gleichungssystems, der Bildung von Inversen und der Umstellung nach der gesuchten Variable kann je nach dem Typ der Fragestellung eine der beiden Funktionen zur Lösung herangezogen werden.[8] Die Nutzung der Funktionen „matrix right division" und „marix left division" bietet Laufzeitvorteile gegenüber der Bildung einer Inverse an, weil das Gleichungssystem in der Regel über das Gauß'sche Eliminationsverfahren gelöst wird.

AUFGABEN

Aufg. 3.8 Gegeben seien die Matrizen **mA** und **mB**.

$$\mathbf{mA} = \begin{bmatrix} 1 & 2 & 3 \\ 6 & 7 & 8 \\ 11 & 12 & 13 \\ 21 & 22 & 23 \end{bmatrix} \mathbf{mB} = \begin{bmatrix} 4 & 5 & 6 \\ 9 & 10 & 11 \\ 17 & 18 & 19 \\ 2 & 3 & 4 \end{bmatrix} \tag{3.14}$$

Geben Sie diese Matrizen auf der Matlab-Konsole ein! Führen Sie damit anschließend die Matrizenaddition, die Matrizensubtraktion, die komponentenweisen Matrizenmultiplikationen und Matrizendivisionen durch!

Aufg. 3.9 Entnehmen Sie der Matrix **mB** die zweite und dritte Spalte und weisen Sie das

---

[8] Die Anweisung „/" wird zur Lösung von $\mathbf{XA} = \mathbf{B}$ nach $\mathbf{X}$ herangezogen. Sei $\mathbf{A}$ eine $M \times N$ Matrix. Die Lösung des Gleichungssystems wird in folgenden Schritten vorgenommen:

$$\mathbf{XA} = \mathbf{B} \quad \Leftrightarrow$$
$$\mathbf{XAA}^T = \mathbf{BA}^T \quad \Leftrightarrow$$
$$\mathbf{X} = \mathbf{BA}^T \left(\mathbf{AA}^T\right)^{-1}$$

wobei das hochgestellte -1 die Inverse einer Matrix anzeigt. Falls das Gleichungssystem lösbar sein soll, muss $\mathbf{B}$ die Dimension $K \times N$ aufweisen und $\mathbf{X}$ wird die Dimension $K \times M$ besitzen. Analog wird \ zur Lösung von $\mathbf{AX} = \mathbf{B}$ verwendet und $\mathbf{B}$ ($\mathbf{X}$) muss dann die Dimension $M \times K$ ($N \times K$) aufweisen. Für eine weiter gehende Auseinandersetzung vgl. OPITZ und KLEIN (2014).

Ergebnis der Matrix **mD** zu. Versuchen Sie danach eine Matrizenaddition durchzuführen. Welche Fehlermeldung erhalten Sie?

Aufg. 3.10 Entnehmen Sie der Matrix **mB** die Zeilen 1 bis 3 und weisen Sie das Ergebnis einer Matrix **mE** zu. Führen Sie danach eine (reguläre) Matrizenmultiplikation der Matrizen **mA** und **mE** durch und weisen Sie das Ergebnis einer Matrix **mF** zu! Welches Ergebnis erhalten Sie?

Aufg. 3.11 Rechnen Sie mit Hilfe der Matlab-Konsole das Ergebnis für `mF(1,1)` nach! Hinweis: Schauen Sie sich dazu am besten die Formel 3.11 an und setzen Sie diese als Matlab-Befehl um.

3.4. Elementare Matrizen-Funktionen

Im alltäglichen Umgang mit Matrizen ist es oftmals erforderlich, Matrizen mit entsprechenden Werten vorzubelegen bzw. Werte auszuschließen. In diesem Abschnitt werden einige Funktionen vorgestellt, die nützlich sein können, um effizient Wertebelegungen vorzunehmen. Die Vorbelegung von Matrizen mit Werten werden wir im weiteren Verlauf mitunter auch als *Initialisierung einer Matrix* bezeichnen. Im MATLAB–System werden diese Funktionen als „elementare" Matrizenfunktionen bezeichnet. Eine Übersicht zu diesen Funktionen kann mit dem Kommando `help elmat` angefordert werden.

3.4.1. Nullmatrix

Die Nullmatrix ist eine Matrix voller Nullen und kann in MATLAB mit dem Befehl `zeros` dargestellt werden.

Quellcode 3.14: Die Nullmatrix

```
1  >> mNullmatrix = zeros(2,2)
2
3  mNullmatrix =
4
5          0      0
6          0      0
```

Der Befehl `zeros` ist später in der Programmierung auch dafür wichtig, um dem Speicherplatz für eine spätere noch zu befüllende Matrix im Computerspeicher zu reservieren. Dieser Vorgang wird auch als *Speicherallokation* bezeichnet. Mit dem Befehl `zeros` ist eine solche Speicherallokation am einfachsten und schnellsten möglich.[9]

---

[9] Bei der Bereitstellung von Speicherplatz im Arbeitsspeicher eines Computers ist zwischen der reinen Bereitstellung des Platzes (der beliebige Inhalte aufgrund vorheriger Nutzung enthalten kann) und der Initialisierung des bereitgestellten Platzes mit einem bestimmten Wert zu unterscheiden. Der Befehl `zeros`, analog auch die folgenden Befehle, führen Bereitstellung und Initialisierung mit einem gewünschten Wert gleichzeitig durch. Die Vorbelegung mit Null ist dabei (geschwindigkeitsmäßig) am schnellsten.

3.4.2. Ones-Befehl

Die Erzeugungsfunktion ones erzeugt eine Matrix mit Einsen.

```
Quellcode 3.15: Der Ones-Befehl
1 >> mOnes = ones(2,2)
2
3 mOnes =
4
5          1      1
6          1      1
```

Dieser Befehl ist vor allem dann nützlich, wenn alle Werte einer Matrix mit einem einheitlichen Wert, der aber nicht null ist, vorbelegt werden sollen. Ganz einfach gelingt dies mit Hilfe der sog. *Skalarmultiplikation*. Dabei wird eine Matrix beliebiger Größe mit einem Skalar multipliziert. Das Ergebnis ist definiert als die komponentenweise Multiplikation aller einzelnen Matrixelemente jeweils mit dem Skalar. Wird z.B. die eben gerade mit erstellte Matrix mOnes mit dem Skalar 0.125 multipliziert und das Ergebnis der Matrix mA zugewiesen, so nehmen alle Komponenten der Matrix mA den Wert 0.125 an.

```
Quellcode 3.16: Der Ones-Befehl und die Skalarmultiplikation
1 >> mA = mOnes * 0.125
2
3 ans =
4
5          0.1250     0.1250
6          0.1250     0.1250
```

3.4.3. Not-a-Number

Die Matlab-Funktion NaN füllt die neu angelegte Matrix mit *Not a Number*, in Matlab dargestellt als NaN[10]. Dies ist ein Code, mit dem Gleitkommazahlen[11] als ungültig markiert werden. Ungültige (Gleitkomma-) Zahlen sind zumeist das Ergebnis ungültiger Operationen. Die Verwendung von NaN ist sinnvoll, um z.B. fehlende Daten in empirischen Datensätzen zu kennzeichnen.

```
Quellcode 3.17: Not-a-Number
1 >> mNotANumber = nan(2,2)
2
3 mNotANumber =
4
5 NaN    NaN
6 NaN    NaN
```

---

[10] Im Allgemeinen ist in MATLAB streng zwischen Groß- und Kleinschreibung zu unterscheiden. Bei der Matlab-Funktion NaN existiert (ausnahmsweise) das Synonym nan (nur Kleinschreibung!).

[11] Sog. Gleitkommazahlen sind auf Computern das Pendant zu den reellen Zahlen aus der Mathematik. Dies ist zugleich der Standard-Zahlentyp in Matlab.

Oftmals wird gefragt, wofür eine Initialisierung mit NaN gut sei, denn zeros sei doch ausreichend. Im Unterschied zu NaN ist 0 jedoch eine gültige Zahl und damit kein geeigneter Marker, ob z.B. ein Wert ungültig, nicht vorhanden oder einfach nur Null ist. Im Regelfall ist die Unterscheidbarkeit von „Ungültig" und dem Zahlenwert 0 (im Sinne von, dass Null nicht dasselbe wie ungültig ist) extrem wichtig. Daher sollten Matrizen, bei denen diese Unterscheidung später einmal relevant sein könnte, immer mit NaN und nicht mit 0 initialisiert werden. Alle Rechenoperationen mit NaN führen im Ergebnis auch zu NaN. Daher bietet MATLAB spezielle Funktionen an, die bei unterschiedlichen Berechnungen diejenigen Elemente von Matrizen mit einem NaN–Eintrag ignorieren.

3.4.4. Zufallszahlen

Für den speziellen Umgang mit Matrizen wurden bereits einige nützliche Funktionen vorgestellt. Eine besondere Möglichkeit wird an dieser Stelle etwas ausführlicher ausgearbeitet. Die Zufallszahlengenerierung ist ein interessantes Themenfeld für viele Einsatzgebiete, da sich mit ihrer Hilfe Fragestellungen durch Modellsimulationen[12] beantworten lassen.

In der Informatik ist die Generierung von Zufallszahlen anspruchsvoll. Das Dilemma besteht darin, dass ein deterministischer Automat - der Computer - prinzipiell keinen echten Zufall erzeugen kann. Daraus resultiert die Bezeichnung „Pseudozufallszahl". Diese werden nach einem Algorithmus erzeugt, sind aber keine echten Zufallszahlen, die durch natürliche Zufallsprozesse entstanden sind. Sie verhalten sich lediglich ähnlich. Für den Zweck dieses Buches reicht es zur Kenntnis zu nehmen, dass MATLAB vordefinierte Funktionen zur Erstellung dieser Pseudozufallszahlen besitzt.

Die vordefinierte Funktion rand füllt eine Matrix mit *Pseudozufallszahlen*[13], die zwischen 0 und 1 liegen. Derartige Zufallszahlen werden als gleichverteilt bezeichnet. Der Codeausschnitt (Code: 3.18) illustriert die Vorgehensweise.[14]

---

[12] Eine weit verbreitete Vorgehensweise ist die sogenannte *Monte-Carlo-Simulation*. Dieses Verfahren nutzt das Gesetz der großen Zahlen und bedient sich damit Konzepten aus der Stochastik. Aus einer Vielzahl von Versuchen werden relative Häufigkeiten als Approximationen für statistische Wahrscheinlichkeiten ermittelt, um so wahrscheinlichkeitsbasierte Prognosen über zukünftige Ereignisse abgeben zu können. Bei diesem Konzept spielen insbesondere Zufallszahlen eine große Rolle. Grundsätzlich findet sich die Monte-Carlo-Simulation in vielen wissenschaftlichen Disziplinen wieder. Eine weiterführende Erläuterung bietet beispielsweise das Werk von PODDIG et al. (2015).

[13] Der Unterschied zwischen Pseudozufallszahlen und echten Zufallszahlen sollte inzwischen deutlich geworden sein. Wir werden im weiteren Verlauf aus Gründen der sprachlichen Vereinfachung nur schlicht von „Zufallszahlen" sprechen, auch wenn damit Pseudozufallszahlen gemeint sind.

[14] Gerade das folgende Code-Beispiel ist sehr anschaulich für den Unterschied zwischen echten Zufallszahlen und Pseudozufallszahlen. Zunächst sollte es nicht überraschen bzw. ist es im Gegenteil sogar zwingend zu erwarten, dass jeder Leser beim Nacharbeiten dieses Code-Beispiels gänzlich andere Werte bekommt (wenn es echte Zufallszahlen sind). Tatsächlich ergibt sich in den allermeisten Fällen beim Nacharbeiten zu anderen Zeiten, in anderen Räumen und auf anderen Computern trotzdem dieselbe Zahlenfolge - dies kann nicht Zufall sein! Der Grund liegt - wie ausgeführt - darin, dass ein deterministischer Algorithmus diese Zahlenfolge erzeugt. Falls sich trotzdem bei Nacharbeiten andere Zahlenfolgen ergeben - so sollte es bei echten Zufallszahlen auch sein - können dafür unterschiedliche Programmversionen oder bereits zuvor erstellte Folgen von Pseudozufallszahlen (oder andere Gründe) ursächlich sein.

Quellcode 3.18: Die Erstellung von Zufallszahlen zwischen 0 und 1

```
1  >> mZufallszahlen = rand(2,2)
2
3  mZufallszahlen =
4
5         0.8147    0.1270
6         0.9058    0.9134
```

Mit Hilfe der Funktion `randi` werden gleichverteilte, ganze Zufallszahlen in einem Intervall von 1 bis zu einer vorgegebenen maximalen ganzen Zahl generiert. Die Funktion `randi` bekommt also eine beliebige ganze Zahl als Argument übergeben. Diese Zahl stellt den maximalen Höchstwert dar, mit dem dann ganze Zufallszahlen zwischen 1 und diesem Eingabewert generiert werden, welche die gleiche Wahrscheinlichkeit des Auftretens besitzen. Darüber hinaus können dem ersten Eingabeparameter weitere Eingabeparameter hinzugefügt werden, welche die Größe der zu erzeugenden Matrix mit Zufallszahlen angeben. Wird ein zweiter Parameter (n) übergeben, so generiert dann MATLAB eine $n \times n$ Matrix an gewünschten Zufallszahlen. Die Umsetzung zeigt der nächste Programmzeilenausschnitt (Code: 3.19). Hier wird zunächst mit Hilfe der Funktion `randi` eine 2×2 Matrix erstellt, welche Zahlen zwischen 1 und 10 enthält. Danach folgt die Umsetzung für eine 5×3 Matrix, welche Zahlen zwischen 1 und 6 beinhaltet.

Quellcode 3.19: Die Erstellung von gleichverteilten Zufallszahlen

```
1
2  >> mZufallszahlenRandi = randi(10,2) // 2 x 2 Matrix, die Werte liegen zwischen 1 und 10.
3
4  mZufallszahlenRandi =
5
6         7    3
7         1    6
8
9  >> mZufallszahlenBigFieldRandi = randi(6,5,3) // 5 x 3, der Wertebereich: zwischen 1 und 6.
10
11  mZufallszahlenBigFieldRandi =
12
13        6    3    5
14        6    5    6
15        1    1    4
16        6    3    1
17        6    6    6
```

Daneben gibt es zahlreiche weitere Funktionen zur Erzeugung bestimmter Zufallszahlen. Die wichtigste davon ist `randn`, welche es erlaubt, eine Matrix mit (standard-) normalverteilten Zufallszahlen zu erzeugen.

MATLAB stellt mit `gallery` eine nützliche Funktion zur Verfügung, um unterschiedliche Matrizen aus der linearen Algebra zu erzeugen. Die (zufällig erzeugte) Korrelationsmatrix ist eine derartige Matrix, die darüber hinaus häufig im Rahmen von Monte–Carlo–Simulationen verwendet wird. Aufgrund spezifischer Eigenschaften einer Korrelationsmatrix ist ihre Generierung durch den Nutzer, gerade für den praktischen Einsatz mit hoher Anzahl von Zeilen und Spalten, eine zeitbeanspruchende Aufgabe. Mit dem Befehl `mA=gallery('randcorr',100)` lässt sich eine 100×100 Korrelationsmatrix zufällig erzeugen. Die erzeugte Matrix `mA` ist symmetrisch und positiv semi-definit. Diese erste Eigenschaft lässt sich dabei mittels der Funktion `issymmetric` verifizieren, wie es im Programmlisting 3.20 dargestellt ist. Für die Analyse der zweiten Eigenschaft sind tiefere Kenntnisse der linearen Algebra notwendig. An dieser Stelle sei lediglich darauf hingewiesen, dass zur Überprüfung die sog. Eigenwerte herangezogen werden, die alle nicht negativ sein dürfen. Mit dem Befehl `min(eig(mA))` wird der kleinste Eigenwert ausgewiesen, der im Beispiel positiv ist.[15]

Quellcode 3.20: Zufällige Erzeugung einer Korrelationsmatrix

```
1  >> mA=gallery('randcorr',100);
2  >> min(eig(mA))
3
4  ans =
5
6  0.0093
7
8  >> issymmetric(mA)
9
10 ans =
11
12 logical
13
14 1
15
16 >>
```

AUFGABEN

Aufg. 3.12 Legen Sie eine 2×3 Matrix **mA** mit lauter Nullen, eine 3×2 Matrix **mB** mit lauter Einsen sowie eine 3×3 Matrix **mC** mit lauter `NaN` an.

Aufg. 3.13 Legen Sie eine 2×3 Matrix **mD** an. Alle Werte dieser Matrix sollen dabei auf 4 gesetzt werden.

Aufg. 3.14 Legen Sie eine 2×3 Matrix **mE** an. Alle Werte dieser Matrix sollen dabei Zufallszahlen zwischen null und eins sein.

Aufg. 3.15 Legen Sie eine 2×3 Matrix **mF** an. Alle Werte dieser Matrix sollen dabei Zufallszahlen zwischen null und eins sein. Setzen Sie aber das Element `mF(2,1)` auf NaN.

3.5. Arrays

Neben Matrizen existieren in MATLAB auch sog. *Arrays*. Arrays in Matlab sind dabei nichts anderes als Tabellen beliebiger Dimension. Das folgende, kleine MATLAB-Beispiel legt ein dreidimensionales Array der Dimension $2 \times 2 \times 2$ an.

Quellcode 3.21: Ein 3-dimesionales Array

```
1  >> m3Darray = zeros(2,2,2)
```

---

[15] Das Programmlisting 3.20 funktioniert ausnahmsweise nicht in Octave. Octave kennt zwar die Funktion `gallery`, aber der hier interessierte Aufruf einer zufälligen Korrelationsmatrix ist nicht vorgesehen.

```
 2
 3   m3Darray(:,:,1) =
 4
 5            0      0
 6            0      0
 7
 8
 9   m3Darray(:,:,2) =
10
11            0      0
12            0      0
```

Ein dreidimensionales Array ist in Analogie am besten zu vergleichen mit den Tabellenblättern in einer Tabellenkalkulation. Das einzelne Tabellenblatt ist ein zweidimensionales Array, von denen mehrere hintereinander angeordnet sind. Die Gesamtheit aller Tabellenblätter in einer Tabellenkalkulation ist nichts anderes als ein dreidimensionales Array. Alternativ kann man sich ein dreidimensionales Array einfach als Quader vorstellen, der aus einzelnen Zellen (in dreidimensionaler Anordnung) aufgebaut ist. Da MATLAB den Inhalt eines dreidimensionalen Arrays nicht direkt auf der Konsole ausgeben kann (diese erlaubt nur eine zweidimensionale Darstellung), werden die einzelnen „Schichten" bzw. „Tabellenblätter" nacheinander auf der Konsole ausgegeben, wie es das kleine Beispiel oben zeigt. Arrays in Matlab können dabei beliebige Dimensionen annehmen.

Die Unterscheidung zwischen „Matrizen" einerseits und „Arrays" andererseits wirkt für viele Neueinsteiger in MATLAB mitunter verwirrend und „akademisch". Grundsätzlich sind Vektoren und Matrizen nichts anderes als ein- bzw. zweidimensionale Arrays, und damit Spezialfälle eines allgemeinen n-dimensionalen Arrays. Anders als Arrays sind sie in MATLAB zugleich Objekte der Linearen Algebra, auf denen die oben vorgestellten Rechenoperationen entsprechend definiert sind.

Arrays sind dagegen keine Objekte der Linearen Algebra. Als Rechenregeln sind auf ihnen lediglich die **elementenweisen Operationen** (+ - .* ./) definiert, nicht jedoch die Operationen der Linearen Algebra (z.B. * /). Der Unterschied zwischen Matrizen ist also im Wesentlichen ein konzeptioneller, aber nicht unbedingt ein faktischer. Wir werden Arrays später wieder aufgreifen.

3.6. Fallstudie Wetterdaten

Mit den oben vorgestellten Funktionen und Rechenoperationen für Matrizen bzw. Arrays ist es nun möglich, größere Datenmengen darzustellen und zu verarbeiten. Nachfolgend wird auf die Wetterdaten zurückgegriffen, die bereits im Abschnitt 2.8 eingeführt wurden. Für den nun folgenden Teil der Wetterdatenfallstudie sind alle Messdaten der Wetterstation 72 in einer Matrix zusammengestellt. Mit Hilfe des Befehls `load('WetterDatenStation72.mat')` können die vorbereiteten Daten eingelesen werden.[16] Die eingelesene Datei enthält in der Matrix `mDataStation` die Messdaten in Form einer $T \times 16$ Matrix. Dabei bezeichnet T die Anzahl an

---

[16] Bei der Wetterstation 72 handelt es sich um die Station Albstadt-Onstmettingen im Bundesland Baden-Württemberg, deren Aufzeichnungen vom 1.10.1978 bis 31.5.1995 reichen. Die Station liegt auf 794 Metern Höhe, 48.2766 Grad geografische Breite und 9.0001 Grad geographische Länge.

Beobachtungen, die von Messstation zu Messstation verschieden sein können. Für die Messstation 72 handelt es sich um 200 Beobachtungen. Die 16 Spalten im aufbereiteten Datensatz bzw. 17 Spalten im Originaldatensatz enthalten verschiedene Angaben, die nachfolgend aufgelistet sind:[17]

- STATIONS_ID (Spalte 1): Laufende Nummer zur Identifikation der Wetterstation

- MESS_DATUM_BEGINN (Spalte 2): Datum des Beginns der Messungen (Beginn des Messintervalls als numerischer Wert im Zahlenformat yyyymmdd)

- MESS_DATUM_ENDE (Spalte 3): Datum des Endes der Messungen (Ende des Messintervalls als numerischer Wert im Zahlenformat yyyymmdd)

- QN_4 (Spalte 4): Numerischer Code mit der Qualitätsstufe der Messungen, z.B. 1 = nur formale Prüfung (niedrigste Qualitätsstufe) und 10 = Qualitätsprüfung abgeschlossen, Korrekturen durchgeführt (höchste Qualitätsstufe)

- MO_N (Spalte 5): Monatsmittel des Bedeckungsgrades, in 1/8 Bedeckung

- MO_TT (Spalte 6): Monatsmittel der tägl. Lufttemperatur in 2m Höhe, in Grad Celsius

- MO_TX (Spalte 7): Monatsmittel des Tagesmaximums der Lufttemperatur in 2m Höhe, in Grad Celsius

- MO_TN (Spalte 8:) Monatsmittel des Tagesminimums der Lufttemperatur in 2m Höhe, in Grad Celsius

- MO_SD_S (Spalte 9): Monatssumme der Sonnenscheindauer, in Stunden

- MO_FK (Spalte 10): Monatsmittel der tägl. Windstärke, in Beaufort

- MX_TX (Spalte 11): Monatsmaximum des Tagesmaximums der Lufttemperatur in 2m Höhe, in Grad Celsius

- MX_FX (Spalte 12): Monatsmaximum der tägl. Windspitze, in Meter pro Sekunde

- MX_TN (Spalte 13): Monatsminimum des Tagesminimums der Lufttemperatur in 2m Höhe, in Grad Celsius

---

[17] Die folgenden Angaben sind entnommen aus: DWD Climate Data Center (CDC): Historische monatliche Stationsbeobachtungen (Temperatur, Druck, Niederschlag, Sonnenscheindauer, etc.) für Deutschland, Version v007, 2018. In der Vergangenheit hat sich der Aufbau der Datensätze, der Ausweis signifikanter Nachkommastellen und die Datensatzbeschreibung geändert. Beim späteren Nacharbeiten dieser Fallstudien, mit dann aktualisierten Daten, können sich also Unterschiede ergeben. Insbesondere ist zu prüfen, ob sich der Aufbau und die Anordnung der Datenreihen geändert haben. In unserem Fall hier stimmt z.B. die Anordnung der Daten laut Beschreibung im PDF-Dokument und die Anordnung der tatsächlichen Daten, geladen vom ftp-Server, nicht exakt überein. Um den Leser das Nacharbeiten und konsistente Nachschlagen in diesem Buch zu erleichtern, haben wir bei den von uns vorbereiteten Daten die Anordnung der tatsächlichen Daten an diese o.g. Beschreibung angepasst. So steht z.B. bei uns die Sonnenscheindauer in Spalte 9, wie es auch das PDF-Dokument des DWD ausweist. In den tatsächlich geladenen Daten haben wir diese Angabe dagegen in der Spalte 13 gefunden. Dies sei als ausdrückliche Warnung an die Leserin zu verstehen, dass sich der Datenaufbau jederzeit ändern kann.

- QN_6 (Spalte 14): Qualitätsniveau der nachfolgenden Spalten, siehe oben

- MO_RR (Spalte 15): Monatssumme der Niederschlagshöhe, in Millimeter

- MX_RS (Spalte 16): Monatsmaximum der tägl. Niederschlagshöhe, in Millimeter

- eor (Spalte 17): End data record[18]

Eine interessierende Fragestellung könnte es nun sein, wie stark die Temperaturen im Mittel schwanken und wie hoch die niedrigste und höchste gemessene Schwankungsbreite ist. Zur Messung von Schwankungen existieren viele Kennzahlen, die einfachste davon ist die Spannweite, welche einfach als die Differenz zwischen Maximum und Minimum einer Messreihe (zu einem bestimmten Zeitpunkt oder innerhalb eines bestimmten Intervalls) definiert ist. Mit dem folgenden Code-Beispiel 3.22 soll nun die Schwankungsbreite zwischen den mittleren Tagesmaxima und Tagesminima untersucht werden.

Quellcode 3.22: Die Untersuchung der Schwankungsbreite der Temperaturen

```
1 >> load('WetterDatenStation72.mat');
2 >> vSpann = mDataStation(:,7) - mDataStation(:,8);
3 >> dMeanSpann = mean(vSpann);
4 >> dMaxSpann = max(vSpann);
5 >> dMinSpann = min(vSpann);
```

Bevor die Daten geladen werden, müssen wir die Datei `WetterdatenStation72.mat` in den Ordner bzw. in den *Current Folder* kopieren. Dann wird mit dem Befehl `vSpann = mDataStation(:,7) - mDataStation(:,8);` unter Verwendung der Indexierung aus der Datenmatrix die Spalte der Temperaturmaxima selektiert und davon die Werte der Spalte mit den Temperaturminima abgezogen. Das Ergebnis dieser Subtraktion wird dem Vektor `vSpann` zugewiesen. Danach werden die bekannten Matlab-Funktionen `mean`, `min` und `max` eingesetzt, um Mittelwert, Maximum und Minimum zu berechnen. Das Ergebnis dieser Operationen kann entweder durch Eingabe der Variablennamen auf der Konsole angezeigt oder mit Hilfe des Workspace-Editors betrachtet werden. Die mittlere Spannweite beträgt im Beispiel (auf zwei Nachkommastellen gerundet) im Mittel 8.65 Grad, das Maximum 12.76 Grad und das Minimum 4.45 Grad.

AUFGABEN

Aufg. 3.16 Sie möchten eine umfassende Auswertung der Wetterdaten für die Station 72 vornehmen. Dazu sollen jeweils Mittelwerte, Minimum und Maximum der Beobachtungsreihen für die Lufttemperatur, Windstärke, Bedeckungsgrad, Sonnenscheindauer und Niederschlagshöhe ermittelt werden. Legen Sie die Ergebnisse geeignet organisiert in einer 5×3 Matrix ab!
Hinweis: Die Wetterdaten enthalten einen bestimmten Marker, den Wert -999, wenn Beobachtungswerte fehlerhaft oder ungültig sind. Das soll für den Moment nicht interessieren, wie werden darauf in Abschnitt 4.5 zurückkommen. Welche Ergebnisse erhalten Sie, wenn Sie zunächst

---

[18] In den aufbereiteten Daten fehlt diese Spalte, da diese nur das Kürzel eor enthält und damit das Zeilenende markiert. Diese 17. Spalte ist also redundant.

fehlerhafte bzw. ungültige Werte nicht vorab entfernen (also die Datenreihen so übernehmen, wie sie sind)?

3.7. Zusammenfassung - Matrizen

MATLAB ist für die Operation auf Matrizen optimiert, sodass es sich empfiehlt, anstehende Berechnungen in Matrizenschreibweise zu spezifizieren und sie mit MATLAB durchzuführen. Matrizen sind Zahlenstrukturen von in Form von Zeilen und Spalten organisierten Elementen beliebiger Größe. Analog zu den Rechenregeln der Linearen Algebra lassen sich Berechnungen in MATLAB durchführen. Damit lassen sich Matrizen auch addieren, multiplizieren, subtrahieren und „dividieren". Durch die Setzung von . vor einem Operator lassen sich die Elemente einer Matrix elementenweise verrechnen. Speziell bewirken dabei .* und ./ das elementenweise Multiplizieren oder Dividieren. Zudem können Matrizen mit vordefinierten Werten belegt werden, zum Beispiel mit Nullen, Einsen oder Zufallszahlen. Im Grunde sind Matrizen vergleichbar mit den *Arrays* aus anderen Programmiersprachen. Der Unterschied besteht lediglich in der Interpretation der Datenstruktur als Objekte der linearen Algebra.

Weiterführende Literatur:

Eine knappe, kompakte Einführung in Matrizenoperationen bietet das Werk *Statistik, Ökonometrie, Optimierung* von (PODDIG et al., 2008, S. 751 ff.).

Lösungen zu den Aufgaben im Kapitel 3

3.1:

```
1 >> vE = [0, 1, 2, 4]

3 vE =

5         0     1     2     4
```

3.2:

```
1 >> vE'

3 vE' =
4         0
5         1
6         2
7         4
```

3.3:

```
1 >> mTest = [1,2,3,4,5; 6,7,8,9,10; 11,12,13,14,15; 16,17,18,19,20; 21,22,23,24,25]

3 mTest =
```

```
5            1       2       3       4       5
6            6       7       8       9      10
7           11      12      13      14      15
8           16      17      18      19      20
9           21      22      23      24      25
```

3.4:

```
1 >> mTest(3,2)

3 ans =

5           12
```

3.5:

```
1 >> mTest(2:3,4:5)

3 ans =

5           9      10
6          14      15
```

3.6:

```
1 >> mTest(4,:)

3 ans =

5          16      17      18      19      20
```

3.7:

```
1 >> mTest(:)

3 ans =

5           1
6           6
7          11
8          16
9          21
10          2
11          7
12         12
13         17
14         22
15          3
16          8
17         13
18         18
19         23
20          4
21          9
22         14
23         19
24         24
25          5
26         10
```

```
27              15
28              20
29              25
30
```

HINWEISE:
Die Entnahme der Elemente erfolgt erst zeilenweise, dann spaltenweise. Matlab-intern sind die Daten genauso organisiert, also als Vektor längs der Zeilen, danach längs der Spalten.

3.8:

```
 1  >> mA = [1,2,3; 6,7,8; 11,12,13; 21,22,23];
 2  >> mB = [4,5,6; 9,10,11; 17,18,19; 2,3,4];
 3  >> mC = mA + mB

 5  mC =

 7              5       7       9
 8             15      17      19
 9             28      30      32
10             23      25      27

12  >> mC = mA - mB

14  mC =

16             -3      -3      -3
17             -3      -3      -3
18             -6      -6      -6
19             19      19      19

21  >> mC = mA .* mB

23  mC =

25              4      10      18
26             54      70      88
27            187     216     247
28             42      66      92


31  >> mC = mA ./ mB

33  mC =

35         0.2500  0.4000  0.5000
36         0.6667  0.7000  0.7273
37         0.6471  0.6667  0.6842
38        10.5000  7.3333  5.7500
```

3.9:

```
 1  >> mD = mA(:,2:3)

 3  mD =

 5              2       3
 6              7       8
 7             12      13
 8             22      23

10  >> mA + mD
11  Matrix dimensions must agree.
```

12

HINWEISE:
Die Fehlermeldung besagt, dass die Dimension der Matrizen nicht zueinander passen, d.h. die Voraussetzung für die Matrixoperation „Addition" ist nicht erfüllt.

3.10:

```
 1  >> mE = mB(1:3,:)

 3  mE =

 5           4       5       6
 6           9      10      11
 7          17      18      19

 9  >> mF = mA * mE

11  mF =

13          73      79      85
14         223     244     265
15         373     409     445
16         673     739     805
```

3.11:

```
 1  >> dF11 = mA(1,1) * mE(1,1) + mA(1,2) * mE(2,1) + mA(1,3) * mE(3,1)

 3  dF11 =

 5          73
```

3.12:

```
 1  >> mA = zeros(2,3)

 3  mA =

 5           0       0       0
 6           0       0       0

 8  >> mB = ones(3,2)

10  mB =

12           1       1
13           1       1
14           1       1

16  >> mC = NaN(3,3)

18  mC =

20         NaN     NaN     NaN
21         NaN     NaN     NaN
22         NaN     NaN     NaN
```

3.13:

```
1  >> mD = 4 * ones(2,3)

3  mD =

5        4    4    4
6        4    4    4
```

3.14:

```
1  >> mE = rand(2,3)

3  mE =

5       0.2769   0.0971   0.6948
6       0.0462   0.8235   0.3171
7
```

HINWEISE:
Da hier Zufallszahlen erzeugt werden sollen, können und sollten die tasächlichen Werte beim Nacharbeiten andere sein. Eher überraschend ist es, wenn dieselben Wert auftauchen. Dieser Hinweis gilt für die folgende Musterlösung analog.

3.15:

```
1  >> mF = rand(2,3)

3  mF =

5       0.9502   0.4387   0.7655
6       0.0344   0.3816   0.7952

8  >> mF(2,1) = NaN

10 mF =

12      0.9502   0.4387   0.7655
13         NaN   0.3816   0.7952
```

3.16:

```
1  >> load('WetterDatenStation72.mat')
2  >> mAuswertungen = NaN(5,3);
3  >> vTemp = mDataStation(:,6);
4  >> vWind = mDataStation(:,10);
5  >> vBedeckung = mDataStation(:,5);
6  >> vSonne = mDataStation(:,9);
7  >> vRegen = mDataStation(:,15);
8  >> mAuswertungen(1,:) = [mean(vTemp),min(vTemp),max(vTemp)];
9  >> mAuswertungen(2,:) = [mean(vWind),min(vWind),max(vWind)];
10 >> mAuswertungen(3,:) = [mean(vBedeckung),min(vBedeckung),max(vBedeckung)];
11 >> mAuswertungen(4,:) = [mean(vSonne),min(vSonne),max(vSonne)];
12 >> mAuswertungen(5,:) = [mean(vRegen),min(vRegen),max(vRegen)];
13
```

HINWEISE:
Das Problem fehlerhafter bzw. ungültiger Werte wird hier sofort ersichtlich, wenn das Minimum von Sonnenscheindauer betrachtet wird, welches auf -999 steht, also ein unsinniger Wert. Auch die Auswertungen für andere Datenreihen und Wetterstationen können durch Nichtbeachtung des Markers -999 gestört bzw. verfälscht werden.

3.8. End–of–Chapter–Aufgaben

Nach den begleitenden Übungen, die im Wesentlichen aus einem einfachen Nacharbeiten der zuvor dargestellten Beispiele bestehen, werden im Folgenden einige schwierigere Aufgaben zum Selbsttest gestellt. Die Testaufgaben können mit den bisher erarbeiteten Grundlagen beantwortet werden. Jedoch kann es an der einen oder anderen Stelle notwendig sein, die Matlab-Hilfe zu nutzen. Dies ist beabsichtigt und gewollt.

Erstellen Sie ein Matlab-Skript, in dem nacheinander die im Folgenden genannten Teilaufgaben bearbeitet werden. Versehen Sie dabei das Skript mit ausreichenden Kommentaren; zumindest soll der Beginn der Bearbeitung und das Ende einer Teilaufgabe durch entsprechende Kommentare gekennzeichnet sein. Jedes von Ihnen erstellte Skript soll zu Beginn, quasi als Vorspann, zuerst den Arbeitsspeicher und die bisherige Konsolenausgabe löschen. Welche Befehle sind dafür erforderlich?

END OF CHAPTER AUFGABEN

Übung 3.1 Grundoperationen

a) Erstellen Sie eine Variable `vData` mit den Werten 5,10,15. Berechnen Sie anschließend die Summe.

b) Sie haben eine Woche lang den Aktienkurs der *X AG* beobachtet und die folgenden Schlusskurse protokolliert: `vKursdaten=[24.5, 25.3, 23.00, 25.55, 22.4];`

   1. Nun möchten Sie den Mittelwert berechnen.

   2. Zur näheren Analyse des Aktienkursverlaufs würden gerne das Maximum sowie das Minimum der Beobachtungsdaten ermitteln.

c) Sie möchten sich den Wert `dKurs= 24,745` von MATLAB runden lassen. Hinweis: Recherchieren Sie die in MATLAB vorhandenen Funktionen zum Runden von Zahlen und probieren Sie diese bei der Lösung aus! Worin unterscheiden sich die verschiedenen Varianten? Versehen Sie Ihr Skript mit entsprechenden Hinweisen und Erläuterungen!

Übung 3.2 Matrizenoperationen

a) Erzeugen Sie zwei Matrizen `mA` und `mB` im Format 2×2 mit den Werten 3, 4, 5, 6 und 9, 8, 7, 6. Anschließend addieren Sie die beiden Matrizen. Wie sieht das Ergebnis aus?

b) Erzeugen Sie zwei Matrizen `mA` und `mB` im Format 2×2 mit den Werten 3, 4, 5, 6 und 9, 8, 7, 6. Anschließend führen Sie eine mögliche Subtraktion mit den beiden Matrizen durch. Wie sehen die Ergebnisse aus und warum sehen sie so aus?

c) Erzeugen Sie zwei Matrizen mA und mB im Format 2×2 mit den Werten 3,4,5,6 und 9,8,7,6. Anschließend multiplizieren Sie die beiden Matrizen. Wie sieht das Ergebnis aus? Gibt es vielleicht mehrere Ergebnisse in Abhängigkeit der Reihenfolge? Begründen Sie Ihre Antwort!

d) Dividieren Sie komponentenweise die Matrizen mA mit der Wertebelegung 10,15,20,5 mit der Dimensionen 2×2 durch die Matrix mB der Dimension 2×2 mit den Werten 5,3,4,1. Wie sieht das Ergebnis aus? Wie würde das Ergebnis aussehen, wenn Sie stattdessen den / Operator anwenden? Illustrieren Sie in Ihrer Lösung, d.h. an diesem Beispiel, den Unterschied zwischen „matrix right division" und „matrix left division"! Ist beides dasselbe?

e) Erstellen Sie eine Matrix mit lauter Nullen mit dem Namen mNullmatrix in der Dimension 3×3.

f) Erstellen Sie eine Matrix mit dem Namen mOnes in der Form 4×4, welche nur mit Einsen belegt ist. Wie sieht diese Matrix aus?

g) Erstellen Sie eine Matrix in der Dimension 8×8 mit einem Namen Ihrer Wahl, welche mit NaN belegt werden sollen. Wie sieht diese Matrix aus?

h) Recherchieren Sie mit Hilfe des Internets, in der Bibliothek, mit Hilfe von Lehrbüchern oder unter Verwendung der Matlab-Hilfe, was eine sog. „Einheitsmatrix" ist! Erstellen Sie danach mit Hilfe von MATLAB eine Einheitsmatrix der Dimension 4×4!

i) Erzeugen Sie eine 4×4 Matrix aus lauter Zufallszahlen im Wertebereich von 1 bis 100. Multiplizieren Sie diese so erzeugte Matrix aus Zufallszahlen mit der 4×4 Einheitsmatrix. Welches Ergebnis erhalten Sie?

Übung 3.3 Funktionen und Skripte
Die folgende Aufgabe ist nun deutlich schwieriger als die vorhergehenden, lässt sich aber mit Nachdenken und Kreativität vollständig mit dem bisher Erlernten umsetzen.

a) Schreiben Sie eine Funktion mit folgender Aufgabe: Die Funktion soll zwei Eingabeparameter iAnzahlZeilen und iAnzahlSpalten entgegennehmen. Mit diesen Angaben soll die Funktion eine Matrix mit standardnormalverteilten Zufallszahlen (Tipp: benutzen Sie randn) erzeugen. Dabei sollen aber an zufällig ausgewählten Stellen die Werte in der Matrix Null sein (aber an allen Nicht-Null-Stellen sollen jene standardnormalverteilten Zufallszahlen stehen). Hinweis: Die Anzahl an Stellen, an denen eine Null stehen soll, ist ebenfalls zufällig.

b) Schreiben Sie zusätzlich ein Testskript, welches die Funktionalität austestet.

Teil II.

Programmierung in MATLAB

4. Die Datentypen

In diesem und den nachfolgenden Kapiteln wird sukzessive das nötige Grundlagenwissen der Programmierung vermittelt. MATLAB und Octave enthalten eine eigenständige Programmiersprache, was deren sehr flexiblen Einsatz gewährleistet, da eine Adaption an immer wieder sehr spezifisch gelagerte Problemstellungen leicht möglich ist. Allerdings ist damit auch der Umgang zumindest mit Grundelementen der Programmierung unumgänglich. Dies ist für Neueinsteiger zunächst oftmals sehr beschwerlich und teilweise auch „abschreckend", da das primäre Interesse von SoWis und WiWis in der Durchführung einer bestimmten empirischen Studie besteht. Der langfristige Gewinn einer solchen Auseinandersetzung ist aber erheblich. Erleichtert wird dies in MATLAB und Octave durch eine sehr schlicht gehaltene Programmiersprache, die in Verbindung mit den besonderen Eigenschaften eines matrizenorientierten Programmierwerkzeugs sehr mächtige Möglichkeiten bereitstellt und sehr „einsteigerfreundlich" ist. Dabei basieren grundsätzlich alle Programmiersprachen auf einigen zentralen Grundpfeilern, die zunächst zu vermitteln sind.

Die primitiven Datentypen sind in der Informatik Grundbausteine, um Daten effizient zu speichern und zu verarbeiten. Grundlegend lassen sich dabei Zahlendatentypen (Kap. 4.1) und Zeichendatentypen (Kap. 4.3) differenzieren. Im Prinzip sind Datentypen der erste Schritt zur gemeinsamen Sprache aus alphanumerischen und numerischen Zeichen zwischen Mensch und Maschine. Dies ermöglicht eine gegenseitige Kommunikation zwischen Programmierumgebung und dem Programmierer. Die Abbildung (Abb. 4.1) gibt eine Übersicht über die zentralen *primitiven Datentypen* in MATLAB. Die Standarddatentypen sind der Datentyp *Double* und der *String*. Deshalb wird im Rahmen einer ersten Einführung zunächst auf Zahlen in der Programmierung (Kap. 4.1) eingegangen, um davon den speziellen Datentyp *Double* (Kap. 4.2) abzuleiten. Anschließend folgt der Fokus auf die Zeichen in der Programmierung (Kap. 4.3). Danach werden die Wahrheitswerte eingeführt, die die effiziente Programmierung mit Matlab und Octave erheblich erleichtern (Kap. 4.4).

Lernergebnisse

Nach dem Durcharbeiten dieses Kapitels werden Sie in der Lage sein,

⇒ Arten von Datentypen und ihre Unterschiede zu verstehen.

⇒ unterschiedliche Datentypen zieladäquat zu nutzen.

⇒ numerische Datenformate zu nutzen.

⇒ logische Operatoren (Logicals) zu erstellen.

⇒ einfache empirische Analysen durchzuführen.

⇒ Logicals für die Indexierung von Variablen zu nutzen.

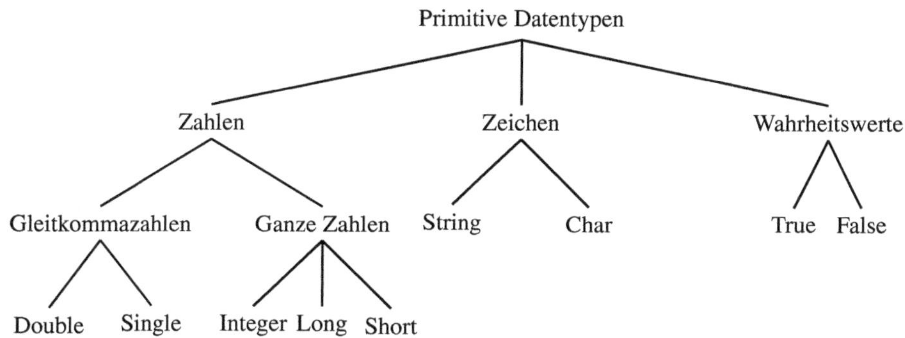

Abbildung 4.1.: Die Abbildung visualisiert, ausgehend von der Oberklasse der primitiven Datentypen, einige wichtige Datentypen, die in der MATLAB-Programmierung zur Anwendung kommen können. Dabei stehen zunächst die Zahlentypen im Fokus. Im Anschluss daran folgen die Datentypen für Zeichen, danach werden die Wahrheitswerte vorgestellt. Die Abbildung wurde in Anlehnung an HOELZL et al., 2013 erstellt.

Die Verbindung dieses Kapitels mit dem vorhergehenden und den nachfolgenden besteht darin, dass die (primitiven) Datentypen die Grundbausteine für die komplexeren Datenstrukturen (siehe dazu auch Kapitel 6) darstellen, mit denen dann eine komfortable und effiziente Umsetzung von empirischen Datenanalysen gelingt. Eine solche Datenstruktur haben wir gerade in Kapitel 3 kennengelernt: das Array bzw. die Matrix. Ein Array oder eine Matrix ist nichts anderes als eine tabellenförmige Anordnung von Zahlen. Sie sind also aus Elementen von Zahlendatentypen (siehe Kapitel 4.1) aufgebaut. Diese stellen bei einem Array oder einer Matrix die elementaren oder besser *atomaren*[1] Bausteine dar, die wir uns im Folgenden nun näher anschauen wollen.[2]

4.1. Zahlen in der Programmierung

Die Art und Weise, wie Zahlen dargestellt und verwendet werden, ist das Ergebnis eines Entwicklungsprozesses, welcher vermutlich ebenso alt ist, wie die Menschheit selbst. Die grundlegenden Eigenschaften der Zahlen haben sich im Zeitverlauf jedoch nicht geändert. Erstens besitzen Zahlen die Fähigkeit, Objekte zu ordnen (Ordinalität). Zweitens sind Zahlen in der Lage, eine Wertigkeit zu verleihen (Kardinalität). Im Laufe der Zahlenevolution wurden aus Strichlisten und Symboldarstellungen komplexe und abstrakte mathematische Konzepte. Mit Hilfe der modernen Zahlenvorstellung ist es möglich, abstrakte Zahlen, wie beispielsweise die Zahl π, zu realisieren. Vor diesem Hintergrund steht die Informatik vor der Herausforderung, das Gebilde der modernen Mathematik auf binären Systemen (was moderne Digitalcomputer letztendlich sind) abzubilden, welche im Kern nur binäre Zustände (Einsen und Nullen) darstellen und verarbeiten können. Die

---

[1] Wie in Analogie zu einem Atom ist mit *atomarer Baustein* ein solcher gemeint, der nicht weiter sinnvoll zerlegt werden kann. In diesem Sinne ist die Zerlegung einer Zahl, siehe Abschnitt 4.1, nicht weiter sinnvoll möglich.

[2] Ein Array kann auch Elemente anderen Datentyps enthalten; derartige Varianten werden wir später kennenlernen.

kleinste Konstruktionseinheit der Computer ist der *Transistor*. Dieser hat die zentrale Fähigkeit, Strom zu leiten oder den Stromfluss zu blockieren. Moderne CPUs bestehen aus einem Verbund von Millionen dieser Transistoren. Die *CPU* ist die zentrale Verarbeitungseinheit in einem Computer. Sie führt alle logischen, arithmetischen und sonstige Steuerungs-Operationen aus. In sehr loser Analogie kann sie auch als „Gehirn" des Computers bezeichnet werden. Damit besteht die Datenverarbeitung auf der kleinsten Ebene dieser Maschine aus einem binären System, welches zwei Zustände (Strom ein oder Strom aus) kennt. Folglich müssen die bekannten Zahlenräume auf das binäre System der Maschinen übertragen werden.

Ein einfaches Beispiel verdeutlicht hierbei das Grundprinzip der Übersetzung von Zahlen in Maschinensprache. Die natürliche Zahl Eins aus dem arabischen System muss, damit sie für einen Computer verständlich ist, in eine Reihenfolge von Zuständen aus Einsen und Nullen, Strom ein bzw. Strom aus, übersetzt werden. Damit wird eine Anordnung von Transistoren aus der CPU verwendet, um die Zahl 1 in Form des binären Systems zu speichern. Für dieses Beispiel könnte ein einzelner Transistor ausreichen, der Strom leitet. Für die nächste Zahl 2 könnten zwei Transistoren gewählt werden, wobei der erste Strom leitet und der zweite Transistor den Stromfluss unterbricht. Nach diesem einfachen Übersetzungssystem könnten mit zwei Transistoren 2^2 Zustände realisiert werden, um damit vier (2^2) natürliche Zahlen zu repräsentieren. Die Tabelle (Tab. 4.1) verdeutlicht die Vorgehensweise.

Natürliche Zahl	Zustände der einzelnen Transistoren
0	0 0
1	0 1
2	1 0
3	1 1

Tabelle 4.1.: Beispiel der Transistoren-Konfiguration zur Darstellung der ersten vier natürlichen Zahlen mit zwei Transistoren.

4.2. Der Zahlendatentyp Double

4.2.1. Repräsentation von Zahlen durch Zahlendatentypen

Das zentrale Problem der Zahlendarstellung auf einem Digitalcomputer ist die Endlichkeit aller Funktionseinheiten. Schon die Abbildung der ganzen Zahlen stellt eine nicht lösbare Herausforderung dar, weil dieser Zahlenraum theoretisch unendlich groß ist. Jedoch besitzen moderne CPUs nur endlich viele Transistoren, selbst wenn in heutigen modernen Zeiten CPUs über kaum mehr vorstellbar viele Transistoren verfügen. Trotzdem führt dies schon bei ganzen Zahlen zu den eingeschränkten Darstellungsbereichen. Für die Darstellung reeller Zahlen verschärft sich das Problem der eingeschränkten Darstellungsmöglichkeit.[3] Ohne diese Thematik hier vertiefen zu wollen, ist für das weitere Arbeiten eine ganz zentrale Einsicht unbedingt notwendig: Der

---

[3] Beispielsweise liegen schon zwischen zwei reellen Zahlen wie 1 und 1,1 bereits unendlich viele weitere Zahlen (z.B. 1,0000000001, 1,00000000001 etc.). Formal ausgedrückt, wenn ein beliebig kleines Intervall im reellen Zahlenraum

Zahlenraum (egal welcher, ob natürliche, ganze, reelle, komplexe, etc.) lässt sich nicht 1:1 auf einem Digitalcomputer repräsentieren, sondern nur unter einem - mitunter bedeutsamen - *Genauigkeitsverlust*. Bei genauerer Betrachtung ist es wirklich erstaunlich, wie es heute mit modernen Computern und Programmiersprachen gelungen ist, diesen Genauigkeitsverlust zu kaschieren. Dies erweckte aber umgekehrt bei vielen Neueinsteigern (und nicht nur bei diesen) den völlig fälschlichen Eindruck, auf Computern könne genauso wie in der Mathematik gerechnet werden (im Sinne einer beliebigen Genauigkeit).

Da es in der Mathematik sehr viele verschiedene Arten von Zahlentypen gibt (natürliche, reelle, komplexe, etc.), gibt es auf einem Digitalcomputer auch verschiedene, international genormte Zahlendatentypen. Kurz zusammengefasst lautet die Einsicht einfach, dass der Programmierer stets zwischen einem Trade-off aus Darstellungsgenauigkeit einerseits und Speicherplatzbedarf und Verarbeitungsgeschwindigkeit andererseits wählen muss und es deshalb sinnvoll sein kann, den benutzten Zahlendatentyp explizit bei der Programmierung vorzugeben. Für die meisten typischen Matlab-Anwender (so wie die hier adressierten Leserinnen) spielen aber diese Überlegungen kaum eine Rolle, weshalb Matlab (und Octave) als Standard-Zahlendatentyp den Double benutzen. Mit diesem Standard-Zahlendatentyp lassen sich natürliche, ganze und reelle Zahlen[4] universell repräsentieren, ohne dass der Anwender darüber tiefer nachdenken müsste.

Soweit dieser Hinweis ausreichend erscheint, können die folgenden Darstellungen übersprungen und es kann direkt mit Abschnitt 4.3 fortgefahren werden. Die nachfolgenden Darstellungen vertiefen die gerade begonnenen Überlegungen und zeigen die Reichhaltigkeit verfügbarer Zahlendatentypen, die auch unter Matlab zur Verfügung stehen.

4.2.2. Der Aufbau des Double

Um das Problem der begrenzten Genauigkeitsdarstellung besser zu verstehen, ist es durchaus hilfreich, sich zumindest einmal kurz mit Zahlendarstellungen auf einem Digitalcomputer zu beschäftigen. Für die Darstellung einer reellen Zahl auf einem Digitalcomputer (man spricht hier in der Fachsprache auch von einer sog. *Gleitkommazahl*) werden die verfügbaren Transistoren (die zur Repräsentation einer solchen Gleitkommazahl reserviert werden) in drei Informationsbereiche unterteilt. Die Grundaufteilung der Bits[5] ergibt sich wie folgt:

- Das Vorzeichen der Zahl (V).

- Die Mantisse (Anzahl der Ziffern) (M).

- Der Exponent (E).

Für die Information des Vorzeichens einer Zahl wird das erste Bit verwendet. Die Anzahl der Ziffern einer Gleitkommazahl wird durch die sogenannte *Mantisse* repräsentiert. Die Anzahl

---

um die Stelle x ($[x-\varepsilon, x+\varepsilon]$) mit $\varepsilon \to 0$ betrachtet wird, so liegen in diesem Intervall immer noch unendlich viele Zahlen.

[4] Auch komplexe Zahlen lassen sich als Paar zweier Double repräsentieren.

[5] Ein Bit ist dabei die Speichereinheit zur Darstellung eines Zustandes. Dieser kann bei einem Transistor entweder 0 oder 1 sein.

dieser Ziffern wird durch den jeweiligen Datentyp (z.B. *Double*) bestimmt. Die Realisierung des *Exponenten* wird mit den verbleibenden Bits vollzogen. Die Einführung einer Vorzeicheninformation erlaubt es zunächst, auch den negativen Bereich mit abzudecken. Durch die Einführung des Exponenten lässt sich die Repräsentation des Zahlenraums in seiner Breite (aber zu Lasten der Genauigkeit bei fest vorgegebener Anzahl an Transistoren) deutlich erweitern. Mit Hilfe dieses Verfahren lassen sich Gleitkommazahlen realisieren, welche den Zahlraum der reellen Zahlen modellieren. Angesichts der endlichen Menge an Transistoren, die für die Repräsentation einer reellen Zahl reserviert werden, können die (reellen) Zahlen nicht vollständig, sondern nur sehr eingeschränkt unter Genauigkeitsverlusten repräsentiert werden. Offensichtlich ist auch, dass der Umfang des repräsentierbaren Wertebereichs und die Genauigkeit der Zahlendarstellung mit der Anzahl an Transistoren zusammenhängt, die dafür reserviert werden. Je mehr davon, umso genauer und/oder breiter kann der Zahlenraum repräsentiert werden. Für ein weltweit einheitliches, standardisiertes Arbeiten mit Digitalcomputern ist es nunmehr unerlässlich, eine (weltweite) Norm einzuführen, wie viele Transistoren insgesamt verwendet werden und wie genau die Aufteilung in Vorzeichen, Mantisse und Exponent aussieht. Glücklicherweise gibt es dafür weltweit akzeptierte Normen[6].

Der Zahlen-Datentyp *Double* ist der Standarddatentyp in MATLAB[7]. Ein *Double* ist ein Speicherwort, welches aus 64 Bit besteht. Dabei wird ein Bit zur Darstellung des Vorzeichens verwendet, weitere 52 Bit bilden die Matisse und die letzten 11 Bit speichern die Information des Exponenten. Die Abbildung (Abb. 4.2) illustriert die Speicherung einer Zahl im Format des Datentyp *Double* unter Verwendung von 64 Bit.

$$
\begin{bmatrix}
V & M & M & M & M & M & M & M \\
M & M & M & M & M & M & M & M \\
M & M & M & M & M & M & M & M \\
M & M & M & M & M & M & M & M \\
M & M & M & M & M & M & M & M \\
M & M & M & M & M & M & M & M \\
M & M & M & M & M & E & E & E \\
E & E & E & E & E & E & E & E
\end{bmatrix}
$$

Abbildung 4.2.: Der 64 Bit Datentyp *Double*. Die interne Speicherdarstellung des Datentyps gliedert sich in Vorzeichen (V), Mantisse (M), und Exponent (E). Diese Gliederung wird durch die Anzahl der einzelnen Bit realisiert. Jedes Element symbolisiert einen Transistor als Speichereinheit, welcher zwei Zustände annehmen kann.

Für jede Zahl, die in MATLAB eingegeben wird, werden also 64 Bit standardmäßig bereitgestellt, um diese zu speichern. Doch welcher Wertebereich kann mit Hilfe von 64 Bit realisiert wer-

---

[6]   Das zentrale Normungsgremiun ist hier das IEEE (Institute of Electrical and Electronics Engineers), welches hier allgemein akzeptierte Standards festgelegt hat.

[7]   Dieser Zahlentyp entspricht der zentralen IEEE-Norm für sog. doppelt genaue Gleitkommazahlen.

den? Hierzu kann MATLAB (Code: 4.1) befragt werden. Die vordefinierten MATLAB-Funktionen `realmax` und `realmin` liefern den Wertebereich der größtmöglichen bzw. kleinstmöglichen Zahl im Gleitkommazahlen-Format `Double`. Der Code (Code: 4.1) zeigt die Möglichkeit, mit Hilfe des Datentyps *Double*, Zahlen im Wertebereich von $\pm 10^{308}$ zu repräsentieren. Die Anzahl von 15 Nachkommastellen verleiht diesem Datentyp seinen vollständigen Namen *Double-Precision Floating Point*. Dabei ist „doppelt genau" relativ in Bezug zum sog. *Single-Precision Floating Point* zu verstehen. Die Speicherbreite und damit die Darstellungsgenauigkeit eines *Single* ist gemäß IEEE-Norm halb so groß wie die des *Double*. Gleitkommazahlen des Typs *single* werden mit 32 Bit gespeichert. Damit ist der *Single* im Stande, Gleitkommazahlen im Wertebereich von $\pm 10^{38}$ mit 7 Nachkommastellen zu repräsentieren. Der *Double* dient in erster Linie, Gleitkommazahlen mit einer erhöhten, doppelten Nachkommastellen-Genauigkeit zu speichern, sodass sich Genauigkeitsverluste beim Rechnen nicht so schnell bemerkbar machen. Spielt dagegen bei einer bestimmten Anwendung die Genauigkeit keine so große Rolle, aber ist der Speicherplatz und/oder die Rechengeschwindigkeit entscheidend, so ist der Datentyp *Single* zu bevorzugen.

Soweit es in bestimmten Fällen relevant ist, den Datentyp explizit zu wählen, stehen dafür in Matlab spezielle Konvertierungsfunktionen zur Verfügung. Die Funktion `double` erzeugt bzw. konvertiert in einen Double, die Funktion `single` entsprechend in einen Single. Auch die Initialisierungsfunktionen `zeros`, `ones`, etc. erlauben es, den Zahlentyp explizit vorzugeben. Das Code-Beispiel 4.1 zeigt hier einige Beispiele.

Quellcode 4.1: Wertebereich eines Doubles, Double und Single

```
 1  >> realmax
 2
 3  ans =
 4
 5          1.797693134862316e+308
 6
 7  >> realmin
 8
 9  ans =
10
11          2.225073858507201e-308
12
13  >> dDouble = zeros(1,1,'double')  // Erzeugen einer doppelt genauen Gleitkommazahl
14                                    // und mit 0 initialisieren
15  dDouble =
16
17          0
18
19  >> dSingle = single(dDouble)      // In einfach genaue Gleitkommazahl konvertieren
20
21  dSingle =
22
23          single
24
25          0
```

In MATLAB ist der Datentyp *Double* voreingestellt, denn dieser ist für den gewöhnlichen Anwender ein guter Kompromiss aus Genauigkeit, Speicherplatzbelegung, Rechengeschwindigkeit und Komfort. Die meisten gewöhnlichen Anwender wollen sich überdies auch nicht mit den Feinheiten der Zahlendarstellung auf einem Digitalcomputer auseinandersetzen und einfach nur „arbeiten". MATLAB schirmt damit den gewöhnlichen Anwender von der lästigen Wahl des geeigneten Zahlentyps wie in anderen Programmiersprachen ab; der gewöhnliche Anwender kann also einfach ohne großes Nachdenken „loslegen". Dies ist auch gut so, dennoch seien zumindest folgende Warnungen und Hinweise noch einmal verdeutlicht: Auch im scheinbar „riesigen" Intervall von ca. $\pm 10^{308}$ liegen unendlich viele reelle Zahlen, von denen nur eine kleine Menge mit dem *Double* darstellbar ist.Zugleich kann die Voreinstellung des Datentyps *double* in spezifischen Fällen auch völlig unnötig, speicherplatzverschwendend und übertrieben rechenintensiv sein. Die kluge Wahl eines anderen Datentyps kann enorme Vorteile bieten. Da dies für gewöhnliche Anwender kaum relevant ist, vertiefen wir die Betrachtungen nicht weiter.

AUFGABEN

Aufg. 4.1 Gleitkommazahlen werden oftmals in Exponentialschreibweise ein- und ausgegeben. So bedeutet etwa die Eingabe `1e-5` nichts anderes als $1 \cdot 10^{-5}$. Geben Sie in Exponentialschreibweise die Zahlen 0.01 und 1000 ein!

Aufg. 4.2 Addieren Sie die Zahlen 1 und `1e-16`! Welches Ergebnis erhalten Sie? Ist dieses korrekt? Falls nicht, warum?

Aufg. 4.3 Addieren Sie die Zahlen 1 und `1e-8`! Welches Ergebnis erhalten Sie? Ist dieses korrekt? Mit dem Befehl `dB = single(1);` erzeugen Sie eine Gleitkommazahl mit einfacher Genauigkeit. Addieren Sie jetzt auf diese Variable dB den Wert `1e-8`. Welches Ergebnis erhalten Sie jetzt?

Aufg. 4.4 Stellen Sie sich vor, Sie hätten eine Matrix mUmsaetze, in welcher für 3.000 Tage die Verkäufe aus 1.000 Filialen (Stückzahlen eines fiktiven Gutes) verzeichnet sind. Aus technischen Gründen kann dabei eine Filiale aber nur maximal 200 Einheiten des Gutes pro Tag verkaufen (also die Werte in der Matrix liegen zwischen null und 200). Legen Sie mit Hilfe der Funktion `randi` eine derartige Matrix an, so dass die Elemente der Matrix zufällig gewählt werden. Versuchen Sie als nächstes, diese Matrix ohne Genauigkeitsverlust mit dem geringsten möglichen Speicherplatzbedarf in Matlab zu halten. Tipp: Benutzen Sie die Funktion `whos`, um sich den benötigten bzw. verbrauchten Speicherplatz anzuzeigen. Um einen geeigneten Zahlendatentyp für eine kompakte Speicherung zu finden, konsultieren Sie die Matlab-Dokumentation.

4.3. Zeichen und Zeichenketten in der Programmierung

Von numerischen Datentypen sind die alphanumerischen Datentypen abzugrenzen. Die elementarste Einheit ist hier das Zeichen, *engl. chars*. Die *Chars* stellen in MATLAB einen weiteren, atomaren Datentyp dar, d.h., dieser kann genauso wie eine Zahl nicht mehr weiter (sinnvoll) zerlegt werden.In Analogie zu einer Zahl lässt sich ein Zeichen am besten mit den Ziffern vergleichen; Zahlen werden üblicherweise als eine Abfolge von Ziffern dargestellt. Genauso werden Abfolgen von Zeichen benutzt, um beliebige (textliche) Information darzustellen. Allgemein bezeichnet man in der Programmierung eine solche Abfolge an *chars* als *string*, also als eine Zeichenkette. Traditionell stellen MATLAB und Octave *Strings* als genau solche Abfolgen von

Zeichen, also als ein Zeichen-Array (wie ein Array, siehe auch oben Abschnitt 3.5, nur bestehend aus Zeichen, nicht aus Zahlen) dar und bezeichnen dies in früheren Versionen von MATLAB bzw. in der aktuellen Version bei Octave als *String*.

Für die Begrifflichkeiten ist im Folgenden auf eine in jüngeren Versionen von MATLAB (ab Versionen 2016b/2017a) erfolgte grundlegende Änderung hinzuweisen. Hinzugekommen ist dort eine neue Datenstruktur (zu den Datenstrukturen siehe auch Kapitel 6), die als *string array* bezeichnet wird. Obwohl diese neue Datenstruktur, die in Kapitel 6 näher behandelt wird, sehr sinnvoll und hilfreich ist, führt sie bei der Begrifflichkeit zu Verwirrungen, da bis zu dieser Änderung auch in MATLAB unter *Strings* eben jene Zeichenketten verstanden wurden. Diese werden nun als *character array* bezeichnet. Der Begriff des *Strings* wird - möglicherweise auch wegen dieser Vergangenheit - selbst in der Matlab-Dokumentation mehrdeutig verwendet. Für Zwecke dieses Buches, für die Vergleichbarkeit mit Octave und mit früheren Matlab-Versionen sowie zur Wahrung der begrifflichen Konsistenz mit zahllosen (älteren) Büchern zu Matlab, Tutorials und Matlab-Codes mit der traditionellen Verwendung des Begriffs *String*, wird im Folgenden festgelegt:

- Abfolgen von Zeichen (Zeichenkette, Zeichenarray) werden wie traditionell üblich als *Strings* bezeichnet. Synonym wird auch die neue Bezeichnung in MATLAB als *character array* benutzt. Strings und Character-Arrays meinen also hier dasselbe. Im Code werden sie durch den vorangestellten Kleinbuchstaben *s* kenntlich gemacht.

- Mit *string array* wird die ab den Versionen 2016b/2017a eingeführte neue Datenstruktur bezeichnet, welche in Kapitel 6 näher behandelt wird.

- Ein String-Array ist aus (atomaren) Elementen aufgebaut. Ein solches atomares Element ist ein *skalares String-Array*. Ein skalares String-Array ist in vielerlei Hinsicht ähnlich zu einem String (im Sinne einer Zeichenkette, character array), aber nicht identisch. Soweit erforderlich werden wir in diesem Buch dann auch immer von einem skalaren String-Array sprechen, um die Abgrenzung zu einem gewöhnlichen String hervorzuheben.

Diese Festlegung der Begriffe entspricht der aktuellen Matlab-Dokumentation, die ebenfalls von skalaren String-Arrays sprechen. Dennoch wird seit der Neueinführung der String-Arrays der Begriff des Strings durchaus mehrdeutig verwendet. Glücklicherweise ist die genaue Unterscheidung zwischen einem String (synonym: Character-Array) und skalarem String-Array nur sehr selten wirklich relevant. Im Regelfall ist die mehrdeutige Verwendung des Strings auch für ein skalares String-Array unerheblich.

Als Namenskonvention für das Arbeiten mit Strings gilt folgende Regel für dieses Werk: *Strings* werden mit dem vorangestellten Kleinbuchstaben s (für *String*), dann gefolgt von einem Großbuchstaben, dann gefolgt von einer beliebigen Zeichenkette aus Groß-, Kleinbuchstaben und Sonderzeichen benannt.

Mit Hilfe von *Strings* können Namen, Adressen, Datumsbezeichnungen oder ähnliches dargestellt werden. Analog dazu sind diese in der menschlichen Sprache bekannt als Buchstaben (*chars*) bzw. Wörter (oder noch allgemeiner: Zeichenketten, eben ein *String*). Das folgende Beispiel (Code: 4.2) zeigt die Eingabe und Variablenzuweisung eines *Strings* auf der MATLAB-Konsole.

Quellcode 4.2: String erstellen

```
1 >> sName = 'MAX' // Deklaration der Variable sName durch die Zuweisung (=)  'MAX'
2 sName =
3         MAX
4 >>
```

Der Ausdruck `sName = 'MAX'` erzeugt ein MATLAB-Objekt vom Typ *String*, das den Inhalt „MAX" besitzt.[8] Wie die neuere Bezeichnung als *character array* in jüngeren Matlab-Versionen zum Ausdruck bringt, handelt es sich bei einer solchen Zeichenkette um ein *array* aus alphanumerischen Zeichen. Wie auf jedes gewöhnliche *array* kann auch auf dieses mittels Indizierungen zugegriffen werden. Wir werden dies weiter unten näher betrachten.

Die Besonderheit der Zeichenkette ist, dass sie innerhalb von MATLAB intern als eine Abfolge von Zahlen dargestellt wird. Die Repräsentation von beliebigen (alphanumerischen) Zeichen durch Zahlen wird auch als Kodierung bezeichnet. Mittels einer geeignet definierten Kodierungstabelle wird dabei jedem zu berücksichtigenden (alphanumerischen) Zeichen ein bestimmter Zahlencode zugeordnet. Berührungspunkte mit der Kodierung bzw. der Dekodierung finden sich im Alltag wieder, zum Beispiel, wenn ein elektronischer Text empfangen wird und inmitten der Wörter Fragezeichen sichtbar sind. Hier zeigt sich, dass bei der Kodierung und anschließenden Dekodierung der Zahlenabfolgen zu Buchstaben (endcoding / decoding) zwei unterschiedliche Standards[9] benutzt wurden. MATLAB verwendet standardmäßig den US-ASCII Standard. Dieser benutzt eine 8 Bit Kodierung , d.h., jedes alphanumerische Zeichen wird im Arbeitsspeicher mit 8 Bit gespeichert und repräsentiert.

Zurück zum oben genannten Beispiel (Code: 4.2 und 4.3): Durch die Eigenschaft einer Zeichenkette, letztendlich ein *array* aus alphanumerischen Zeichen zu sein, kann nicht nur auf die Elemente dieser Zeichenkette mittels Indizierungen zugegriffen werden. Auch können unter Verwendung der benutzten Kodierungstabelle die alphanumerischen Zeichen in Zahlen konvertiert werden, ebenso wie Zahlen in alphanumerische Zeichen zurück konvertiert werden können. Schauen wir uns dies im Beispiel an: Der Ausdruck `sString = 'MAX'` deklariert zunächst eine Zeichenkette aus den Buchstaben MAX, über den Befehl `vString = double('MAX')` gibt MATLAB die US-ASCII Kodierung der Buchstaben zurück. An dieser Konsolenausgabe wird deutlich, wie die Buchstaben im System als Zahlenwerte abgespeichert sind. Mit dem Befehl `char(vString)` wird die Anweisung gegeben, Zahlenwerte wieder in Buchstaben des US-ASCII Systems umzusetzen, sodass die Buchstaben auf der Konsole ausgegeben werden.

Quellcode 4.3: Operationen auf Strings

```
1 >> vString = double('MAX') // Anweisung, die Variable mit dem Namen vString bestehend aus dem
             Wort MAX als double auf der Konsole auszugeben.
2
3 vString =
```

---

[8]   Octave kennt nur Strings im Sinne von *Charakter-Arrays*, das Konzept des *String-Arrays* dagegen nicht. Die Verwendung des Hochkommas und/oder des Anführungszeichen führt dort immer zu einem Charakter-Array.

[9]   Einige herkömmliche Standards sind der UTF-8 (Universal Multiple-Octet Coded Character Set) und der ASCII-Standard (American Standard Code for Information Interchange). Leider sind die Zeichencodierungen nicht so weltweit einheitlich standardisiert wie z.B. o.g. Normen zur Zahlendarstellung. Daraus ergeben sich immer wieder ärgerliche Darstellungs- und Konvertierungsprobleme.

```
 4
 5       77     65     88 // Ausgabe der Buchstaben im US-ASCII Format.
 6  >>
 7  >> [char(vString)] // Umwandlung der Variable, durch Konkatenation wird hier aus den Chars ein
        String.
 8
 9  ans =
10            MAX
11  >>
```

Analog zur Indexierung bei Matrizen und Arrays ist das Prinzip ebenfalls auf Strings anwendbar.[10] Das folgende Code-Beispiel 4.4 illustriert das Vorgehen. Dabei wird zuerst ein Vorname angelegt. Der erste Buchstabe des Vornamens wird der Variable sErsterBuchstabeVornamen, mit Hilfe des Indexzugriffes sVorname(1) zugewiesen.

Quellcode 4.4: Indexierung auf Strings

```
 1  >> sVorname = 'MAX';
 2  >> sErsterBuchstabeVornamen = sVorname(1);
 3  >> sErsterBuchstabeVornamen
 4
 5  sErsterBuchstabeVornamen =
 6
 7            M
 8
 9  >> sString = 'Das Wetter ist schoen.';
10  >> sSubstring = sString(5:9)
11
12  sSubstring =
13
14            'Wette'
```

Der zweite Teil im Code-Beispiel 4.4 zeigt, wie sich ganze Bereiche, also Substrings innerhalb eines längeren Strings ansprechen und entnehmen lassen. MATLAB enthält darüber hinaus eine Vielzahl von Funktionen zur Manipulation oder zum Umgang mit Strings. Auf einige wichtige Funktionen sei im Folgenden exemplarisch hingewiesen. Eine immer wiederkehrende Aufgabe ist die Zusammenfügung zweier oder mehrerer Strings zu einem neuen String. Dafür stehen verschiedene Varianten zur Verfügung, eine wichtige ist strcat. Angenommen, es sei sBeruf = 'Gaertner';. Dann fügt der Ausdruck sNeuerString = strcat(sBeruf,' ist ein Beruf.') die beiden Teilstrings zusammen. Das Code-Beispiel 4.5 illustriert diese Funktion.

Quellcode 4.5: Zusammenfügen von Strings

```
 1  >> sBeruf = 'Gaertner';
 2  >> sNeuerString = strcat(sBeruf,' ist ein Beruf.')
 3
 4  sNeuerString =
 5
 6            'Gaertner ist ein Beruf.'
```

Alternativ kann für das Zusammenfügen auch der schon bekannte Konkatenationsoperator eingesetzt werden. Dann würde man das gleiche Ergebnis sNeuerString = [sBeruf, ' ist ein Beruf.'] erhalten.

---

[10] Den bisherigen Darstellungen folgend ist ein String nichts anderes als ein Array aus den Code-Zahlen. Dann ist die Möglichkeit zur Indizierung wenig verwunderlich, und sogar unmittelbar naheliegend.

Sehr wichtig sind Funktionen zur Konvertierung von Strings in Zahlen und umgekehrt. Die Funktion `num2str` ist eine Möglichkeit, um eine Zahl in einen String zu konvertieren, der dann wie ein String weiter verarbeitet werden kann. Diese Funktion kann z.B. zur Generierung automatischer Variablenbezeichnungen oder zur Benennung von Datenreihen verwendet werden. Im folgenden Code-Beispiel 4.6 wird eine numerische Variable mit Wert 2 erzeugt und anschließend in einen String konvertiert. Schließlich wird ein automatischer Variablenname erzeugt, z.B. `VarNo_2`, der durch Zusammenfügung der Teilstrings `VarNo_` und der konvertierten Zahl 2 in einen String mittels `strcat` entsteht.

Quellcode 4.6: Konvertierung von Zahlen in Strings

```
 1  >> dNummer = 2;
 2  >> num2str(dNummer)
 3
 4  ans =
 5
 6          2
 7
 8  >> sVarName = strcat('VarNo_',num2str(dNummer))
 9
10  sVarName =
11
12          VarNo_2
```

Die vielleicht universellste Funktion zum Zusammenfügen von Strings, inklusive der Möglichkeit zur Konvertierung von Zahlen in Strings, stellt die Funktion `sprintf` dar, die aber zugleich für Neueinsteiger mitunter zu Beginn etwas schwerfällig in der Handhabung ist. Grundsätzlich ist `sprintf` dafür gedacht, eine formatierte Ausgabe (Zeichenkette) zu erstellen und in einem String abzulegen, wie es das folgende Code-Beispiel 4.7 (Fortführung des vorhergehenden Code-Beispiels 4.6) zeigt:

Quellcode 4.7: Die universelle Funktion sprintf

```
 1  >> sStringAusgabe = sprintf('Die Nummer ist %d, die Variable heisst %s.', dNummer, sVarName)
 2
 3  sStringAusgabe =
 4
 5          Die Nummer ist 2, die Variable heisst VarNo_2.
```

Die Funktion `sprintf` liefert als Ergebnis einen String. Das erste Argument von `sprintf` ist ein Formatstring, der aus Text und Platzhaltern bestehen kann. Die Platzhalter nehmen später einmal die als weitere Argumente der Funktion zu übergebenden Parameter auf und bestimmen deren Art der Umwandlung in eine Zeichenkette.[11] Der Platzhalter %d steht z.B. für eine (numerische) Zahl in Standarddarstellung, der Platzhalter %s für einen String. Die Matlab-Dokumentation verzeichnet viele weitere Typen von Platzhaltern, die im Formatstring benutzt werden können. Die Funktion `sprintf` muss so viele weitere Argumente (Eingabeparameter) enthalten, wie es Platzhalter im Formatstring gibt. Die weiteren Argumente werden dann in

---

[11] Eine Gleitkommazahl kann z.B. auf vielfältige Weise in eine Zeichenkette umgewandelt werden: Mit oder ohne führendes Vorzeichen, mit einer bestimmten Anzahl an Nachkommastellen, mit oder ohne führende Nullen, Darstellung in kaufmännischer oder wissenschaftlicher Art usw. Über die Wahl des entsprechenden Formatstrings wird dies gesteuert.

der angegebenen Reihenfolge in die Platzhalter eingesetzt und je nach Art des Platzhalters interpretiert und konvertiert. Wichtig ist es darauf zu achten, dass der Typ des Platzhalters und der zugehörige Eingabeparameter zueinander verträglich sind.

Eine Variante von `sprintf` ist `fprintf`. Der Unterschied ist dabei, dass das Ergebnis nicht in eine Stringvariable, sondern als formatierter Output auf die Konsole geschrieben oder in eine Textdatei ausgegeben werden kann. Sinn und Zweck dieser Funktion ist es z.B., Druckerausgaben zu erzeugen oder Protokolldateien zu schreiben, wie es Code-Beispiel 4.8 in Anlehnung an das vorhergehende Code-Beispiel 4.7 zeigt.

Quellcode 4.8: Die Funktion fprintf

```
1 >> fprintf('Die Nummer ist %d,\n die Variable heisst %s.\n', dNummer, sVarName)
2 Die Nummer ist 2,
3 die Variable heisst VarNo_2.
```

Das Beispiel zu `fprintf` zeigt eine wichtige Erweiterung, und zwar ist es ebenfalls möglich, in den Formatstring Steueranweisungen für die formatierte Ausgabe aufzunehmen. Die Steueranweisung \n in der Mitte und am Ende des Formatstrings bewirkt einen Zeilenumbruch. Ohne diesen würden weitere Ausgaben auf die Konsole oder in eine Protokolldatei ohne Zeilenumbruch direkt an das Ende der vorhergehenden Ausgabe gehängt werden, was die Lesbarkeit beeinträchtigen kann.[12] Desweiteren gibt es eine Vielzahl weiterer, wichtiger Steueranweisungen, wie z.B. \t für das Einfügen eines Tabulatorzeichens. Dies ist insbesondere dann sinnvoll, wenn als Matlab-Ausgabe eine formatierte Textdatei z.B. im CSV-Format manuell aufgebaut wird, welche als Separationszeichen zwischen den Zellen den Tabulator verwendet.

Mit Indexierungen in Strings können Teile eines Strings selektiert und entnommen werden. Mit den zuletzt vorgestellten Funktionen [], `strcat`, `sprintf` und `fprintf` können Strings zusammengefügt werden. In Kombination von beiden lassen sich also Strings beliebig zerlegen und wieder zusammensetzen. Damit verbleiben für umfassende String-Manipulationen nur noch zwei Operationen: Vergleichen von Strings und Suchen in Strings. Das Vergleichen von Strings ist nicht ganz so einfach wie das von Zahlen, jedoch stellt MATLAB dafür verschiedene Funktionen zur Verfügung; die beiden wichtigsten sind hier `strcmp` und `strcpmi`. Das Code-Beispiel 4.9 zeigt kurz deren Anwendung und den Unterschied zwischen beiden.

Quellcode 4.9: Vergleichen von Strings

```
1 >> sName1 = 'MAX';
2 >> sName2 = 'Max';
3 >> strcmp(sName1,sName2)
4
5 ans =
6
7         logical
8
9         0
10
11 >> strcmpi(sName1,sName2)
```

---

[12] Als kleines Experiment möge dieselbe Matlab-Anweisung noch einmal, jedoch ohne diese Steueranweisungen ausgeführt werden. Jetzt taucht die Ausgabe inklusive des anschließenden Kommandoprompts in derselben Zeile, also ohne Zeilenumbruch, auf.

```
12
13  ans =
14
15          logical
16
17          1
```

Das Ergebnis beider Funktionen ist ein logischer Wahrheitswert (siehe auch Kapitel 4.4), wobei 1 WAHR und 0 FALSCH bedeutet. Der erste Vergleich im Code-Beispiel 4.9 liefert als Ergebnis FALSCH, beide Strings sind also nicht gleich. Tatsächlich unterscheiden sich beide in der Groß- und Kleinschreibung. Die Funktion `strcmp` vergleicht also streng und unterscheidet zwischen Groß- und Kleinschreibung. Ist dieser Unterschied dagegen nicht relevant, sollte die Funktion `strcmpi` verwendet werden. Hier ist der Vergleich im Code-Beispiel auch WAHR, also ohne Berücksichtigung von Groß- und Kleinschreibung sind beide Strings gleich.

Zum Suchen in Strings bietet sich die Funktion `strfind(sString,sMuster)` an. Sie erlaubt es, im String `sString` nach dem Vorkommen des Substrings `sMuster` zu suchen und gibt die Indices der Stellen zurück, an denen der Substring gefunden wurde. Das Code-Beispiel 4.10 illustriert die Arbeitsweise.

Quellcode 4.10: Suchen in Strings

```
1  >> sString = 'Das Wetter ist schoen.';
2  >> sMuster = 'ist';
3  >> strfind(sString,sMuster)
4
5  ans =
6
7          12
```

Im Code-Beispiel 4.10 wurde das Suchmuster `'ist'` also einmal an der Indexposition 12 im String `sString` gefunden. Mit der Indexposition 12 ist der Anfang des Suchmusters (d.h. Buchstabe i) an der 12. Stelle im String `sString` gemeint. Würde das Suchmuster mehrfach vorkommen, würden entsprechend die Indexpositionen aller Vorkommnisse ausgegeben. Mit dieser Funktion kann also gezielt nach interessierenden Informationen in einem String gesucht werden, diese dann entnommen oder abgeändert werden. Die zuvor kurz behandelten String-Funktionen erlauben es nun, bei geschickter Kombination, jegliche Art der Textbe- und -verarbeitung zu erlauben. Bei genügendem Ehrgeiz könnte also damit auch eine komplette Textverarbeitung in MATLAB realisiert werden. Natürlich ist derartiges hier nicht ernsthaft beabsichtigt. Jedoch werden sich die umfassenden Möglichkeiten zur Stringmanipulation später beim Arbeiten mit empirischen Daten als ausgesprochen hilfreich erweisen, wenn anhand von Textinformationen (Strings) gekennzeichnete Daten gesucht, selektiert und abgeglichen werden müssen. Die effiziente Nutzung (Suchen, Ersetzen, Umwandeln) von Strings werden wir sinnvoller nach dem Durcharbeiten vom Kapitel 7 aufzeigen können, wenn wir uns mit Kontrollstrukturen und Schleifen auseinandergesetzt haben.

Eine für das empirische Arbeiten besonders wichtige Erscheinungsform des Strings sind Datumsangaben. Sehr oft sind empirische Daten im Zeitablauf beobachtet worden (z.B. Wetterdaten, sozio-demografische Daten, Aktienkurse) und tragen entsprechend ihrem Beobachtungsdatum einen Zeitstempel. Ein solcher Zeitstempel ist nicht nur wegen der Kennzeichnung des Beobachtungszeitpunktes besonders hilfreich, sondern weil dieser es auch erlaubt, zeitlich zusammengehörige Informationen aus verschiedenen Datenquellen miteinander abzugleichen. Datumsangaben liegen üblicherweise als Strings vor, haben jedoch aufgrund regionaler Unterschiede weltweit kein einheitliches Format. Typische Datumsangaben können z.B. sein '08-29-2016' (ein amerikanisches Format in der Folge Monat-Tag-Jahr) oder '29.Aug.2016' (als z.B. deutsches Format mit Tag-Monat-Jahr). Der Variantenreichtum ist hier nahezu unerschöpflich. Dies stellt zugleich die Herausforderung dar, wie bei empirischen Analysen in geeigneter Weise mit solchen Datumsangaben effizient zu verfahren ist.

In vielen Tabellenkalkulationsprogrammen, Statistikprogrammen oder zu MATLAB ähnlichen Programmiersystemen ist es üblich und sinnvoll, Datumsangaben als Zahlenwerte zu repräsentieren. Damit ist es sehr einfach möglich, Datumsvergleiche durchzuführen oder sogar mit Zeitangaben zu rechen. Möchte man z.B. zum Datum 29.8.2016 53 Tage addieren, so ist dies in der Repräsentation als String nicht direkt möglich. Daher werden Konvertierungsfunktionen benötigt, die entweder Datumsstrings in Zahlenwerte oder Zahlenwerte in Datumsstrings umwandeln. Betrachten wir zunächst die Umwandlung eines Datumsstrings in einen numerischen Wert. Die zentrale Umwandlungsfunktion ist in MATLAB dafür `datenum`. Diese Funktion kann in unterschiedlichen Varianten aufgerufen werden, eine besonders hilfreiche Variante besitzt das Format `datenum(Datumsstring,Formatstring)`. Hierbei ist `Datumsstring` das Datum als String, wie z.B. '08-29-2016', und `Formatstring` ein String, welcher das Format der Datumsangabe beschreibt, wie z.B. 'mm-dd-yyyy', sodass MATLAB dieses zielgerichtet umwandeln kann. Das Code-Beispiel 4.11 illustriert die Arbeitsweise.

Quellcode 4.11: Datumsstring in Zahlenwert konvertieren

```
1  >> sDatum = '08-29-2016';
2  >> sFormat = 'mm-dd-yyyy';
3  >> dDatumWert = datenum(sDatum,sFormat)
4
5  dDatumWert =
6
7          736571
```

Im Formatstring stehen 'dd' für diejenigen Stellen, an denen sich die Tagesangaben befinden, 'mm' für die Monatsangaben, 'yyyy' für die Jahresangaben sowie der Bindestrich '-' für das Separationszeichen. Die Reihenfolge dieser Elemente sowie das zutreffende Separationszeichen (dies könnte z.B. auch ein Punkt sein) sind entsprechend dem Datumsformat zu spezifizieren. Da es eine nahezu unerschöpfliche Vielfalt an Variationsmöglichkeiten für das Datumsformat gibt, sei im Allgemeinen auf die Matlab-Dokumentation verwiesen. Das Ergebnis dieser Umwandlung, im Beispiel etwa `dDatumWert = 736571`, stellt die Anzahl an Tagen seit dem Stichtag 0. Januar 0000 dar.

Für die Umwandlung eines numerischen Wertes in einen Datumsstring ist die Matlab-Funktion `datestr` zu verwenden. Auch diese Funktion kann in unterschiedlichen Varianten aufgerufen werden, das Gegenstück zur oben gezeigten Variante bei `datenum` besitzt das Format `datestr(Datumswert,Formatstring)`. Dabei ist `Datumswert` der numerische Datumswert, welcher in einen Datumsstring konvertiert werden soll, und `Formatstring` der gewünschte Formatstring, auf dessen Basis die Umwandlung erfolgen soll. Die Weiterführung des obigen Code-Beispiels 4.11 zeigt das Code-Beispiel 4.12:

```
1  >> sDatum2 = datestr(dDatumWert,'dd.mmm.yyyy')
2
3  sDatum2 =
4
5          '29.Aug.2016'
```

Wie das Code-Beispiel 4.12 zeigt, kann der Formatstring auch direkt in die Umwandlungsfunktion eingesetzt werden. Bei der Rückkonvertierung wurde im Beispiel zugleich ein anderer Formatstring gewählt. So zeigt das Beispiel zugleich, wie z.B. ein amerikanisches Datumsformat in ein deutsches Datumsformat umgewandelt werden kann.

Datumsvergleiche erfolgen am besten anhand der Datumswerte, nicht Datumsstrings, da letztere (gerade wenn Daten aus unterschiedlichen Datenbanken abgerufen werden) durchaus in unterschiedlichen Formaten vorliegen könnten. Hat z.B eine Datenbank für eine Beobachtung den Zeitstempel '08-29-2016' geliefert, eine zweite Datenbank dagegen den Zeitstempel '29.Aug.2016', so würde der direkte Stringvergleich FALSCH ergeben, also beide Datumsangaben als unterschiedlich ausweisen. Das Code-Beispiel 4.13 illustriert hier die empfohlene Vorgehensweise beim Datumsvergleich.


```
1  >> dDatum1 = datenum('08-29-2016','mm-dd-yyyy');
2  >> dDatum2 = datenum('29.Aug.2016','dd.mmm.yyyy');
3  >> dDatum1 == dDatum2
4
5  ans =
6
7          logical
8
9          1
```

Im Code-Beispiel 4.13 stellt == den Vergleichsoperator auf Gleichheit zweier Werte dar, das Ergebnis ist ein logischer Wahrheitswert (Logical, siehe Kapitel 4.4) mit dem Wert 1 (WAHR), also beide Datumsangaben sind identisch. Neben logischen Vergleichen können auch Rechenoperationen auf Datumsangaben leicht durchgeführt werden, nachdem diese in Zahlenwerte konvertiert wurden. Oben wurde z.B. gefragt, was das Ergebnis der Addition vom Datum 29.Aug.2016 plus 53 Tage sei. Das Code-Beispiel 4.14 beantwortet diese Frage.


```
1  >> dDatumA = datenum('29.Aug.2016','dd.mmm.yyyy');
2  >> dDatumB = dDatumA + 53;
3  >> sDatum = datestr(dDatumB,'dd.mmm.yyyy')
4
5  sDatum =
6
7          '21.Oct.2016'
```

Da der Variantenreichtum beim Umgang mit Datumsangaben nahezu unüberschaubar ist, mögen diese kurzen einführenden Betrachtungen genügen, da beim praktischen Arbeiten im Regelfall immer die Matlab-Hilfe für den gerade konkreten Anwendungsfall zu konsultieren ist. Jedoch zeigen die kurzen Betrachtungen die grundsätzlichen Möglichkeiten und empfohlenen Vorgehensweisen auf.

Aufg. 4.5 Erzeugen Sie zwei Strings mit `sStringName = 'Lisa'` und `sStringBeruf = 'Aerztin'`. Fügen Sie die Strings unter Verwendung der verschiedenen Varianten so zusammen, das sich als Ergebnisstring `sString = 'Lisa ist Aerztin.'` ergibt.

Aufg. 4.6 Suchen Sie im String `sString = 'Lisa ist Aerztin.'` das Vorkommen von `'ist'`. Ersetzen Sie es durch den String `'war'`.

Aufg. 4.7 Legen Sie in Matlab eine Variable `dKontostand = -1000;` an. Geben Sie auf der Konsole einen String aus, der lautet: `WARNUNG: Kontostand ist -1000!`. Beachten Sie dabei: Der Kontostand ist der Variable `dKontostand` zu entnehmen, die natürlich auch beliebig andere Werte annehmen kann. Ihre Ausgabe muss dann immer noch den aktuellen Kontostand anzeigen! Außerdem soll nach der Ausgabe der Warnung auf der Konsole eine Zeilenschaltung erfolgen.

Aufg. 4.8 Verschönern Sie jetzt die Ausgabe des Kontostands! Der Kontostand soll immer mit zwei Nachkommastellen ausgegeben werden, auch wenn die Nachkommastellen null sind. Außerdem soll ein führendes Vorzeichen (+/-) mit ausgegeben werden, denn Sie möchten ja schnell sehen, ob Sie noch ein Guthaben besitzen oder schon Schulden haben. Probieren Sie Ihre Lösung testweise auch mit `dKontostand = +1000;` aus. Es muss dann explizit ein + vor der Zahl 1000 auftauchen. Tipp: Schauen Sie für die Lösung in der Matlab-Hilfe nach, am besten bei den Funktionen `sprintf` oder `fprintf`. Dort finden Sie umfassende Erläuterungen, wie der Formatstring für die Ausgabe aufgebaut werden kann.

Aufg. 4.9 Sie erhalten zwei Datumsangaben `2016-Mar-12` und `12.3.2016`. Sie möchten wissen, ob beide Datumsangaben übereinstimmen. Führen Sie dazu zunächst den direkten Vergleich beider Strings durch! Welches Ergebnis erhalten Sie? Welches Ergebnis liefert eine verbesserte Überprüfung?

Aufg. 4.10 Welches Datum erhalten Sie, wenn Sie ausgehend vom 4.1.1971 um 773 Tage zurückgehen?

4.4. Die Wahrheitswerte

Der Datentyp *Logical* repräsentiert die klassischen Wahrheitswerte im Sinne der Aussagenlogik, wie sie herkömmlicherweise in der Mathematik verwendet werden. Die *Logicals* (boolesche Ausdrücke bzw. Wahrheitswerte) können zwei Zustände annehmen:

- true

- false

Die genauere Verwendung von Wahrheitswerten wird anhand eines Beispiels (Code: 4.15) verdeutlicht:

```
1  >> 10 > 5 // MATLAB soll pruefen, ob 10 groesser 5 ist.
2
3  ans =
4
5          1 // Als Ergebnis wird der Wert 1 geliefert. 1 = wahr; 0 = falsch
6
7  // Das Gegenbeispiel:
8
9  >> 5 > 10 // MATLAB soll pruefen, ob 5 groesser 10 ist.
10
11 ans =
12
13         0 // Null als Ergebnis, die Aussage ist falsch.
```

In den aktuellen Programmiersprachen werden derartige Objekte häufig als *boolesche Variablen* bezeichnet. Diese entstehen typischerweise aus Vergleichen. MATLAB kennt folgende Vergleichsoperatoren wie > („größer"), < („kleiner"), == („gleich"), >= („größer-gleich") oder <= („kleiner-gleich"). Mittels logischer Verknüpfungsoperatoren können diese verbunden werden, sodass kombinierte logische Ausdrücke entstehen. Hierbei wird zwischen dem „Und"-Operator („&" bzw. &&") und dem „Oder"-Operator („|" bzw. „||") unterschieden. Die Verknüpfung von Vergleichsoperatoren kann wie folgt verallgemeinert werden: Im Falle von *Bedingung Nr. 1 && Bedingung Nr. 2* müssen beide Bedingungen zutreffen, damit der Gesamtausdruck, die Verknüpfung, „wahr" ist. Im Fall *Bedingung Nr. 1 || Bedingung Nr. 2* reicht es aus, wenn eine der beiden Bedingungen „wahr" ist, damit der Gesamtausdruck „wahr" wird. Die Verwendung dieser verknüpften Operationen zeigt das Beispiel (Code: 4.16).


```
1  10 > 9 && 10 < 100  //  MATLAB soll pruefen, ob 10 groesser ist als 9 und ob 10 kleiner ist als
       100
2
3  ans =
4
5          1 // WAHR (1) als Ergebnis, da beide Bedingungen erfuellt sind.
6
7  24 > 100 || 24 <= 24  // Hier reicht aus, wenn eine der beiden Bedingungenn zutrifft,
8
9  ans =
10
11         1 // Zwar ist die erste Bedingung nicht erfuellt, jedoch die Zweite WAHR, sodass WAHR (1)
                zurueckgeliefert wird.
```

Die Anzahl an Verknüpfungen ist grundsätzlich unbegrenzt. Jedoch sollte über die Sinnhaftigkeit einer Kette an Bedingungen nachgedacht werden. Mehr als drei oder vier miteinander verknüpfte Bedingungen sind selten empfehlenswert, da eine solche Verknüpfung schnell undurchsichtig wird. Das Themengebiet der Aussagenlogik kann hierbei eine gute theoretische Hilfestellung geben, um Bedingungen und Verknüpfungen sachgerecht, kompakt und verständlich zu formulieren.

Eine Besonderheit und häufig anzutreffende Schwierigkeit für Neueinsteiger in MATLAB ist der Umgang mit den *Shortcut-Operatoren* in Form des „Und"-Operator („&&") und dem „Oder"-Operator („||") im Gegensatz zu dem Einfach-Und („&") bzw. Einfach-Oder („|"). Die letzteren beiden können auch als reguläre Operatoren angesehen werden.

Das (reguläre) logische UND („&") verknüpft komponentenweise zwei logische Vektoren bzw. Matrizen. Das Ergebnis sind Vektoren bzw. Matrizen mit logisch 1 (true, WAHR) oder logisch 0 (false, FALSCH), je nachdem, ob beide Komponenten WAHR sind (Ergebnis ist dann auch WAHR) oder nicht (eine oder beide Komponente(n) ist bzw. sind FALSCH, das Ergebnis ist dann auch falsch). Am besten lässt sich dies anhand eines kleinen Beispiels illustrieren:

Quellcode 4.17: Einfach logischer Und-Operator in MATLAB

```
 1  >> mA  = [2, 2, 2; 0, 0, 0];
 2  >> lA = mA > 0
 3
 4  lA =
 5
 6          2 x 3 logical array
 7
 8          1   1   1
 9          0   0   0
10
11  >> mB  = [0, 0, 0; 3, 3, 3];
12  >> lB = mB > 0
13
14  lB =
15
16          2 x 3 logical array
17
18          0   0   0
19          1   1   1
20
21  >> lC = lA & lB
22
23  lC =
24
25          2 x 3 logical array
26
27          0   0   0
28          0   0   0
```

In analoger Weise verknüpft das einfache (reguläre) ODER („|") logische Vektoren oder Matrizen, also genauso wie bei dem logischen UND („&") oben. Hier wird ein false (FALSCH) zurückgegeben, wenn in beiden Komponenten eine Null (FALSCH) steht. Oder anders ausgedrückt ist eine Komponente des Ergebnisvektors bzw. Ergebnismatrix dann WAHR, wenn eine der beiden Komponenten aus der Verknüpfung WAHR ist. Das nachfolgende Beispiel greift das vorhergehende auf und wendet die Oder-Verknüpfung an.

Quellcode 4.18: Einfach logischer Oder-Operator in MATLAB

```
 1  >> lD = mA | mB
 2
 3  lD =
 4
 5          2x3 logical array
 6
 7          1   1   1
 8          1   1   1
```

Die speziellen *Shortcut-Operatoren* in Form des „Und"-Operators („&&") und des „Oder"-Operators („||") können nur bei Skalaren bzw. skalaren Ausdrücken angewendet werden; logische

Vektoren oder Matrizen lassen sich damit nicht verknüpfen und führen sofort zu einer Fehlermeldung. Die Bezeichnung „Shortcut" ist ebenfalls bedeutsam: Gemeint ist hier, dass die Auswertung einer logischen Verknüpfung sofort abgebrochen wird, sobald das Ergebnis feststeht. Im Falle z.B. einer UND-Verknüpfung kann die Auswertung sofort abgebrochen werden, falls bereits der erste Teilausdruck FALSCH ist (denn dann kann das Gesamtergebnis nicht mehr WAHR werden). Ohne „Shortcut" wird die Verknüpfung immer komplett ausgewertet, auch wenn das Endergebnis bereits längst feststeht. Ein „Shortcut" besitzt zwei Vorteile: (i) Es geht schneller und (ii) kann die Auswertung der zweiten Bedingung möglicherweise zu einem Fehler führen, falls die erste nicht erfüllt ist. Dann ist ein „Shortcut" sogar zwingend erforderlich. Für Neueinsteiger mag dies zu Beginn etwas verwirrend sein. Als grobe Daumenregel für den Beginn empfiehlt es sich daher, bei skalaren Ausdrücken immer die Shortcut-Variante zu benutzen, bei Vektoren und Matrizen muss immer die reguläre Variante angewendet werden.

Mitunter entstehen zu Beginn auch weitere Verwirrungen, ob es einen Unterschied zwischen true (WAHR) und 1 bzw. false (FALSCH) und 0 gibt. Die Irritation entsteht vermutlich auch daraus, dass MATLAB Wahrheitswerte auf der Konsole und im Workspace-Editor als 1 bzw. 0 anzeigt; jedoch heißen die Funktionen zur Erzeugung logischer Variablen `true` und `false`. Tatsächlich behandelt MATLAB die Zahlenwerte 0 und 1 einerseits und die logischen Werte false und true andererseits wie Synonyme und konvertiert diese intern bei Bedarf in das jeweils benötigte Format. Damit kann z.B. auf logischen Vektoren bzw. Matrizen sogar gerechnet werden, wie es das folgende Beispiel 4.19 (Fortführung des vorhergehenden Beispiels 4.18) zeigt:

Quellcode 4.19: Rechnen auf logischen Matrizen

```
1  >> iSumWahr = sum(1D(:))
2
3  iSumWahr =
4
5          6
```

Dies mag im ersten Augenschein etwas „kurios" wirken, weil z.B. eine Addition auf Wahrheitswerten gar nicht definiert ist. Umgekehrt können in Matlab die Zahlenwerte 0 und 1 so benutzt werden, also ob sie logische Werte wären.[13] Bei der späteren Programmierung hat dies aber enorme Vorteile.

Die Befehle and bzw. or können ebenfalls für Und („&") bzw. Oder („|") verwendet werden. Die folgenden Tabellen fassen wichtige Aspekte der obigen Betrachtungen zusammen. Die Tabelle 4.2 zeigt einige Vergleichsoperatoren, die Tabelle 4.3 einige logische Operatoren zur Element- bzw. Bedingungsprüfung. Erwähnt sei noch die not (Funktion) bzw. ~-Operator, mit der logische Ausdrücke oder Wahrheitswerte umgekehrt (negiert) werden können. Das Code-Beispiel 4.20 führt das bisherige Beispiel fort und illustriert kurz die Verwendung der Negation.

Quellcode 4.20: Negations-Operator

```
1  >> not(1D)   // alternativ kann eingegeben werden: ~1D
2
```

---

[13] Die Verwendung von Zahlenwerten als Wahrheitswerte ist sogar noch weitgehender, in dem nicht nur 0 und 1, sondern jeder Zahlenwert als logischer Wahrheitswert interpretiert werden kann. Ein Zahlenwert von 0 wird als FALSCH interpretiert, alle anderen als WAHR.

```
3  ans =
4
5         2x3 logical array
6
7            0    0    0
8            0    0    0
```

Ausdruck	Auswertung zu
X > Y	Wertet zu 1 (true) aus, wenn X größer Y ist
X < Y	Wertet zu 1 (true) aus, wenn X kleiner Y ist
X == Y	Wertet zu 1 (true) aus, wenn X und Y gleich sind
X >= Y	Wertet zu 1 (true) aus, wenn X größer bzw. gleich Y ist
X <= Y	Wertet zu 1 (true) aus, wenn X kleiner bzw. gleich Y ist

Tabelle 4.2.: Übersicht der Vergleichsoperatoren

Ausdruck	Auswertung zu
mA | mB	Wertet zu 1 (true) aus, wenn das Element in mA(i,j) oder mB(i,j) 1 ist
mA & mB	Wertet zu 1 (true) aus, wenn das Element in mA(i,j) und mB(i,j) 1 ist
Bedingung 1 && Bedingung 2	Beide Bedingungen müssen wahr sein
Bedingung 1 || Bedingung 2	Nur eine Bedingung muss wahr sein

Tabelle 4.3.: Übersicht der logischen Operatoren

Eine ganz besondere Bedeutung besitzen logische Wahrheitswerte, logische Vektoren, logische Matrizen und logische Ausdrücke durch die Möglichkeit, mit diesen Matrizen und Arrays zu indizieren. Die Indexierung mit logischen Werten basiert auf dem Prinzip, das in einer Matrix oder Array genau jene Stelle angesprochen (selektiert) wird, an welcher der Indexwert WAHR ist. Ein einfaches Codebeispiel 4.21 illustriert dieses Prinzip:

Quellcode 4.21: Indizierung mit logischen Werten

```
1  >> mA  = [2, 2, 2; 0, 0, 0];    // Anlegen einer Matrix mA mit Zahlenwerten
2  >> lA = mA > 0                   // Identifikation aller Zahlenwerte groesser 0
3
4  lA =                            // Die logische Matrix lA zeigt alle diese Stellen an
5
6         2x3 logical array
7
8            1    1    1
9            0    0    0
10
11 >> mA(lA) = NaN                  // Alle Elemente in mA mit mA > 0 werden jetzt mit NaN
12                                  // ueberschrieben
13 mA =
```

```
14
15         NaN    NaN    NaN
16           0      0      0
```

Die Indizierungen lassen sich auch gezielt auf die Zeilen- oder Spaltendimension anwenden, wie es das weitere Code-Beispiel 4.22 zeigt. Von diesen Möglichkeiten der Indexierung mit logischen Werten wird später vielfältig Gebrauch gemacht.

Quellcode 4.22: Indizierung mit logischen Werten - zweite Beispiel

```
 1  >> mB = randn(4,4)    // Anlegen einer 4 x 4 Matrix mit standardnormalverteilten
 2                        // Zufallszahlen
 3  mB =
 4
 5          0.5377     0.3188     3.5784     0.7254
 6          1.8339    -1.3077     2.7694    -0.0631
 7         -2.2588    -0.4336    -1.3499     0.7147
 8          0.8622     0.3426     3.0349    -0.2050
 9
10  >> lB = mB(:,1) < 0  // Identifikation aller Zeilen, deren erste Spalte kleiner
11                        // null ist
12  lB =
13
14          4x1 logical array
15
16          0
17          0
18          1
19          0
20
21  >> mB(lB,:) = NaN    // Alle Zeilen in mB auf NaN setzen, deren erster Spaltenwert
22                        // kleiner als null ist
23  mB =
24
25          0.5377     0.3188     3.5784     0.7254
26          1.8339    -1.3077     2.7694    -0.0631
27          NaN        NaN        NaN        NaN
28          0.8622     0.3426     3.0349    -0.2050
```

AUFGABEN

Aufg. 4.11 Prüfen Sie, ob 2 > 3 UND 4 < 5 gilt. Weisen Sie das Ergebnis dieses logischen Ausdrucks einer logischen Variable zu! Welcher Wahrheitswert ergibt sich, wenn Sie die ODER-Verknüpfung benutzten?

Aufg. 4.12 Erzeugen Sie mit Hilfe der Funktion `randn` einen 10×1 Vektor mit standardnormalverteilten Zufallszahlen. Erzeugen Sie daraus einen 10×1 Vektor logischer Wahrheitswerte, dessen Komponenten dann WAHR sind, wenn die entsprechende Zufallszahl größer oder gleich null ist. Berechnen Sie anschließend, wie viele Zufallszahlen diese Bedingung erfüllen!

Aufg. 4.13 Erzeugen Sie mit Hilfe der Funktion `randn` eine 5×5 Matrix mit standardnormalverteilten Zufallszahlen. Ersetzen Sie alle Werte dieser Matrix im Wertebereich zwischen -1 und 0 durch NaN!

4.5. Fallstudie Wetterdaten

In Abschnitt 3.6 haben wir begonnen, die Wetterdaten der Station 72 zu analysieren. Erste einfache Auswertungen haben dabei den Verlauf der Lufttemperaturen betrachtet. Bei den Wetterdaten ist allerdings ein wichtiger Umstand zu bedenken, und zwar können in den Daten fehlerhafte oder ungültige Werte vorkommen. In diesem Datensatz sind fehlerhafte bzw. ungültige Werte mit dem Wert -999 gekennzeichnet. Bevor also irgendwelche Auswertungen vorgenommen werden, sollten diese fehlerhaften bzw. ungültigen Daten geeignet behandelt werden. Dafür gibt es viele denkbare Verfahren, die je nach konkreter Fragestellung mehr oder weniger sinnvoll sind. In diesem Teil der Fallstudie ist es ausreichend, fehlerhafte bzw. ungültige Werte von der Analyse auszuschließen. Mit Hilfe logischer Vergleiche und logischer Indexierungen kann dies erledigt werden, wie es das Code-Beispiel 4.23 zeigt.[14]

Quellcode 4.23: Die Untersuchung der Schwankungsbreite der Temperaturen ohne ungültige Werte

```
1 >> load('WetterDatenStation72.mat');
2 >> lMaxNotValid = mDataStation(:,7) == -999; // Ungueltige Werte in Maximum-Reihe identifizieren
3 >> lMinNotValid = mDataStation(:,8) == -999; // Ungueltige Werte in Minimum-Reihe identifizieren
4 >> lNotValid = lMaxNotValid | lMinNotValid; // Ungueltig ist ein Zeitpunkt, wenn eine
       Beobachtung ungueltig ist
5 >> lValid = ~lNotValid; // Gueltige Beobachtungen sind Negation ungueltiger Beobachtungen
6 >> vSpann2 = mDataStation(lValid,7) - mDataStation(lValid,8); // Nur gueltige Zeitpunkte
       entnehmen
7 >> dMeanSpann2 = mean(vSpann2); // Mittelwert berechnen
8 >> dMaxSpann2 = max(vSpann2); // Maximum berechnen
9 >> dMinSpann2 = min(vSpann2); // Minimum berechnen
```

Bei den in diesem Beispiel betrachteten Reihen für die maximalen, mittleren und minimalen Temperaturen ergibt sich kein Unterschied, ob vorher auf fehlerhafte bzw. ungültige Werte geprüft wurde oder nicht. Die Ergebnisse bleiben unverändert. Jedoch kann dies bei den folgenden Übungsaufgaben durchaus ein Problem werden!

AUFGABEN

Aufg. 4.14 Sie möchten eine umfassende Auswertung der Wetterdaten für die Station 72 vornehmen. Dazu sollen jeweils Mittelwerte, Minimum und Maximum der Beobachtungsreihen für die Lufttemperatur, Windstärke, Bedeckungsgrad, Sonnenscheindauer und Niederschlagshöhe ermittelt werden. Legen Sie die Ergebnisse geeignet organisiert in einer 5×3 Matrix ab! Verbessern Sie also die vorhergehende Analyse aus Abschnitt 3.6, indem Sie vorher ungültige bzw. fehlerhafte Werte entfernen! Welche Minima für Sonnenscheindauer und Niederschlagshöhe ermitteln Sie nun?

4.6. Zusammenfassung - Datentypen

Dieses Kapitel liefert einen Einstieg in die wichtigsten Datentypen von MATLAB. Dabei steht im Fokus der Umgang mit Gleitkommazahlen in Form des *Double*. Zeichenketten werden durch

---

[14] Das Beispielskript `bSkript_Wetterdaten_Kap_4.m` kann zum Nachbau der Fallstudie genutzt werden.

sogenannte *Strings* dargestellt. Abschließend zeigte dieses Kapitel die Verwendung von *Logicals* zum Einsatz bei logischen Vergleichen und bei der Indexierung in Matrizen und Arrays.

Weiterführende Literatur:

Im Rahmen dieser ersten Einführung wurde ausschließlich auf die für einen Einstieg wichtigsten Datentypen eingegangen. Allerdings gibt es eine Vielzahl von weiteren Datentypen, die z.T. im Anhang dargestellt werden. Außerdem empfiehlt sich ein Blick auf die Seite des Herstellers `http://de.mathworks.com/help/matlab/data-types_data-types.html?s_tid=gn_loc_drop` für eine geeignete Vertiefung.

Lösungen zu den Aufgaben im Kapitel 4

4.1:

```
1  >> dA = 1e-2

3  dA =

5         0.0100

7  >> dB = 1e3

9  dB =

11        1000
```

4.2:

```
1  >> 1 + 1e-16

3  ans =

5         1
6
```

> **HINWEISE**:
> Das Ergebnis der Berechnung ist genau 1, obwohl der Wert 1.0000000000000001 mathematisch korrekt wäre. Das mathematisch korrekte Ergebnis ist aber mit der Genauigkeit einer Gleitkommazahl vom Typ double nicht mehr darstellbar. Der Wert von genau 1 ist der nächste, zum korrekten mathematischen Wert noch darstellbare Wert.

4.3:

```
1  >> dA = 1 + 1e-8

3  dA =

5         1.0000

7  >> dB = single(1)

9  dB =

11        single
```

```
13              1

15  >> dB = dB + 1e-8

17  dB =

19          single

21              1
22
```

HINWEISE:

Eine genauere Inspektion des Wertes von dA zeigt den Wert 1.00000001 (z.B. durch Anklicken im Workspace-Editor), der jetzt auch mathematisch korrekt ist. Der Wert von dB ist dagegen wieder genau 1, also mathematisch nicht korrekt. Offensichtlich ist das Ergebnis dieser Addition 1 + 1e-8 zwar noch mit einem Double, aber nicht mehr mit einem Single präzise darstellbar.

4.4:

```
2  >> mUmsaetze = randi(200,3000,1000);
3  >> mUmsaetze2 = uint8(mUmsaetze);
4  >> whos
5  Name            Size              Bytes  Class     Attributes

7  mUmsaetze       3000x1000      24000000  double
8  mUmsaetze2      3000x1000       3000000  uint8

10
```

HINWEISE:

Die Matrix mUmsaetze ist eine gewöhnliche 64-bit Gleitkommazahl, der gewöhnliche Standard-Zahlendatentyp in Matlab. Die Matrix mUmsaetze2 ist dagegen ein 8-bit unsigned integer, mit dem natürliche Zahlen im Zahlenintervall von 0 bis 255 dargestellt werden können. Dies ist für Zwecke dieser Aufgabenstellung ausreichen. Der Speicherplatzbedarf von mUmsaetze ist 8-mal so groß wie der von mUmsaetze2.

4.5:

```
1  >> sStringName = 'Lisa';
2  >> sStringBeruf = 'Aerztin';
3  >> sString = [sStringName ' ist ' sStringBeruf '.']

5  sString =

7          'Lisa ist Aerztin.'

9  >> strcat(sStringName,' ist ',sStringBeruf,'.')

11  ans =

13          'Lisa istAerztin.'
14
```

HINWEISE:

Die Funktion strcat entfernt beim Zusammenfügen von Strings nachlaufende Leerzeichen (siehe Matlab-Dokumentation). Das oben dargestellte Ergebnis ist also kein Druckfehler!

```
16  >> sprintf('%s ist %s.',sStringName,sStringBeruf)

18  ans =

20          'Lisa ist Aerztin.'
```

4.6:

```
 1  >> sString = 'Lisa ist Aerztin.';
 2  >> iPos = strfind(sString,'ist')

 4  iPos =

 6          6

 8  >> sString(iPos:iPos+2) = 'war'

10  sString =

12          'Lisa war Aerztin.'
13
```

> **HINWEISE:**
> Die aufgeführte Lösung entspricht dem bisherigen Kenntnisstand unserer Leserinnen. Bei dem Lesen der Dokumentation von MATLAB werden wir schnell eine Alternative in der Funktion `regexprep` finden, die einen beliebigen Suchstring durch einen anderen String ersetzt.

```
15  >> sString = 'Lisa ist Aerztin.';
16  >> sString = regexprep(sString,'ist','war')

18  sString1 =

20          'Lisa war Aerztin.'
```

4.7:

```
 1  >> dKontostand = -1000;
 2  >> fprintf('WARNUNG: Der Kontostand ist %d!\n',dKontostand);
 3  WARNUNG: Der Kontostand ist -1000!
 4  >>
```

4.8:

```
 1  >> fprintf('WARNUNG: Der Kontostand ist %+8.2f!\n',dKontostand);
 2  WARNUNG: Der Kontostand ist -1000.00!
 3  >> dKontostand = +1000;
 4  >> fprintf('WARNUNG: Der Kontostand ist %+8.2f!\n',dKontostand);
 5  WARNUNG: Der Kontostand ist +1000.00!
 6  >>
 7
```

> **HINWEISE:**
> Falls Ihnen die Musterlösung unklar ist, schauen Sie bitte in der Matlab-Hilfe nach, am besten bei den Funktionen sprintf oder fprintf. Dort finden Sie umfassende Erläuterungen, wie der Formatstring für die Ausgabe aufgebaut werden kann.

4.9:

```
 1  >> sDatum1 = '2016-Mar-12';
 2  >> sDatum2 = '12.3.2016';
 3  >> strcmpi(sDatum1,sDatum2)

 5  ans =

 7          logical

 9          0
10
```

HINWEISE:
Der logische Wert 0 heißt FALSCH, also beide Datumsangaben stimmen nicht überein. Im Sinne des Stringvergleichs ist dies zwar zutreffend, im Sinne von Datumsangaben aber nicht korrekt.

```
12  >> dDatum1 = datenum(sDatum1,'yyyy-mmm-dd');
13  >> dDatum2 = datenum(sDatum2,'dd.mm.yyyy');
14  >> dDatum1 == dDatum2

16  ans =

18          logical

20          1
21
```

HINWEISE:
Man beachte, dass beim zweiten Datumsformat 'dd.mm.yyyy' die Umwandlung in einen numerischen Wert korrekt geklappt hat, obwohl der Datumsstring selber '12.3.2016' lautet (also der Monat einstellig angegeben ist).

4.10:

```
1  >> sDatumStart = '4.1.1971';
2  >> dDatumStart = datenum(sDatumStart,'dd.mm.yyyy');
3  >> dDatumZiel = dDatumStart - 773;
4  >> sDatumZiel = datestr(dDatumZiel,'dd.mm.yyyy')

6  sDatumZiel =

8          '22.11.1968'
```

4.11:

```
1  >> lVergleichUnd = 2 > 3 && 4 < 5

3  lVergleichUnd =

5          logical

7          0

9  >> lVergleichOder = 2 > 3 || 4 < 5

11  lVergleichOder =

13          logical

15          1
```

4.12:

```
1  >> vZufall = randn(10,1)   // Erzeugen eines 10 x 1 Vektors von Zufallszahlen

3  vZufall =

5          0.5377
6          1.8339
7         -2.2588
8          0.8622
9          0.3188
10        -1.3077
11        -0.4336
12         0.3426
```

```
13            3.5784
14            2.7694

16  >> lGGlNull = vZufall >= 0   // Pruefen, ob groesser oder gleich null

18  lGGlNull =

20            10 x 1 logical array

22            1
23            1
24            0
25            1
26            1
27            0
28            0
29            1
30            1
31            1

33  >> sum(lGGlNull)   // Anzahl der Zufallszahlen groesser gleich null

35  ans =

37            7
```

4.13:

```
 1  >> mZufall = randn(5,5)

 3  mZufall =

 5        -1.3499    -0.2050     0.6715     1.0347     0.8884
 6         3.0349    -0.1241    -1.2075     0.7269    -1.1471
 7         0.7254     1.4897     0.7172    -0.3034    -1.0689
 8        -0.0631     1.4090     1.6302     0.2939    -0.8095
 9         0.7147     1.4172     0.4889    -0.7873    -2.9443

11  >> mZufall(mZufall >= -1 & mZufall <= 0) = NaN

13  mZufall =

15        -1.3499        NaN     0.6715     1.0347     0.8884
16         3.0349        NaN    -1.2075     0.7269    -1.1471
17         0.7254     1.4897     0.7172        NaN    -1.0689
18           NaN     1.4090     1.6302     0.2939        NaN
19         0.7147     1.4172     0.4889        NaN    -2.9443
20
```

HINWEISE:
Die logische Indizierung hätte im Beispiel auch in zwei Schritten erfolgen können. Dazu könnte im ersten Schritt eine logische Matrix mit lBedingung = mZufall >= -1 & mZufall <= 0 erzeugt werden. Danach erfolgt die Indizierung und Zuweisung mit mZufall(lBedingung) = NaN. In der Lösung oben wurde beides integriert. Die obige Lösung ist kompakter, die alternative Vorgehensweise eventuell übersichtlicher. Bei der Programmierung ist es auch eine Frage des persönlichen Stils, welche Variante man bevorzugt. Im Zweifelsfalle sollte immer die übersichtlichere, leichter verständliche Variante gewählt werden.

4.14:

```
 1  Vgl. Datei: bLoesung_4_14.m
```

4.7. End–of–Chapter–Aufgaben

Nach den begleitenden Übungen, die im Wesentlichen aus einem einfachen Nacharbeiten der zuvor dargestellten Beispiele bestehen, werden im Folgenden einige schwierigere Aufgaben zum Selbsttest gestellt. Die Testaufgaben können mit den bisher erarbeiteten Grundlagen beantwortet werden. Jedoch kann es an der einen oder anderen Stelle notwendig sein, die Matlab-Hilfe zu nutzen. Dies ist beabsichtigt und gewollt. **Hinweis für die Octave-Nutzerinnen**: Je nach Octave–Installation sind noch Packages zu installiert. Für die Lösung der Datentypen–Aufgabe benötigen Sie das Paket `statistics`, das von Paket `io` abhängig ist. Zur Installation sind die Befehle auf der Kommandokonsole die Befehle aus dem Programmlisting 4.24 einzugeben.

Quellcode 4.24: Installation von Packages in Octave

```
1  >> pkg install -forge io
2  >> pkg install -forge statistics
3  >> pkg load statistics // damit laden wir das Paket
```

END OF CHAPTER AUFGABEN

Übung 4.1 Verständnisfragen

a) Welche elementaren Datentypen in MATLAB kennen Sie? Sind Datentypen in der MATLAB Programmierung relevant? Wozu ist die Wahl eines bestimmten Datentyps gut?

b) MATLAB ist primär dafür gedacht, wissenschaftliche *Berechnungen*, z.B. bei Analysen von empirischen Daten, durchzuführen. Wozu sind dann Strings und Logicals gut?

Übung 4.2 Datentypen

a) Erstellen Sie ein Matlab-Skript, in dem nacheinander die im Folgenden genannten Teilaufgaben bearbeitet werden. Versehen Sie dabei das Skript mit ausreichenden Kommentaren; zumindest soll der Beginn der Bearbeitung und das Ende einer Teilaufgabe durch entsprechende Kommentare gekennzeichnet sein. Löschen Sie zu Beginn des Skriptes zuerst den Arbeitsspeicher und die bisherige Konsolenausgabe. Erstellen Sie dann eine Variable `vData` mit den Werten 5,10,15. Der Datentyp soll dabei Single sein! Berechnen Sie anschließend die Summe (auch vom Datentyp Single).

b) Erstellen Sie eine Variable mit dem Namen `sText`, die den Wert `'Die Tagestemperatur betraegt 28 Grad Celsius.'` enthält und dementsprechend als Datentyp *String* deklariert ist. Suchen Sie anschließend den Teilstring `'Grad'`. Nehmen Sie an, dass die Temperaturangabe immer durch ein Leerzeichen getrennt vor `'Grad'` steht und eine zweistellige Zahl ist. Isolieren Sie diese Temperaturangabe und konvertieren Sie diese in eine Zahl (vom Standarddatentyp Double).

Hinweis: Beim praktischen Arbeiten sind Aufgaben dieser Art nicht selten. Z.B. sind Webseiten im Internet, die interessierende Informationen enthalten, nichts anderes als Strings. Die gesuchte Information ist oftmals nach einem bestimmten Muster in dieser Webseite (String) abgelegt. Durch gezieltes Suchen und Extrahieren können dann solche Daten entnommen werden. Damit ist es z.B. möglich, für die Durchführung einer Studie einen automatischen Datensammler in Matlab zu programmieren, der aus Internet-Webseiten gezielt interessierende Informationen entnimmt. Diese Aufgabe ist eine kleine Vorübung dafür.

c) Bernoulli-verteilte Zufallszahlen sind Zufallszahlen, die mit einer Wahrscheinlichkeit p den Wert 1 oder mit der Gegenwahrscheinlichkeit $(1 - p)$ den Wert 0 annehmen. Erzeugen Sie eine 5×5 Matrix Bernoulli-verteilter Zufallszahlen, wobei die Wahrscheinlichkeit p beliebig gewählt sein kann. Testen Sie es für $p = 0.3$. Verwenden Sie zur Umsetzung nur die Funktion `rand` und logische Operationen.

Zusatzaufgabe: Soweit Sie über die *Statistics and Machine Learning Toolbox* verfügen, steht dafür eine Matlab-Funktion zur Verfügung. Recherchieren Sie, wie diese Funktion heißt und angewendet wird. Setzen Sie diese in Ihrem Lösungsskript mit ein!

d) Eine Maschine wurde am 23. April 1993 um 16:45 Uhr gestartet. Am 27. November 1995 ging diese um 11:53 Uhr kaputt. Wie viele Tage war die Maschine in Betrieb? Runden Sie das Ergebnis auf ganze Tage nach unten ab!

e) Max Müller beginnt seine Urlaubsreise am 4.5.2005 um 10:15 Uhr und 12 Sekunden. Diese dauert genau 23 Tage, 5 Stunden, 2 Minuten und 6 Sekunden. Wann exakt ist er zurück? Berechnen Sie das genaue Datum inklusive Uhrzeit und Sekunden!

5. Grafiken erstellen

Die ersten einführenden Betrachtungen haben gezeigt, wie sich mit Hilfe von MATLAB und Octave erste einfache quantitative Datenanalysen durchführen lassen, wie wir dies am Beispiel der Analyse von Wetterdaten erprobt haben. Wir werden mit den weiteren Betrachtungen immer fortgeschrittenere Vorgehensweisen entwickeln, um somit am Ende des Buchs elaborierte, quantitative Datenanalysen durchführen zu können. Ein natürlicher Einstieg in die quantitativen Datenanalysen sind visuelle Datenanalysen mit Hilfe geeigneter Visualisierungstechniken. MATLAB und Octave bieten hierzu sehr einfache und zugleich leistungsfähige Werkzeuge an. Wir wollen dabei die bereits begonnenen Datenanalysen der Wetterdaten um visuelle Auswertungen ergänzen. Dabei greifen wir unmittelbar auf die gerade zuvor erarbeiteten Konzepte zurück, um neue Möglichkeiten zu erschließen.

Lernergebnisse

Nach dem Durcharbeiten dieses Kapitels werden Sie in der Lage sein,

⇒ Visualisierungen vornehmen zu können.

⇒ Beschriftung von Diagrammen und Graphen. durch entsprechende Befehle zu bewirken.

⇒ die visuellen Darstellungsmöglichkeiten einschätzen zu können.

Übrigens: Die Dateien aus diesem Kapitel (Skripte und Funktionen) sind auf unserer Homepage `www.matlab-intro.de`, dort in den Unterlagen im Unterordner `Kap2`, zu finden. Nur bei sehr kurzen „Codeschnipseln" haben wir auf die Erstellung einer Skript-Datei verzichtet, da wir die Befehle im *Command Window* eintippen.

5.1. Grundlagen der graphischen Darstellung

Abbildungen sind ein wichtiges Instrument zur visuellen Datenauswertung. Je nach Anwendungsfall bieten sich unterschiedliche Arten von Illustrationen an, wie Verteilungsdiagramme, Häufigkeitsdiagramme, Flussdiagramme und Punktewolken. Diese Diagramme können durch zentrale Befehle auf der Konsole, in einem Skript oder Funktion erzeugt werden, genauso wie quantitative Datenanalysen auch. Wir werden anhand der Fallstudie zu den Wetterdaten im Folgenden einen ersten Eindruck vermitteln, wie sich Diagramme erstellen lassen.

Die Erstellung von Abbildungen im wissenschaftlichen Kontext ist kein 'Nice-To-Have'. Es dient der Visualisierung von Ideen und/oder Ergebnissen, vor allem dann, wenn die Visualisierung besser als eine Tabelle geeignet ist. Bei der Konzeption und Erstellung der Grafiken ist höchste Sorgfalt walten zu lassen, da eine schlecht konzeptionierte Grafik den Leser eher verwirrt als zur Erhellung beiträgt. In den wissenschaftlichen Zeitschriften sind mehrere exzellente Anleitungen veröffentlicht, wie wissenschaftliche Grafiken erstellt werden sollten und welchen Grundsätzen bei der Erstellung zu folgen ist. U.a. schlägt SCHWABISH (2014) vor, die nachfolgenden Grundsätze zu befolgen:

1. Die Grafik soll die relevanten Daten klar zeigen. Die Visualisierungen helfen beim Verstehen der grundsätzlichen Idee einer schriftlichen Ausarbeitungen. Dabei sollen nicht alle Daten visualisiert werden, sondern nur denjenige, die zum Verständnis beitragen.[1]

2. Störelemente sollen reduziert werden. Das betrifft insbesondere stilistische Elemente, die den Leser vom Hauptzweck einer Grafik ablenken. Die Störelemente können zu dicke oder zu dunkle Rasterlinien, unnötig(e) dicke Markierungen, Beschriftungen oder Textpassagen, unnötige Symbole und/oder Schattierungen oder unnötige Dimensionen (bei 3D-Grafiken) sein.

3. Integration von Text und Grafik. Zu häufig wird eine Grafik in die schriftliche Ausarbeitung eingebunden und der Verfasser beschreibt im Text alles relevante zu einer Grafik. In diesem Fall kann auf die Grafik verzichtet werden. Sie soll für sich alleine sprechen können. Ein besserer Weg ist es, wenn die Grafik den Text ergänzt und gleichzeitig genug Informationen bereitstellt, um alleine verstanden zu werden.

Unser einführendes Buch in MATLAB kann, und soll nicht, die Feinheiten von guten Grafiken in Sozialwissenschaften umfänglich diskutieren. Die Leserin sei daran erinnert, dass Visualisierung mit Hilfe von Grafiken kein Selbstzweck ist, sondern wissenschaftlichen Standards folgen soll. Gerade MATLAB bietet eine sehr hohe Anzahl von Möglichkeiten an, unterschiedlichste Typen von Grafiken zu erstellen. Dabei kann u.U. vergessen werden, wozu eine Grafik in erster Linie dient. In den nachfolgenden Abschnitten wird lediglich gezeigt, wie sich in MATLAB unterschiedliche Typen von Grafiken erstellen und individuell anpassen lassen. Ob ein Grafiktyp geeignet ist, eigene Ideen zu visualisieren, ist einzelfallbezogen und kann nicht generell beantwortet werden. Ferner werden sich die Ausführungen auf 2D-Grafiken beziehen, weil erstens diese in den Sozialwissenschaften dominant sind und zweitens sich die Ausführungen zu 2D-Grafiken auf 3D-Grafiken in den meisten Fällen übertragen lassen.

5.1.1. Diagramme erstellen

Die Erzeugung einer Grafik erfolgt am einfachsten durch Eingabe des entsprechenden Befehls auf der Konsole, innerhalb eines Skriptes oder Funktion. Beispiele sind etwa `plot` für die Erstellung eines Liniendiagramms oder `bar` für ein Balkendiagramm, in Verbindung mit weiteren Parametern für die Daten und die Darstellungsoptionen. Die Ausgabe der Grafik erfolgt dann in das gerade aktive Grafikfenster. Dieses Grafikfenster für die Ausgabe der Grafik sollte zunächst mit dem Befehl `figure` angelegt werden. Der Aufruf von `figure` erzeugt ein Fenster des Diagrammeditors mit der automatischen Beschriftung *figure* und einer fortlaufenden Nummer.[2]

---

[1] Das bedeutet keinesfalls, die Daten, die gegen eigene Hypothesen sprechen, nicht zu zeigen. Gerade solche Daten würden auch zum Verständnis beitragen.

[2] Eine Übersicht mit Beispielcodes zu den Standarddiagrammen bietet MATLAB in seiner *Plot Gallery* (`http://de.mathworks.com/products/matlab/plot-gallery.html\#standardplots`). Die meisten Diagramme bieten

Die Auswahl an Diagrammtypen, insbesondere in MATLAB, ist vielfältig. Die Tabelle 5.1 gibt einen Überblick über einige Standarddiagramme[3].

Funktionsaufruf	Beschreibung
plot();	Erstellt aus dem übergebenen Datensatz einen Linienchart
histogram();	Erstellt aus dem übergebenen Datensatz ein Histogramm
histfit()	Erstellt ein Verteilungsdiagramm mit Normalverteilungskurve
boxplot();	Erstellt aus dem übergebenen Datensatz einen Boxplot
scatter();	Erstellt aus dem übergebenen Datensatz einen Scatterplot
bar();	Erstellt aus dem übergebenen Datensatz ein Säulendiagramm
pie();	Erstellt aus dem übergebenen Datensatz ein Kreisdiagramm

Tabelle 5.1.: Zusammenstellung einiger Standardbefehle für Diagramme.

Kehren wir zu unserer Fallstudie mit den Wetterdaten für die Station 72 aus dem letzten Kapitel zurück. Um einen Eindruck über den Verlauf der Lufttemperatur zu erhalten, soll als erstes ein einfaches Liniendiagramm mit den Lufttemperaturen im Zeitablauf angefertigt werden. Bei einem Liniendiagramm wird der Verlauf einer Beobachtungszeitreihe als Linie in einem Diagramm abgetragen. Soweit nur eine Beobachtungsreihe dargestellt werden soll, wird die Abszisse automatisch mit 1, 2, 3, ... beschriftet. Das Code-Beispiel 5.1 illustriert die Erzeugung eines Liniendiagramms mit elementarer Beschriftung.[4]

Quellcode 5.1: Die Erstellung eines Liniendiagramms

```
1 >> load('WetterDatenStation72.mat');
2 >> vTemp = mDataStation(:,6);  // Lufttemperatur extrahieren
3 >> figure(1);    // Ausgabefenster für Grafik mit laufender Nummer 1 erzeugen
4 >> plot(vTemp,'k-');  // Linienchart der Lufttemperatur
5 >> title('Lufttemperatur Station 72');  // Diagrammtitel
6 >> xlabel('Zeittick');  // Beschriftung x-Achse
7 >> ylabel('Temperatur in Grad Celsius'); // Beschriftung y-Achse
```

Wichtige Zusatzbefehle im Code-Beispiel 5.1 sind dabei der Zusatz 'k-' fuer die schwarze Farbe ('k') der durchgezogenen ('-') Linie, title für das Erstellen eines ansprechenden

---

zahlreiche optionale Parameter beim Funktionsaufruf an. Im Rahmen dieses Buches wird ein Einblick in die Anwendung gegeben. Die Darstellung aller optionalen Eingaben würde ein weiteres Buch füllen.

[3] Darüber hinaus finden sich im Werk Computational Finance von PODDIG et al. (2015) Skripte für die Erstellung weiterer Diagramme.

[4] Das Codebeispiel 5.1 ist als Folge von Eingaben am Kommandoprompt, also als Eingaben auf der Kommandokonsole, dargestellt. Dies ist grundsätzlich so möglich, jedoch würde es sich anbieten, schon bei dieser Menge an Befehlen dafür ein Skript zu schreiben. Würde man sich im Programmlisting 5.1 die Kommandoprompts » wegdenken, würde die Folge der Befehle ein Skript darstellen. Für das Nacharbeiten dieses Beispiels ist es empfohlen, dies über ein Skript zu realisieren als über ein Abtippen der Befehle an der Kommandokonsole. Denn mit Hilfe eines Skriptes lassen sich Eingabefehler leichter korrigieren, Kommandos leichter variieren und leichter eigene Experimente durchführen. Im späteren Verlauf werden wir die Codebeispiele daher mitunter auch als Skripte darstellen. In den nachfolgenden Code-Beispielen gilt dieser Hinweis in derselben Weise, ohne dass wir ihn dort wiederholen werden.

Diagrammtitels, `xlabel` für die Beschriftung der Abzisse (x-Achse) und `ylabel` für die Beschriftung der Ordinate (y-Achse). Einige weitere Zusatzbefehle für Diagramme zeigt das nächste Kapitel 5.1.2. Das Ergebnis dieser Befehlsfolge findet sich in Abbildung 5.1. Die Darstellungsmöglichkeiten mit Hilfe eines Liniendiagramms sind sehr vielfältig. So können z.B. mehrere Beobachtungsreihen in einem Liniendiagramm in unterschiedlichen Farben dargestellt werden, ebenso kann die Abszisse eine benutzerdefinierte Skalierung und Beschriftung bekommen. Für solche Details wird aber aus Platzgründen auf die Matlab-Hilfe verwiesen, die im konkreten Anwendungsfall konsultiert werden sollte.

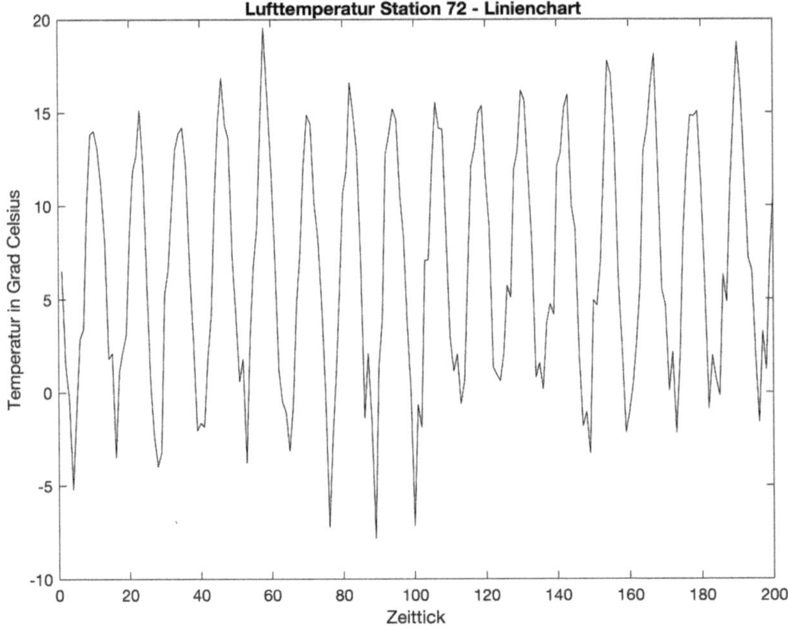

Abbildung 5.1.: Linienchart des Temperaturverlaufs an der Wetterstation 72.

Aus dem Liniendiagramm wird sehr anschaulich der Wechsel der Jahreszeiten und der mit ihnen verbundene, sinuskurvenförmig schwankende Temperaturverlauf deutlich. Ein ausgeprägt ansteigender Trend der Tagestemperaturen ist visuell nicht erkennbar. Da sich derartige Phänomene aber auf einer sehr langen Zeitskala abspielen, ist für diese kurze Messperiode von 200 Monaten die Identifikation eines solchen Trends kaum zu erwarten.

5.1.2. Diagramme individuell anpassen

Für die Erweiterung der Darstellungsmöglichkeiten bietet MATLAB eine große Auswahl an Zusatzbefehlen. Die unten stehende Tabelle (Tab. 5.2) soll eine kleine Auswahl der verwendeten

Befehle zusammenfassen, welche im Verlauf des Buchs näher an Fallstudien in verschiedenen Abschnitten erläutert werden.

Funktionsaufruf	Beschreibung
title('Titelname');	Das Diagramm bekommt einen Titel
figure;	Erstellt ein neues Diagrammfenster
xlabel('x');	Beschriftung der Abszisse
ylabel('y');	Beschriftung der Ordinate
zlabel('z');	Beschriftung der Applikate
colormap(Farbschema);	Ändert die Färbung der Diagrammelemente
axis off;	Achsen werden ausgeblendet
axis([-1 1 -1 1]);	Wertebereich der X- und Y-Achse
grid('on');	Trennlinien einschalten
grid('off');	Trennlinien ausschalten
hold('on');	Weiteres Diagramm in Abbildung
hold('off');	Kein weiteres Diagramm in Abbildung
legend('Text1',...'TextN');	Fügt dem Diagramm eine Legende hinzu
print -djpeg Dateinamen.jpg;	Speichert das Diagramm im aktuellen Ordner als jpeg
print -pdf Dateinamen.pdf;	Speichert das Diagramm im aktuellen Ordner als pdf

Tabelle 5.2.: Zusammenstellung einiger Zusatzbefehle für Diagramme.

Die individuelle Anpassung der Grafiken wird hier am Beispiel des Liniendiagramms aus dem vorangegangenen Abschnitt aufgezeigt. Dabei soll die individuelle Anpassung folgende Punkte umfassen:

1. Die x-Achse soll mit den Daten der Beobachtungen beschriftet werden.

2. Eine Beobachtung zu einem frei gewählten Datum soll im Liniendiagramm eine Markierung als Kreis erhalten. Der Kreis soll schwarz ausgefüllt sein. Das gewünschte Datum sei im Beispiel Dezember 1980.

3. Die Markierung soll zusätzliche eine Beschriftung „⟸ Dezember 1980" in Schriftgröße 14 erhalten, wobei die Schrift fett gesetzt wird.

4. Die Linie, die die mittleren Monatstemperaturen repräsentiert, soll in der Grafik deutlich sichtbarer werden, indem ihre Dicke vergrößert wird und gleichzeitig ihre Farbe auf Hellgrau gestellt wird.

Das Ergebnis dieser Erweiterung könnte so wie in der Abbildung 5.2 aussehen. Auch wenn die gewünschten Anpassungen trivial klingeln, ist es für die ungeübte Anwenderin mitunter sehr schwierig, das gewünschte Ergebnis zu erstellen. Für die Umsetzung dieser speziellen Anpassungen helfen das sehr genaue Lesen der Dokumentation zur Funktion `plot` sowie das Beherrschen der bisher vorgestellten Konzepte aus diesem Buch. Das Code-Beispiel 5.2 demonstriert die Erzeugung des Liniendiagramms aus der Abbildung 5.2. Das Programmlisting 5.2 ist das erste

Beispiel in diesem Lehrbuch, das nicht 1:1 in Octave lauffähig ist. In Octave ist es noch nicht möglich, die Markierung einzelner Beobachtungen individuell zu gestalten.

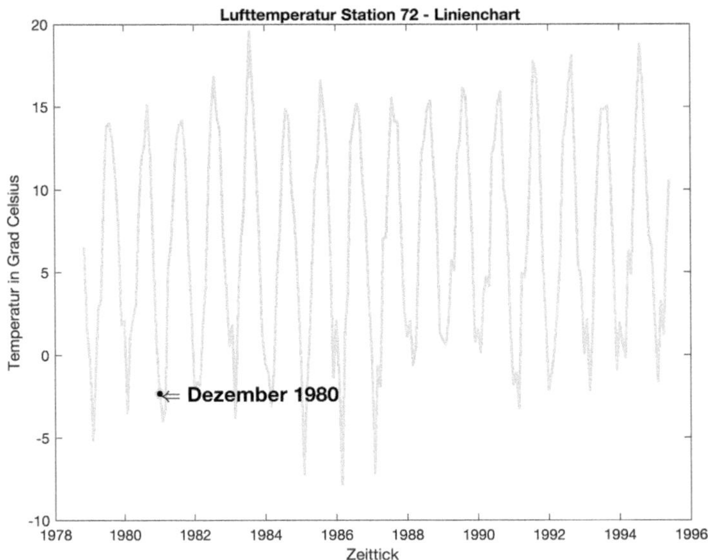

Abbildung 5.2.: Linienchart des Temperaturverlaufs an der Wetterstation 72.

Quellcode 5.2: Die Erstellung eines individuell angepassten Liniendiagramms

```
 1  >> load('WetterDatenStation72.mat');
 2  >> mDataStation(:,2)=datenum(num2str(mDataStation(:,2)),'yyyymmdd'); //Startdatum ist in der
       Spalte 2. Zuerst wird die Zahl in String umgewandelt, und dann der String in ein numerisches
       Datum. Im Online-Video zum letzten Kapitel wird diese Vorgehensweise erlaeutert
 3  >> mDataStation(:,3)=datenum(num2str(mDataStation(:,3)),'yyyymmdd'); // Enddatum des Monats
 4  >> vTemp = mDataStation(:,6); //Lufttemperatur extrahieren
 5  >> vDate=mDataStation(:,3); // Datum extrahieren
 6  >> lIsDec1980=vDate==datenum('31.12.1980','dd.mm.yyyy'); // gewuenschtes Datum zum Markieren in
       der Abbildung
 7  >> dElMax=find(vDate==datenum('31.12.1980','dd.mm.yyyy')); // Die Stelle des gewuenschten Datums
       finden
 8  >> figure(6);    // Ausgabefenster für Grafik mit laufender Nummer 6 erzeugen
 9  >> plot(vDate,vTemp,'-o','Color',[0.8275,0.8275,0.8275],'MarkerIndices',dElMax,'MarkerFaceColor',
       'k','LineWidth',2);   // Linienchart der Lufttemperatur mit individuellen Ergaenzungen
10  >> datetick('x','yyyy'); // x-Achsenbeschriftung als String-Datum anzeigen
11  >> title('Lufttemperatur Station 72');   // Diagrammtitel
12  >> xlabel('Zeittick');   // Beschriftung x-Achse
13  >> ylabel('Temperatur in Grad Celsius'); // Beschriftung y-Achse
14  >> text(vDate(lIsDec1980),vTemp(lIsDec1980),'\Leftarrow Dezember 1980',...
15     'FontSize',14,'FontWeight','bold'); // Beschriftung der Markierung (das gewuenschte Datum)
```

Im Programmlisting 5.2 sind bezüglich der Grafik–Erstellung nur drei Erweiterungen sowie die Extraktion von Datumswerten im Vergleich zum Programmlisting 5.1 dazugekommen. Die Umwandlung von Datumswerten in das MATLAB–Format mit der `datenum`–Funktion sowie die

Indexierung des Datumsvektors `vDate` mit der logischen Variable `lIsDec1980` sind Gegenstand des vorangegangen Kapitels und werden umfänglich in der Online–Fallstudie und in den Online–Videos behandelt. Daher verzichten wir auf eine Beschreibung und verweisen dorthin.

Die erste Anpassung vom Programmlisting ist die modifizierte Nutzung der `plot`–Funktion. Sie wird dabei gemäß der MATLAB–Dokumentation in der Variante `plot(X,Y,LineSpec, Name, Value)` benutzt. Der modifizierte Befehl `plot(vDate, vTemp, '-o', 'Color', [0.8275, 0.8275, 0.8275], 'MarkerIndices', dElMax, 'MarkerFaceColor','k', 'LineWidth', 2);` besteht aus mehreren (gedachten) Teilanweisungen. Zum Ersten bewirkt der Befehl die Abbildung der Datumswerte als x–Werte und der Abbildung der Temperaturen als y–Werte (Teil `plot(vDate, vTemp)`). Zum Zweiten wird eine durchgezogenen Linie mit Kreisen als Markierungen *aller* Beobachtungen initiiert (Teil `'-o'`). Neben der durchgezogenen Linie wäre auch eine gestrichelte, eine gepunktete und eine gestrichelt-gepunktete Linie möglich. Für die Markierungen stehen neben den Kreisen weitere 12 Symbole (lt. MATLAB–Dokumentation) bereit. Zum Dritten wird die Farbe der Linie auf Hellgrau gesetzt (Teil `'Color', [0.8275,0.8275,0.8275]`). Die Farben werden in MATLAB standardmäßig im RGB–Format angegeben, wobei einige vordefinierte Farben vorhanden sind. Gewöhnlicherweise werden die RGB–Farben als ein Vektor mit drei Elementen, deren Nummern zwischen 0 und 255 liegen, dargestellt. MATLAB verlangt eine normalisierte Angabe dieser Nummer im Bereich zwischen 0 und 1. Folglich wären beispielsweise die Farbe „weiß" als $[1, 1, 1]$ (und nicht als $[255, 255, 255]$) und die Farbe „rot" als $[1, 0, 0]$ (und nicht als $[255, 0, 0]$) anzugeben. Die Farbe Hellgrau ist natürlich nicht eindeutig definiert. An dieser Stelle wird die RGB–Farbe $[211, 211, 211]$ zu Grunde gelegt, die in MATLAB–Format als $[211, 211, 211]./255 = [0.8275, 0.8275, 0.8275]$ anzugeben ist. Zum Vierten werden nicht alle Beobachtungen markiert, sondern gerade eine ausgewählte Beobachtung (Teil `'MarkerIndices'`, `dElMax`) – genau diese Anweisung funktioniert nicht in Octave. Mit diesem Name–Value–Paar wird MATLAB mitgeteilt, dass nur für ausgewählte Beobachtungen die Markierungen sichtbar sein sollen. Die Angabe der Beobachtungen erfolgt als ein Vektor. Beispielsweise würde der Befehl `'MarkerIndices', [1,3,50]` die Markierungen für die erste, dritte und die fünfzigste Beobachtung sichtbar werden lassen. In der Variable `dElMax` wird im Beispiel nur die Nummer des Elements aus dem Datumsvektor `vDate` mit dem Inhalt `31.12.1980` angeben. Zum Fünften werden die (sichtbaren) Markierungen schwarz ausgefüllt (Teil `'MarkerFaceColor', 'k'`). Hierbei wird auf den vordefinierten Wert k für die Farbe schwarz zurückgegriffen. Eine Angabe als RGB–Format (`'MarkerFaceColor', [ 0, 0, 0]`) wäre auch möglich. Schliesslich wird zum Sechsten die Dicke der Linie von 1 (standardmäßig in MATLAB eingestellt) auf 2 erhöht (Teil `'LineWidth', 2`). Es kann vermutet werden, dass die wenigsten Anwenderinnen, inkl. der Verfasser dieses Buches, die Funktion `plot` bei der ersten Nutzung in der hier dargestellten Tiefe kennenlernen.

Die zweite Anpassung vom Programmlisting erfolgt durch die Anweisung `datetick('x', 'yyyy')`. Ohne diese Anweisung wird MATLAB die x–Achsen–Beschriftung als Nummern darstellen, weil das MATLAB–Datumsformat durch Nummern repräsentiert wird. Sobald die Anwenderin das Datum im gewohnten `dd.mm.yyyy`–Format anzeigen möchte, muss eine Umwandlung des Datumsformats von `double` zu `string` erfolgen. Diese Umwandlung kann allerdings nicht vor der Erstellung der Abbildung passieren, weil in der Grafik nur eine Zuordnung von x-Zahlen zu y-Zahlen erfolgen kann. Daher werden die numerischen Daten auf die y–Werte geplotet und dann mittels des Befehls `datetick` die Datumsangaben umgewandelt. Mit der Funktion `datetick` wird zunächst die Achse (x, y oder z), die Daten beinhaltet, und dann das gewünschte Datumsformat angegeben. Im Beispiel werden nur die Jahre auf der x–Achse dargestellt. Mit der Anweisung `datetick('x', 'mm-yy')` hätten wir uns Monate und die Jahre anzeigen lassen können.

Die dritte Anpassung vom Programmlisting erfolgt durch die Anweisung `text(vDate( lIsDec1980 ), vTemp(lIsDec1980), '\Leftarrow Dezember 1980', 'FontSize', 14, 'FontWeight', 'bold')`. Mit dieser Anweisung können Beschriftungen aller Beobachtungen umgesetzt werden. Die Funktion `text(x, y, 'Text', Name, Value)` verlangt mindestens drei Inputvariablen. Um die Beobachtung eindeutig zu identifizieren, muss der x– und der y–Wert angegeben werden. Die beiden Werte werden im Beispiel mittels des logischen Vektors `lIsDec1980` indexiert. Ferner ist auch der gewünschte Text anzugeben. Für die Erzeugung des Symbols $\Leftarrow$ wird die Dokumentation der Funktion `text` zurate gezogen, nach der das gewünschte Symbol mittels der Anweisung `'\Leftarrow'` kreiert wird. Die Name–Value–Paare `'FontSize',14` und `'FontWeight','bold'` setzen die Schriftgröße auf 14 und den Schrifttyp auf fett.

AUFGABEN

Aufg. 5.1 Liniendiagramme sind auch ein hilfreiches Mittel, um die Datenqualität zu überprüfen und um Störungen im Datenmaterial zu erkennen. Fertigen Sie einen Linienchart der Sonnenstunden an der Wetterstation 72 an! Was sehen Sie?

5.2. Weitere Visualisierungswerkzeuge in MATLAB

Nach einem ersten Überblick über ausgewählte Befehle für die graphische Auswertung wird nun der beispielhafte Wetterdatensatz für die Station 72 umfassender visualisiert. Dabei geht es jedoch zunächst nur darum, einen ersten Eindruck über die grundlegenden Möglichkeiten zur Visualisierung zu vermitteln.

5.2.1. Häufigkeitsdiagramm

Neben der Darstellung des Temperaturverlaufs ist es ebenfalls aufschlussreich, sich die Häufigkeitsverteilung der (mittleren) Lufttemperaturen in den Messintervallen (Beobachtungszeiträumen)[5] anzeigen zu lassen. Bei einem Häufigkeitsdiagramm werden zunächst die Beobachtungsdaten in Intervalle (Klassen, Wertebereiche) eingeteilt und dann ausgezählt, wie viele Beobachtungen in einer bestimmten Klasse (Intervall, Wertebereich) liegen. Bei der Erstellung eines solchen Diagramms ist es möglich, sowohl die Anzahl der Klassen als auch deren genaue Klassengrenzen als Parameter der Diagrammfunktion zu übergeben, womit ein solches Diagramm sehr individuell

---

[5] Der DWD verzeichnet in den Spalten MESS_DATUM_BEGINN und MESS_DATUM_ENDE den Beginn und das Ende eines Messintervalls, welches regelmäßig einem Kalendermonat entspricht.

auf die zu analysierenden Daten angepasst werden kann. In dieser ersten Einführung verzichten wir jedoch auf diese zusätzlichen Möglichkeiten und geben lediglich die Anzahl der zu verwendenden Klassen (Intervalle, Wertebereiche) im Beispiel mit 30 vor. MATLAB wählt dann anhand dieser Vorgabe automatisch die Klasseneinteilung für die Diagrammdarstellung.

Quellcode 5.3: Die Erstellung eines Häufigkeitsdiagramms

```
1 >> load('WetterDatenStation72.mat');
2 >> vTemp = mDataStation(:,6); % Lufttemperatur extrahieren
3 >> figure(2);   // Diagrammfenster mit laufender Nummer 2 anlegen
4 >> histogram(vTemp,30,'EdgeColor','k','FaceColor',[0.8275,0.8275,0.8275]);   // Erstellen eines
         Histogramms mit 30 Klassen
5 >> title('Lufttemperatur Station 72 - Histogramm');   // Titel
6 >> xlabel('Wertebereich');   // x-Achse
7 >> ylabel('Haeufigkeit');   // y-Achse
```

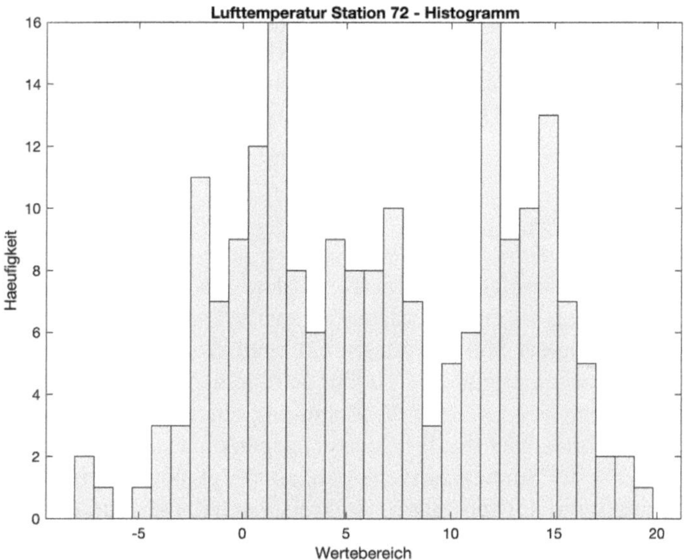

Abbildung 5.3.: Häufigkeitsdiagramm der Lufttemperatur an der Wetterstation 72, 200 Monate, mittlere Monatstemperaturen.

Die Abbildung 5.3 zeigt das Ergebnis der Befehlsfolge im Code-Beispiel 5.3 zur Erzeugung eines Häufigkeitsdiagramms. Das Histogramm[6] in Abbildung 5.3 mag eventuell auf den ersten Blick etwas überraschend wirken, da vielleicht eine Art von „Normalverteilung" erwartet

---

[6] Genau genommen handelt es sich in der Abbildung 5.3 um ein Häufigkeitsdiagramm, nicht um ein Histogramm. Die genau sprachliche Differenzierung spielt jedoch an dieser Stelle keine Rolle, weshalb wir hier die Begriffe synonym verwenden. Dies ist ebenfalls in der Matlab-Dokumentation der Fall, in der dieser Diagrammtyp auch einfach als Histogramm bezeichnet wird.

worden sein könnte. Tatsächlich zeigt die Verteilung der mittleren Lufttemperaturen drei ausgeprägtere Temperaturhäufungen an. Die Spitzen im Diagramm sind auch abhängig von der vorgegebenen Anzahl an Temperaturklassen (Wertebereiche) für die Erstellung des Häufigkeitsdiagramms. Im Beispiel liegen die auffälligen Häufigkeiten der mittleren Monatstemperaturen bei ca. 2 Grad (vermutlich die typischen Wintertemperaturen), bei ca. 7 Grad (vermutlich Frühling und Herbst) sowie 11 bis 15 Grad (vermutlich Sommer, je nach Art des Sommers). Bei dem Aufruf der Funktion `histogramm` werden die Name–Value–Paare `'EdgeColor','k'` und `'FaceColor',[0.8275,0.8275,0.8275]` benutzt, die die Farbe der Begrenzungslinien von Histogramm–Säulen auf Schwarz und die Farbe der Säulen auf Hellgrau setzen. Das Programmlisting 5.3 ist das zweite Beispiel eines Codes, welches nicht 1:1 in Octave läuft. Die in Octave äquivalente Funktion, die die farbliche Anpassung der Abbildung ermöglicht, ist `hist`. Es existiert auch eine MATLAB–Funktion `hist`, die jedoch die farbliche Anpassung nicht erlaubt und von Mathworks nicht zur Nutzung empfohlen wird.

AUFGABEN

Aufg. 5.2 Erstellen Sie ein Häufigkeitsdiagramm der Niederschlagsmengen an der Wetterstation 72 inklusive geeigneter Beschriftungen! Verwenden Sie dabei 20 Klassen! Was fällt Ihnen an dem Häufigkeitsdiagramm auf? Ist hier etwas nicht korrekt?

5.2.2. Scatterplot

Visuelle Analysen können ebenfalls eingesetzt werden, um Zusammenhänge in den Daten aufzuzeigen. Eine Vermutung in der Wetterdaten-Fallstudie könnte es sein, dass mittlere Monatstemperatur und die Summe der Sonnenstunden in einem Zusammenhang stehen. Vermutlich dürfte die mittlere Monatstemperatur umso höher sein, je mehr Sonnenstunden im Monat angefallen sind. Das Codebeispiel 5.4 zeigt die Erstellung eines sog. Scatterplots, bei dem eine Zeitreihe (abhängige Variable, hier die Temperatur) gegen eine andere Zeitreihe (unabhängige Variable, hier die Anzahl der Sonnenstunden) gezeichnet (geplottet) wird. Zusätzlich werden im Skript die Kreise hellgrau mit schwarzen Umkreisungen dargestellt. Besondere Beachtung verdient dabei der Umgang mit ungültigen bzw. fehlerhaften Daten, die in diesem Datensatz mit -999 gekennzeichnet sind. Diese Daten müssen vor der Erstellung des Diagramms unbedingt entfernt werden, da sonst der Zusammenhang nicht mehr erkennbar ist und im Übrigen auch ein sinnloses Diagramm erstellt werden würde. Angemerkt sei, dass die Bereinigung um ungültige bzw. fehlerhafte Werte bereits oben bei der Analyse der Temperaturdaten eigentlich schon hätte erfolgen müssen. Jedoch ist aus den vorhergehenden Analysen bekannt gewesen, dass an der Wetterstation 72 alle Temperaturwerte gültig sind.

Quellcode 5.4: Die Erstellung eines Scatterplots

```
1 >> load('WetterDatenStation72.mat');
2 >> vTemp = mDataStation(:,6); % Lufttemperatur extrahieren
3 >> lTempNotValid = vTemp == -999;  // Ungueltige Werte bei Temperatur identifizieren
4 >> vSun = mDataStation(:,9);  // Sonnenstunden entnehmen
5 >> lSunNotValid = vSun == -999;  // Ungueltige Werte bei Sonnenstunden identifizieren
```

```
 6  >> lNotValid = lTempNotValid | lSunNotValid;   // Ungueltig ist eine paarweise Beobachtung, wenn
         ein Wert ungueltig ist
 7  >> lValid = ~lNotValid;   // Gueltige Werte sind Negation gueltiger Werte
 8  >> vTemp2 = vTemp(lValid);   // Gueltige Werte entnehmen
 9  >> vSun2 = vSun(lValid);   // Gueltige Werte entnehmen
10  >> figure(3);   // Diagrammfenster mit laufender Nummer 3 anlegen
11  >> scatter(vSun2,vTemp2,'MarkerEdgeColor','k','MarkerFaceColor',[0.8275,0.8275,0.8275]);   //
         Scatterplot erzeugen
12  >> title('Sonne vs. Lufttemperatur Station 72 - Scatterplot');
13  >> xlabel('Summe Sonnenstunden');
14  >> ylabel('Mittlere Lufttemperatur');
```

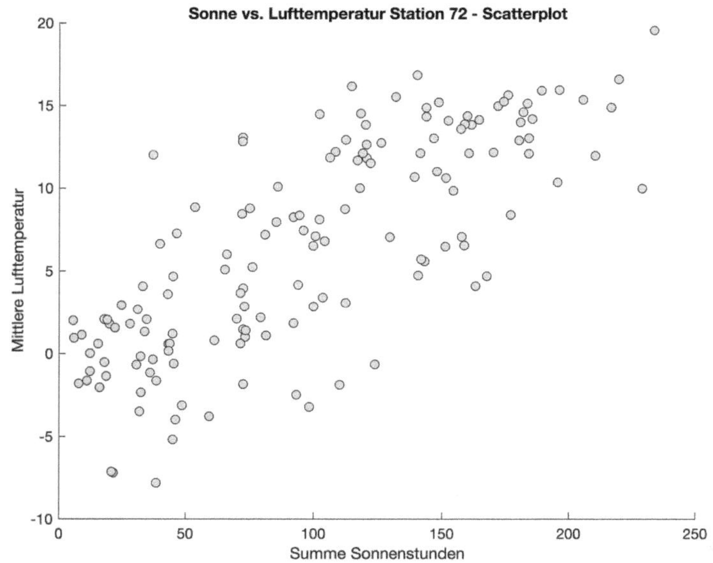

Abbildung 5.4.: Scatterplot der Lufttemperatur (abhängige Variable) gegen die Sonnenstunden (unabhängige Variable) an der Wetterstation 72.

Die Abbildung 5.4 visualisiert das Ergebnis des Beispiel-Codes 5.4. Sehr anschaulich ist der vermutete Zusammenhang erkennbar.

Gerade in Sozial– und Wirtschaftswissensschaften wird häufig nach einem linearen Zusammenhang zwischen den x– und y–Variablen gesucht. Eine einfache Möglichkeit den linearen Zusammenhang in einem Scatterplot zu visualisieren, stellt die Nutzung des Befehls lsline dar, nachdem die eigentliche Abbildung erstellt wurde. Die MATLAB–Funktion lsline zeichnet die Linie in einen Scatterplot, wobei die Linie als ein Plot zwischen beobachteten x–Werten und *geschätzten* y–Werten dargestellt wird, wenn es einen linearen Zusammenhang gäbe.[7] Die Abbildung 5.5 stellt die Punktewolke und den geschätzten, linearen Zusammenhang dar. Die

---

[7] Für die Leserinnen, die mit dem Konzept der OLS–Regression vertraut sind, sei erwähnt, dass die Schätzung der y–Werte mit der Gleichung $E(y|x_i) = \hat{\beta}_0 + \hat{\beta}_1 \cdot x_i$ erfolgt.

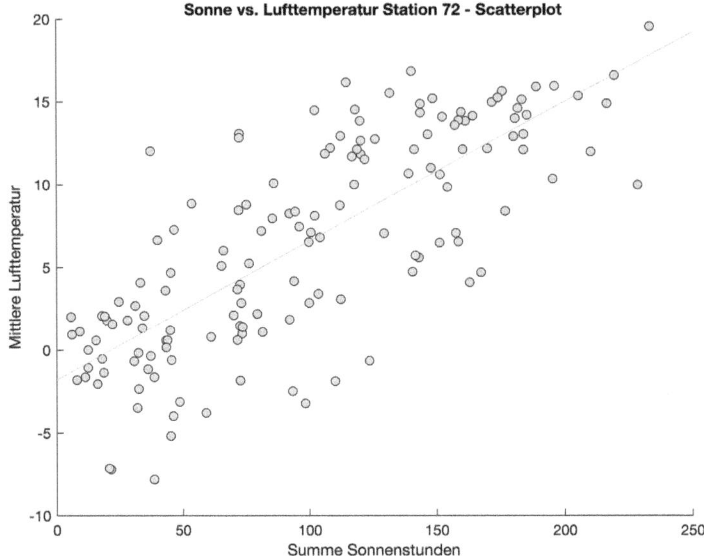

Abbildung 5.5.: Scatterplot der Lufttemperatur (abhängige Variable) gegen die Sonnenstunden (unabhängige Variable) an der Wetterstation 72 mit der zusätzlichen Darstellung der Regressionsgerade.

Funktion `lsline` existiert in Octave, aber sie ist nicht als Zusatz für eine Abbildung, wie hier gezeigt, vorgesehen.

AUFGABEN

Aufg. 5.3 Sie stellen die Hypothese auf, nach der es auch einen Zusammenhang zwischen Sonnenstunden und Niederschlagsmengen gibt. Denn je mehr die Sonne scheint, umso mehr verdunstet Feuchtigkeit und desto mehr regnet es. Überprüfen Sie diese Hypothese anhand einer grafischen Analyse! Beachten Sie, dass die Beobachtungsreihen für Sonnenstunden und Niederschlagsmengen fehlerhafte bzw. ungültige Werte enthalten, die zuvor entfernt werden müssen. Zu welchem Schluss gelangen Sie anhand der visuellen Analyse? Lässt sich die Hypothese aufrecht erhalten?

5.2.3. Kreisdiagramme

Eine weitere interessierende Frage könnte es sein, wie hoch der Anteil der Monate mit durchschnittlichen Tagestemperaturen unter Null Grad an der Wetterstation 72 ist. Ferner soll diese Information als Diagramm aufbereitet werden. Zur Darstellung von Anteilen bieten sich dabei Kreisdiagramme an. Der Beispiel-Code zeigt, wie diese Fragestellung gelöst und als Kreisdiagramm aufbereitet werden kann.

Quellcode 5.5: Die Erstellung eines Kreisdiagramms

```matlab
1  >> load('WetterDatenStation72.mat');
2  >> vTemp = mDataStation(:,6); // Lufttemperatur extrahieren
3  >> lMinus = vTemp < 0;  // Monate mit Minusgraden identifizieren
4  >> iMonateMinus = sum(lMinus);  // Anzahl Monate mit Minusgraden berechnen
5  >> iMonatePlus = length(vTemp) - iMonateMinus; // Anzahl Monate mit Plusgraden ist
        Beobachtungsanzahl minus Monate mit Minusgraden
6  >> vMinusPlus = [iMonateMinus,iMonatePlus];  // Summen zusammenfassen
7  >> figure(4);  // Diagrammfenster mit laufender Nummer 4 erstellen
8  >> pie(vMinusPlus);  // Kreisdiagramm anlegen
9  colormap([0.95 0.95 0.95;  % hell grau
10          0.8 0.8 0.8]) % grau
11 title('Anteile Minus- vs. Plusgrade an Station 72 - Kreisdiagramm');
12 legend('Minus','Plus','location','best')
```

Erwähnenswert im Programmlisting 5.5 sind die Anweisungen colormap und legend. Mit der ersten Anweisung können wir die Farbe jeder Fläche in der Reihenfolge der Variable vMinusPlus im RGB–Format bestimmen. Die zweite Anweisung fügt eine Legende in der Abbildung hinzu. Die Beschriftungen müssen dabei in der Reihenfolge gegeben werden, wie sie in der Variable vMinusPlus definiert wurden. Zusätzlich kann der Standort der Legende in der Abbildung mithilfe der Himmelsrichtungen (z.B. nw wäre Nordwest, also oben links in der Abbildung) angegeben oder, wie im Programmlisting, von MATLAB bestmöglich ausgesucht werden.

Die Abbildung 5.6 visualisiert das Ergebnis des Code-Beispiels 5.5. Der Anteil in Höhe von ca. 17% mit durchschnittlichen Monatstemperaturen unter Null Grad könnte als hoch angesehen werden. Hier ist aber auch der Standort der Wetterstation 72 mit knapp 800 Metern ü.NN. zu berücksichtigen. Angemerkt sei, dass im Allgemeinen auch hier die Bereinigung der Beobachtungsdaten um fehlerhafte oder ungültige Beobachtungswerte vor der Erstellung des Diagramms unbedingt durchzuführen ist. Der Beispiel-Code 5.5 verzichtet aus Vereinfachungsgründen auf diese Bereinigung, da in diesem speziellen Fall alle Temperaturbeobachtungen gültige Werte darstellen.

AUFGABEN

Aufg. 5.4 Sie möchten wissen, wie hoch der Anteil der fehlerhaften bzw. ungültigen Werte für Sonnenstunden an der Wetterstation 72 ist. Stellen Sie dies mit Hilfe eines Kreisdiagramms dar!

5.2.4. Das Säulendiagramm

Im Rahmen einer Demonstration zur Erstellung von Grafiken mit MATLAB soll das Säulendiagramm vorgestellt werden. Das Code-Beispiel 5.6 zeigt, wie der Temperaturverlauf in den ersten 12 Monaten des Beobachtungszeitraums an der Wetterstation 72 dargestellt werden kann.

Quellcode 5.6: Die Erstellung eines Säulendiagramms

```matlab
1  >> load('WetterDatenStation72.mat');
2  >> vTemp = mDataStation(:,6); // Lufttemperatur extrahieren
3  >> vTemp12 = vTemp(1:12);  // Ersten 12 Monate entnehmen
4  >> figure(5);  // Diagrammfenster mit laufender Nummer 5 erstellen
5  >> bar(vTemp12,'EdgeColor','k','FaceColor',[0.8275,0.8275,0.8275]); // Darstellung der ersten 12
        Monate als Saeulendiagramm
```

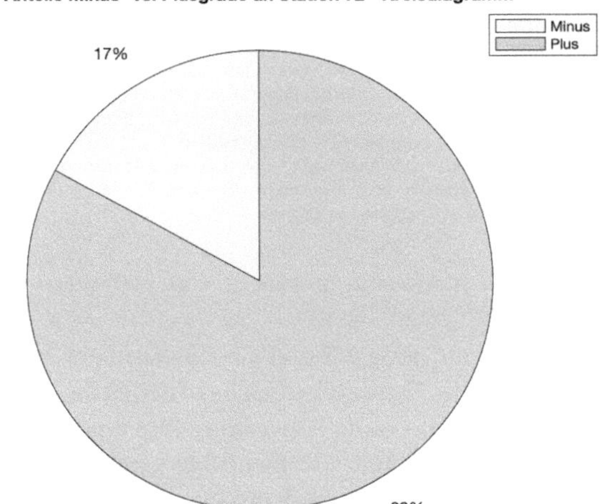

Abbildung 5.6.: Anteil von Monaten mit Minusgraden vs. Monaten mit Plusgraden an der Wetterstation 72
als Kreisdiagramm.

```
6 >> title('Temperaturverlauf der ersten 12 Monate an Station 72 - Säulendiagramm');  // Irgendein
       sinnvoller Titel
7 >> xlabel('Lfd. Nummer Monat'); // Beschriftung Abszisse
8 >> ylabel('Mittlere Lufttemperatur');  // Beschriftung Ordinate
```

Die Abbildung 5.7 zeigt das Ergebnis des Beispiel-Codes 5.6. Dabei ist zu beachten, dass die ersten 12 Monate der Datenstichprobe keinesfalls mit dem Monat Januar starten müssen. Es wäre sehr unwahrscheinlich, dass die durchschnittliche Temperatur dieser betrachteten Wetterstation im Januar bei +6 Grad Celsius liegt.

Die Möglichkeiten der grafischen Visualisierung mit Hilfe von MATLAB oder Octave erscheinen nahezu unbegrenzt. Die fortgeschrittenen Möglichkeiten ergeben sich dabei nicht nur aus einer Vielzahl an weiteren Diagrammtypen, die hier aus Platzgründen ausgelassen wurden, sondern insbesondere daraus, programmgesteuert zahlreiche Eigenschaften der Diagrammdarstellung in sehr sophistizierter Weise setzen zu können. Dadurch kann mit Hilfe eines Skriptes oder einer Funktion eine extrem komplexe grafische Darstellung aufgebaut werden. Da wir bis zu diesem Zeitpunkt die dafür notwendigen Konzepte aber noch nicht behandelt haben, setzen wir die Beschäftigung mit den grafischen Darstellungsmöglichkeiten aus.

AUFGABEN

Aufg. 5.5 Stellen Sie die Anzahl der Sonnenstunden an der Wetterstation 72 in den ersten 12 Monaten als Säulendiagramm dar! Beachten Sie, dass hier latent fehlerhafte oder ungültige Werte

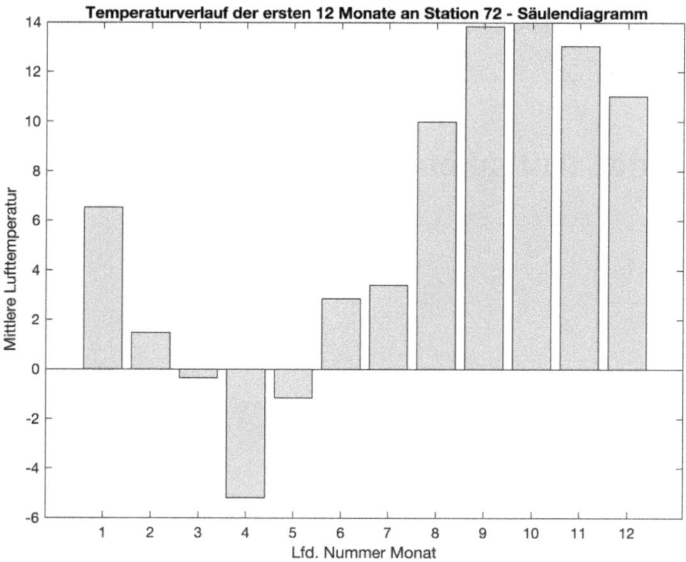

Abbildung 5.7.: Verlauf der mittleren Monatstemperaturen in den ersten 12 Monaten als Säulendiagramm.

(der Marker dafür ist -999) auftreten können. Setzen Sie diese vor der Erstellung des Diagramms auf Null!

5.3. Zusammenfassung - Grundlagen der Visualisierung

Visualisierungen lassen sich in MATLAB einfach realisieren. Die Grafiken entstehen durch einen einzigen Befehl, dem die Daten übergeben werden. Mit einigen Modifikationsanweisungen lassen sich schnell Beschriftungen und Titel vergeben sowie die Darstellungsformen ändern. Damit können Datensätze sehr einfach und schnell grafisch aufbereitet werden.

Weiterführende Literatur:

Eine Übersicht der Graphen und Diagrammtypen, die sich mit MATLAB über die Grafikfunktionen erzeugen lassen, finden sich auf der Seite des Herstellers[8]. Auf dieser Seite sind essenzielle Funktionsaufrufe und Modifikationsvarianten beschrieben. Zusätzlich wird das Angebot mit hilfreichen Codevorlagen abgerundet, sodass ein schneller Einstieg in das Themenfeld der Visualisierungen ermöglicht wird. Vor dem Hintergrund, dass die Visualisierung mit MATLAB scheinbar grenzenlos viele Möglichkeiten bietet, empfiehlt sich für eine weiterführende Auseinandersetzung das Werk von MAJUMDAR (2012). In diesem Buch werden von einfachen Graphen bis hin zu

---

[8] `http://www.mathworks.de/discovery/gallery.html`

komplexen Animationstechniken sehr interessante Visualisierungen gezeigt. Weitere Hilfestellung mit wissenschaftlichem Bezug finden sich im frei zugänglichen Artikel von SCHWABISH (2014): http://pubs.aeaweb.org/doi/pdfplus/10.1257/jep.28.1.209.

Lösungen zu den Aufgaben im Kapitel 5

5.1:

```
1  Vgl. Datei: bLoesung_5_1.m

3
```

HINWEISE:
Aus dem Linienchart ist schnell ersichtlich, dass die Beobachtungen der Sonnenstunden ab etwa der Beobachtung 150 abbrechen, also die Daten hier fehlerhaft bzw. ungültig sind. Dies ist bei weiteren Analysen unbedingt zu beachten!

5.2:

```
1  Vgl. Datei: bLoesung_5_2.m
```

5.3:

```
1  Vgl. Datei: bLoesung_5_3.m

3
```

HINWEISE:
Die visuelle Analyse des Scatterplots lässt keinen Zusammenhang erkennen. Damit kann die aufgestellte Hypothese zumindest nicht für die Wetterstation 72 bestätigt werden.

5.4:

```
1  Vgl. Datei: bLoesung_5_4.m

3
```

HINWEISE:
Ca. 27% der Beobachtungen für die Sonnenstunden sind fehlerhaft bzw. ungültig.

5.5:

```
1  Vgl. Datei: bLoesung_5_5.m

3
```

HINWEISE:
In den ersten 12 Monaten treten keine fehlerhaften bzw. ungültigen Beobachtungen bei den Sonnenstunden auf.

5.4. End–of–Chapter–Aufgaben

Nach den begleitenden Übungen, die im Wesentlichen aus einem einfachen Nacharbeiten der zuvor dargestellten Beispiele bestehen, werden im Folgenden einige schwierigere Aufgaben zum Selbsttest gestellt. Die Testaufgaben können mit den bisher erarbeiteten Grundlagen beantwortet werden. Jedoch kann es an der einen oder anderen Stelle notwendig sein, die Matlab-Hilfe zu nutzen. Dies ist beabsichtigt und gewollt.

Erstellen Sie ein Matlab-Skript, in dem nacheinander die im Folgenden genannten Teilaufgaben bearbeitet werden. Versehen Sie dabei das Skript mit ausreichenden Kommentaren; zumindest soll der Beginn der Bearbeitung und das Ende einer Teilaufgabe durch entsprechende Kommentare gekennzeichnet sein. Jedes von Ihnen erstellte Skript soll zu Beginn, quasi als Vorspann, zuerst den Arbeitsspeicher und die bisherige Konsolenausgabe sowie gegebenenfalls noch vorhandene Grafiken löschen. Welche Befehle sind dafür erforderlich?

END OF CHAPTER AUFGABEN

Übung 5.1

a) Erstellen Sie einen Linienchart für die Lufttemperaturen an der Wetterstation 72. Dabei sollen der Verlauf der Maxima, Mittelwerte und Minima in einem Diagramm integriert werden! Setzen Sie geeignete Beschriftungen!

b) Erstellen Sie ein Häufigkeitsdiagramm der Niederschlagsmengen an der Wetterstation 72! Verwenden Sie 20 Klassen! Setzen Sie geeignete Beschriftungen!

c) Untersuchen Sie den Zusammenhang zwischen Lufttemperatur und Niederschlagsmengen! Gibt es hier einen Zusammenhang?

d) Sie möchten ein Kreisdiagramm der Niederschlagsmengen erstellen, wobei Sie nur die Kategorien *niedrig*, *mittel* und *hoch* unterscheiden wollen. Die Niederschlagsmengen sind niedrig, wenn diese kleiner als 50 ausfallen; zwischen 50 und 150 definieren Sie diese als mittel, und über 150 als hoch. Beschriften Sie das Kreisdiagramm mit den entsprechenden Bezeichnungen *niedrig*, *mittel* und *hoch* (nicht mit den Prozentzahlen).

---

6. Datenstrukturen

Nach der Einführung in die elementaren Datentypen im Kapitel 4, werden hier sog. Datenstrukturen von MATLAB eingeführt, um die unterschiedlichen elementaren Einheiten in komplexeren Strukturen zu organisieren bzw. zu bearbeiten. Dieses Kapitel stellt zunächst das Konzept des *Cell-Arrays* (Kap. 6.1) vor. Die Einführung in das *Struct* folgt im Kap. 6.3. Diese beiden Datenstrukturen können als „traditionelle" Datenstrukturen in MATLAB angesehen werden, da sie schon seit vielen Versionen in MATLAB und Octave vorhanden sind. Grundsätzlich lassen sich mit diesen beiden Datenstrukturen alle Vorhaben einer strukturierten Datenorganisation umsetzen. In jüngeren Programmversionen von MATLAB sind zwei weitere Datenstrukturen hinzugekommen, die Tabellen (siehe Kapitel 6.5.1) und Zeittabellen (siehe Kapitel 6.5.2), die für viele Zwecke sehr hilfreich sind. Daneben gibt es ferner weitere Varianten wie z.B. String-Arrays (siehe Kapitel 6.2) oder Struct-Arrays (siehe Kapitel 6.4). Leider sind viele dieser Varianten unter Octave nicht vorhanden. Jedoch reichen die zuvor genannten „traditionellen" Datenstrukturen für alle Zwecke aus, obgleich deren Verzicht vielfach Komfortverlust und erhöhten Programmieraufwand bedeutet.

Lernergebnisse

Nach dem Durcharbeiten dieses Kapitels werden Sie in der Lage sein,

⇒ grundlegende Datenstrukturen zu verstehen und diese von Datentypen abgrenzen zu können.

⇒ den Umgang mit einfachen („traditionellen") Datenstrukturen in MATLAB (und Octave) zu beherrschen.

⇒ neuere Datentypen in MATLAB zu kennen, deren Eigenschaften zu verstehen und deren Einsatzmöglichkeiten abschätzen zu können.

6.1. Cell-Arrays

Die Array-Datenstrukturen sind hilfreich, um Daten zu speichern und einen möglichst effizienten Zugriff zu ermöglichen. Sie eignen sich zum Beispiel zur Datenverwaltung. In diesem Kapitel geht es um eine einfache Betrachtung des Grundkonzeptes *Array*, welches bereits oben in Abschnitt 3.5 eingeführt wurde. Eine wichtige Erweiterung von Arrays sind die sog. *Cell-Arrays*. Der Unterschied zwischen *Array* und *Cell-Array* besteht darin, dass ein *Cell-Array* unterschiedliche Datentypen aufnehmen kann und ein Array dagegen nur Zahlen. Die Abgrenzung zwischen einem einfachen *Array* und einer Matrix besteht lediglich in der Interpretation durch den Benutzer. Eine

Matrix ist definiert als Objekt der Linearen Algebra (siehe auch die Erläuterungen in Abschnitt 3.5).[1]

6.1.1. Eindimensionales Cell-Array

In vielen Programmiersprachen, zum Beispiel *Java*, gibt es das Konzept des sogenannten eindimensionales Arrays. Hierbei handelt es sich - rein gedanklich, aber nicht tatsächlich - um Tabellen mit zwei Spalten und beliebig vielen Zeilen. Dabei stellt gedanklich die erste Spalte die Indizes (Positionsnummern) und die zweite Spalte ein Objekt (bzw. eine Zelle) in Form eines Datensatzes (eine beliebige Information) dar, wie zum Beispiel einen Zahlenwert, eine Buchstabenabfolge, etc. Dabei kann eine solche Zelle eines Arrays sogar ein weiteres Array enthalten. Die erste Spalte (Indizes) ist jedoch nur gedanklich vorhanden und für die Betrachtung durch den Anwender unnötig, da letztendlich jede Zelle in einem eindimensionalen Array eindeutig durch ihre Positionsnummer (Index) identifizierbar ist. Tatsächlich reicht also ein einfacher „Vektor" von Zellen. Vor diesem Hintergrund wird für diese Form der Begriff *Eindimensionales Array* verwendet. Die Abbildung 6.1 visualisiert in vereinfachter Form das Array als Datenstruktur zur Speicherung von Daten. Das eindimensionale Array ist vergleichbar mit einem Vektor; dies ist bereits aus Abschnitt 3.5 bekannt. Neu ist hier lediglich, dass das *Cell-Array* nicht nur einfache Zahlenwerte in den Zellen, sondern dort beliebige Datenstrukturen enthalten kann.

$$
\begin{bmatrix}
Index: & Objekt\ an\ der\ Indexposition: \\
1 & Objekt\ an\ Position\ 1 \\
2 & Objekt\ an\ Position\ 2 \\
\ldots & \ldots \\
n & Objekt\ an\ Position\ n
\end{bmatrix}
$$

Abbildung 6.1.: Das eindimensionale (Cell-) Array zeichnet sich durch die eindimensionale Spalte (rechts) zur Aufnahme von Informationen aus. Ein gewöhnliches Array kann als Information in einer Zelle nur einfache Zahlenwerte aufnehmen. Damit können Zahlen des gleichen Datentyps in einem Array gespeichert werden. Bei einem Cell-Array können die einzelnen Zellen beliebige Objekte aufnehmen, die von Zelle zu Zelle nicht einmal vom selben Typ sein müssen. Die Indexspalte (links) dient ausschließlich der Indexierung und ist nur virtuell (gedanklich), aber nicht tatsächlich vorhanden.

In diesem Sinne ist ein Cell-Array auch als eine Art „Lager" für „Datencontainer" interpretierbar. Die einzelnen „Datencontainer" (Zellen) können beliebig komplexe Datenstrukturen enthalten. Die „Datencontainer" selbst sind dann systematisch in einem „Lager" in Form eines Arrays organisiert.

---

[1] Matrizen sind Objekte der Linearen Algebra und besitzen max. 2 Dimensionen. Arrays können beliebig viele Dimensionen besitzen. Jedoch sind auf ihnen die Operationen der Linearen Algebra wie z.B. Matrizen-Multiplikation nicht definiert.

Eine besondere Schwierigkeit für Neueinsteiger, aber auch noch für viele fortgeschrittene Anwender ist der Indexzugriff auf Cell-Arrays. Hier tritt erstmalig die Notwendigkeit auf, zwischen einer Zelle an sich und dem Inhalt einer Zelle in einem Cell-Array unterscheiden zu müssen. Zieht man Matrizen oder gewöhnliche Arrays zum Vergleich heran, so ist dort dieser Unterschied nicht relevant. Jede Matrix und jedes gewöhnliche Array enthält in einer Zelle genaue eine Zahl. Beim Indexzugriff auf eine Zelle in einer Matrix oder einem gewöhnlichen Array ist das Ergebnis eines solchen Indexzugriff unzweifelhaft klar: Es handelt sich um eine Zahl (oder beim Zugriff auf ganze Bereiche eben um Submatrizen bzw. Subarrays aus Zahlen). Eine feinsinnige Unterscheidung zwischen der Zelle einer Matrix oder eines gewöhnlichen Arrays an sich und dessen Inhalt ist zwar grundsätzlich möglich, ergibt aber nicht viel Sinn oder Nutzen.

Beim Indexzugriff auf Cell-Arrays ist dagegen diese Unterscheidung sehr relevant, da eine Zelle in einem Cell-Array beliebige Objekte beliebigen Typs enthalten kann und die in einer Zelle enthaltenen Objekte von Zelle zu Zelle nicht einmal vom selben Typ zu sein brauchen. Damit ist sehr sorgfältig zu unterscheiden, ob man auf die Zelle selber zugreifen möchte (dies wäre in Analogie der komplette „Container") oder auf den Inhalt der Zelle (in Analogie ist damit der Inhalt des „Containers" gemeint). Für die Adressierung der Zelle selbst benutzt MATLAB in konsistenter Weise die runden Klammern, wie eben bei einer Matrix oder einem gewöhnlichen Array auch. Möchte man dagegen auf den Inhalt der betreffenden Zelle zugreifen, so sind geschweifte Klammern {} für den Indexzugriff zu verwenden. Das folgende Codebeispiel 6.1 zeigt den Umgang mit einem eindimensionalen *Cell-Array*.

Quellcode 6.1: Anlegen eines Cell-Arrays

```
 1  >> mA = [-0.0631,  -0.2050; 0.7147,  -0.1241];
 2
 3  mA =
 4
 5        -0.0631    -0.2050
 6         0.7147    -0.1241
 7
 8  >> mB = randn(3,3)
 9
10  mB =
11
12         1.4897     0.6715     1.6302
13         1.4090    -1.2075     0.4889
14         1.4172     0.7172     1.0347
15
16  >> cLager = cell(2,1)
17
18  cLager =
19
20        []
21        []
22
23  >> cLager{1,1} = mA;
24  >> cLager{2,1} = mB;
25  >> cLager
26
27  cLager =
28
29        [2x2 double]
30        [3x3 double]
```

Als Benennungskonvention in diesem Buch sei vereinbart, dass ein Cell-Array mit einem vorangestellten Kleinbuchstaben c, dann gefolgt von einem Großbuchstaben, dann gefolgt von einer beliebigen Zeichenkette aus Groß-, Kleinbuchstaben und Sonderzeichen wie _ zu benennen ist. Der Ausdruck cLager = cell(2,1) erzeugt ein leeres Cell-Array (cLager mit „leeren Containern") in Form eines 2×1 Arrays. Es ist somit ein „Lager", in welchem die „Datencontainer" in Form eines 2×1 „Spaltenvektors" aufgestellt sind. Der Ausdruck cLager{1,1} = mA weist nun dem Inhalt der ersten Zelle die Matrix mA zu. Der Inhalt des ersten „Datencontainers" wird also mit der Matrix mA „befüllt". In analoger Weise bewirkt cLager{2,1} = mB die Zuweisung der Matrix mB an den Inhalt der zweiten Zelle des Cell-Arrays. Die Anzeige des Cell-Arrays mit cLager zeigt die Struktur des Cell-Arrays an, also womit strukturell die Zellinhalte befüllt sind. Möchte man sich z.B. den Inhalt der zweiten Zelle anschauen, so wäre cLager{2,1} einzugeben. Die wichtige Unterscheidung zwischen Zelle und Zellinhalt bei einem Cell-Array wird durch das folgende Beispiel (Code: 6.2) illustriert.

Quellcode 6.2: Cell-Array und Matrix

```
 1   >> cX = cLager(2,1)
 2
 3   cX =
 4           [3x3 double]
 5
 6   >> mY = cLager{2,1}
 7
 8   mY =
 9
10           1.4897      0.6715      1.6302
11           1.4090     -1.2075      0.4889
12           1.4172      0.7172      1.0347
```

Mit dem Ausdruck cX = cLager(2,1) wird auf die Zelle, also in Analogie auf den gesamten „Datencontainer" an der Position Zeile 2 und Spalte 1 zugegriffen und das Ergebnis des Zugriffs (ein „Container") an cX zugewiesen. cX ist danach ein Cell-Array, also ein „Datencontainer". Dagegen greift der Ausdruck mY = cLager{2,1} auf den Inhalt der Zelle zu, also auf den „Containerinhalt". mY ist dann entsprechend eine 3×3 Matrix, aber kein Cell-Array (also kein „Datencontainer"). Für viele Neueinsteiger in MATLAB ist diese Unterscheidung anfänglich verwirrend, aber die Analogie zu einem Containerlager hat sich hier zumeist als hilfreich für das Verständnis erwiesen. Als grobe Faustregel für den Umgang mit Cell-Arrays mag die „Eselsbrücke" hilfreich sein sich zu fragen, ob man in der aktuellen Situation auf den Container selber oder aber auf dessen Inhalt zugreifen möchte.

6.1.2. Mehrdimensionales Cell-Array

Ein mehrdimensionales *Array* bezeichnet ein *Array*, das mehr als eine Dimension besitzt. Dabei ist die Anzahl möglicher Dimensionen in MATLAB prinzipiell unbegrenzt.[2] Die Abbildung 6.2 zeigt ein dreidimensionales Array; hier sind die Zellen in Würfelform angeordnet. Der Indexzugriff erfolgt durch Angabe der 3D-Position einer Zelle.

---

[2]   In älteren Vorgängerversionen war die maximale Anzahl der Dimensionen auf bis zu sechs begrenzt. In den jüngeren Versionen besteht diese Grenze nicht mehr.

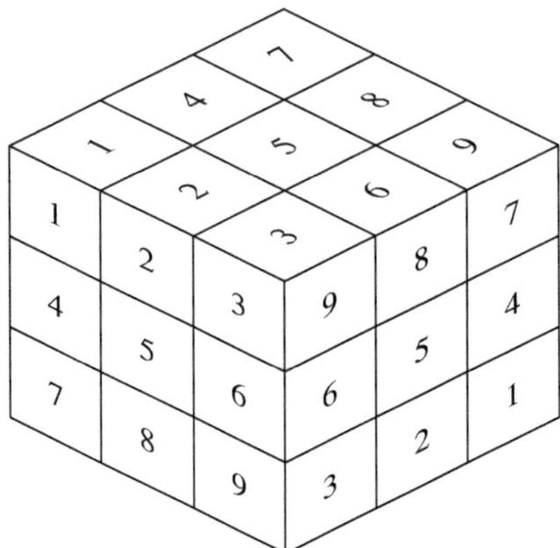

Abbildung 6.2.: Das mehrdimensionale Array.

Soweit die Abbildung 6.2 ausschließlich Zahlen in den Zellen enthält, wäre es ein gewöhnliches (dreidimensionales) Array. Enthalten dort aber die einzelnen Zellen beliebige Objekte
beliebigen Typs, ist es ein mehrdimensionales Cell-Array. Der Code 6.3 zeigt das Anlegen eines
gewöhnlichen dreidimensionalen Arrays (das Vorgehen und das Beispiel ist im Grunde aus
Abschnitt 3.5 bekannt, siehe auch Code-Beispiel 3.21). Der Befehl `rand(3,3,3)` erzeugt ein
dreidimensionales $3 \times 3 \times 3$ Array, welches zufällige Einträge zwischen 0 und 1 enthält.

Quellcode 6.3: Das mehrdimensionale Array in der MATLAB-Darstellung

```
 1  >> mA=rand(3,3,3)
 2
 3  mA(:,:,1) =
 4
 5          0.1190      0.3404      0.7513
 6          0.4984      0.5853      0.2551
 7          0.9597      0.2238      0.5060
 8
 9  mA(:,:,2) =
10
11          0.6991      0.5472      0.2575
12          0.8909      0.1386      0.8407
13          0.9593      0.1493      0.2543
14
15
16  mA(:,:,3) =
17
18          0.8143      0.3500      0.6160
19          0.2435      0.1966      0.4733
20          0.9293      0.2511      0.3517
```

Die Darstellung des dreidimensionalen Arrays erfolgt in Schichten. Die letzte Position der
Indexschreibweise gibt die Position in der dritten Dimension des Arrays an. `mA(:,:,1)` ist in der

dritten Dimension das erste 3×3 Array. Blickt man auf den Würfel in Abbildung 6.2, wäre dies die vorderste Schicht des Würfels. Für ein drei- oder noch höherdimensionales Cell-Array gilt im Prinzip genau dasselbe. Nur enthalten hier die Zellen nicht einfache Zahlen, sondern beliebige Objekte beliebigen Typs.

AUFGABEN

Aufg. 6.1 Legen Sie ein dreidimensionales Array der Dimension $5 \times 5 \times 2$ mit Zufallszahlen zwischen 0 und 1 an. Entnehmen Sie das Element mit den folgenden Positionsangaben: Dimension 1: 3, Dimension 2: 2, Dimension 3: 1. Vergleichen und überprüfen Sie, ob Sie auf das richtige Element zugegriffen haben!

Aufg. 6.2 Setzen Sie die vorhergehende Aufgabe fort und entnehmen Sie jetzt dem dreidimensionalen Array alle Elemente mit der Position 2 in der zweiten Dimension! Weisen Sie das Ergebnis dem Array `mSubArray` zu.

Aufg. 6.3 Setzen Sie die vorhergehende Aufgabe fort und betrachten Sie das Ergebnis im Array `mSubArray`. Es besitzt die Dimension $5 \times 1 \times 2$. Sie möchten dieses dreidimensionale Array auf ein zweidimensionales Array reduzieren, da die zweite Dimension die Größe 1 besitzt und faktisch nicht existent, also redundant ist. Wie lässt sich diese Dimensionsreduktion durchführen? Welches Ergebnis erhalten Sie?
Hinweis: Schauen Sie in die Matlab-Hilfe und recherchieren Sie den Befehl `squeeze`. Wie hilft dieser Befehl hier?

Aufg. 6.4 Erstellen Sie ein 3×1 Cell-Array. Das erstellte Cell-Array soll in der ersten Zelle eine 3×3 Matrix mit Zufallszahlen zwischen 0 und 1 enthalten. In der zweiten Zelle soll der String `'Ein schoener Tag!'` stehen. Die dritte Zelle soll ein leeres 3×3 Cell-Array enthalten.

Aufg. 6.5 Cell-Arrays können in `Matlab` auch dazu benutzt werden, um beschriftete Tabellen zu erzeugen. Erzeugen Sie ein Cell-Array, welches wie die nachfogend dargestellte Tabelle aussieht:

Name	Größe	Gewicht
Peter	180	73
Martin	172	69

6.2. String-Arrays

Die Datenstruktur *String-Array* ist eine Neuerung in jüngeren Matlab-Versionen (ab Versionen 2017a), sie stehen in Octave (noch) nicht zur Verfügung. Im Prinzip sind sie eine Sonderform des Arrays, bei welchen die atomaren Einheiten (Elemente des Arrays) diesmal Zeichenketten (Strings) sind. Allerdings sind diese atomaren Einheiten eines String-Arrays nicht weiter zerlegbar. Dies ist auch das wesentliche Unterscheidungsmerkmal zum gewöhnlichen String (Zeichenkette, Character-Array). Während ein gewöhnlicher String eine Abfolge an einzelnen Zeichen darstellt, auf die auch einzeln zugeriffen werden kann, ist dies bei einem Element eines String-Arrays (ein sog. *skalares String-Array*) nicht möglich; es stellt eine nicht weiter auflösbare Einheit dar. Möchte man doch auf die einzelnen Zeichen eines skalaren String-Arrays zugreifen, so muss dieses zuvor in einen gewöhnlichen String (Character-Array) umgewandelt werden. Zur Abgrenzung zwischen gewöhnlichen Strings und den atomaren Elementen eines String-Arrays, werden wir im Folgenden bei letzteren - wie die Matlab-Dokumentation auch - von einem skalaren String-Array sprechen. Das folgende Code-Beispiel 6.4 illustriert den Unterschied.

Quellcode 6.4: Strings und skalare String-Arrays

```
 1  >> sString = 'Max Mueller';      // Deklaration gewoehnlicher String (Character-Array)
 2  >> saString = "Max Mueller";     // Deklaration skalares String-Array
 3  >> sString(2:4)                  // Zugriff auf die Zeichen 2 bis 4 im String
 4
 5  ans =
 6
 7          'ax '
 8
 9  >> saString(2:4)                 // Versuch: Zugriff auf die Zeichen 2 bis 4 -> FEHLER!
10  Index exceeds matrix dimensions.
11
12  >> sString2 = char(saString);    // Konvertieren in einen gewoehnlichen String
13  >> sString2(2:4)                 // Zugriff auf die Zeichen 2 bis 4 im konvertierten String
14
15  ans =
16
17          'ax '
```

Mit `sString = 'Max Mueller';` wird ein gewöhnlicher String angelegt und mit `sString(2:4)` auf das 2. bis 4. Zeichen in der Zeichenkette zugegriffen; dies ist aus Kapitel 4.3 bekannt. Die Anweisung `saString = "Max Mueller";` legt dagegen ein skalares String-Array an. Hier führt der Versuch des Indexzugriffs `saString(2:4)` auf die einzelnen Zeichen zu einer Fehlermeldung `Index exceeds matrix dimensions`. Hintergrund der Fehlermeldung ist, dass MATLAB beim Indexzugriff mit runden Klammern einen Zugriff auf die Elemente des String-Arrays an den Positionen 2 bis 4 erwartet, jedoch im Moment nur ein skalares String-Array (Dimension 1×1) vorhanden ist. MATLAB interpretiert folgerichtig den Zugriff als einen auf nicht vorhandene Elemente des String-Arrays und gibt eine Fehlermeldung aus. Ein direkter Zugriff auf die Zeichen eines skalaren String-Arrays ist also nicht möglich; es ist eine unauflösbare Einheit. Möchte man dennoch auf die einzelnen Zeichen eines skalaren String-Arrays zugreifen, ist das skalare String-Array zunächst in einen gewöhnlichen String mit Hilfe von `sString2 = char(saString);` umzuwandeln, danach kann im konvertierten String wieder auf die Zeichen 2 bis 4 mit `sString2(2:4)` zugegriffen werden, wie es Code-Beispiel 6.4 illustriert. Ferner sei auf die Verwendung des doppelten Anführungszeichen `"Max Mueller"` im Gegensatz zum einfachen Anführungszeichen `'Max Mueller'` bei der Erzeugung eines skalaren String-Arrays hingewiesen. Das einfache Anführungszeichen erzeugt also einen gewöhnlichen String (Character-Array), während das doppelte Anführungszeichen ein skalares String-Array anlegt.[3]

---

[3] Der Zugriff auf die Zeichen 2 bis 4 aus dem skalaren String-Array gelingt alternativ mit dem doppelten Indexzugriff `saString{1,1}(2:4)`. Zunächst wird mit `saString{1,1}` auf den Inhalt des Elements an der Position 1,1 des String-Arrays zugegriffen . Der Inhalt davon ist ein *character array*. Auf dieses *character array* wird dann mit dem zweiten Indexzugriff (2:4), genauer auf die Positionen 2 bis 4 zugegriffen.

String-Arrays sind insbesondere für die Organisation von alphanumerischen Informationen (Textinformationen) in Form eines Arrays hilfreich. Ganz typische Beispiele sind hier Arrays aus Datumsstrings, Namenslisten, Listen mit Beschreibungen, etc. Das Code-Beispiel 6.5 illustriert den Einsatz von String-Arrays für solche Zwecke, ebenso den Indexzugriff in String-Arrays.

Quellcode 6.5: String-Array und Zugriff im String-Array

```
1  >> saNameSport = ["Peter","Martin","Lisa";"Schwimmen","Tennis","Golf"]
2
3  saNameSport =
4
5    2x3 string array
6
7        "Peter"        "Martin"     "Lisa"
8        "Schwimmen"    "Tennis"     "Golf"
9
10 >> saNameSport(:,2)
11
12 ans =
13
14   2x1 string array
15
16        "Martin"
17        "Tennis"
```

Das oben gezeigte Code-Beispiel 6.5 lässt sich aber auch in ähnlicher Weise mit Hilfe von Strings und Cell-Arrays umsetzen, wie es das Code-Beispiel 6.6 zeigt.

Quellcode 6.6: Cell-Arrays zur Nachbildung von String-Arrays

```
1  >> cNameSport = {'Peter','Martin','Lisa';'Schwimmen','Tennis','Golf'}
2
3  cNameSport =
4
5    2x3 cell array
6
7        'Peter'        'Martin'     'Lisa'
8        'Schwimmen'    'Tennis'     'Golf'
9
10 >> cNameSport(:,2)
11
12 ans =
13
14   2x1 cell array
15
16        'Martin'
17        'Tennis'
```

Da String-Arrays erst eine sehr junge Erweiterung in MATLAB darstellen, musste in vorhergehenden Versionen (und auch heute noch in Octave) die Darstellung von Textinformationen in Array-Form so wie in Code-Beispiel 6.6 illustriert erfolgen. Tatsächlich kann gefragt werden, wozu diese junge Erweiterung gut ist, da derselbe Zweck bisher immer gut mit den bereits vorhandenen Möglichkeiten erreicht werden konnte. Der Vorteil ist auf jeden Fall konzeptioneller Art, indem die grundlegende Datenstruktur des Arrays auch ganze Zeichenketten, als Einheit betrachtet, als Elemente enthalten kann. Die bisherige Vorgehensweise muss sich dafür in scheinbar etwas umständlicher Weise der allgemeinen Datenstruktur der Cell-Arrays bedienen. Ob diese Erweiterung aber auch einen praktischen Vorteil bedeutet, hängt stark von den Begleitumständen ab.

Soweit mit älteren Matlab-Versionen gearbeitet wird oder zumindest eine Abwärtskompatibilität eigener Matlab-Programme erforderlich ist, sollte auf String-Arrays verzichtet werden. Gleiches gilt auch, wenn die Kompatibilität mit Octave eine Rolle spielt oder gar ausschließlich in Octave gearbeitet wird.[4] Da diese neue Datenstruktur zwar konzeptionelle, aber keine wesentlichen praktischen Vorteile besitzt und zudem die Kompatibilität erheblich einschränkt, werden wir diese im weiteren Verlauf des Buchs nicht weiter benutzen, sondern die traditionelle Form mittels Cell-Arrays und gewöhnlichen Strings.[5]

6.3. Struct

Eine weitere wichtige Datenstruktur ist das *Struct*, welches in anderen Programmiersprachen auch als Record (oder auch Listen) bezeichnet wird. Diese Organisationsform erlaubt es dem Anwender, zusammenhängende Informationen zu strukturieren und auf hierarchisch angeordneten Ebenen zu organisieren.

6.3.1. Einstufiges Struct

Die Abgrenzung zum Array besteht darin, dass den jeweiligen Objekten innerhalb der Struktur ein eindeutiger Feldname zugeordnet wird. Damit wird auch das gesuchte Objekt jeweils über den Feldnamen angesprochen (vgl. UEBERHUBER et al., 2005, S. 62). Das Beispiel visualisiert den Umgang mit Objekten vom Typ (einstufiger) Struct.

Quellcode 6.7: Das einstufige Struct

```
1  >> rStudent.sVorname ='MAX';          // Anlegen des Vor-
2  >> rStudent.sNachname='MUSTERMANN'; // bzw. Nachnamens,
3  >> rStudent.iMatrikelnummer=543210; // sowie Matrikelnummer
4
5  >> rStudent      //Aufruf des Structs auf der Konsole fuehrt zur Ausgabe der Informationen
6
7  rStudent =
8
9    struct with fields:
10
11        sVorname: 'MAX'
12        sNachname: 'MUSTERMANN'
13        iMatrikelnummer: 543210
```

Durch die Bezeichnung (Namen) des *Struct*, gefolgt vom Punkt und dem folgenden Feldnamen, erkennt MATLAB automatisch, dass die folgende Zuweisung zu einer Ordnungsstruktur (*Struct*)

---

[4]　Ob diese Datenstruktur jemals in Octave aufgeriffen wird, erscheint zweifelhaft, da in Octave keine Unterscheidung zwischen dem doppelten und einfachen Anführungszeichen vorgenommen wird; beide erzeugen einen gewöhnlichen String (Character-Array). Eine Umstellung in Octave auf diese neue Datenstruktur dürfte daher sehr schwierig sein, weil dann viele vorher geschriebenen Octave-Programme nicht mehr funktionieren könnten.

[5]　Als Benennungskonvention sei in diesem Buch vereinbart, dass String-Arrays durch das vorangestellte Kürzel sa, gefolgt von einem Großbuchstaben, gefolgt von einer beliebigen Sequenz aus Groß- und Kleinbuchstaben sowie Sonderzeichen wie _ zu benennen ist. Da wir jedoch im weiteren Verlauf nicht mehr mit String-Arrays arbeiten werden, ist diese Konvention ohne Relevanz. Aus demselben Grund verzichten wir an dieser Stelle auch auf Übungsaufgaben.

zusammengesetzt wird. Der Codeausschnitt 6.7 zeigt die Verknüpfung verschiedener Datentypen zu einer Einheit mit Hilfe des *Struct*. Durch die Eingabe des *Struct*-Namens auf der Konsole können die gespeicherten Informationen innerhalb des *Struct* ausgegeben werden. Im Beispiel (Code: 6.7) führt die Eingabe von `rStudent` zur Ausgabe aller zugewiesenen Personendaten.

Eine Alternative zur Erzeugung eines Struct ist der Einsatz der Erzeugungsfunktion `struct`, wie es das nachfolgende Code-Beispiel 6.8 zeigt. Dort wird derselbe Vorgang wie im Code-Beispiel 6.7 umgesetzt, jetzt jedoch unter Einsatz der Erzeugungsfunktion.

Quellcode 6.8: Erzeugungsfunktion struct

```
1  >> rStudent = struct('sVorname','MAX','sNachname','MUSTERMANN','iMatrikelnummer',543210)
2
3  rStudent =
4
5    struct with fields:
6
7         sVorname: 'MAX'
8        sNachname: 'MUSTERMANN'
9    iMatrikelnummer: 543210
```

Die Funktion `struct` kann mit einer beliebigen Anzahl von Paaren (`Feldname`, `Werte`) aufgerufen werden. Das Aufruf-Format von `struct` ist `struct(Feldname1, Werte1, Feldname2, Werte2, ...)`. Dabei bestimmt `Feldname` den jeweiligen Feldnamen, der im Struct angelegt werden soll. Das Argument `Werte` enthält dann den zugehörigen Wert. Die Anzahl von Paaren `Feldname`, `Werte` bestimmt dann die Anzahl an Feldnamen mit Einträgen. Der Zugriff auf die Elemente eines Structs erfolgt durch Angabe des Namens des Struct, gefolgt von einem Punkt, gefolgt vom Feldnamen; siehe auch Code-Beispiel 6.9.

Quellcode 6.9: Zugriff im Struct

```
1  >> rStudent.sVorname
2
3  ans =
4
5        'MAX'
```

6.3.2. Mehrstufiges Struct

In einigen Anwendungsfällen ist es hilfreich, ein mehrstufiges *Struct*, analog zu den höherdimensionalen Arraystrukturen, anzulegen. Dazu wird das Code-Beispiel 6.7 fortgeführt. Angenommen sei, dass nun in einer fiktiven Datenbank mit Studentenstammdaten die Informationen über die Wohnadresse des Studenten ergänzt werden sollen. Dazu könnte man die Adressdaten einfach „additiv" ergänzen. Damit die Adresse aber auch separat abgerufen werden kann, ist es für dieses Fallbeispiel sinnvoll, diese Adresse in einem weiteren logischen Informationspaket zusammenzuführen, um diese Daten gesondert abzurufen. Im Code-Beispiel 6.10 wird das Beispiel aus 6.7 fortgeführt und die Ergänzung um die Adressdaten vorgenommen.

Quellcode 6.10: Das mehrstufige Struct

```
1  >> rStudent.rAdresse.sStrasse = 'Alpenstrasse'; // Anlegen der Adressdaten von 'MAX'
```

```
 2  >> rStudent.rAdresse.iHausnummer=10;
 3  >> rStudent.rAdresse.iPostleitzahl=10000;
 4  >> rStudent                                  // Abruf der Stammdaten des Studenten 'MAX'
 5
 6  rStudent =
 7
 8          sVorname: 'MAX'
 9          sNachname: 'MUSTERMANN'
10          iMatrikelnummer: 543210
11          rAdresse: [1x1 struct]
12
13  >> rStudent.rAdresse // Aufruf der Adressdaten von 'MAX'
14
15  ans =
16
17          sStrasse: 'Alpenstrasse'
18          iHausnummer: 10
19          iPostleitzahl: 10000
```

Das Beispiel zeigt, wie die Zuweisung erfolgt. Es kann ein untergeordnetes *Struct* zu dem ersten Struct hinzugefügt werden. Diese Vorgehensweise kann beliebig oft fortgeführt werden. Allerdings sollte die Sinnhaftigkeit, ebenso wie bei den mehrdimensionalen Arrays, im Blick behalten werden. Übertragen auf den Versuch mit MATLAB einen Kuchen zu erstellen, wird das Konzept des *Structs* verwendet, um unterschiedliche Zutaten in einer strukturierten Kiste aufzubewahren. Damit wäre es denkbar, alle Zutaten für einen Kuchen in einer Kiste zu verwahren und durch den Aufruf des Kistennamens (z. B. Apfelkuchen) alle Komponenten für den Apfelkuchen zu erhalten.

Die Abgrenzung zum gewöhnlichen *Array* besteht darin, dass die Datenstruktur *Struct* es erlaubt, heterogene, aber sachlogisch zusammenhängende Informationen in strukturierter und auch hierarchisch geordneter Weise zu organisieren und zusammenzubinden. Die besondere Abgrenzung zum *Cell-Array* besteht in der Möglichkeit zur hierarchischen Organisation der heterogenen Informationen, während das Cell-Array immer als (mehrdimensionale) Tabelle ausgeführt ist.

AUFGABEN

Aufg. 6.6 Sie möchten sich in einer Variable wichtige Informationen für ein gebrauchtes Kraftfahrzeug zusammenhängend organisieren. Dabei sind folgende Informationen für Sie relevant: Typ des Fahrzeugs (z.B. PKW, LKW), Hersteller (z.B. BMW, Opel), Modellbezeichnung, Baujahr und gelaufene Kilometer. Wie könnte ein *Struct* aussehen, der diese Informationen organisiert? Geben Sie ein Beispiel dafür auf der MATLAB-Konsole ein!

Aufg. 6.7 Beim Abruf der gespeicherten Informationen in Ihrer Variable fällt Ihnen auf, dass die Informationen über das Modell zu unspezifisch sind. Typischerweise haben alle Automobilhersteller verschiedene Modellreihen und innerhalb jeder Modellreihe verschiedene Modelltypen. Ersetzen Sie das bisherige Feld sModell durch einen weiteren *Struct*, der als Unterfelder die Modellreihe und den Modelltyp enthält. Geben Sie ein Beispiel dafür auf der MATLAB-Konsole ein!

6.4. Struct-Arrays

Eine natürliche Erweiterung der Datenstruktur des Structs ist das *Struct-Array*. Nach den bisherigen Betrachtungen sollte die dahinter stehende Idee unmittelbar klar sein: Es handelt sich um ein Array (beliebiger Dimension), dessen Elemente Structs sind. Struct-Arrays sind damit ein gutes Mittel, um Informationen, die bereits auf einer unteren Ebene in Form eines Structs organsiert sind, noch einmal auf einer höheren Ebene in Form eines Arrays zusammenzufassen. Dies ermöglich einen sehr komfortablen Umgang mit sehr vielen, sehr heterogenen Informationen: Auf die logisch zusammenhängenden, aber strukturierten Informationseinheiten kann mittels Indexzugriff in einem Array zugegriffen werden, danach auf die Komponenten der Informationseinheiten mittels Feldzugriff. Das Code-Beispiel 6.11 zeigt die Erzeugung eines Struct-Arrays der Dimension 2×1. Anschließend wird der Zugriff aus das zweite Element des Struct-Arrays, dort auf das Feld mit Namen sNachname gezeigt.

Quellcode 6.11: Struct-Array

```
1  >> cVorname = {'Max';'Peter'};      // 2 x 1 Cell-Array mit Strings: Vornamen
2  >> cNachname = {'Meier';'Mueller'}; // 2 x 1 Cell-Array mit Strings: Nachnamen
3  >> raStruct = struct('sVorname',cVorname,'sNachname',cNachname) // Erzeugen eines Struct-Arrays
       mit Feldnamen sVorname und sNachname und den oben gewaehlten Vorbelegungen
4
5  raStruct =
6    2x1 struct array with fields:
7
8          sVorname
9          sNachname
10
11 >> raStruct(2).sNachname
12
13 ans =
14
15          'Mueller'
```

Die universelle Erzeugungsfunktion für Struct und Struct-Arrays ist dabei struct, siehe auch oben Abschnitt 6.3. Das Aufruf-Format von struct ist auch bei Struct-Arrays unverändert: struct(Feldname1, Werte1, Feldname2, Werte2, ...). Auch hier bestimmt Feldname den jeweiligen Feldnamen, der im Struct-Array angelegt werden soll. Das Argument Werte enthält dann die zugehörigen Werte. Es hängt also von der Dimension von Werte ab, ob ein skalares Struct oder ein Struct-Array erzeugt wird. Sind diese Werte immer skalar, so wird ein einfaches Struct mit gewünschten Feldnamen und Werten angelegt, wie im vorhergehenden Kapitel 6.3 auch. Handelt es sich bei Werte jedoch um ein Cell-Array mit den gewünschten Einträgen, so wird ein Struct-Array aufgebaut, wie es das Code-Beispiel 6.11 zeigt.

Beim Zugriff auf die Elemente eines Struct-Arrays sind mehrere Angaben erforderlich. Zunächst muss mittels runder Klammern auf die (Index-) Position im (Struct-) Array zugegriffen werden. Das Ergebnis dieses Zugriffs ist dann der einzelne Struct an der jeweiligen Position. Auf die Elemente dieses Structs wird dann wieder mittels Punkt, gefolgt vom Feldnamen, auf den Inhalt des jeweiligen Feldes zugegriffen.

Als Benennungskonvention sei in diesem Buch vereinbart, dass Struct-Arrays durch das vorangestellte Kürzel ra, gefolgt von einem Großbuchstaben, gefolgt von einer beliebigen Sequenz aus Groß- und Kleinbuchstaben sowie Sonderzeichen wie z.B. _ zu benennen ist.

Aufg. 6.8 Als Übungsaufgabe zu den Cell-Arrays ging es auch darum, mit Hilfe von Cell-Arrays beschriftete Tabellen zu erzeugen. Dabei sollte die nachfolgend dargestellte Tabelle mit Hilfe eines Cell-Arrays repräsentiert werden. Erledigen Sie jetzt dieselbe Aufgabe mit Hilfe eines Struct-Arrays!

Name	Größe	Gewicht
Peter	180	73
Martin	172	69

6.5. Tabellen

Die oben behandelten Datenstrukturen *Struct* und *Cell-Array* stellen - gemessen am Alter von MATLAB - die eher „traditionellen" Datenstrukturen dar. Sie erlauben es, eine große Menge an heterogenen Informationen sachlogisch zu einer Einheit zusammenzufassen, um damit effizient zu arbeiten. Allerdings sind diese beiden „traditionellen" Datenstrukturen sehr allgemein ausgeführt, was den Umgang mit ihnen gerade für Neueinsteiger recht beschwerlich gestaltet. Da MATLAB im Laufe der Zeit eine große Verbreitung bei den Anwendern der statistischen Analysen gefunden hat, wurden in jüngeren MATLAB–Version neue Datenstrukturen geschaffen, die dafür besonders geeignet sind. Typischerweise liegen empirische Daten für statistische Analysen in Tabellenform vor. Eine Tabelle besitzt Zeilenbeschriftungen, Spaltenbeschriftungen und im Tabellenkörper die eigentlichen Daten. Die Daten im Tabellenkörper können, müssen aber nicht numerische Daten sein. Insofern strukturieren Tabellen ebenfalls heterogene Informationen in einer ganz besonderen Weise. Wir wollen im Folgenden solche allgemeinen Tabellen auch als „gewöhnliche Tabellen" bezeichnen. Eine Sonderform von Tabellen sind die sog. „time tables" (Zeittabellen), bei denen die Zeilen der Tabellen in zeitlicher Reihenfolge Beobachtungszeitpunkte darstellen. Eine Zeile enthält dann die beobachteten Werte für eine Vielzahl an Merkmalen (Variablen) zu eben diesem Zeitpunkt. Beide Formen von Tabellen sind für empirische Arbeiten von besonderer Bedeutung und werden daher nachfolgend kurz vorgestellt.

An dieser Stelle ist ein Hinweis für Octave–Nutzerinnen notwendig. Tables und Time Tables existieren in Octave nicht. Diese können aber leicht durch Cell-Arrays oder Struct-Arrays nachgebildet werden, wie es die vorhergehenden Beispiel ansatzweise gezeigt haben.

6.5.1. Gewöhnliche Tabellen

Ein Beispiel für eine Tabelle wurde bereits oben im Zusammenhang mit Cell-Arrays (siehe Abschnitt 6.1.2) präsentiert und soll im Folgenden als Ausgangsbeispiel dienen. Dabei wurde eine weitere Spalte ergänzt, um zu illustrieren, dass eine Tabelle auch nicht-numerische Informationen enthalten kann.

Name	Größe	Gewicht	Sport
Peter	180	73	Tennis
Martin	172	69	Schwimmen

Für die Repräsentation in MATLAB bietet sich die Datenstruktur *Table* an. Die Erzeugung einer Tabelle kann mit der Funktion `table` vorgenommen werden, wie es das Code-Beispiel 6.12 zeigt. In diesem Beispiel wird die oben dargestellte Tabelle als Matlab-Tabelle erzeugt.[6]

Quellcode 6.12: Anlegen einer gewöhnlichen Tabelle

```
1  >> cNamen = {'Peter';'Martin'}; // Die Namen als Strings im einem Cell-Array
2  >> vGroesse = [180;172];        // Die Groesse als Vektor
3  >> vGewicht = [63;79];          // Das Gewicht als Vektor
4  >> cSport = {'Tennis';'Schwimmen'};  // Der ausgeuebte Sport als Cell-Array mit Strings
5  >> tTable = table(vGroesse,vGewicht,cSport,'RowNames',cNamen) // Erzeugen der Tabelle mit table
6
7  tTable =
8
9        2 x 3 table
10
11               vGroesse     vGewicht       cSport
12               --------     --------     -----------
13
14      Peter      180          63          'Tennis'
15      Martin     172          79          'Schwimmen'
```

Als Namenskonvention sei im Folgenden festgelegt, dass Matlab-Tabellen in diesem Buch mit einem vorangestellten Kleinbuchstaben t, danach gefolgt von einem Großbuchstaben, danach gefolgt von einer beliebigen Folge von Klein- und Großbuchstaben sowie Sonderzeichen _ benannt werden. Das Code-Beispiel 6.12 zeigt, wie eine Tabelle aus bereits existieren Variablen im Workspace (z.B. aus Cell-Arrays und Vektoren) konstruiert werden kann. Dies ist in Einzelfällen hin und wieder notwendig, beim praktischen Arbeiten werden größere Tabellen für spätere statistische Analysen jedoch durch das Einlesen von Daten (Datenimport) aus einem externen Speichermedium (Datei, Datenbank, Internet, etc.) aufgebaut. Der Datenimport wird später in Kapitel 8 umfänglich behandelt; dort werden wir wieder ausführlicher auf Tabellen zurückkommen. Für den Moment soll aber die Konstruktion von Tabellen aus Variablen des Workspace genügen und andere wichtige Aspekte behandelt werden. Eine zentrale Frage ist dabei, wie auf die Informationen, die in einer Tabelle stehen, zugegriffen werden kann. Die einfachste Variante ist dabei der Zugriff mittels Feldnamen, wie bei einem Struct auch. Die Tabelle verfügt genau über diejenigen Felder (Feldnamen), welche als Spaltenbeschriftungen ausgegeben werden. Soll z.B. die Spalte mit den Größenangaben der Personen ausgelesen werden, gelingt dies im Beispiel mit dem Zugriff `tTable.vGroesse`. Das Code-Beispiel 6.13 illustriert diesen Zugriff.

Quellcode 6.13: Zugriff in Tabelle mit Feldnamen

```
1  >> vTabGroesse = tTable.vGroesse
2
3  vTabGroesse =
4
```

---

[6] Octave kennt diese Form von Tabellen-Objekten (noch) nicht, die folgenden Ausführungen und Code-Beispiele erstrecken sich allein auf Matlab.

```
5          180
6          172
```

Eine Alternative ist der Zugriff mittels Indices, wobei sich eine Tabelle im Wesentlichen so verhält, als ob sie eine Matrix sei. Allerdings wird die für den Indexzugriff maßgebliche „Dimension" der Tabelle durch den Tabellenkörper im Inneren bestimmt. Im Beispiel handelt es sich also um eine 2×3 „Matrix" (im Inneren der Tabelle), d.h., die erste Spalte mit den Zeilenbeschriftungen zählt hier nicht mit. Das Code-Beispiel 6.14 illustriert den Zugriff auf eine Tabelle mittels Indexzugriff.

Quellcode 6.14: Zugriff in Tabelle mit Index - runde Klammern

```
1  >> tTable(:,2)
2
3  ans =
4
5    2 x 1 table
6
7                 vGewicht
8                 --------
9
10       Peter      63
11       Martin     79
```

Jedoch sei auf einen wichtigen Unterschied in den Code-Beispielen 6.13 und 6.14 hingewiesen. Das Ergebnis des Zugriffs über den Feldnamen in Code-Beispiel 6.13 liefert einen Vektor numerischer Werte zurück, während das Ergebnis des Indexzugriffs in Code-Beispiel 6.14 wieder eine Tabelle ist. Soll der Indexzugriff in Code-Beispiel 6.14 dagegen den Inhalt der zweiten Tabellenspalte liefern, so sind beim Indexzugriff wieder die geschweiften Klammern zu verwenden, wie es das Code-Beispiel 6.15 zeigt.

Quellcode 6.15: Zugriff in Tabelle mit Index - geschweifte Klammern

```
1  >> tTable{:,2}
2
3  ans =
4
5            63
6            79
```

Dieses Vorgehen bzw. der Unterschied zwischen runden und geschweiften Klammern beim Indexzugriff ist aus den vorhergehenden Betrachtungen zum Cell-Array bekannt. Der Indexzugriff mittels runder Klammern bewirkt den Zugriff auf die Zellen an sich, also den „Datencontainer", während der Zugriff mittels geschweifter Klammern die Inhalte der Zellen, also die Inhalte der „Datencontainer", zurückliefert. Die gleichzeitige Zugriffsmöglichkeit über den Feldnamen zeigt außerdem, dass die *Table* sich wie ein „Hybrid" aus Struct und Cell-Array verhält. Dies erlaubt später ein besonders komfortables Arbeiten.

Ein weiterer zentraler Aspekt beim Umgang mit Tabellen sind „Rechenoperationen" in und auf Tabellen. Für die weiteren Betrachtungen sei das bisherige Code-Beispiel um eine weitere Tabelle ergänzt. Das Code-Beispiel 6.16 zeigt die Ergänzung sowie den erfolglosen Versuch, beide Tabellen zu addieren.

Quellcode 6.16: Fehlerhafte Addition von Tabellen

```
1 >> cNamen2 = {'Lisa';'Jennifer'};
2 >> vGroesse2 = [165;173];
3 >> vGewicht2 = [61;72];
4 >> cSport2 = {'Golf';'Schwimmen'};
5 >> tTable2 = table(vGroesse2,vGewicht2,cSport2,'RowNames',cNamen2);
6 >> tTableC = tTable + tTable2
7
8 Undefined operator '+' for input arguments of type 'table'.
```

MATLAB meldet als Fehler, dass die '+' Operation auf Tabellen nicht definiert sei. Dies ist auch leicht nachvollziehbar, denn was sollte diese Operation bewirken? Möglicherweise war es im Beispiel vom Anwender intendiert, die numerischen Werte komponentenweise zu addieren, wie z.B. bei einem numerischen Array. Um derartige Operationen vorzunehmen, gibt es beim Arbeiten mit Tabellen (dies gilt analog auch für Cell-Arrays und Time Tables) zwei grundsätzliche Strategien. Die erste besteht darin, die interessierenden Werte zu entnehmen oder zu konvertieren, temporär zwischenzuspeichern, darauf die gewünschten Operationen durchzuführen und zum Schluss wieder in die Datenstruktur einzusetzen. Diese erste Strategie soll an dem begonnenen Beispiel illustriert werden. Zunächst kann hier der Indexzugriff dafür eingesetzt werden, wie es das Code-Beispiel 6.17 zeigt.

Quellcode 6.17: Addition in Tabellen

```
1  >> mAtemp = tTable{:,1:2};   // Numerische Information aus erster Tabelle entnehmen
2  >> mBtemp = tTable2{:,1:2};  // Numerische Information aus zweiter Tabelle entnehmen
3  mCtemp = mAtemp + mBtemp;    // Addition der temporaeren Arrays
4  tTableC = tTable;            // Ergebnistabelle anlegen durch Kopieren der ersten
5  tTableC{:,1:2} = mCtemp      // Einsetzen der numerischen Ergebnisse in die Tabelle
6
7  tTableC =
8
9    2 x 3 table
10
11             vGroesse     vGewicht     cSport
12             --------     --------     -----------
13
14     Peter     345          124          'Tennis'
15     Martin    345          151          'Schwimmen'
```

Diese Vorgehensweise zeigt im Code-Beispiel 6.17 das intendierte Ergebnis der Addition der numerischen Werte beider Ausgangstabellen. Ob diese Vorgehen inhaltlich sinnvoll ist, soll für den Moment nicht interessieren. Wichtig ist, dass über die Strategie des temporären Entnehmen, Zwischenspeichern, Durchführen von Operationen und Rückeinsetzen das gewünschte Ergebnis grundsätzlich erzielt werden kann. Diese Strategie wird in MATLAB ferner durch eine Vielzahl an Konvertierungsfunktionen unterstützt. Für z.B. Tabellen konvertiert `table2array` die numerischen Spalten einer Tabelle in ein Array, die Funktion `array2table` erledigt die umgekehrte Transformation (numerisches Array in eine Tabelle). Das Code-Beispiel 6.18 ist identisch zum vorhergehenden Code-Beispiel 6.17, nutzt jedoch diese Konvertierungsfunktionen.

Quellcode 6.18: Addition in Tabellen mit Konvertierungsfunktionen

```
1 >> mAtemp2 = array2table(tTable(:,1:2));  // Konvertierung des numerischen Teils der ersten
      Tabelle
```

```
2 >> mBtemp2 = array2table(tTable2(:,1:2)); // Konvertierung des numerischen Teils der zweiten
       Tabelle
3 >> mCtemp = mAtemp + mBtemp;      // Addition der temporaeren Arrays
4 tTableC2 = tTable;                // Ergebnistabelle anlegen durch Kopieren der ersten
5 tTableC2(:,1:2) = array2table(mCtemp)  // Einsetzen der numerischen Ergebnisse in die Tabelle
6
7 tTableC2 =
8
9    2 x 3 table
10
11             vGroesse    vGewicht     cSport
12             --------    --------    ----------
13
14     Peter    345         124        'Tennis'
15     Martin   345         151        'Schwimmen'
```

Beim Vergleich der beiden Code-Beispiele 6.17 und 6.18 sei noch einmal nachdrücklich auf die unterschiedliche Verwendung und Bedeutung der runden und geschweiften Klammern hingewiesen. Soweit unklar ist, warum in 6.17 geschweifte Klammern und in 6.18 runde Klammern notwendig sind, sei dies als kleine Übungsaufgabe angeraten. Die hier kurz illustrierte erste Strategie besitzt den großen Nachteil, etwas umständlich und wenig elegant zu sein. Allerdings funktioniert diese Vorgehensweise immer.

Die zweite, deutlich elegantere Strategie ist allerdings für Neueinsteiger anfänglich sehr undurchsichtig und schwieriger zu verstehen; außerdem muss dafür das Konzept des *function handle* näher besprochen werden, was allerdings an dieser Stelle unpassend ist.[7] Deshalb wird diese zweite Strategie zunächst nur kurz erwähnt und nicht weiter vertieft. Als Beispiel möge dafür der Wunsch dienen, die Mittelwerte von Größe und Gewicht in beiden Tabellen des bisherigen Code-Beispiels berechnen zu wollen. Würde man die erste Strategie anwenden wollen, wäre der Weg dafür recht mühselig: Die Daten müssten erst entnommen und temporär zwischengespeichert werden, dann wäre die Berechnung des Mittelwertes auf die zwischengespeicherten Daten anzuwenden und schließlich wäre, falls relevant oder gewünscht, der Mittelwert wieder geeignet in eine Ergebnistabelle zurück einzusetzen. Dieser sehr umständliche Weg lässt sich mit Hilfe von `varfun` dramatisch abkürzen, wie es das Code-Beispiel 6.19 anhand der Berechnung des Mittelwertes für die erste Tabelle zeigt.

Quellcode 6.19: Mittelwertberechnung in Tabellen

```
1 >> fFunktion = @mean;
2 >> tTableMean = varfun(fFunktion,tTable(:,1:2))
3
4 tTableMean =
5
6    1 x 2 table
7
8        mean_vGroesse    mean_vGewicht
9        -------------    -------------
10
11       176              71
```

---

[7] Grob charakterisiert, ist in Matlab ein *function handle* eine Referenz, oder auch Zeiger (engl. *pointer*) genannt, auf eine Funktion. Dies erlaubt es, per *function handle* auch Funktionen als Argumente einer Funktion zu übergeben. Nähere Ausführungen zu einem *function handle* findet sich in der Matlab-Dokumentation unter diesem Schlagwort.

Die Arbeitsweise von `varfun` besteht darin, eine Funktion `fFunktion` (erste Argument von `varfun` im Beispiel) auf die Spalten einer Tabelle `tTable` (zweite Argument von `varfun` im Beispiel) anzuwenden. Die Zuweisung `fFunktion = @mean;` belegt `fFunktion` konkret mit der Matlab-Funktion `mean` zur Berechnung des Mittelwertes. Dies bewirkt im Beispiel dann die Anwendung der `mean` Funktion auf die Spalten 1 bis 2 der Tabelle `tTable`. Das Ergebnis dieser Operation ist wieder eine Tabelle, in welcher dann die Mittelwerte der Spalten stehen. Dies illustriert das Code-Beispiel 6.19 im unteren Teil. Die Verwendung von `mean` ist hier nur beispielhaft; genauso könnten Funktionen wie `min`, `max`, `sum`, usw. (zur Berechnung von Minimum, Maximum, Summe, usw. der Spalten) verwendet werden. Als kleine Übung sei z.B. angeregt, einmal die Zuweisung `fFunktion = @min;` auszuprobieren.

Vergleichbare Funktionen wie `varfun` für Tabellen gibt es auch für Arrays (`arrayfun`), Cell-Arrays (`cellfun`) oder Structs (`structfun`). Das Prinzip ist immer ähnlich; diese Funktionen erlauben es, eine vorher ausgewählte Funktion (im Beispiel oben etwa `mean`) auf die Elemente der Datenstruktur anzuwenden. Da sich die Datenstrukturen im Detail stark unterscheiden, ist die Matlab-Dokumentation unbedingt im konkreten Anwendungsfall vorher zu konsultieren.

Funktionen wie `varfun` erlauben sehr komplexe und ausgeklügelte Operationen auf den Elementen einer Datenstruktur, ohne den umständlichen Weg des Entnehmen, Zwischenspeichern, Bearbeiten und Rückeinsetzen gehen zu müssen. Sollen allerdings kompliziertere Funktionen als etwa `mean` angewendet werden, ist eine nähere Beschäftigung mit dem Konzept des *function handle* erforderlich.

Zum Einsatz von Tabellen sei abschließend angemerkt, dass es sich hier um eine jüngere Erweiterung innerhalb von MATLAB handelt, die nicht unbedingt notwendig ist. Die vorhergehenden Übungen zu Cell-Arrays und Struct-Arrays haben gezeigt, wie sich mit Hilfe dieser schon lange bestehenden traditionellen Datenstrukturen Tabellen repräsentieren lassen. Soweit bei der Erstellung eigener Matlab-Programme die Kompatibilität mit älteren Matlab-Versionen oder Octave erforderlich ist oder gar ausschließlich mit Octave gearbeitet wird, ist der Einsatz von den hier behandelten Tabellen-Objekten zu vermeiden. Tabellen an sich lassen sich ohne große Mühe genauso mittels Cell-Arrays oder Struct-Arrays darstellen. Der Vorteil ist es jedoch, mit empirischen Daten unter Einsatz dieser neuen Tabellen-Objekte in ganz natürlicher und besonders einfacher Weise arbeiten zu können. Die Sinnhaftigkeit des Einsatzes von Tabellen-Objekten hängt also stark von den beabsichtigten Einsatzwecken ab.

AUFGABEN

Aufg. 6.9 In den vorhergehenden Code-Beispielen 6.12 und 6.16 wurden zwei Tabellen gleicher Struktur mit den Namen `tTable` und `tTable2` erstellt. Sie möchten nun beide Tabellen zu einer gemeinsamen Tabelle zusammensetzen. Nennen Sie die neue Tabelle mit den zusammengesetzten Informationen `tTable3`. Hinweis: Zur Zusammensetzung gibt es viele verschiedene Wege. Ein naheliegender, aber auch sehr umständlicher Weg wäre es, zunächst alle Daten den Tabellen zu entnehmen, die Daten temporär zwischenzuspeichern, temporär zusammenzufügen und daraus wieder eine neue Tabelle aufzubauen. Dieser Weg funktioniert, aber gibt es einen noch einfacheren Weg? Recherchieren Sie, ob es nicht eine einfache Funktion zum Zusammenfügen von Tabellen gibt! Tipp: Probieren Sie es einmal mit dem Konkatenationsoperator!

Aufg. 6.10 Bei nochmaliger Überprüfung von `tTable3` fällt Ihnen auf, dass der ausgeübte Sport von Jennifer Laufen ist. Ändern Sie dies in `tTable3`!

Aufg. 6.11 Sie möchten eine Auswertung der `tTable3` anfertigen. Dazu sollen in einer Ergebnistabelle in den Zeilen die Werte des Minimums, des Maximums und des Durchschnitts der Spalten `vGroesse` und `vGewicht` stehen. Nennen Sie die Ergebnistabelle `tAuswertung` und geben Sie den Zeilen- und Spaltenbeschriftungen aussagekräftige Namen!

6.5.2. Zeittabellen (Time Tables)

Eine wichtige Sonderform der Tabelle, die jedoch gerade für die Analyse empirischer Daten besonders wichtig und sehr häufig vorkommend ist, stellt die sog. *Zeittabelle*, in MATLAB englisch als *time table* bezeichnet, dar. Diese Sonderform einer Tabelle enthält in der ersten Spalte Zeitangaben, danach in allen folgenden Spalten die Beobachtungswerte für verschiedene Variablen zu den jeweiligen Zeitpunkten. Eine Zeittabelle ist in Matlab grundsätzlich mit den bereits bekannten Möglichkeiten (Datumsstrings, Cell-Arrays) darstellbar, wie es das nachfolgende Code-Beispiel 6.20 illustriert.

Quellcode 6.20: Zeittabelle mittels Cell-Array

```
1  cTimes1 = {'1.9.2005';'2.9.2005'};    // Datumsangaben als Datumsstrings
2  vKurse1 = [103;110];                   // Beobachtungswerte, z.B. Kurse einer Aktie
3  cTimeTable = [cTimes1,num2cell(vKurse1)]  // Zusammenbinden in einem Cell-Array
4
5  cTimeTable =
6
7    2 x 2 cell array
8
9        '1.9.2005'    [103]
10       '2.9.2005'    [110]
```

Zeittabellen (*time tables*) sind genauso wie Tabellen-Objekte (*tables*, siehe Kapitel 6.5.1) jüngere Erweiterungen in MATLAB, die in älteren Versionen und Octave nicht zur Verfügung stehen. Dort muss die Repräsentation einer Zeittabelle in der oben skizzierten Form unter Einsatz der traditionellen Konzepte erfolgen. Die neuen Zeittabellen-Objekte in MATLAB bieten demgegenüber zwar keine grundsätzlich neuen Dinge, erleichtern aber den Umgang mit Zeittabellen ungemein. Die Umsetzung des Code-Beispiel 6.20 als *time table* zeigt das Code-Beispiel 6.21.

Quellcode 6.21: Zeittabelle mittels Time-Table-Objekt

```
1  >> vDates1 = datetime(cTimes1,'InputFormat','dd.MM.yyyy');   // Datumsstrings muessen in datetime-
                 Objekte umgewandelt werden
2  >> cNames1 = {'X_AG'};   // Irgendein sinnvoller Name fuer die Reihe der Beobachtungswerte
3  ttTable1 = timetable(vDates1,vKurse1,'VariableNames',cNames1)  // Anlegen des Time-Table-Objektes
4
5  ttTable1 =
6
7    2x1 timetable
8
9        Time            X_AG
10       -----------     ----
```

```
11
12          01-Sep-2005      103
13          02-Sep-2005      110
```

Die Erzeugungsfunktion für eine Zeittabelle heißt `timetable`. Diese Funktion erwartet als erstes Argument einen Vektor von Datumsangaben in Form von *datetime*-Objekten, danach eine beliebige Anzahl von Vektoren mit den Reihen der Beobachtungswerte. Am Ende kann mit dem Wertepaar `'VariableNames',cNames` noch angegeben werden, wie die Variablennamen lauten. Diese sind in einem Cell-Array `cNames` als Strings bereitzustellen und müssen gültige Matlab-Variablennamen sein. Fehlt diese Angabe, vergibt MATLAB automatische Namen. Gegenüber der traditionellen Repräsentation einer Zeittabelle als Cell-Array und mit Datumsstrings ist die erste Besonderheit, dass die Datumsangaben als *datetime*-Objekte vorliegen müssen. Die Funktion `datetime` (siehe auch Code-Beispiel 6.21) wandelt dabei Datumsstrings in *datetime*-Objekte um. Grundsätzlich arbeitet diese Funktion ähnlich wie die aus Kapitel 4.3 bekannten Funktionen `datenum` und `datestr` zur Konvertierung von Datumsstrings in Zahlenwerte (und umgekehrt). Etwas inkonsistent ist allerdings, dass sich die Symbolik im Formatstring dabei manchmal unterscheidet. Z.B. repräsentiert jetzt der Großbuchstabe M im Formatstring den Monat (der Kleinbuchstabe ist die Minute), während zuvor der Kleinbuchstabe m der Monat und der Großbuchstabe die Minute war. Beim Umgang mit diesen Datumsfunktionen ist also die Konsultation der Matlab-Hilfe unverzichtbar.

Der Zugriff auf die Informationen in einer Zeittabelle erfolgt wie der bereits im Zusammenhang mit gewöhnlichen Tabellen vorgestellte Indexzugriff. Das folgende Codebeispiel zeigt nacheinander den Zugriff auf eine ganze Beobachtungsreihe, den Zugriff auf einen speziellen Wert in einer Beobachtungsreihe sowie den Zugriff auf die Zeitangaben.

Quellcode 6.22: Zugriff auf eine Zeittabelle

```
 1 >> ttTable1.X_AG  // Abruf/Zugriff auf eine Beobachtungsreihe unter Angabe des Feldnamens (
         Variablennamens)
 2
 3 ans =
 4
 5          103
 6          110
 7
 8 >> ttTable1.X_AG(2) // Zugriff auf einen speziellen Wert innerhalb einer Beobachtungsreihe, hier
         auf den zweiten Wert
 9
10 ans =
11
12          110
13
14 >> ttTable1.Time  // Zugriff auf die Datums- bzw. Zeitspalte
15
16 ans =
17
18   2x1 datetime array
19
20          01-Sep-2005
21          02-Sep-2005
```

Bei der Durchführung von statistischen Analysen auf empirischen Daten müssen immer wieder Daten aus unterschiedlichen Quellen anhand ihres Zeitstempels zusammengeführt werden. Die drei wichtigsten Operationen sind dabei die horizontale Verkettung (mehrere Beobachtungsreihen mit denselben Zeitstempeln müssen zusammengeführt werden), die vertikale Verkettung (bereits bestehende Beobachtungsreihen sind in der Zeit zu verlängern) oder das Abgleichen von Beobachtungsreihen (verschiedene Beobachtungsreihen mit verschiedenen Zeitstempeln müssen konsistent zusammengeführt werden). Gerade die letzte Aufgabe kommt besonders häufig vor und ist beim praktischen Arbeiten nicht nur herausfordernd, sondern auch extrem fehlerträchtig. Die folgenden Code-Beispiele illustrieren alle diese drei Operationen, wobei die ersten beiden recht einfach sind. Das Code-Beispiel 6.23 zeigt zuerst die horizontale Verkettung, also gleiche Beobachtungszeitpunkte für unterschiedliche Beobachtungsreihen.

Quellcode 6.23: Horizontale Verkettung

```
 1  >> cTimes2 = {'1.9.2005';'2.9.2005'};  // Zeitstempel zweite Beobachtungsreihe
 2  >> vKurse2 = [89;73];  // Beobachtungswerte, z.B. Aktienkurse
 3  >> vDates2 = datetime(cTimes2,'InputFormat','dd.MM.yyyy'); // Datumsangaben in datetime-Objekte
       konvertieren
 4  >> cNames2 = {'Y_AG'};  // Irgendein sinnvoller Variablenname fuer zweite Reihe
 5  >> ttTable2 = timetable(vDates2,vKurse2,'VariableNames',cNames2); // Erzeugen der zweiten time
       table
 6  >> ttTableH = [ttTable1,ttTable2]  // horizontale Verkettung
 7
 8  ttTableH =
 9
10    2x2 timetable
11
12        Time          X_AG    Y_AG
13        ----------    ----    ----
14
15        01-Sep-2005   103     89
16        02-Sep-2005   110     73
```

Ebenso kann die bisherige Zeitreihe verlängert werden, falls z.B. neue Beobachtungen hinzukommen oder in einer anderen Datenbank gefunden werden. Das Code-Beispiel zeigt jetzt die vertikale Verkettung von Zeitreihendaten (Zeittabellen).

Quellcode 6.24: Vertikale Verkettung

```
 1  >> cTimes3 = {'3.9.2005';'4.9.2005'};  // Weitere Beobachtungszeitpunkte fuer X_AG
 2  >> vKurse3 = [108;105];  // Zugehoerige Beobachtungswerte
 3  >> vDates3 = datetime(cTimes3,'InputFormat','dd.MM.yyyy');  // Umwandlung in datetime-Objekte
 4  >> cNames3 = {'X_AG'};  // Achtung: Selber Name X_AG erforderlich!
 5  >> ttTable3 = timetable(vDates3,vKurse3,'VariableNames',cNames3); // Neue Zeittabelle anlegen
 6  >> ttTableV = [ttTable1;ttTable3]  // Vertikale Verkettung
 7
 8  ans =
 9
10    4x1 timetable
11
12        Time          X_AG
13        ----------    ----
14
15        01-Sep-2005   103
16        02-Sep-2005   110
17        03-Sep-2005   108
18        04-Sep-2005   105
```

Die größte Herausforderung ist jedoch die konsistente Zusammenführung zweier Zeittabellen anhand der Zeitstempel, insbesondere dann, wenn die einzelnen Zeitstempel nicht immer identisch sind. Das Code-Beispiel 6.25 zeigt eine solche Zusammenführung. Hier sind die Zeitstempel der X_AG und Z_AG teilweise gleich, aber teilweise auch unterschiedlich.

Quellcode 6.25: Synchronisierung von Zeittabellen

```
1  >> cTimes4 = {'1.9.2005';'3.9.2005';'4.9.2005'}; // Neue Datumsangaben fuer neue Zeitreihe
2  >> vKurse4 = [53;69;61];  // Neue Beobachtungswerte, einer fehlend!
3  >> vDates4 = datetime(cTimes4,'InputFormat','dd.MM.yyyy');  // Umwandeln in datetime-Objekte
4  >> cNames4 = {'Z_AG'}; // Irgendein sinnvoller Name
5  >> ttTable4 = timetable(vDates4,vKurse4,'VariableNames',cNames4); // Zeitabelle fuer neue
       Beonachtungsreihe anlegen
6  ttTableJ = synchronize(ttTableV,ttTable4) // ttTableV und ttTable4 synchronisieren (abgleichen,
       matchen)
7
8  ttTableJ =
9
10    4x2 timetable
11
12       Time          X_AG     Z_AG
13       ----------     ----     ----
14
15       01-Sep-2005    103       53
16       02-Sep-2005    110      NaN
17       03-Sep-2005    108       69
18       04-Sep-2005    105       61
```

Beim Zusammenführen in Code-Beispiel 6.25 mit Hilfe der Funktion synchronize werden alle vorkommenden Zeitpunkte in der Ergebnistabelle aufgenommen und dort die gefundenen Beobachtungswerte für die jeweiligen Beobachtungsreihen eingesetzt. Liegt für einen bestimmten Zeitpunkt bei einer Beobachtungsreihe kein Wert vor, so wird dieser auf NaN gesetzt. Nach der Zusammenführung einer oder mehrerer Zeittabellen kann es nun wichtig sein, fehlende Daten auszusortieren. Eine typische Operation ist es z.B. alle diejenigen Beobachtungszeitpunkte zu entfernen, bei denen eine (oder mehrere) Beobachtungen fehlen. Der Beispiel-Code zeigt die einfache Umsetzung dieser Operation.

Quellcode 6.26: Bereinigen von Zeittabellen

```
1  >> ttTableJclean = rmmissing(ttTableJ)
2
3  ttTableJclean =
4
5    3x2 timetable
6
7       Time          X_AG     Z_AG
8       ----------     ----     ----
9
10      01-Sep-2005    103       53
11      03-Sep-2005    108       69
12      04-Sep-2005    105       61
```

Die Funktion rmmissing ist nur eine von zahllosen weiteren, sehr hilfreichen Funktionen zum Arbeiten mit und auf Zeittabellen. Sie entfernt ganze Zeilen (Beobachtungszeitpunkte) aus einer Zeittabelle, wenn mindestens ein Beobachtungswert fehlt (oder der Beobachtungszeitpunkt unbekannt ist).

Die bisherigen Betrachtungen mögen als Einstieg reichen, da die schiere Fülle an Möglichkeiten zum Arbeiten mit Zeittabellen hier den Platzrahmen sprengen würde; im Übrigen wird beim praktischen Arbeiten ohnehin das Konsultieren der Matlab-Hilfe unumgänglich sein.

Während von den jüngeren Neuerungen bzw. Erweiterungen String-Arrays und gewöhnliche Tabellen leicht mit den traditionellen Matlab-Konzepten nachgebildet werden können, ist dies bei Zeittabellen wesentlich schwieriger. Das „manuelle" Synchronisieren von Zeittabellen ist durchaus aufwändig und fehlerträchtig, während es bei Zeittabellen nur einen Befehl erfordert. Soweit also Kompatibilität mit früheren Matlab-Versionen oder zu Octave keine Relevanz besitzt, ist das Arbeiten mit diesen neuen Zeittabellen-Objekten dringlich empfohlen.

AUFGABEN

Aufg. 6.12 Sie haben an den Tagen 3.4.2009, 5.4.2009 und 7.4.2009 an der Wetterstation A die Temperaturen 12, 15 und 14 Grad Celsius gemessen, für die Wetterstation B liegen Ihnen für die Tage 4.4.2009, 5.4.2009 und 6.4.2009 die Messwerte 13, 16 und 12 Grad Celsius vor. Bringen Sie diese Beobachtungen in eine übersichtliche Zeittabelle!

Aufg. 6.13 Anstatt fehlende Werte aus einer Zeittabelle zu Löschen, gibt es mitunter - soweit inhaltlich sinnvoll - die Alternative, fehlende Werte durch Interpolation zu ersetzen. Setzen Sie die vorhergehende Aufgabe um, wobei fehlende Werte durch lineare Interpolation ersetzt werden sollen!

Aufg. 6.14 Berechnen Sie die Temperaturmittelwerte aus der letzten Teilaufgabe.

6.6. Fallstudie Wetterdaten

In diesem Teil der Fallstudie zu den Wetterdaten soll es nicht um weitere Datenanalysen gehen. Stattdessen stehen Konvertierungen der Daten in unterschiedlichste Formate und Datenstrukturen im Mittelpunkt der Betrachtungen. Dies mag sich zunächst als extrem „langweilig" und völlig uninteressant anhören. Tatsächlich wird es aber eine leider unvermeidbare erste und zugleich herausfordernde Erfahrung beim empirischen Arbeiten sein, dass Daten eben nicht genau in jenen Formaten vorliegen, die für bestimmte, beabsichtigte Datenanalysen benötigt werden. Tatsächlich ist auch die Hauptarbeit bei empirischen Analysen tatsächlich das Datenmanagement, also das Umwandeln, Verpacken, Abgleichen und Zusammenführen von Daten aus unterschiedlichsten Datenbeständen und Datenformaten. Die nachfolgenden Betrachtungen simulieren am Beispiel der Wetterdaten typische Arbeitsschritte.

Dazu laden wir zunächst die vorbereiteten Daten der Wetterstation 72 mit dem Befehl `load('WetterDatenStation72.mat')`. Ein genauer Blick in den Workspace offenbart, dass nach diesem Ladebefehl zwei Datenobjekte vorhanden sind. Das Cell-Array `cColNames` enthält die Spaltenbeschriftungen (Variablennamen) als Strings (Character-Arrays), die bereits bekannte Matrix `mDataStation` beinhaltet die zugehörigen Werte in rein numerischer Form (keine alphanumerischen Inhalte). Dadurch war es bei den bisherigen Analysen auch sehr einfach, auf diesen Daten Rechenoperationen durchzuführen oder davon ausgehend Grafiken zu erstellen. Nun kann es jedoch aus unterschiedlichsten Gründen notwendig werden, diese getrennten Daten in einer gemeinsamen Datenstruktur zusammenzuführen und dabei gegebenenfalls auch Konvertierungen der Datentypen vorzunehmen. Eine erste einfache Aufgabe könnte es sein, Spaltenbeschriftungen und numerische Daten in einer gemeinsamen Datenstruktur zusammenzufassen. Als traditionelle Datenstruktur bietet sich hier das Cell-Array an. Alternativ kann die neue Datenstruktur der Tabelle verwendet werden. Das Code-Beispiel 6.27 zeigt diese beiden Varianten. Vor der Umwandlung in eine neue Datenstruktur wird im Beispiel der Marker für ungültige Werte -999 durch `NaN` ersetzt.

Quellcode 6.27: Konstruktion von Cell-Arrays und Tables aus Wetterdaten

```
1  >> mDataStation(mDataStation == -999) = NaN;  // Numerische Daten vorher bereinigen
2  >> cCellArray1 = [cColNames; num2cell(mDataStation)];  // Verbinden von Spaltenbeschriftungen mit
       numerischen Daten
3  >> cColNamesCorrected = regexprep(cColNames,'\W','_'); // Alternative: Datenstruktur table
4  >> tTable1 = array2table(mDataStation,'VariableNames',cColNamesCorrected);  // Alternative: Neue
       Datenstruktur table
```

Erläuterungsbedürftig ist dabei die Anweisung `cColNamesCorrected=regexprep(cColNames, '\W','_');`. Sie dient dazu, die originären Spaltenbeschriftungen in gültige Variablennamen von MATLAB umzuwandeln. Diese dürfen nur Groß-, Kleinbuchstaben, Ziffern und den Unterstrich enthalten, nicht jedoch Sonderzeichen. Die originären Spaltenbezeichnungen enthalten allerdings auch Sonderzeichen wie (), sodass diese originären Beschriftungen nicht direkt als Variablennamen verwendet werden können. Die Matlab-Funktion `regexprep` erlaubt es, bestimmte Zeichen gegen andere zu ersetzen. Im Beispiel werden mit `regexprep(cColNames,'\W','_')` alle Zeichen, die nicht alphabetische oder numerische Zeichen oder der Unterstrich sind (dafür steht `\W`) durch den Unterstrich (`_`) ersetzt. Nach dieser Ersetzung ist die Umwandlung in eine Matlab-Tabelle einfach.

Konvertierungen von Datumsformaten sind ebenso eine häufig vorkommende Aufgabe. In der Wetterdaten-Fallstudie werden Datumsangaben als numerische Werte im Format `yyyymmdd` geführt. Dieses Format besitzt den Vorteil, numerisch zu sein, ist aber ansonsten nicht gut verwendbar. Zum einen ist es nicht intuitiv lesbar, zum anderen sind damit einfache Rechenoperationen auch nicht möglich. Die nächste Aufgabe könnte es nun sein, dieses Format in entweder ein besser lesbares oder besser rechenbares Format (oder beides) umzuwandeln. Das Code-Beispiel 6.28 zeigt zunächst eine Möglichkeit zur Umwandlung in das Matlab-numerische Format, sodass auf diesen Datumsangaben leicht Rechenoperationen durchgeführt werden können.

Quellcode 6.28: Datumsumwandlungen bei den Wetterdaten

```
1  >> vDate1 = mDataStation(:,2);   // Beginn Zeitintervall extrahieren
2  >> vDate2 = mDataStation(:,3);   // Ende Zeitintervall extrahieren
3  >> sDate1 = num2str(vDate1);     // Beginn in String (Character-Array) umwandeln
4  >> sDate2 = num2str(vDate2);     // Ende in String (Character-Array) umwandeln
5  >> vDate1m = datenum(sDate1,'yyyymmdd'); // String (Beginn) in Matlab-Datum
6  >> vDate2m = datenum(sDate2,'yyyymmdd'); // String (Ende) in Matlab-Datum
```

Nach diesen Konvertierungen liegen die Datumsangaben für den Beginn eines Messintervalls `vDate1m` und das Ende eines Messintervalls `vDate2m` im Matlab-numerischen Datumsformat vor. Dieses Format ist immer dann zu präferieren, wenn Rechen- oder Vergleichsoperationen mit Datumsangaben notwendig sind, was meistens der Fall ist. Daher gilt die Empfehlung, das Datum im Allgemeinen in dieser Form zu halten. Sind solche Operationen jedoch nicht beabsichtigt und steht vielmehr eine leichte Lesbarkeit des Datumsformats im Vordergrund des Interesses,

kann eine nochmalige Konvertierung in das persönlich präferierte Datumsformat erfolgen, wie es
Code-Beispiel 6.29 zeigt.

Quellcode 6.29: Datumsumwandlungen bei den Wetterdaten, Fortsetzung

```
1 >> sDate1standard = datestr(vDate1m,'dd.mm.yyyy');  // Umwandlung Beginn in gaengiges
     Datumsformat
2 >> sDate2standard = datestr(vDate2m,'dd.mm.yyyy');  // Umwandlung Ende in gaengiges Datumsformat
```

Der im Code-Beispiel 6.29 verwendete Datumsformatstring `'dd.mm.yyyy'` versteht sich nur
exemplarisch; hier kann jeder andere gängige Formatstring verwendet werden. Zum Schluss können diese besser lesbaren Datumsangaben genommen werden, um die originären Datumsangaben
zu ersetzen. Das Code-Beispiel 6.30 zeigt dies für das Cell-Array.

Quellcode 6.30: Datumsformat im Cell-Array ersetzen

```
1 >> cCellArray2 = cCellArray1;  // Kopie anlegen, um erstes Cell-Array zu erhalten
2 >> cCellArray2(2:end,2) = cellstr(sDate1standard);  // Datum ersetzen (Beginn)
3 >> cCellArray2(2:end,3) = cellstr(sDate2standard);  // Datum ersetzen (Ende)
```

Im Code-Beispiel 6.30 sei insbesondere auf die Konvertierungsfunktion `cellstr` hingewiesen, mit welcher Strings (Character-Arrays) in Cell-Arrays umgewandelt werden können, deren
Zellen Strings enthalten. Erst nach dieser Konvertierung können diese Cell-Arrays in die Daten-
struktur `cCellArray2` mittels Indexzugriff eingesetzt werden. Die Indizes laufen hier von den
Zeilennummern 2 bis Ende (`end`), da die Kopfzeile (Index 1) die Spaltenbeschriftungen enthält.
   Eine weitere wichtige Konvertierung für das Arbeiten mit Zeitreihendaten ist die Umwandlung
in ein *time table* Objekt. Der Beispiel-Code 6.31 zeigt anhand der Wetterstation 72, wie bestimmte
Messdaten dieser Station in eine *time table* konvertiert werden können.

Quellcode 6.31: Konvertierung in time table

```
1 >> load('WetterDatenStation72.mat');  // Daten laden Wetterstation 72
2 >> cColNamesCorrected = regexprep(cColNames,'\W','_');  // Spaltenbeschriftungen korrigieren
3 >> vDate1 = mDataStation(:,2);  // Datum entnehmen
4 >> dtDateTime = datetime(vDate1,'ConvertFrom','yyyymmdd');  // Datum umwandeln in datetime-
     Objekte
5 >> ttTable72 = array2timetable(mDataStation(:,6), 'RowTimes', dtDateTime, 'VariableNames',
     cColNamesCorrected(6));  // time table anlegen: Lufttemperaturen und Datum
```

Der besondere Vorteil des Arbeitens mit Objekten vom Typ *time table* ist der besonders leichte
Datenabgleich, also die Zusammenführung von Daten aus unterschiedlichen Quellen und deren
konsistente Reorganisation in einer neuen Datenstruktur. In der Fallstudie zu den Wetterdaten mögen jetzt die Daten von zwei Wetterstationen (3 und 72) vorliegen, die allerdings aus unterschiedlichen Quellen stammen (die Ladebefehle sind wie bisher `load('WetterDatenStation3.mat')`
und `load('WetterDatenStation72.mat')`). Die Aufgabe ist es nun, die Temperaturdaten
(Spalte 7) anhand des Zeitstempels einheitlich ausgerichtet in einer neuen Tabelle zusammenzuführen. Die Schwierigkeit besteht hier darin, dass der Beobachtungszeitraum für die Wetterstation
3 ein gänzlich anderer als der für die Wetterstation 72 ist. Trotzdem ist die Zusammenführung der
Informationen sehr einfach, wie es das Code-Beispiel 6.32 zeigt. Um den ganzen Ablauf der Zusammenführung zu dokumentieren, wird die gesamte notwendige Befehlsfolge dargestellt, auch
wenn das meiste davon bereits hinlänglich bekannt ist. Die zusätzlich eingefügten Kommentare
finden sich deshalb auch nur dort, wo Befehle nicht ganz klar sein könnten.

Quellcode 6.32: Zusammenführen zweier Zeittabellen für die Stationen 3 und 72

```
1  >> load('WetterDatenStation3.mat');
2  >> cColNamesCorrected = regexprep(cColNames,'\W','_'); // Spaltenbeschriftungen muessen nur
        einmal korrigiert werden, da immer gleich
3  >> vDate3 = mDataStation(:,2);
4  >> dtDateTime3 = datetime(vDate3,'ConvertFrom','yyyymmdd');
5  >> ttTable3 = array2timetable(mDataStation(:,6),'RowTimes',dtDateTime3,...
6  'VariableNames',cColNamesCorrected(6));  // Zeittabelle fuer 3
7  >> load('WetterDatenStation72.mat');
8  >> vDate72 = mDataStation(:,2);  // mDataStation ist durch den erneuten Ladevorgang
        ueberschrieben worden
9  >> dtDateTime72 = datetime(vDate72,'ConvertFrom','yyyymmdd');
10 >> ttTable72 = array2timetable(mDataStation(:,6),'RowTimes',dtDateTime72,...
11 'VariableNames',cColNamesCorrected(6));  // Zeittabelle fuer 72
12 >> ttTableS = synchronize(ttTable3,ttTable72);  // Synchronisieren beider Zeittabellen
```

AUFGABEN

Aufg. 6.15 Sie möchten die Daten für die Wetterstation 3 gerne in Form einer gewöhnlichen Tabelle bringen (Matlab-Tabellenobjekt). Dabei sollen die Datumsangaben in der Tabelle im Matlab-numerischen Format gespeichert werden, um damit später geeignete Rechen- und Vergleichsoperationen durchführen zu können. Außerdem sollen alle fehlerhaften bzw. ungültigen Werte (Marker -999) durch NaN ersetzt werden. Welche Befehlsfolge ist dafür notwendig? Erstellen Sie dafür am besten ein Skript!

Aufg. 6.16 Nach dem Abgleich und Zusammenführung der Temperaturdaten (Spalte 6) der Wetterstationen 3 und 72 erhalten Sie zusätzliche Wetterdaten der Station 445 (Ladebefehl ist `load('WetterDatenStation445.mat')`). Sie möchten die bisher konsolidierte Tabelle für die Temperaturen der Stationen 3 und 72 mit den Temperaturdaten der Station 445 ergänzen. Welche Befehlsfolge ist dafür notwendig?

Aufg. 6.17 Die automatisch erzeugten Variablenamen sind für Sie unzweckmäßig. Sie möchten die Variablennamen daher in `'Lufttemperatur_3'`, `'Lufttemperatur_72'` und `'Lufttemperatur_445'` ändern. Welcher Befehl ist dafür erforderlich?

6.7. Zusammenfassung - Datenstrukturen

Dieses Kapitel hat die unterschiedlichen Datenstrukturen zur Speicherung von Informationen dargestellt. Im Fokus standen dabei zunächst die traditionellen Konzepte wie das *Array*, das *Cell-Array* und das *Struct*. Im Zusammenhang mit Arrays wurden ein- und mehrdimensionale (Cell-) Arrays besprochen, bei den *Structs* wurden das einstufige und mehrstufige *Struct* vorgestellt. Ferner lassen sich auch *Structs* als Elemente eines Arrays verwenden, womit sog. *Struct-Arrays* entstehen. Dies sind mächtige und flexible Datenstrukturen zugleich, um sehr viele, sehr heterogene Informationen zu strukturieren.

Jüngere Datenstrukturen sind *String-Arrays*, *Tabellen* (tables) und *Zeittabellen* (time tables). Letztere erlauben ein sehr komfortables Arbeiten mit zeitlich geordneten Daten.

Für die Erstellung von *Arrays* und ihren Funktionen in MATLAB sei auf die Seite des Herstellers `http://de.mathworks.com/help/matlab/elementary-matrices-and-arrays.html` verwiesen. Für die Auseinandersetzung mit dem *Struct* liefert die Seite `http://de.mathworks.com/help/matlab/ref/struct.html?searchHighlight=Struct` einen gelungenen Einstieg.

Lösungen zu den Aufgaben im Kapitel 6

6.1:

```
 1  >> mZufall = rand(5,5,2)

 3  mZufall(:,:,1) =

 5          0.0377    0.2619    0.1068    0.9037    0.0305
 6          0.8852    0.3354    0.6538    0.8909    0.7441
 7          0.9133    0.6797    0.4942    0.3342    0.5000
 8          0.7962    0.1366    0.7791    0.6987    0.4799
 9          0.0987    0.7212    0.7150    0.1978    0.9047

11  mZufall(:,:,2) =

13          0.6099    0.1829    0.1679    0.0596    0.0967
14          0.6177    0.2399    0.9787    0.6820    0.8181
15          0.8594    0.8865    0.7127    0.0424    0.8175
16          0.8055    0.0287    0.5005    0.0714    0.7224
17          0.5767    0.4899    0.4711    0.5216    0.1499

19  >> mZufall(3,2,1)

21  ans =

23          0.6797
```

6.2:

```
 1  >> mSubArray = mZufall(:,2,:)

 3  mSubArray(:,:,1) =

 5          0.2619
 6          0.3354
 7          0.6797
 8          0.1366
 9          0.7212

11  mSubArray(:,:,2) =

13          0.1829
14          0.2399
15          0.8865
16          0.0287
17          0.4899
```

6.3:

```
1  >> m2D_Array = squeeze(mSubArray)

3  m2D_Array =

5          0.2619    0.1829
6          0.3354    0.2399
7          0.6797    0.8865
8          0.1366    0.0287
9          0.7212    0.4899
```

6.4:

```
1  >> cArray1 = cell(3,1);
2  >> cArray1{1} = rand(3,3);
3  >> cArray1{2} = 'Ein schoener Tag!';
4  >> cArray1{3} = cell(3,3);
5  >> cArray1

7  cArray1 =

9    3 x 1 cell array

11        [3x3 double]
12        'Ein schoener Tag!'
13        {3x3 cell}
```

6.5:

```
1  Vgl. Datei: b_Loesung_6_5.m
```

6.6:

```
1  Vgl. Datei: b_Loesung_6_6.m
```

6.7:

```
1  Vgl. Datei: b_Loesung_6_7.m
```

6.8:

```
1  Vgl. Datei: b_Loesung_6_8.m

3
```

HINWEISE:
Das Ergebnis dieser Lösung kann genauer mit dem Dateninspektor begutachtet werden. Dazu ist im Workspace-Fenster ein Doppelklick auf raTable notwendig. Es öffnet sich dann ein Fenster, in welchem der Inhalt dieser Datenstruktur näher dargestellt ist. Dort ist dann die Tabellenstruktur besser erkennbar.

6.9:

```
1  Vgl. Datei: b_Loesung_6_9.m

3
```

HINWEISE:
Soweit Sie die oben dargestellten Code-Beispiele nachgearbeitet haben, heißen die Spalten in tTable2 zunächst vGroesse2,

vGewicht2 und cSport2. Die Verwendung des Konkatenationsoperators [] gibt dann eine Fehlermeldung. Für die Durchführung der Konkatenation müssen alle Spaltennamen dieselben in beiden Tabellen sein. Der erste Befehl mit tTable2.Properties.VariableNames ändert die Spaltennamen, sodass diese hinterher dieselben wie in tTable sind. Danach funktioniert die Konkatenation wie gewöhnlich.

6.10:

```
1  Vgl. Datei: b_Loesung_6_10.m

3
```

HINWEISE:
Ein erster intuitiver Ansatz könnte der Befehl tTable3{4,3} = 'Laufen' sein, also den Inhalt der Tabellen-Zelle an der Position 4. Zeile, 3. Spalte mit dem String 'Laufen' zu belegen. Dies scheitert allerdings an einer Fehlermeldung. Sofern Sie dies versucht haben, geben Sie den Befehl tTable3{4,3} und schauen Sie sich das Ergebnis an. Das Ergebnis ist ein Cell-Array, d.h., der Inhalt der Tabellen-Zelle ist kein String, sondern ein Cell-Array (so wurde die Tabelle oben auch konstruiert). Die geschweiften Klammern um 'Laufen' verpacken den String in einem Cell-Array. Danach klappt die Zuweisung.

6.11:

```
1  Vgl. Datei: b_Loesung_6_11.m
```

6.12:

```
1  Vgl. Datei: b_Loesung_6_12.m
```

6.13:

```
1  Vgl. Datei: b_Loesung_6_13.m

3
```

HINWEISE:
Die angegebene Lösung basiert auf der vorhergehenden. Dort ist nur der letzte Befehl 'ttTableTemp = synchronize(ttTableA,ttTableB)' gegen den oben gezeigten Befehl 'ttTableTempL = synchronize(ttTableA,ttTableB,'union','linear')' auszutauschen.

6.14:

```
1  Vgl. Datei: b_Loesung_6_14.m
```

6.15:

```
1  Vgl. Datei: b_Loesung_6_15.m
```

6.16:

```
1  Vgl. Datei: b_Loesung_6_16.m
```

6.17:

```
1  Vgl. Datei: b_Loesung_6_17.m
```

6.8. End–of–Chapter–Aufgaben

Im Folgenden werden einige schwierigere Aufgaben zum Selbsttest gestellt. Die Testaufgaben können mit den bisher erarbeiteten Grundlagen beantwortet. Jedoch kann es an der einen oder anderen Stelle notwendig sein, die Matlab-Hilfe zu nutzen.

END OF CHAPTER AUFGABEN

Übung 6.1 (Traditionelle) Datenstrukturen

a) Erstellen Sie ein Matlab-Skript, in dem nacheinander die im Folgenden genannten Teilaufgaben bearbeitet werden. Versehen Sie dabei das Skript mit ausreichenden Kommentaren; zumindest soll der Beginn der Bearbeitung und das Ende einer Teilaufgabe durch entsprechende Kommentare gekennzeichnet sein. Löschen Sie zu Beginn des Skriptes zuerst den Arbeitsspeicher und die bisherige Konsolenausgabe. Erstellen Sie ein dreidimensionales Array der Dimension $5 \times 5 \times 5$ mit Zufallszahlen zwischen 0 und 1. Setzen Sie alle Elemente, deren Index 2 in der zweiten Dimension ist, auf NaN, falls deren Wert kleiner oder gleich 0.5 ist.

b) Setzen Sie auf der Lösung der vorhergehenden Aufgabe auf und ersetzen Sie alle NaN-Werte im dreidimensionalen Array durch Nullen! Wenn Ihnen die Lösung der vorhergehenden Aufgabe nicht gelungen ist, so ersetzen Sie ersatzweise alle Werte kleiner oder gleich 0.3 mit Nullen!

c) Erzeugen Sie zwei dreidimensionale Arrays gleicher Dimension mit Zufallszahlen zwischen 0 und 1! Welche arithmetischen Grundrechenoperationen (Addition, Subtraktion, Multiplikation, Division) sind auf diesen dreidimensionalen Arrays möglich? Demonstrieren Sie diese, d.h., führen Sie diese durch!

d) Erzeugen Sie ein Cell-Array der Dimension 2×2. Die erste Zeile soll die Strings `'Name'` und `'Alter'`, die zweite Zeile den String `'Lisa'` und den Wert 23 enthalten. Stellen Sie dieselbe Information als einen Struct dar. Anscheinend können bestimmte Arten von Informationen sowohl als Cell-Array als auch als Struct dargestellt werden. Daher gibt es in MATLAB auch Funktionen zur Konvertierung zwischen Cell-Arrays und Structs. Recherchieren Sie in der Matlab-Hilfe die Funktion `cell2struct`. Setzen Sie diese Funktion ein, um das gerade erzeugte Cell-Array in einen Struct umzuwandeln! Das Ergebnis sollte identisch zu dem Ihrer manuellen Umwandlung sein.

e) Sie haben an den Tagen 3.4.2009, 5.4.2009 und 7.4.2009 an der Wetterstation A die Temperaturen 12, 15 und 14 Grad Celsius gemessen, für die Wetterstation B liegen Ihnen für die Tage 4.4.2009, 5.4.2009 und 6.4.2009 die Messwerte 13, 16 und 12 Grad Celsius vor. Bringen Sie diese Beobachtungen in eine übersichtliche Zeittabelle, wobei Sie lediglich Datumsstrings und das Cell-Array benutzen dürfen (keine time table Objekte!). Nehmen Sie den Datenabgleich hier „händisch" vor, d.h., tragen Sie die fehlenden Werte als NaN direkt ein!

Übung 6.2 (Neuere) Datenstrukturen

a) Wandeln Sie die Datumsangaben 3.4.2009, 5.4.2009 und 7.4.2009 in ein String-Array um! Konvertieren Sie danach diese Datumsangaben (das String-Array) in einen Vektor aus datetime-Objekten.

b) Erzeugen Sie eine Testtabelle. Diese soll im Tabellenkörper einen 3×3 Matrix aus Zufallszahlen zwischen 0 und 1 besitzen. Die Spalten der Tabelle sollen die Namen Zufall1, Zufall2 und Zufall3 sein; Zeilenbeschriftungen gibt es keine.

c) Erzeugen Sie eine Testtabelle in Form einer Zeittabelle (als time table Objekt). Die Datumsangaben sollen die ersten 10 Tage nach dem 0.0.0000 sein. Danach kommen dann drei Spalten mit jeweils 10 Zufallszahlen zwischen 0 und 1. Die Spaltennamen der Tabelle sollen Zufall1, Zufall2 und Zufall3 sein. Tipp: Eine Zahlenfolge von 1 bis 10 wird in Matlab mit Hilfe des Doppelpunktes als Operator erzeugt: 1:10. Auch Zahlenfolgen können mit datetime in Datumsangaben umgewandelt werden. Recherchieren Sie in der Matlab-Hilfe, wie die Zahlenfolge 1:10 in Datumsangaben umgewandelt wird.

7. Kontrollstrukturen

Auf dem Weg zum eigenen Programm hat dieses Buch die zentralen Grundlagen der Matrizenoperationen und Indexierung behandelt. Darauf aufbauend wurden die Datentypen (Kap. 4) und daraus abgeleitete Datenstrukturen (Kap. 6) vorgestellt sowie eine erste Einführung in die Erstellung von Grafiken gegeben (Kap. 5). Dieses Kapitel wird sich im Rahmen der Programmiergrundlagen mit den Kontrollstrukturen beschäftigen. Insbesondere für den weiteren Weg sind die Kontrollstrukturen wichtige Konstruktionen, um Anwendungen zu schreiben, da diese Gebilde Abläufe von Befehlsfolgen in Skripten und Funktionen steuern.

Eine vertiefte Auseinandersetzung mit dem Themenfeld der Kontrollstrukturen ist sinnvoll und ratsam. Zum besseren Verständnis wird nachfolgend die Backstuben-Analogie bemüht, denn ein Backrezept als eine Befehlsfolge mit gegebenenfalls Fallprüfungen (Verzweigungen) und Wiederholungen (Schleifen) weist vielfältige Ähnlichkeiten zu Skripten und Funktionen mit Kontrollstrukturen auf. Dieses Kapitel gibt zunächst einen Einblick in das Konzept der Verzweigungen (Kap. 7.1). Darauf aufbauend werden die Schleifen (Kap. 7.2) vorgestellt. Anschließend folgen die sogenannten try-catch-Anweisungen (Kap. 7.3). Das Kapitel endet mit einer Aufwandsbetrachtung der Kontrollstrukturen (Kap. 7.4). Die Notation innerhalb der folgenden Abbildungen ist an der UML[1] angelehnt. Dabei kommen Aktivitätsdiagramme[2] zur Beschreibung der Funktionsweise zum Einsatz.

Lernergebnisse

Nach dem Durcharbeiten dieses Kapitels werden Sie in der Lage sein,

$\Rightarrow$ das grundlegende Konzept der Kontrollstrukturen in einer Programmiersprache zu verstehen.

$\Rightarrow$ die Funktionsweise dieser Strukturen zu beherrschen.

$\Rightarrow$ die Idee hinter Aufwandsbetrachtungen zu verstehen.

Der Oberbegriff Kontrollstrukturen beschreibt im allgemeinen Kontrollanweisungen in einem Quellcode, um unter bestimmten Bedingungen vorher spezifizierte Aktionen auszuführen. Dabei lassen sich die folgenden Strukturen (Abb. 7.1) systematisieren.

---

[1] Die Unified Modeling Language ist eine Sprache zur Erstellung von Diagrammen unter Verwendung einheitlicher Standards (KECHER, 2011, S. 13 ff.).

[2] Aktivitätsdiagramme dienen dazu, komplexe Abläufe darzustellen (WALDEMAR, 2010, S. 8 ff.). Die Diagramme ermöglichen die vereinfachte Darstellung im Rahmen der Konzeption. Zum einen werden Abläufe strukturiert und einheitlich dargestellt und zum anderen können Fehler frühzeitig erkannt.

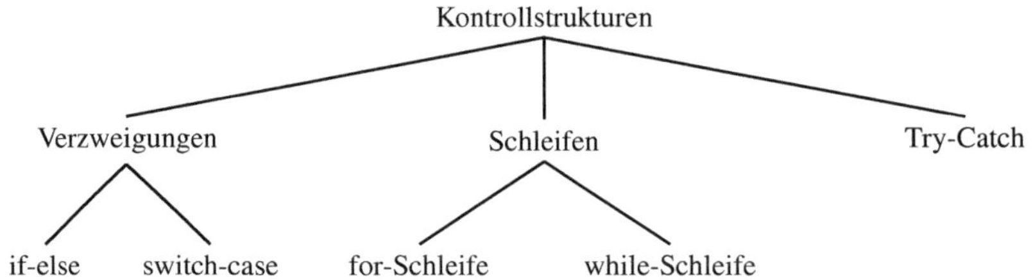

Abbildung 7.1.: Die Kontrollstrukturen in der Übersicht. Die Abbildung visualisiert einen ausgewählten Ausschnitt der Kontrollstrukturen.

7.1. Die Verzweigungen

Verzweigungen steuern den Programmablauf in Abhängigkeit von Bedingungen. Je nachdem, ob eine Bedingung erfüllt ist oder nicht, werden verschiedene Zweige eines Programms durchlaufen. Die einfachste Form der Verzweigung ist die Struktur „if-else". Diese wird zunächst Gegenstand einer genaueren Betrachtung.

7.1.1. Die if-then-else-Bedingungen

In der Regel prüft das *if-then-else Konstrukt* eine Bedingung auf ihre Erfüllung. Damit lässt sich diese Kontrollstruktur als einfachste Verzweigungsstruktur klassifizieren. Das Prinzip ist denkbar einfach, dennoch in vielen Programmiersprachen ein wichtiges Kontrollelement. Der sogenannte `if`-Block prüft, ob eine Bedingung (ein logischer Wert) erfüllt ist (WAHR ist) und führt dann die nächsten Programmzeilen (einen kompletten Codeabschnitt, *if-Block*) aus. Ist diese Bedingung nicht erfüllt, wird zu einer anderen Programmzeile (bzw. anderen Programmzeilen-block) gesprungen, welche im `else`-Block deklariert wurde. Die Abbildung (Abb. 7.2) zeigt das Funktionsprinzip dieser Kontrollstruktur.

Als einfacher Pseudocode lässt sich eine if-Kontrollstruktur wie folgt darstellen.

```
1  if Bedingung
2         if-Block
3  else
4         else-Block
5  end
```

Einen möglichen Einsatzzweck zeigt folgendes Beispiel (Code: 7.1): In einer Berechnung entsteht ein Wert. Mit diesem Wert soll in Abhängigkeit von seiner Größe unterschiedlich weiter verfahren werden. Der Prozess hängt maßgeblich vom Ergebnis der zuvor durchgeführten Berechnung ab. Beispielsweise kann Null als potenzielles Resultat entstehen, jedoch könnte im Folgenden eine Null nicht für den nächsten Berechnungsschritt zulässig sein (Division durch Null).

Das folgende Skript stellt den Sachverhalt genauer dar, indem zunächst zwei Pseudozufallswer-te generiert werden. In diesem Beispiel möge es so sein, dass eine Division durch Null oder durch eine negative Zahl unzulässig sei. Die im Skript verwendete MATLAB-Systemfunktion `fprintf`

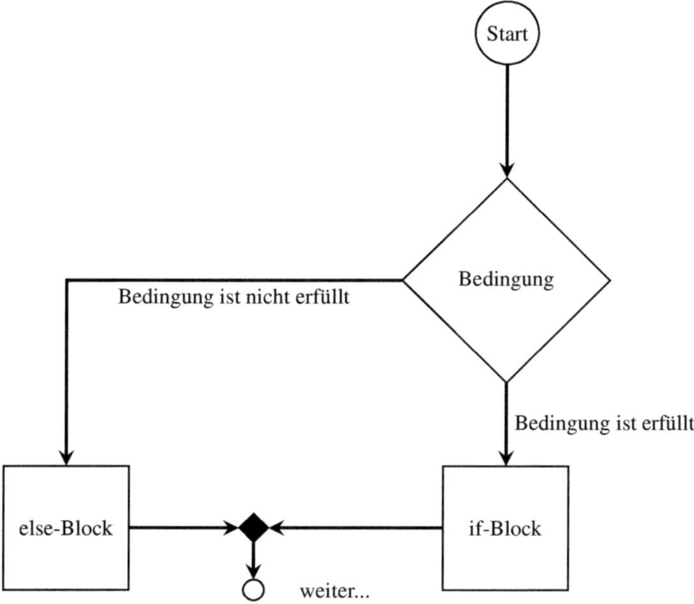

Abbildung 7.2.: Die Abbildung visualisiert das Funktionsprinzip der if-then-else-Anweisung. Zunächst erfolgt eine Bedingungsprüfung. Ist die Bedingung erfüllt, wird der nächste Programmabschnitt ausgeführt. Ist die Bedingung nicht erfüllt, wird zu einem anderen Programmteil gesprungen.

wird genutzt, um Strings (Zeichenketten) auf der Konsole auszugeben. Die an die Zeichenkette anschließende %f Notation deklariert, dass der Inhalt der Variable dPseudozufallswertA bzw. dPseudozufallswertB in diesem Platzhalter eingesetzt und auf der Konsole ausgegeben wird. Das n hinter dem Backslash, welches die Zeichenketten abschließt, sorgt für einen Zeilenumbruch.

Quellcode 7.1: Beispielskript für eine if-then-else-Kontrollstruktur

```
1  % bSkript_if_1_Kontrollstruktur.m : Beispiel fuer if-else-Kontrollstruktur
2  % Loescht den Workspace und die Ausgabe auf der Konsole.
3  clear;clc;
4  % Erzeugung zweier standardnormalverteilter Pseudozufallszahlen.
5  dPseudozufallswertA  = randn(1);
6  dPseudozufallswertB  = randn(1);
7  % if-else-Struktur
8  if dPseudozufallswertA > 0
9      dPseudozufallswertB / dPseudozufallswertA
10 else
11     fprintf('dPseudozufallswertA ist kleiner bzw. gleich null!\n');
12     fprintf('!!! Division nicht zulaessig !!!\n');
13 end
14
15 % Gibt die Pseudozufallszahl auf der Konsole aus:
16 fprintf('Die erste Pseudozufallszahl hatte den Wert: %f\n', dPseudozufallswertA');
17 fprintf('Die zweite Pseudozufallszahl hatte den Wert: %f\n',  dPseudozufallswertB');
```

Eine Alternative zur `fprintf`-Funktion ist die `disp`-Funktion. Eine mögliche Ausführung des Skriptes kann so aussehen:

Quellcode 7.2: Ausführung des if-then-else-Skripts

```
1  dPseudozufallswertA ist kleiner bzw. gleich Null!
2  !!! Division nicht zulaessig !!!
3  Die erste Pseudozufallszahl hatte den Wert: -2.258847
4  Die zweite Pseudozufallszahl hatte den Wert: 0.862173
```

Aufgrund der Zufälligkeit werden die Ergebnisse beim Nacharbeiten vermutlich nicht identisch ausfallen.

AUFGABEN

Aufg. 7.1 Das Ergebnis der Division 1 / 0 ist in Matlab `Inf`. Diese Arbeitsweise der Division gefällt Ihnen nicht. Für Sie ist es wünschenswert, eine Fehlermeldung zu erhalten, wenn eine Division durch Null erfolgt. Schreiben Sie eine benutzerdefinierte Divisionsfunktion `fMyDiv` (für Skalare), die prüft, ob das zweite Argument der Division gleich Null ist. Ist dies der Fall, soll eine Fehlermeldung ausgegeben werden! Schreiben Sie ein Testskript für Ihre Funktion! Hinweis: Den Programmabbruch und die Ausgabe einer Fehlermeldung bewirken Sie mit der Funktion `error('Fehlermeldung')`, wobei der String `'Fehlermeldung'` irgendeine sinnvolle Meldung an den Benutzer sein soll.

7.1.2. Verschachtelte if-then-else-Bedingungen

Es können if-then-else-Strukturen beliebig ineinander geschachtelt werden. Die Abbildung 7.3 zeigt den Aufbau einer verschachtelten if-then-else-Struktur.

Ein Beispiel für die Anwendung zeigt der nächste Programmcode 7.3.

Quellcode 7.3: Beispielskript für eine if-then-else-Kontrollstruktur

```
1  % bSkript_if_2_Kontrollstruktur.m
2  % Beispiel fuer geschachtelte Kontrollstruktur.
3  clear;clc;
4  % Erzeugung einer standardnormalverteilten Zufallszahl.
5  dA = randn(1);
6
7  % If-else-Struktur.
8  % Hinweis: Hier wurde die Verschachtelung im if-Block untergebracht.
9  if dA > 0
10     if dA > 1
11         fprintf('dA ist groesser als eins\n');
12     else
13         fprintf('dA ist groesser als null, aber kleiner oder gleich eins!\n');
14     end
15 else
16     fprintf('dA ist kleiner oder gleich null!\n');
17 end
```

Mit Hilfe tief verschachtelter if-else-Kontrollstrukturen lassen sich sukzessive verschiedene Fälle nacheinander abfragen. Soweit nur zwei oder drei Fallunterscheidungen notwendig sind,

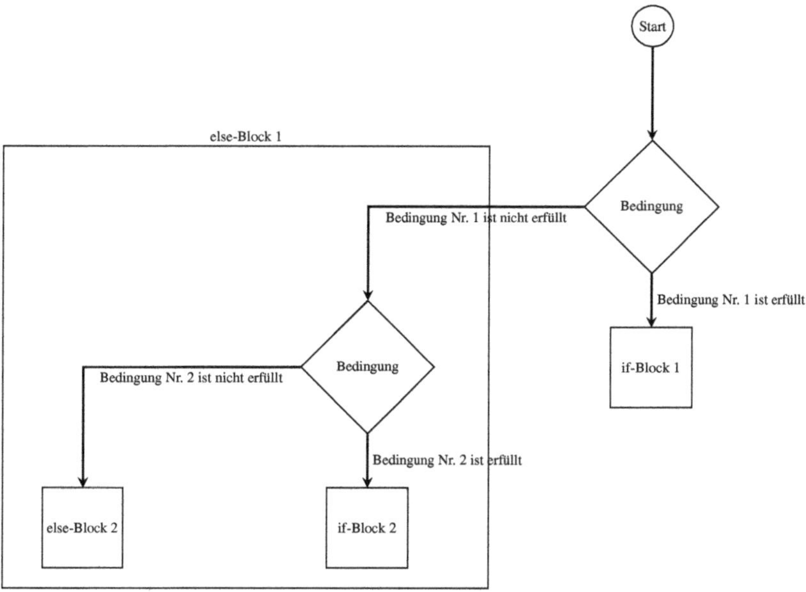

Abbildung 7.3.: Die Abbildung visualisiert das Funktionsprinzip der verschachtelten if-then-else-Anweisung. Zunächst erfolgt eine Bedingungsprüfung. Ist die Bedingung erfüllt, wird der nächste Programmabschnitt ausgeführt. Ist die Bedingung nicht erfüllt, wird die nächste if-then-else-Anweisung ausgeführt. Die Verschachtelung kann auch im if-Block oder sogar in beiden Blöcken erfolgen.

ist dies leicht umsetzbar. Bei mehreren Fallunterscheidungen wird aber der Programmcode mit vielen verschachtelten if-else-Zweigen schnell unübersichtlich und wenig leserlich. MATLAB sieht dafür eine spezifische Variante vor, die folgende allgemeine Struktur besitzt:

```
1  if Bedingung1
2          if-Block1
3  elseif Bedingung2
4          if-Block2
5  elseif Bedingung3
6          usw.
7  else
8          else-Block
9  end
```

Mit `usw.` ist gemeint, dass hier nun beliebig viele `elseif` Abfragen aneinander gereiht werden können. Das folgende Beispiel (Code: 7.4) zeigt eine weitere Variante des vorhergehenden Beispiels:

Quellcode 7.4: Beispielskript für eine mehrfach verschachtelte Kontrollstruktur

```
1  % bSkript_if_3_Kontrollstruktur.m : if-else-Kontrollstruktur, Variante 3
2  clear;clc;
3  % Erzeugung einer standardnormalverteilten Zufallszahl.
4  dA = randn(1);
```

```
 5
 6  % if-else-Struktur.
 7  if dA > 0
 8      if dA > 2
 9          fprintf('dA ist groesser als 2!\n');
10      elseif dA > 1.5
11          fprintf('dA ist groesser als 1.5, aber kleiner oder gleich 2!\n');
12      elseif dA > 1
13          fprintf('dA ist groesser als 1, aber kleiner oder gleich 1.5!\n');
14      elseif dA > 0.5
15          fprintf('dA ist groesser als 0.5, aber kleiner oder gleich 1!\n');
16      else
17          fprintf('dA ist groesser als 0, aber kleiner oder gleich 0.5!\n');
18      end
19  else
20      fprintf('dA ist kleiner oder gleich null!\n');
21  end
```

AUFGABEN

Aufg. 7.2 Der intensive Einsatz Ihrer Funktion fMyDiv zeigt, dass Sie noch nicht alle denkbaren Fälle erfasst haben. Insbesondere kann es sein, dass ein oder sogar beide Argumente 0, Inf oder NaN sind. Jeder Fall muss geeignet behandelt werden. Dabei definieren Sie (ob dies inhaltlich sinnvoll ist, soll für den Moment nicht interessieren):

- Ist dB == 0, so führt dies unbedingt zu einer Fehlermeldung und Programmabbruch.

- Ist eines der beiden Argumenten der Funktion NaN, so ist das Resultat ebenfalls NaN.

- Ist das erste Argument dA Inf und das zweite Argument dB irgendeine reelle Zahl (außer Null), so ist das Ergebnis NaN. Dies gilt ebenfalls, wenn beide Argumente Inf sind.

- Ist das erste Argument dA irgendeine reelle Zahl und das zweite Argument dB Inf, so ist das Ergebnis 0.

Wenn beide Argumente gültig sind, ist die Division durchzuführen. Schreiben Sie ein Testskript für Ihre Funktion! Hinweis: Der Test auf NaN erfolgt mit der Funktion isnan(), der Test auf Inf mit isinf(). Die impliziten Rechenregeln von Matlab sehen ferner vor, dass das Ergebnis einer Rechenoperation immer NaN ist, sobald einer der Operanden NaN ist. Die explizite Prüfung des zweiten Spiegelpunktes oben ist also streng genommen nicht notwendig, sie soll aber hier trotzdem explizit umgesetzt werden. Im Übrigen ist beim Schreiben eines Programms genau zu überlegen, ob man sich wirklich auf die implizite Handhabung dieses Problem verlassen möchte oder ob nicht eine explizite Kontrolle für solche unzulässigen Operationen ratsam erscheint.

7.1.3. Die switch-case-otherwise-Anweisung

Als Alternative zur if-then-else-Anweisung bietet sich hier die *switch-case-otherwise* Kontrollstruktur an, die folgende allgemeine Struktur besitzt:

```
 1  switch Variable
 2         case Wert1
 3                 case-Block1
 4         case Wert2
 5                 case-Block2
 6         case Wert3
 7                 usw.
 8         otherwise
 9                 otherwise-Block
10  end
```

Nach dem Schlüsselwort `switch` ist eine Variable zu nennen, deren Wert im Folgenden mit den Werten `Wert1`, `Wert2` usw. verglichen wird. Dort, wo der Wert der Variable und der Wert des betreffenden `case` Ausdrucks übereinstimmen, wird der zugehörige `case`-Block betreten. Genauso wie ein `if`- oder `else`-Block umfasst ein `case`-Block eine beliebige Anzahl von MATLAB-Ausdrücken, die selber wieder beliebig tief verschachtelte Kontrollstrukturen beinhalten können. In Pseudocode ergibt sich folgender Ablauf

Das Beispiel 7.5 zeigt die Verwendung dieser Kontrollstruktur.

Quellcode 7.5: Einfaches Beispiel für eine case-Struktur

```
 1  % bSkript_case.m : Beispiel fuer eine case-Kontrollstruktur
 2  % Erzeugen einer ganzen Zahl zwischen 0 und 3
 3  dA = fix( 3 * rand(1) ); % fix rundet Zahlen
 4
 5  % Abfrage des Wertes mittels case
 6  switch dA
 7      case 1
 8          fprintf('dA ist 1!\n');
 9      case 2
10          fprintf('dA ist 2!\n');
11      case 3
12          fprintf('dA ist 3\n');
13      otherwise
14          fprintf('dA ist nicht 1, 2 oder 3\n');
15  end
```

Der Befehl `rand(1)` erzeugt eine zwischen null und eins gleichverteilte Zufallszahl. Diese wird in `dA = fix( 3 * rand(1) )` mit 3 multipliziert und dann in Richtung null gerundet (`fix`), womit als Ergebnis eine ganze Zahl `dA` mit den Werten 0, 1, 2 oder 3 resultieren kann. Alternativ hätte an dieser Stelle auch der Befehl `dA = randi([0 3],1)` benutzt werden können. Danach wird der Wert von `dA` dann mittels der case-Kontrollstruktur abgefragt. Ähnlich wie bei einer `if-else` Kontrollstruktur kann der `otherwise` Block leer sein oder ganz fehlen; dann passiert in diesem Fall nichts. Ebenso können bestimmte `case` Blöcke auch leer sein. Das kann dann sinnvoll sein, wenn ein Teilprojekt bereits geplant ist, aber noch nicht programmiert wurde. In diesem Fall würde der leere `case` Block als ein Platzhalter dienen. Die Kontrollstrukturen `if-else`, `if-elseif-else` und `switch-case-otherwise` können weiterhin beliebig miteinander kombiniert werden, ebenso mit den anderen noch zu betrachtenden Kontrollstrukturen. Zu bedenken ist allerdings, dass mit zunehmender Kombination und Verschachtelung der Programmcode erheblich an Verständlichkeit verliert. Tiefe Schachtelungen und lange Anweisungsblöcke sollten daher vermieden werden. Wenn innerhalb eines Anweisungsblocks sehr komplexe, umfangreiche Operationen durchzuführen sind, so sollten diese am besten in eine eigenständige Funktion ausgelagert werden. Damit würde sich der Anweisungsblock auf einen einfachen Funktionsaufruf reduzieren.

AUFGABEN

Aufg. 7.3 Sie möchten eine universelle Funktion schreiben, welche zwei skalare Argumente entgegennimmt (dArg1 und dArg1) und daraus ein Resultat berechnet. Die Art der dabei durchzuführenden Operation soll flexibel sein. Sie ist das dritte Argument der Funktion als String sOp. Dabei sollen die folgenden Operationen durchgeführt werden, wenn sOp folgenden Wert (String) enthält:

- 'add': Addition dArg1 + dArg2.

- 'sub': Subtraktion dArg1 - dArg2.

- 'mul': Multiplikation dArg1 * dArg2.

- 'div': Division dArg1 / dArg2.

Wenn keiner dieser Fälle vorliegt, ist eine Fehlermeldung auszugeben. Hinweis: Die Matlab-Dokumentation enthält ebenfalls eine Menge Beispiele für die switch-case-otherwise Struktur!

7.2. Die Schleifen

In der Programmiersprache steht das Wort *Schleife* für eine Wiederholung von Prozessabläufen, die solange vollzogen werden, bis eine Bedingung erfüllt ist oder solange eine Bedingung erfüllt ist (vgl. BRAUER, 2009, S. 57). Damit besteht die Schleife aus zwei elementaren Komponenten, die in vielen Programmiersprachen umgesetzt werden. Zum einen handelt es sich hierbei um den *Schleifenkopf*. Dieser enthält die Schleifenbedingung. Zum anderen wird der *Schleifenrumpf* solange ausgeführt, bis die Schleifenbedingung nicht mehr erfüllt ist bzw. eine (Abbruch-)Bedingung erfüllt ist. Die Analogie des Backrezeptes möge die Schleifenfunktion mit Hilfe eines Beispiels veranschaulichen. Ursprünglich hatte MATLAB den Auftrag erhalten, einen „mathematischen Kuchen" zu backen. Aktuell befindet sich MATLAB an der Stelle der Teigzubereitung, welche mit Hilfe einer Schleife vollzogen wird.

7.2.1. Die for-Schleife

Vermutlich ist die bekannteste Schleife die *for-Schleife*. Hier besteht die Bedingung in einer vorab definierten Anzahl von Durchläufen. Ist diese Anzahl erreicht, beendet die Schleife ihre Wiederholungen, sodass der nächste Quellcodeabschnitt ausgeführt wird. Der Schleifenkopf besteht aus einer *Laufvariable* (in der Regel einem Indexwert), aus einem Start- und einem Endwert. Der aktuelle Index repräsentiert die Anzahl der Durchläufe zur Laufzeit. Die Abbildung (Abb. 7.4) zeigt das generelle Funktionsprinzip.

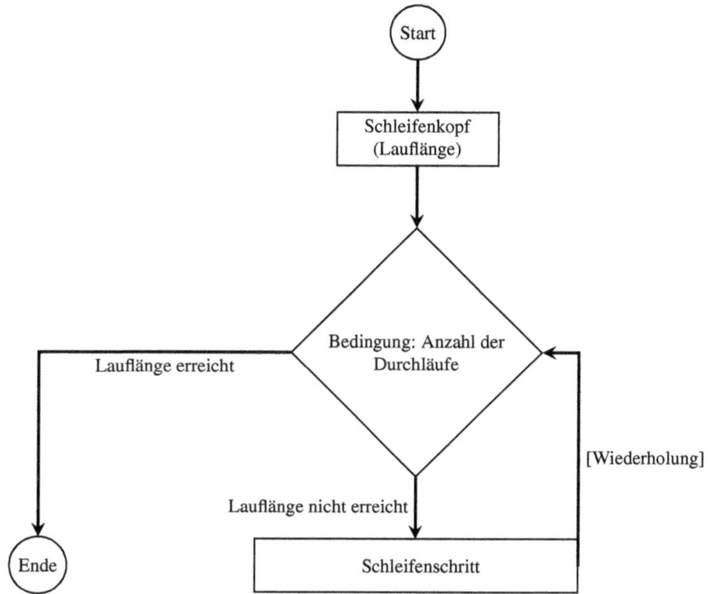

Abbildung 7.4.: Die Abbildung visualisiert das Funktionsprinzip der for-Schleife. Zunächst wird im Schleifenkopf die Lauflänge festgelegt. Solange diese nicht erreicht ist, führt die Schleife die Anweisung im Schleifenrumpf aus. Sobald die maximale Lauflänge erreicht ist, beendet die for-Schleife ihren Dienst und es wird in den nächsten Quellcodeabschnitt gesprungen.

Das folgende Beispiel (Code: 7.6) erklärt ausführlich das Grundprinzip der Umsetzung in MATLAB. Die grundlegende Syntax steht im Fokus der Betrachtung. In dem Code werden die Zahlen von 1 bis 100 aufsummiert.

Quellcode 7.6: Einfaches Beispiel für eine for-Schleife

```matlab
1  % bSkript_for.m : Beispiel einer for-Schleife
2  % Speicher und Konsole werden geloescht.
3  clear; clc;
4  % Berechnung der Summe der Zahlen von 1 bis 100.
5  dSumme = 0;
6  % Die for-Schleife mit dem Schleifen-Kopf. Die Anzahl der Schleifendurchlaeufe
7  % betraegt 100. Der Indexwert startet mit eins und endet bei der Zahl 100.
8
9  for iIndex=1:100
10      dSumme = dSumme + iIndex;
11  end
12  % Lauflaenge erreicht: In diesem Fall die Konsolenausgabe.
13  fprintf('Summe der Zahlen von 1 bis 100 ist: %d\n', dSumme);
```

AUFGABEN

Aufg. 7.4 Schreiben Sie ein Skript, mit welchem Sie eine 10×10 Matrix mit lauter Nullen anlegen. Schreiben Sie eine for-Schleife, welche die Matrix zeilenweise, von links nach rechts, mit Zahlen von 1 bis 100 aufsteigend befüllt. Variante: Erledigen Sie dieselbe Aufgabe ohne for-Schleife!

Aufg. 7.5 Nehmen Sie die befüllte Matrix aus der vorhergehenden Aufgabe 7.4. Schreiben Sie eine for-Schleife, mit der alle geraden Elemente (2,4,6,...) durch den Wert `NaN` ersetzt werden. Variante: Erledigen Sie dieselbe Aufgabe ohne for-Schleife. Hinweis: Für die Lösung dieser Aufgabe kann die Matlab-Funktion `rem` sehr hilfreich sein, welche den Rest einer ganzzahligen Division liefert.

Aufg. 7.6 Schreiben Sie eine Funktion, die eine $M \times N$ Matrix als Argument bekommt und beliebige Zahlenwerte enthalten darf, nicht jedoch `NaN` oder `Inf`. Wenn in der Matrix irgendwo ein `NaN` oder `Inf` vorhanden ist, soll die Funktion mit einer Fehlermeldung abbrechen. Wenn die Eingabe der Funktion in Ordnung ist, soll die Funktion alle Elemente der Eingabematrix zeilenweise aufsteigend sortieren. Die Ergebnismatrix enthält dann die zeilenweise aufsteigend sortierten Elemente der Eingabematrix. Schreiben Sie ein Testskript, um Ihre Funktion auszuprobieren! Variante: Lösen Sie die Aufgabe einmal unter Einsatz von for-Schleifen, einmal ohne Schleifen! Hinweise: Um die Matrix mit Hilfe einer for-Schleife zu durchlaufen, muss deren Dimension bekannt sein. Die Dimensionen einer Matrix fragen Sie mit der Funktion `size` ab. Zum Sortieren können Sie die Befehle `sort` oder `sortrows` ausprobieren. Sofern Ihnen die Sortierung nicht gelingt, ist dies nicht so wesentlich; setzen Sie vor allem die Prüfung um!

Aufg. 7.7 Sie möchten eine universelle Auszählungsfunktion schreiben, die wie folgt arbeitet: Die Funktion bekommt als Eingabeparameter einen Vektor mit Zahlen. Sollte der Eingabeparameter kein Vektor, sondern eine Matrix oder sogar ein mehrdimensionales Array sein, so ist die Eingabe in einen Vektor zu konvertieren. Von den im Vektor enthaltenen Werten sind danach die Absolutbeträge zu berechnen, damit keine negativen Zahlen mehr vorhanden sind. Zum Schluss sind alle Absolutbeträge auf die nächste ganze Zahl aufzurunden, damit nur positive, ganze Zahlen übrig bleiben. Danach soll ausgezählt werden, wie häufig jede Zahl von 1 bis zum maximalen Wert (Maximalwert) im Vektor vorkommt. Das Ergebnis der Auszählung ist in einem (Rückgabe-) Vektor abzulegen. Der Rückgabevektor enthält soviele Elemente, wie der Maximalwert beträgt. An der Stelle i im Rückgabevektor steht dann die Anzahl der Vorkommnisse der Zahl i im (bereinigten) Eingabevektor (also nachdem Absolutbeträge berechnet und die Aufrundung durchgeführt wurde). Steht z.B. im Rückgabevektor an der Stelle i = 12 der Wert 23, so heißt dies, dass der Wert 12 insgesamt 23 mal im Eingabevektor vorgekommen ist. Schreiben Sie ein Testskript, welches Ihre Funktion testet! Hinweise: Die Umwandlung eines beliebig dimensionalen Arrays in ein eindimensionales Array bzw. Vektor gelingt mit dem Indexierungsbefehl `(:)`. Für die Berechnung der Absolutbeträge verwenden Sie am besten die Funktion `abs`. Das Aufrunden gelingt mit der Funktion `ceil`.

7.2.2. Die while-Schleife

Im Gegensatz zu einer for-Schleife ist eine *while-Schleife* nicht durch die Anzahl ihrer vorgegebenen Durchläufe bestimmt, sondern arbeitet in Abhängigkeit einer Laufbedingung. Erst wenn diese nicht mehr erfüllt ist, wird die Schleife beendet. Dabei kann die while-Bedingung in Form des Schleifenkopfes beliebig komplex gestaltet werden. Vor diesem Hintergrund eignet sich der Einsatz der *while-Schleife* vortrefflich im Rahmen von Prozessen, die zwar wiederholt werden müssen, bei dem Eintritt eines bestimmten Ereignisses aber beendet werden. Das Prinzip wird durch die Abbildung 7.5 verdeutlicht.

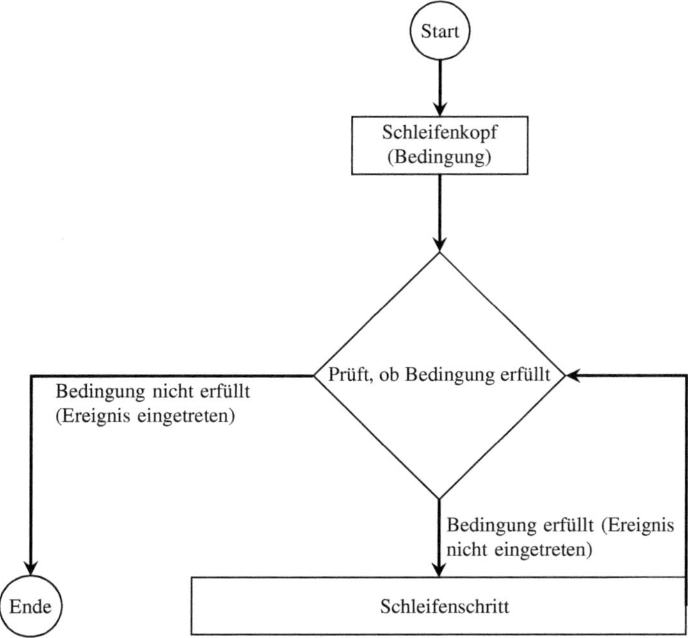

Abbildung 7.5.: Die Abbildung visualisiert das Funktionsprinzip der while-Schleife. Der Schleifenkopf enthält eine Fortsetzungsbedingung. Diese wird bei jedem Schleifendurchlauf geprüft. Erst wenn die Fortsetzungsbedingung nicht mehr erfüllt ist, stellt die Schleife ihre Aktivität ein und springt zum nächsten Abschnitt des Programms.

Das Skriptbeispiel (Code: 7.7) trägt zum Verständnis bei. Die Aufgabe besteht darin, solange eine Zufallszahl zu ziehen, bis eine Null oder eine negative Zahl auftritt.

Quellcode 7.7: Einfaches Beispiel für eine while-Schleife

```
1  % bSkript_while.m : Beispiel einer while-Schleife
2  % Diese Schleife laeuft solange, bis eine
3  % pseudo normalverteilte Zufallszahl vom System.
4  % generiert wurde, welche den Wert Null oder kleiner besitzt.
5  % Dabei werden die Schritte (Counter) gezaehlt.
6
7  % Die zu ziehende Zahl mit dem Startwert randn.
8  % Vom Datentyp double
9  dZahl = randn;
10 % Counter (Zaehlt die Schritte der Schleife).
11 iCounter = 1;
12
```

```
13 % Die while-Schleife
14 while dZahl >= 0
15     dZahl = randn(1);
16     if dZahl >= 0
17         iCounter = iCounter + 1;
18     end
19 end
20 fprintf('Anzahl bis zur Ziehung einer Null bzw. negativen Zahl: %d\n',iCounter);
```

Im Beispiel (Code: 7.7) wird eine Zufallszahl gezogen und je nachdem, ob sie kleiner oder größer gleich Null war, der Zähler um eins erhöht. Damit wird die Anzahl an notwendigen Ziehungen in Folge gemessen, bis eine negative Zahl auftritt.

AUFGABEN

Aufg. 7.8 Nehmen Sie wieder die befüllte Matrix aus den Aufgaben zur for-Schleife. Tragen Sie an einer zufällig gewählten Stelle (Tipp: Verwenden Sie `randi`) den Wert `NaN` ein (Hinweis: Wo genau dieser Wert steht, wissen Sie nicht!). Schreiben Sie eine while-Schleife, die

- Alle ohne Rest durch 5 teilbaren Werte durch 5 ersetzt.

- Alle ohne Rest durch 4 teilbaren Werte durch 4 ersetzt.

- Alle ohne Rest durch 3 teilbaren Werte durch 3 ersetzt.

- Alle ohne Rest durch 2 teilbaren Werte durch 2 ersetzt.

Die Fälle sind in der genannten Reihenfolge zu priorisieren, d.h., eine durch 4 teilbare Zahl geht einer durch 2 teilbaren Zahl vor. Der Algorithmus soll abbrechen, sobald das `NaN` gefunden wurde.
Variante: Erledigen Sie die Aufgabe ohne while-Schleife!

Aufg. 7.9 Sie möchten eine universelle Funktion schreiben, welche zwei Strings als Eingabeparameter entgegen nimmt. Die Funktion sucht in dem ersten String (Suchstring) nach dem Vorkommen des zweiten Strings (Separationsstring). Sobald der zweite String (Separationsstring) im ersten (Such-) String gefunden wurde, soll der Suchstring genau an dieser Stelle geteilt werden. Der erste Teil im (Such-) String unmittelbar bis vor dem Auftauchen des Separationsstrings soll der erste Teilstring sein, der Rest der zweite Teilstring. Ein Beispiel: Sei etwa sSuchstring = 'Hallo Welt!' und sSeparationsstring = 'lt', dann lautet das Ergebnis sTeil1 = 'Hallo We' und sTeil2 = 'lt!'. Schreiben Sie ein Testskript, welches Ihre Funktion testet! Hinweise: Es gibt dafür eine einfache Matlab-Funktion `strfind`, die Sie bitte für die Lösung NICHT verwenden. Programmieren Sie die Lösung mit Hilfe einer while-Schleife! Eine Funktion kann auch mehr als einen Wert zurückgeben. Wenn eine Funktion wie hier zwei Werte zurückgibt, schreiben Sie `function [sTeil1, sTeil2] = fMySplit(...)`.

7.2.3. Die while-Schleife mit einem Break

Sowohl bei for- als auch bei while-Schleifen ist es manchmal hinderlich, dass die (erneute) Prüfung der Fortführungsbedingung erst erfolgt, nachdem der *for-* bzw. *while-Block* komplett ausgeführt wurde. Manchmal kann es sinnvoll sein, die Ausführung des Anweisungsblocks schon innerhalb des Blocks sofort abzubrechen, sobald eine *Abbruchbedingung* auftritt. Um den sofortigen Abbruch innerhalb eines Anweisungsblocks zu erzwingen, kann der Befehl break eingesetzt werden. In Abgrenzung zur Fortführungsbedingung im Kopf der while-Schleife erfolgt hier der Abbruch, wenn die Abbruchbedingung wahr ist. Das folgende Beispiel 7.8 verwendet den break-Befehls.

Quellcode 7.8: Einfaches Beispiel für eine while-Schleife mit break

```
1  % bSkript_while2.m : Beispiel fuer eine while-Schleife mit break
2  clear;clc;
3  iZaehler = 0;
4  while true % Dies erzwingt das Betreten und die Fortsetzung der Schleife!
5      dZahl = randn(1);
6      iZaehler = iZaehler + 1;
7      % Ist die Zahl kleiner als Null erfolgt der Abbruch.
8      if dZahl < 0
9          break;
10     end
11 end
12 fprintf('Notwendige Ziehungen, bis Zahl negativ: %d\n', iZaehler);
```

Der while true ... end Ausdruck ist ein gängiger „Kunstgriff", um eine endlos laufende Schleife zu erzeugen, die dann aber unbedingt innerhalb des Anweisungsblocks eine Prüfung der Abbruchbedingung und entsprechend einen break Befehl besitzen muss.[3] Die entsprechende Konstruktion unter Octave lautet do ... until. Der Unterschied bei dieser Variante ist es, dass der Schleifenkörper zwingend betreten und erst am Ende des Schleifenkörpers (nicht zu Beginn) die Prüfung der Abbruchbedingung erfolgt. So kann es bei der while ... end-Variante dazu kommen, dass der Schleifenkörper möglicherweise gar nicht erst betreten wird, wenn nämlich schon vor dem erstmaligen Durchlauf die Abbruchbedingung erfüllt ist. Oftmals setzen aber viele Algorithmen voraus, den Schleifenkörper mindestens einmal auszuführen, bevor die Prüfung der Abbruchbedingung sinnvoll erfolgen kann. Aus diesem Grund ergeben die Varianten in Form von do ... until (Octave) Sinn, die im Unterschied zur while ... end-Variante zwingend mindestens einmal durchlaufen werden. Leider ist dann der Octave-Quellcode nicht mehr mit MATLAB kompatibel. In Octave lässt sich diese Konstruktion aber mittels while ... if ... break künstlich nachbilden. Aus Gründen der möglichst umfassenden Austauschbarkeit der Codes zwischen MATLAB und Octave vermeiden wir in diesem Buch diese Variante. Soweit diese Variante erforderlich ist, wird sie durch geeignete Initialisierung der Abbruchbedingungen

---

[3] Man mag darüber trefflich streiten, ob das letzte Beispiel ein gutes Vorbild für einen „guten" Programmierstil ist. Dogmatiker mögen hier reklamieren, dass break nichts anderes ist als ein kaschierter „go to" Befehl, der schon seit Jahrzehnten Ausdruck unzulänglichen Programmierstils ist, da dieser die Programme schlecht lesbar, schwer durchschaubar und wenig wartbar gestaltet. Dies mag eine Frage des persönlichen Stils sein; auf jeden Fall gilt die Empfehlung, den break Befehl nur in unbedingt notwendig erscheinenden Fällen zu benutzen und auf jeden Fall eine echte, sinnhafte und aussagekräftige Bedingung hinter while zu setzen. Konstrukte wie while true ... end sind nach Möglichkeit zu vermeiden, da für einen dritten Leser nicht sofort ersichtlich wird, worin die Abbruchbedingung besteht. Gerade in langen, komplexen Programmen wird dadurch die Undurchsichtigkeit und Fehlerträchtigkeit nur unnötig erhöht. Eine kluge Analyse des Problems und intelligente Kodierung kommen immer ohne break Anweisung aus. In ähnlicher Weise gelten diese Überlegungen für den Befehl continue, mit welchem innerhalb einer Schleife der Rest des Schleifenkörpers übersprungen und direkt zum Schleifenkopf zurückgekehrt wird, um den Eintritt in die nächste Schleifeniteration zu überprüfen.

vor dem Betreten der `while`-Schleife oder durch `break` nachgebildet, da MATLAB die Befehle
`do ... until` nicht kennt.

AUFGABEN
____

Aufg. 7.10 In der Statistik gibt es einen sog. *Runs-Test*, der sich für zahlreiche Fragestellungen
einsetzen lässt. Dieser basiert auf der Zählung von sog. *Runs*. Ausgangspunkt ist dabei eine
binäre Folge, z.B. von Nullen und Einsen wie 0001110101 oder eine Sequenz von Plus- und
Minuszeichen wie ++—+-+—; letztere kann natürlich leicht als binäre Folge aus Nullen und
Einsen dargestellt werden, die wir für die folgenden Betrachtungen zugrunde legen. Ein *Run* ist
dabei eine einheitliche Folge von (nur) Nullen bzw. (nur) Einsen. In z.B. 000111 sind zwei Runs
enthalten, in 00100 drei Runs, in 0101 vier Runs und in 00100011011 sechs Runs. Alternativ
lässt sich die Anzahl der Runs auch als Anzahl der Wechsel plus 1 ausdrücken. Schreiben Sie nun
eine universelle Funktion, welche als Input einen beliebig langen Vektor aus Nullen und Einsen
entgegen nimmt und die Anzahl der Runs zählt. Die Funktion soll auch prüfen, ob andere Zahlen
als Null oder Eins vorkommen und eine Fehlermeldung ausgeben, falls dies vorkommt. Schreiben
Sie zusätzlich ein Testskript oder testen Sie die Funktion auf der Kommandokonsole! Hinweis:
Die Lösung hier demonstriert die Nutzung von `while`–Schleifen. Speziell in MATLAB könnte
die Aufgabe auch anders gelöst werden. Wie es anders gehen könnte, wird im Online–Modul
aufgezeigt.
____

7.2.4. Die verschachtelte Schleife

Eine verschachtelte Schleife ist ein Konstrukt aus mehreren Schleifen, welche durch eine Abfolge
im Quellcode miteinander kombiniert werden. In den vorhergehenden Übungsaufgaben kamen
solche Konstruktionen bereits vor, indem Schleifen gleichen Typs ineinander verschachtelt wurden. Aber auch Schleifen unterschiedlichen Typs lassen sich beliebig ineinander verschachteln.
Für das folgende Beispiel wird angenommen, dass nicht nur die Ziehung einer Zufallszahl im
Fokus steht, sondern auch das wiederholte Zählen der Schritte, bis eine negative Zufallszahl
gezogen wurde. Damit lautet die Fragestellung: Wie oft muss im Mittel eine normalverteilte
Zufallszahl gezogen werden, bis eine negative Zahl auftritt? Damit wäre ein Programm hilfreich,
welches diese Simulationsstudie abbilden kann. Das abschließende Skript (Code: 7.9) im Themenfeld der Schleifen erläutert das Experiment. Hierzu sind die einzelnen Codezeilen über die
übliche Quellcode-Kommentierung mit zusätzlichen Hinweisen zum Verständnis versehen.

Quellcode 7.9: Kombination von Schleifen

```
 1 % bSkript_Kombi_forUndWhileSchleife: Beispiel fuer die Kombination von
 2 % unterschiedlichen Schleifentypen.
 3 clear;clc;
 4 % Konsolenhinweis fuer den Benutzer.
 5 fprintf('Start der Versuchsreihe - Bis zur ersten negativen Zufallszahl: \n');
 6
 7 % Die for-Schleife mit dem Schleifenkopf. Die Anzahl der
 8 % Schleifendurchlaeufe betraegt 1000000. Der Indexwert startet
 9 % mit einer eins und endet bei der Zahl 1000000.
10
```

```
11  %  Allozieren  des  Speichers.
12  vZiehung = NaN(1000000,1);
13
14  for iIndex=1:1000000
15
16      %  Die  zu  ziehende  Zahl  mit  dem  Startwert  randn.
17      %  Vom  Datentyp  double.
18      dZahl = randn;
19
20      %  Counter  (Zaehlt  die  Schritte  der  Schleife).
21      iCounter = 1; %  Initialwert  des  Counters  wird  1  gesetzt.
22
23      while dZahl >= 0  %  Beginn  der  While - Schleife.
24          iCounter = iCounter + 1;
25          dZahl = randn(1);
26      end %  Das  Ende  der  While - Schleife.
27
28      %  Optionale  Konsolenausgabe
29      %fprintf('Anzahl  der  Ziehungen ,  bis  Zahl  negativ:  %d\n',iCounter);
30
31      %  Speichert  die  Anzahl  der  Ziehung  an  der  Indexposition  der  Schleife.
32      vZiehung(iIndex) = iCounter;
33      %  vZiehung  speichert  pro  Schleifendurchlauf  (iIndex).
34  end %  Das  Ende  der  For - Schleife.
35
36  %  Berechnung  der  durchschnittlichen  Ziehungen  im  Versuchsablauf.
37  dDurchschnittlicheZiehungen = mean(vZiehung); %  Durchschnitt  Berechnung.
38
39  %  Die  Konsolenausgabe.
40  fprintf('1000000 Versuchsreihen sind vollzogen! \n');
41  fprintf('Durchschnittliche Ziehungen: %d\n', dDurchschnittlicheZiehungen);
```

Zur Vereinfachung und um einen Eindruck der Quellcodeumsetzung zu vermitteln, ist nachfolgend eine mögliche Ausgabe aufgeführt:

Quellcode 7.10: Ausgabe der kombinierten Schleifen

```
1       Start der Versuchsreihe - Bis zur ersten negativen Zufallszahl:
2       Anzahl der Ziehungen, bis Zahl negativ: 3
3       Anzahl der Ziehungen, bis Zahl negativ: 1
4       Anzahl der Ziehungen, bis Zahl negativ: 4
5       ...
6       Anzahl der Ziehungen, bis Zahl negativ: 2
7       Anzahl der Ziehungen, bis Zahl negativ: 2
8       1000000 Versuchsreihen sind vollzogen!
9       Durchschnittliche Ziehungen: 2
```

AUFGABEN

Aufg. 7.11 Sie möchten Würfelexperimente näher untersuchen, und zwar interessiert Sie die Verteilung der Anzahl an Würfen eines gewöhnlichen Würfels mit 6 Augen, die es dauert, bis eine 6 geworfen wurde. Sie möchten dafür ein Häufigkeitsdiagramm anfertigen, welches diese Verteilung visualisiert. Schreiben Sie ein Skript zur Lösung dieses Problems und probieren Sie es für eine Anzahl von 100 Versuchen aus!

Aufg. 7.12 Ihnen wird folgendes Glückspiel angeboten: Es wird eine faire Münze geworfen (Kopf und Zahl sind gleich wahrscheinlich). Wird Zahl geworfen, so ist das Spiel beendet und Sie bekommen 1 Euro. Wird jedoch Kopf geworfen, dürfen Sie ein weiteres Mal werfen. Wird jetzt im zweiten Wurf Zahl geworfen, ist das Spiel beendet und Sie bekommen 2 Euro. Bei Kopf dürfen Sie wieder werfen. Kommt jetzt Zahl, bekommen Sie 4 Euro und das Spiel ist beendet, bei Kopf dürfen Sie wieder werfen; usw. Mit jeder Runde, die man in diesem Spiel weiterkommt, wird also die Auszahlung (bei Abbruch) verdoppelt. Als Einsatz, um dieses Spiel spielen zu dürfen, werden 10 Euro verlangt.

Um dieses Spiel besser zu verstehen, schreiben Sie eine Simulation. Es interessiert Sie die Verteilungen davon, wie viele Runden man weiterkommt bzw. im Spiel bleibt und wie hoch die möglichen Auszahlungen sind. Beides möchten Sie anhand eines Häufigkeitsdiagramms visualisieren. Schreiben Sie ein Skript zur Lösung dieses Problems und probieren Sie es für eine Anzahl von 100 Versuchen aus! Wie hoch ist die mittlere Auszahlung in diesen 100 Experimenten? Würden Sie an dem Spiel teilnehmen?

7.3. Die try-catch-Anweisung

Eine weitere wichtige Kontrollstruktur ist die sogenannte *try-catch-Anweisung*. Der Name dieser Struktur ist eine prägnante Beschreibung für die tieferliegende Funktion. Der *try-Block* versucht zunächst die eigentlich beabsichtigte Anweisung auszuführen. Misslingt der Versuch, wird der *catch-Block* aktiv und führt den alternativen Quellcode aus, sodass potenzielle Fehlerquellen abgefangen werden und es nicht zu einem kompletten Programmabbruch kommt. Die *try-catch-Strukturen* sind hilfreich, um Fehlerfälle abzudecken. Gerade bei komplexen Programmstrukturen kann der *catch-Block* aufkommende Fehler bei der Ausführung des Programmcodes erfassen und entsprechend reagieren. Zum Beispiel kann im Fehlerfall eine Ausgabe auf der Konsole erfolgen, sodass der Benutzer entsprechend informiert wird. Damit kommt der Deklaration von Fehlermeldungen innerhalb der *try-catch-Anweisung* eine wichtige Rolle zu. Die Darstellung (Abb. 7.6) gibt einen Eindruck der prinzipiellen Funktionsweise.

Folgendes Szenario verdeutlicht die Funktionsweise der try-catch-Anweisung: Der Programmierer steht gemeinsam mit MATLAB vor dem Teig. MATLAB möchte Äpfel aus dem Schrank holen, um diese klein zu schneiden und dem Teig hinzuzufügen. An dieser Stelle stellt MATLAB fest, dass keine Äpfel mehr vorhanden sind. In diesem Fall würde MATLAB ohne weitere Anweisung die Arbeit einstellen. Mittels einer *try-catch-Anweisung* bringt der Programmierer dem Programm bei, wie es verfahren soll, wenn keine Äpfel mehr da sein sollten. In diesem Fall möge es doch bitte über diesen Sachverhalt informieren und einfach ohne Äpfel weiter machen bzw. stattdessen Birnen verwenden.

An dieser Stelle stellt sich die Frage, warum keine *If-Anweisungen* zum Einsatz kommen. Der Hintergrund besteht darin, dass mit If-Abfragen voraussehbare Fehler behandelt werden können. Mit Hilfe von *try-catch-Anweisungen* besteht die Möglichkeit, auf allgemeine Fehler zu reagieren, die nicht oder nur sehr bedingt vorhergesehen werden können.

Das folgende Beispiel (Code 7.11) gibt einen Einblick in die Implementierung von *try-catch-Anweisungen*. Zunächst wird ein Datenfeld angelegt, welches aus einer 3×3 Matrix aus Zufallszahlen besteht. Das MATLAB-Objekt wird über die Anweisung `rand(3,3)` (analog zum Kap. 3.4) erzeugt. Diese Zufallszahlen simulieren in diesem Fallbeispiel Ergebnisse aus einer

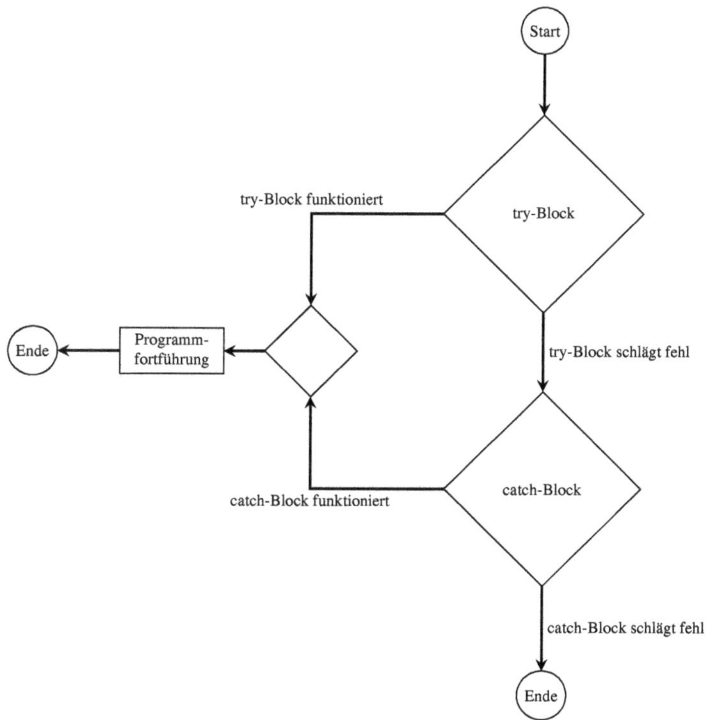

Abbildung 7.6.: Die Abbildung visualisiert das Funktionsprinzip der try-catch-Anweisung. Im ersten Schritt wird versucht, den try-Block auszuführen. Dieser beinhaltet den Codeabschnitt, der abgearbeitet werden soll. Der catch-Block greift dann, wenn der try-Block fehlschlägt.

Berechnung. Im nächsten Schritt soll bewusst auf die Matrixposition `mDaten(4,4)` zugegriffen werden.[4] Allerdings besteht hierbei das Problem, dass es diese Position innerhalb der Matrix nicht gibt. Damit wird versucht, auf eine nicht existente Indexposition zuzugreifen. Im Regelfall wird hier eine MATLAB-interne Fehlermeldung auf der Konsole ausgegeben. In der Sprache der Informatik heißt es: MATLAB *wirft* eine Fehlermeldung aus. Wird der unten stehende Code (7.11) bis zu diesem Schritt ausgeführt, dann wirft MATLAB die folgende systemeigene Fehlermeldung aus: `Attempted to access mDaten(4,4); index out of bounds because size(mDaten)=[3,3]`. Mit der entsprechenden Codezeilenangabe, welche den Fehler verursacht hat, kann eine Fehleranalyse begonnen werden: `Error in bSkriptTryCatch (line 18) mWert = mDaten(4,4);`.

Diese Fehlermeldungen sind hilfreich, um genauer den Code auf Fehler zu analysieren. Durch diese Hinweise ist es nun möglich, in die Fehlerbehebung zu gehen. In diesem Fall muss eine

---

[4] Das hier vorgestellte Beispiel ist natürlich inhaltlich sinnlos, da per Konstruktion die Unzulässigkeit des Indexzugriffs klar ist. Mit diesem Beispiel soll lediglich ein Fehlerfall simuliert werden, bei dem erst zur Laufzeit des Programms eine solche Fehlerbedingung entsteht.

Lösung gefunden werden, wie mit einer nicht vorhanden Indexposition weiter zu arbeiten ist. Dies gelingt mittels *try-catch-Anweisung*.

Im *try-Block* wird zunächst der herkömmliche Standardfall definiert. Für dieses Szenario ist es der Indexzugriff `mWert = mDaten(4,4);`. Die vordefinierte Funktion `try` leitet die Deklaration des Standardfalls ein, deren Ausführung zunächst versucht (engl. *try*) werden soll.

Im Anschluss daran folgt die Deklaration für die *Abfang-Anweisung* (engl. *catch*), die als *catch-Block* definiert wird. Analog hierzu wird dieser Abschnitt mit der vordefinierten Funktion `catch` eingeleitet. Genau genommen wird durch die Anweisung `catch err` die MATLAB-interne Fehlermeldung abgefangen, sodass für diese Fehlermeldung eine andere Anweisung formuliert wird. Die Ausgabe auf der Konsole wird mit der Funktion `fprintf` erzielt. Diese Funktion bekommt in der Parameterklammer einen beliebigen `String` übergeben, welchen der Nutzer selbst erstellen kann. Somit kann die gewünschte Fehlermeldung in Form einer eigenen Konsolen-Ausgabe selbst deklariert werden. Der Abschluss der gesamten *try-catch-Anweisung* erfolgt durch ein `end`.

Quellcode 7.11: Try and Catch - Anweisung

```
1  % bSkript_TryCatch.m
2  % Der Versuch auf einen nicht vorhanden Wert zuzugreifen.
3  clear;clc;close all;
4  % Generiere eine Matrix mit Zufallszahlen
5  mDaten = rand(3,3);
6  % Simulation einer fehlerhaften Indexberechnung
7  iIdx = 4;
8
9  % Try-Catch-Anweisung.
10 try
11     % Simulation eines Fehlers zur Laufzeit: Durch z.B. fehlerhafte
12     % Berechnung eines Indices erfolgt ein fehlerhafter Zugriff; zur Zeit
13     % des Schreibens des Programms ist dies aber nicht offensichtlich.
14     dWert = mDaten(iIdx,iIdx);
15 catch err
16     fprintf('Der Zugriff ist nicht moeglich, Index nicht vorhanden \n');
17 end
```

Im nächsten Beispiel werden zunächst die Matrizen mA und mB angelegt. Sie bestehen beide aus Pseudozufallszahlen und sollen im Anschluss zu mC zusammengeführt werden. Dieses Szenario kann zum Beispiel bei unterschiedlichen Berechnungen vorkommen. Das Ziel ist es, die Ergebnisse in eine einzige Variable zu schreiben. Hierbei kann es nun passieren, dass in einer der Berechnungen etwas nicht nach Plan verläuft, sodass die Datenfelder am Schluss unterschiedliche Größen aufweisen. Damit wird die Zusammenführung problematisch. Dieser Fall wird nun durch eine entsprechende Kontrollstruktur abgesichert.

Quellcode 7.12: Try and Catch - Anweisung - Fehlermeldungen abfangen

```
1  % bSkript_tryCatchKomplex
2  clear;clc;
3  % Anlegen von mA mit 10 * 10 Pseudozufallszahl.
4  mA = randn(10);
5  % Anlegen von mB mit 9 * 9 Pseudozufallszahl.
6  mB = randn(9);
7
8  % Der Versuch mA und mB zu vereinen.
9  try
```

```
10       mC = [mA; mB];
11       % Abfang der Fehlermeldung.
12 catch ME
13       if isempty(ME.identifier)
14           fprintf('Ein Fehler ist aufgetreten!\nFehlermeldung: %s\n', ...
15             ME.message);
16       else
17           fprintf('Ein Fehler ist aufgetreten!\n Fehlertyp: %s\n Fehlermeldung: %s\n', ...
18             ME.identifier, ME.message);
19       end
20 end
```

Der Beispielcode (Code: 7.12) ist bewusst so gewählt, dass die Zusammenführung von mA und mB zu mC unzulässig ist. Das Ziel besteht darin, die Fehlermeldung von MATLAB abzufangen und damit einen Abbruch zu vermeiden. Im catch-Block könnten nun sophistizierte Fehlerbehandlungen erfolgen, die z.B. versuchen, Probleme in den Daten aufzuspüren, zu reparieren und die Operation doch noch durchzuführen. In unserer kleinen Beispiel-Simulation werden solche aufwändigen Reparaturvorgänge nicht unternommen, sondern lediglich die Fehlermeldung aufbereitet. Hierzu finden sich in der Funktion fprintf zwei zusätzliche Zugriffe. ME.identifier ermöglicht es, die Art der Fehlermeldung zu identifizieren. Zusätzlich wird mit ME.message die ursprüngliche Fehlermeldung auf der Konsole ausgegeben. Dies ist sinnvoll, um den Anwender explizit auf den entstandenen Fehler hinzuweisen. Mit Hilfe von \n wird ein Zeilenumbruch erzeugt, sodass die Ausgaben an der jeweiligen Stelle untereinander stehen. Das Ergebnis der Konsolenausgabe stellt sich wie folgt dar:

```
1 >> bSkript_tryCatchKomplex
2 Ein Fehler ist aufgetreten:
3 Fehlertyp: MATLAB:catenate:dimensionMismatch
4 Fehlermeldung: Dimensions of matrices being concatenated are not consistent.
```

Der Einsatz von *try-catch* Kontrollstrukturen ist nicht an jeder Stelle des Programmes erforderlich. Es wäre auch viel zu aufwändig, wenn jeder Programmabschnitt auf potenzielle Fehler geprüft werden würde. Der Einsatz dieser Strukturen bietet sich allerdings bei besonders kritischen Programmcodezeilen an.

AUFGABEN

Aufg. 7.13 Sie möchten gerne eine Funktion zur Berechnung des natürlichen Logarithmus schreiben. Dafür gibt es in MATLAB die Funktion log. Grundsätzlich erscheint Ihnen diese Funktion sehr geeignet. Allerdings liefert dieses Funktion einen Fehler, wenn das Argument der Funktion nicht numerisch, also z.B. ein String ist. Sie möchten das Verhalten dieser Funktion so modifizieren, dass jetzt in einem Fehlerfalle der Wert NaN zurückgeliefert wird. Außerdem soll der Anwender auf der Konsole eine Warnung über den aufgetretenen Fehler erhalten. Jedoch soll Ihre Funktion nicht mit einem Fehler abbrechen. Schreiben Sie also eine eigene Funktion fMyLog, die diese Eigenschaften besitzt. Testen Sie Ihre Funktion mit Hilfe eines Testskripts.

7.4. Die Aufwandsbetrachtung und Programmcodeoptimierung

In einer Vielzahl von Anwendungsfeldern sind schnelle Berechnungsabläufe eine wichtige Eigenschaft. Darum erscheint es sinnvoll bei der Programmierung der Berechnungsalgorithmen darauf zu achten, effiziente Quellcodeabschnitte für die unterschiedlichen Teilaufgaben zu nutzen. Die Identifikation einer effizienten Methode für die jeweiligen Codeabschnitte erfolgt in der Programmierung üblicherweise mit Hilfe einer *Aufwandsabschätzung*.

Um ein besseres Verständnis der Aufwandsabschätzung zu erhalten, wird MATLAB noch einmal in der fiktiven Backstube aktiv. Das Programm hat die Aufgabe gestellt bekommen, die Äpfel für den Apfelkuchen zu schneiden. Insgesamt sollen zehn Äpfel gewaschen, geschält, geachtelt und anschließend auf den Teig gelegt werden. Für diesen Arbeitsprozess gibt es mehrere Ansätze der Bearbeitung. Zum Beispiel wäre es möglich, zunächst die Anweisung für jeden Apfel separat zu beschreiben: Zehn mal hintereinander aufzuschreiben: Apfel Nr. 1 = Waschen, schälen, achteln und dem Kuchen hinzufügen. Apfel Nr. 2 = [...]. Alternativ können diese Arbeitsschritte wie folgt zusammengefasst werden: 10 * [Apfel waschen, schälen, achteln und dem Kuchen hinzufügen]. Das Ergebnis ist in beiden Fällen identisch, aber die zweite Variante ist effizient umgesetzt. In der professionellen Programmierung werden diese Aufwendungen mit Hilfe der feinen bzw. groben Aufwandsabschätzung betrachtet, um Algorithmen in Unabhängigkeit der zugrundeliegenden Hardware vergleichen zu können. Mit Hilfe der asymptotischen Komplexität werden die einzelnen Programmkomponenten, wie zum Beispiel Zuweisungen, Schleifen und If-Bedingungen, mit Aufwandskennzahlen versehen und verglichen. Eine detaillierte Betrachtung der mathematischen Methoden dieser Konzepte ist für dieses Buch nicht zweckmäßig. Vielmehr sollen die folgenden Grundregeln und Hilfsmittel helfen, ein Gefühl für effiziente Programmierung zu erhalten. Ein einfaches Instrument zur Aufwandsbetrachtung kann die Zeitmessung sein. MATLAB bietet hierzu die Befehle `tic` und `toc` an. Sie umschließen den Quellcode und messen die Zeit, bis der Code vollständig ausgeführt wurde.

Die Stärke des Programms MATLAB liegt in den Matrizenoperationen. Mit etwas Übung wird der interessierte Leser feststellen, dass bestimmte Fragestellungen unterschiedliche Lösungsansätze bieten. Im Allgemeinen ist es ratsam diejenige Formulierung eines Algorithmus zu suchen, die sich in Matrizenoperation ausdrücken lässt. Klassische skalare Operationen innerhalb von Schleifen sind dagegen eher langsam. Dies erfordert gerade von „Umsteigern" aus anderen Programmiersprachen ein erhebliches Umdenken. Ein weiterer wichtiger Aspekt der Qualitätssicherung der eigenen Quellcodes ist die Suche nach Schwachstellen im Code. Hierzu eignet sich der *Profiler*, welcher durch den Button *run and time* im Editor-Fenster aktiviert werden kann. Dieses Tool analysiert den geschrieben Code. Hierzu wird die Zeit, die Anzahl der Aufrufe, sowie die partielle Zeit der Funktionen im Verhältnis zur Gesamtzeit gemessen. Die Auswertung ermöglicht es dem Programmierer, gezielt nach Codestellen zu suchen, die sehr viel Zeit bzw. Aufrufe benötigen. Verteilt sich der Zeitaufwand des Codes an einigen Stellen nicht gleichmäßig über den gesamten Code, ist dies ein Indikator für eine potenzielle Schwachstelle. Der Code 7.13 zeigt das Vorgehen der Codeanalyse mit Hilfe des *Profilers*, wobei der *Profilers* selbstständig vom Skript aufgerufen wird. Hierzu wird mit Hilfe zweier Schleifen eine Matrix erzeugt, welche in jedem Eintrag eine gleichverteilte Pseudozufallszahl zwischen 0 und 1 enthält.

Nach der `for`–Schleife erfolgt die Erstellung von gleichverteilten Pseudozufallszahlen zwischen 0 und 1 mit Hilfe des direkten Funktionsaufrufes `rand(1000)`.[5]

Quellcode 7.13: Quellcode Analyse mit dem Profiler

```
1  % bSkript_Codeanalyse mit Hilfe des Profiler
2  % Dieses Skript liefert einen Beispielcode zum Vorgehen mit dem Profiler
3  clear;clc;close all;
4  % Einschalten Profiler
5  profile on;
6
7  % Anlegen einer Matrix mit 1000 x 1000 gleichverteilten Pseudozufallszahlen.
8  % Die Zahlen liegen im Wertebereich zwischen 0 und 1.
9  mForSchleifenZufall = zeros(1000);
10 for iIndex = 1:1000
11     for jIndex = 1:1000
12         mForSchleifenZufall(iIndex, jIndex) = rand(1);
13     end
14 end
15
16 % Anlegen einer Matrix mit 1000 x 1000 Pseudozufallszahlen - Funktion
17 % Funktionsauruf
18 mFunktionZufall = rand(1000);
19
20 % Ausschalten profiler
21 profile off;
22 % Ergebnisse anzeigen
23 profile viewer;
```

Das Analysetool liefert für den Code 7.13 die Auswertungsstatistik in Abb 7.7.

Besonderes hervorzuheben ist, dass der Indexzugriff der Schleife viel Zeit kostet. Die beiden Schleifen benötigen für das Ergebnis 95,1 Prozent der Zeit, wohingegen der Funktionsaufruf für dasselbe Ergebnis mit 0,7 Prozent auskommt. Dieser verhältnismäßig kleine Code gibt einen ersten Einblick über dieses mächtige mitgelieferte Tool. Insbesondere für die Qualitätssicherung und Performance ist dieses Werkzeug eine hilfreiche Ergänzung.

Wir nutzen bereits eine Vielzahl von vordefinierten Funktionen von MATLAB.[6] Diese sind in der Regel ressourcenarm verwendbar. Die Primzahlen von 1 bis 100 können beispielsweise durch eine Schleife realisiert werden, die alle Zahlen von 1 bis 100 durchläuft und dabei analysiert, ob es sich bei der jeweiligen Zahl um eine Primzahl handelt. Im Gegensatz dazu kann mit dem vordefinierten Befehl `primes(100)` das gleiche Resultat mit einem Bruchteil der benötigten Rechenleistung erzielt werden. Diese Funktion generiert eine Liste von Primzahlen im natürlichen Zahlenspektrum von 1 bis 100. Der Vorteil entsteht daraus, dass die vordefinierten Funktionen direkt im Systemkern verankert sind. Das MATLAB-System muss bei ihnen keine Codeinterpretation vornehmen, wie es bei einer selbstgeschriebenen Anweisung der Fall ist. Dies führt zu einer erhöhten Effizienz.

Die Umsetzung von Problemlösungen mit Hilfe von Schleifen, wie in den meisten anderen Programmiersprachen üblich, sollte mit Vorsicht eingesetzt werden. Schleifen benötigen in MATLAB vergleichsweise hohen Ressourceneinsatz. Die sich wiederholenden Durchläufe und

---

[5] Die Aufwandsbetrachtung ist in Octave anders organisiert. Daher ist in Octave das Skript `bSkript_QuellcodeAnalyseProfiler_Octave.m` aus den Unterlagen zu verwenden.

[6] Wir verweisen hier auf den kleinen Exkurs in Abschnitt 2.7 zur Codeausführung in Matlab.

bSkript_QuellcodeAnalyseProfiler (Calls: 1, Time: 0.525 s)
Generated 09-Oct-2020 09:52:03 using performance time.

Copy to new window for comparing multiple runs

Refresh

☑ Show parent functions ☑ Show busy lines ☑ Show child functions
☑ Show Code Analyzer results ☑ Show file coverage ☑ Show function listing

Parents (calling functions)
No parent

Lines where the most time was spent

Line Number	Code	Calls	Total Time	% Time	Time Plot
13	`mForSchleifenZufall(iIndex, jI...`	1000000	0.465 s	88.4%	▬▬▬▬▬
14	`end`	1000000	0.039 s	7.4%	▮
19	`mFunktionZufall = rand(1000);`	1	0.014 s	2.7%	▌
22	`profile off;`	1	0.005 s	0.9%	❘
10	`mForSchleifenZufall = zeros(10...`	1	0.002 s	0.3%	
All other lines			0.001 s	0.2%	
Totals			0.525 s	100%	

Abbildung 7.7.: Ausschnitt der Profiler-Übersicht für das MATLAB–Skript.

Anweisungen, eventuell verbunden mit einer weiteren Komplexitätszunahme durch eine weitere Schleife oder zusätzliche Bedingungsprüfungen, erfordern im Vergleich zu anderen Lösungen mehr Rechenleistung. Der Hintergrund ist, dass MATLAB eine sogenannte *Interpreter*-Sprache ist. Der verfasste Code wird zeilenweise vom Interpreter eingelesen und abgearbeitet. Im Gegensatz zu *Compiler-Sprachen* erfordert dieses Verfahren zusätzliche Rechenzeit zur Ausführung der Codezeilen. Der Interpreter muss die Codezeilen beständig neu übersetzen, um diese zu bearbeiten. Diese Tatsache führt gerade bei *while-Schleifen* und *for-Schleifen* zu einer erhöhten Ausführungszeit. Jedoch besitzt MATLAB einen sogenannten *Just-in-Time-Compiler*. Dieser übersetzt den geschriebenen Code in einen Zwischencode. Damit wird bei mehrmaliger Iteration die Ausführungsgeschwindigkeit erhöht. Dieser *Just-in-Time-Compiler* ist im Gegensatz zu anderen Programmen maßgeblich für die schnellere Ausführungsgeschwindigkeit von MATLAB, gerade im Vergleich zu Octave, verantwortlich. Dennoch wird dadurch nicht die Ausführungsgeschwindigkeit klassischer Compiler-Sprachen erreicht.

Die Abbildung (Abb. 7.8) illustriert den Bearbeitungsprozess, der bei Benutzereingaben über die Konsole oder bei der Ausführung eines Skriptes aufgerufen wird. Im Regelfall erfolgt die Eingabe durch die Benutzeroberfläche auf der Konsole oder aus einer Datei, einem Skript bzw. einer Funktion. Diese Eingabe wird zeilenweise durch den Interpreter interpretiert und übersetzt. Dabei wird bei MATLAB ein sogenannter *Just-in-Time-Compiler* benutzt, der den analysierten Code in einen Zwischencode übersetzt. Dadurch ist MATLAB bei wiederholten Anweisungen (Schleifen) schneller als z.B. *Octave*. Im Gegensatz zu MATLAB arbeitet *Octave* ohne einen *Just-in-Time-Compiler*. Durch diesen *Just-in-Time-Compiler* kann der Code schneller ausgeführt werden. Der

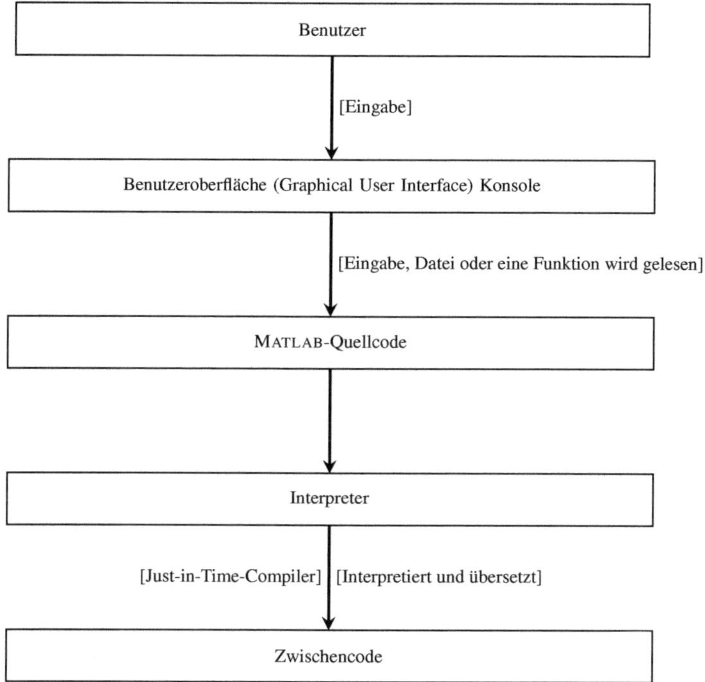

Abbildung 7.8.: Die Abbildung zeigt den Verarbeitungsprozess bei einer Benutzereingabe.

Vorteil bei den im Systemkern integrierten MATLAB-Funktionen besteht darin, dass sie nicht zusätzlich durch den Interpreter und den *Just-in-Time-Compiler* übersetzt werden müssen. Sie liegen direkt im Systemkern als optimierte Codesequenz vor und können auf der Hardwareebene ausgeführt werden. Dies geschieht analog zu den Systemfunktionen von *Octave*. Daher kann bei der Verwendung von System-eigenen Funktionen durch die unterschiedlichen Software-Tools kein wesentlicher Unterschied gemessen werden. Die Stärke von MATLAB besteht genau genommen aus dem *Just-in-Time-Compiler*. Davon profitieren selbstgeschriebene Codeabschnitte, insbesondere while- und for-Schleifen, welche bei jeder Iteration erneut eingelesen, interpretiert und übersetzt werden müssen.

7.5. Fallstudie Wetterdaten

7.5.1. Daten zerlegen

Nachdem wir uns jetzt umfänglich mit Kontrollstrukturen beschäftigt haben, sind komplexere Datenanalysen deutlich leichter als bisher. Deshalb wollen wir auch ab jetzt einen sehr viel umfangreicheren Datensatz betrachten, den wir mit Hilfe des Befehls `load('WetterDatenVorbereitet.mat')` in den Arbeitsspeicher laden. Wie bisher sind nach diesem Ladebefehl zwei Datenobjekte vorhanden sind. Das Cell-Array cColNames enthält die Spaltenbeschriftungen (Variablennamen) als Strings (Character-Arrays). Neu ist die Matrix mData, welche die Wetterdaten einer Vielzahl an Stationen enthält. Der strukturelle Aufbau dieser Datenmatrix ist identisch mit den vorhergehenden. Die erste Spalte enthält die Identifikationsnummer der Wetterstation, dann folgen in Spalte 2 und 3 der Beginn sowie das Ende der jeweiligen Messperiode, danach folgen in den weiteren Spalten die zugehörigen Messdaten in rein numerischer Form (keine alphanumerischen Inhalte).

Der Unterschied zu den vorhergehenden Datenmatrizen besteht hier allein in der Größe der Datenmatrix, welche nicht nur die Messwerte für eine, sondern für sehr viele Wetterstationen enthält. Dabei sind die Messwerte für die Beobachtungsstationen sozusagen „gestapelt", folgen also pro Station nacheinander. Dies erlaubt eine sehr kompakte Darstellung aller Daten als Matrix. Der Nachteil dieser Darstellungsform ist es allerdings, dass die Daten der einzelnen Wetterstationen nicht mehr separiert voneinander sind und gegebenenfalls - wenn z.B. Auswertungen nur für eine bestimmte Station erfolgen sollen - geeignet wieder zerlegt werden müssen. Dies war etwa in den vorhergehenden Fallstudienteilen notwendig gewesen, da dort nur die Daten bestimmter Stationen betrachtet wurden. Die erste Aufgabe möge es daher sein, die große Matrix in Teilmatrizen, je eine pro Wetterstation, zu zerlegen.

Wir möchten daher die große Matrix mData in einzelne Matrizen pro Wetterstation zerlegen und als separate Matlab-Datei abspeichern, damit ein leichter Zugriff auf die einzelnen Wetterstationsdaten möglich ist. Das Programmlisting 7.14 zeigt auf, wie das Einlesen, das Separieren der Daten sowie das Abspeichern der Daten pro Station gelingt.

Quellcode 7.14: Daten nach Stationsnummern zerlegen

```
 1  % Skript zum Zerlegen der Wetterdaten auf einzelne Stationen
 2  clear; clc; close all;
 3  % Daten laden
 4  load('WetterDatenVorbereitet.mat');
 5
 6  % Stationsid extrahieren
 7  vStationID = mData(:,1);
 8  iMaxID = max(vStationID);
 9
10  % Daten zerlegen
11  for iIdx=1:iMaxID
12      mDataStation = mData(vStationID == iIdx,:);
13      if ~isempty(mDataStation)
14          sFilename = sprintf('WetterDatenStation%d.mat',iIdx);
15          % Simulation: Nur Ausgabe Dateiname
16          fprintf('Schreibe Datei: %s\n',sFilename);
17          % Aktivieren fuer tatsaechliches Schreiben
18          %save(sFilename,'cColNames','mDataStation');
19      end
20  end
```

Im Programmlisting 7.14 wird der Dateiname nach der Nummer der Station gebildet, z.B. 'WetterDatenStation72.mat', in dem wir eine Verkettung von 'WetterDatenStation' und '.mat' mit der Nummer der jeweiligen Station vornehmen. Wir hätten den Dateinamen mit dem Befehl sFilename = ['WetterDatenStation',str2num(iIdx),'.mat']; anlegen können. Ferner speichern wir nicht nur die Daten, sondern auch die Spaltenüberschriften mit dem auskommentierten Befehl save(sFilename,'cColNames','mDataStation'); ab. Mit der

Funktion `save` werden wir uns im nächsten Kapitel ausführlich beschäftigen. Der Befehl ist an dieser Stelle auskommentiert, weil das Zerlegen der gesamten Daten in viele einzelnen Dateien sehr, sehr viele Datendateien erzeugt. Anstatt tatsächlich die Daten zu speichern, haben wir das Abspeichern auch nur „simuliert", indem wir nur eine Meldung auf der Konsole ausgeben, wie z.B. `Schreibe Datei: WetterDatenStation1.mat`, ohne dies tatsächlich zu tun.

7.5.2. Analysedatensatz zusammenstellen

Neben dem Zerlegen von Daten ist eine andere, häufig anzutreffende Aufgabe die Zusammenstellung eines Analysedatensatzes nach bestimmten Kriterien. Im Beispiel unseres Wetterdatensatzes könnte z.B. die Frage sein, ob es einen Zusammenhang zwischen Sonnenscheindauer und Lufttemperatur gibt. Diesen Zusammenhang hatten wir bereits exemplarisch in Abschnitt 5.2.2 mit Hilfe eines Scatterplots für die Wetterstation 72 untersucht. Nun möge die Aufgabenstellung darin bestehen, diesen Zusammenhang für einen bestimmten Zeitpunkt, z.B. Mai 1989, über alle Wetterstationen zu untersuchen. Somit besteht die Aufgabe darin, alle Beobachtungen von Sonnenstunden und Lufttemperatur für den Zeitpunkt Mai 1989 zusammenzustellen.

Quellcode 7.15: Analysedatensatz erstellen

```
1  % Analysedatensatz fuer Mai 1989 zusammenstellen
2  clear; clc; close all;
3  % Daten laden
4  load('WetterDatenVorbereitet.mat')
5
6  % Festlegung des Zeitpunktes der Beobachtung
7  iMonat = 5;
8  iJahr = 1989;
9
10 % % Loesung unter Matlab
11 % % Umwandlung der Datumswerte in Matlabformat
12 % vDatum = datenum(num2str(mData(:,2)),'yyyymmdd');
13 % % Monats- und Jahresabgaben separieren
14 % vMonat = month(datetime(vDatum,'ConvertFrom','datenum'));
15 % vJahr = year(datetime(vDatum,'ConvertFrom','datenum'));
16
17 % % Loesung unter Octave und Matlab, dort month und year nicht vorhanden
18 vJahr = fix(mData(:,2) ./ 10000);
19 vMonat = fix(mData(:,2) ./ 100) - vJahr * 100;
20
21 % Zeitpunkt selektieren
22 lIndx = vMonat == iMonat & vJahr == iJahr;
23
24 % Daten zusammenstellen, inkl. Spaltenbeschriftungen
25 mAnalyseDaten=mData(lIndx,[9 6]);
26 cNames=cColNames(1,[9 6]);
27
28 % Ungueltige Werte entfernen
29 lNotValid = mAnalyseDaten(:,1) == -999 | mAnalyseDaten(:,2)==-999;
30 mAnalyseDaten = mAnalyseDaten(~lNotValid,:);
31
32 % Abspeichern
33 save('AnalyseDaten.mat','mAnalyseDaten','cNames');
```

Programmlisting 7.15 erstellt einen solchen Datensatz für die Analysezwecke. Im Programmlisting wird der entsprechende Zeitpunkt ausgewählt, wobei die Nutzerin auch einen anderen Monat und/oder Jahr auswählen könnte. Der Analysedatensatz beinhaltet die Messwerte von

Sonnenscheindauer und Lufttemperatur in Form einer $N \times 2$ Matrix, wobei N die Anzahl gültiger Beobachtungen ist. Die ungültigen Beobachtungen sind im originären Datensatz mit der Zahl -999 markiert. Im obigen Programmlisting werden die ungültigen Beobachtungspaare vor dem Abspeichern entfernt. Dabei wird angenommen, dass ein Beobachtungspaar fehlerhaft ist, wenn mindestens eine Beobachtung (Sonnenscheindauer oder Lufttemperatur) gleich -999 ist. Der Analysedatensatz wird dann abgespeichert, wobei wir im nächsten Kapitel auf die Funktion `save` eingehen werden.

AUFGABEN

Aufg. 7.14 Führen Sie das vorgestellte Skript 7.15 fort, indem nun alle Zeitpunkte (Monate, Jahre) beginnend vom ersten bis zum letzten Beobachtungszeitpunkt betrachtet werden. Ermitteln Sie dazu den ersten und letzten Beobachtungszeitpunkt und stellen Sie für alle dazwischenliegenden Zeitpunkte die Daten wie in der vorhergehenden Aufgabe beschrieben zusammen. Die Daten eines Beobachtungszeitpunktes sollen in einer Datei mit Namen z.B. `'AnalyseDaten_5_1989.mat'` abgespeichert werden, wobei die erste Zahl den Monat und die zweite Zahl das Jahr beschreibt. Außerdem soll ein Analysedatensatz nur dann abgespeichert werden, wenn für diesen mindestens 20 gültige Beobachtungspaare vorliegen. Hinweis: Auch hier können Sie das Abspeichern nur simulieren, indem Sie einfach nur den Dateinamen auf der Konsole ausgeben.

7.5.3. Metadaten zusammenstellen

Bei sehr umfangreichen Datensätzen ist es für spätere, komplexe Datenanalysen zumeist hilfreich, über Meta-Informationen des Datensatzes zu verfügen. Im Beispiel der Wetterdaten sind wichtige Meta-Daten z.B.: die Zusammenstellung aller vorkommenden Stationsidentifikationsnummern, Beginn und Ende der Messungen für eine Station, die Anzahl gültiger Beobachtungen bei einer bestimmten Station bezüglich der einzelnen Messkategorien usw. Derartige Meta-Informationen stellen schon für sich eine erste Datenanalyse dar und erlauben es zugleich, gezieltere Zugriffe im Datensatz vorzunehmen, indem z.B. Stationen mit zu wenigen gültigen Beobachtungen von der Analyse ausgeschlossen werden.

Quellcode 7.16: Metadaten ermitteln

```matlab
1  % Skript zum Aufbauen von Metadaten ueber die Wetterstationen
2  clear; clc; close all;
3  % Daten laden
4  load('WetterDatenVorbereitet.mat')
5
6  % Stationsid extrahieren
7  iNumCol = size(mData,2);
8  vStationID = mData(:,1);
9  iMaxID = max(vStationID);
10
11  % Metadaten aufbauen
12  mMetaData = [];
13  for iIdx=1:iMaxID
14      mDataStation = mData(vStationID == iIdx,:);
15      if ~isempty(mDataStation)
16          % Leeren Datensatz anlegen
```

```
17        vMeta = NaN(1,iNumCol);
18        % ID eintragen
19        vMeta(1) = iIdx;
20        % Beginn und Ende eintragen
21        vMeta(2) = min(mDataStation(:,2));
22        vMeta(3) = max(mDataStation(:,3));
23        % Gueltige Beobachtungen eintragen
24        for iIdxC=4:iNumCol
25            lValid = ~isnan(mDataStation(:,iIdxC)) & mDataStation(:,iIdxC) ~= -999;
26            vMeta(iIdxC) = sum(lValid);
27        end
28        % Datensatz anhaengen
29        mMetaData = [mMetaData; vMeta];
30    end
31 end
```

Programmlisting 7.16 zeigt beispielhaft auf, wie derartige Metadaten gewonnen werden könnten. Die Metadaten für den gesamten Datensatz werden in der Matrix mMetaData abgelegt. Die Variable vMeta ermittelt dagegen die benötigten Teilinformationen für jede Station. Die erste Spalte der Variable vMeta wird die Stationsidentifikationsnummer abgelegt. In der zweiten Spalte ist der Beginn der Wetterbeobachtungen und in der dritten Spalte das Ende der Wetterbeobachtungen für die jeweilige Station enthalten. Für die restlichen Spalten wird geprüft, wie viele gültige Beobachtungen die jeweilige Spalte im originären Datensatz aufweist und diese Information in der jeweiligen Spalte abgelegt. Es ist wichtig, die Anzahl der gültigen Beobachtungen in der richtigen Spalte abzulegen, weil später eine Zuordnung der Informationen über die Spaltenposition am einfachsten ist, wenn in allen Variablen die Zahlen zu einer Datenvariable in der selben Spalte stehen. Anderenfalls ist ein umständliches Suchen und Vergleichen notwendig.

AUFGABEN

Aufg. 7.15 Das beispielhafte Programmlisting 7.16 könnte verbessert werden. Anstatt einer Schleife, die auf ungültige Stationsnummer prüft, könnte die Laufzeit verbessert werden, wenn die Schleife lediglich die Nummern prüft, die tatsächlich existieren. Schreiben Sie ein solches Skript.

7.6. Zusammenfassung - Kontrollstrukturen

In diesem Kapitel wurde ein Einstieg in das Themenfeld der Kontrollstrukturen gegeben. Die einfachste Form dieser Strukturen ist die *if-Bedingung*. Sie stellt einen Entscheidungspfad dar und gibt damit den Weg bei zwei zu differenzierenden Ausgängen vor. Sie ermöglicht somit eine Fallunterscheidung. Außerdem ermöglichen Kontrollstrukturen, wiederholende Prozesse in einer vorher definierten Anzahl durchzuführen (*for-Schleife*) oder solange eine Bedingung erfüllt ist (*while-Schleife*). *try-catch-Strukturen* können Fehlerfälle behandeln, indem auftretende Fehler abgefangen und Fehlerbehandlungen, z.B. in Form einer alternativen Ausführung, vorgenommen werden. Mit Hilfe von Kontrollstrukturen lassen sich sehr komplexe, mächtige benutzerdefinierte Funktionen und Skripte gestalten. Allerdings ist zu beachten, dass es für viele *Standardfälle* bereits vordefinierte Funktionen gibt, die aufgrund ihrer Implementierung in Form der Einbettung im Systemkern von MATLAB effizient arbeiten. Alle Formen von Schleifen haben hingegen die Eigenschaft, dass sie bei zunehmender Komplexität mehr Rechenkapazität benötigen. Die Aufwandsbetrachtung ist hierbei ein Instrument zur Messung der Effizienz von Programmcodelösungen. Dafür stehen in MATLAB Werkzeuge zur Verfügung. Der MATLAB-Profiler ermöglicht dem Software-Entwickler in systematischer Art und Weise den eigenen Code zu analysieren. Damit wird die Möglichkeit der Code-Optimierung geschaffen.

Lösungen zu den Aufgaben im Kapitel 7

7.1:

```
1  Vgl. Datei: fMyDiv.m

3
```

HINWEISE:
Die oben vorgestellte Funktion `fMyDiv` muss in einer Datei mit Namen `fMyDiv.m` abgespeichert werden. Erst danach kann sie im folgenden Testskript verwendet werden. Achten Sie darauf, dass sich Testskript und Funktion in demselben Verzeichnisordner befinden!

```
5  Vgl. Datei: bTestMyDiv.m

7
```

HINWEISE:
Das oben vorgestellte Testskript sollte in demselben Verzeichnisordner wie die zuvor geschriebene Funktion gespeichert werden. Danach ist das Testskript mit unterschiedlichen Belegungen für die Parameter auszuprobieren. Ebenso kann die Funktion aber auch direkt von der Kommandokonsole aus aufgerufen werden.

7.2:

```
1  Vgl. Datei: fMyDiv2.m

3
```

HINWEISE:
Die oben vorgestellte Funktion `fMyDiv2` muss in einer Datei mit Namen `fMyDiv2.m` abgespeichert werden. Erst danach kann sie im folgenden Testskript verwendet werden. Achten Sie darauf, dass sich Testskript und Funktion in demselben Verzeichnisordner befinden!

```
5  Vgl. Datei: bTestMyDiv2.m

7
```

HINWEISE:
Das oben vorgestellte Testskript sollte in demselben Verzeichnisordner wie die zuvor geschriebene Funktion gespeichert werden. Danach ist das Testskript mit unterschiedlichen Belegungen für die Parameter auszuprobieren. Ebenso kann die Funktion aber auch direkt von der Kommandokonsole aus aufgerufen werden.

7.3:

```
1  Vgl. Datei: fMyOp.m
2
```

HINWEISE:
Die oben vorgestellte Funktion `fMyOp` muss in einer Datei mit Namen `fMyOp.m` abgespeichert werden. Erst danach kann

sie im folgenden Testskript verwendet werden. Achten Sie darauf, dass sich Testskript und Funktion in demselben Verzeichnisordner befinden!

```
4 Vgl. Datei: bTestMyOp.m

6
```

HINWEISE:
Das oben vorgestellte Testskript sollte in demselben Verzeichnisordner wie die zuvor geschriebene Funktion gespeichert werden. Danach ist das Testskript mit unterschiedlichen Belegungen für die Parameter auszuprobieren. Ebenso kann die Funktion aber auch direkt von der Kommandokonsole aus aufgerufen werden.

7.4:

```
1 Vg. Datei: bLoesungFor_MatrixBefuellen.m
```

7.5:

```
1 Vgl. Datei: bLoesungFor_MatrixWerteErsetzen.m

3
```

HINWEISE:
Die oben vorgestellte Musterlösung erzeugt der Vollständigkeit halber noch einmal die befüllte Matrix mit aufsteigenden Werten 1, 2, ... Soweit dieses Skript unmittelbar im Anschluss an das vorhergehende Lösungsskript ohne Löschen der Ergebnisse durchgeführt wird, kann dieser Schritt entfallen.

7.6:

```
1 Vgl. Datei: fCheckMat.m

3
```

HINWEISE:
Die oben vorgestellte Funktion `fCheckMat` muss in einer Datei mit Namen `fCheckMat.m` abgespeichert werden. Erst danach kann sie mit dem weiter unten vorgestellten Testskript verwendet werden. Achten Sie darauf, dass sich Testskript und Funktion in demselben Verzeichnisordner befinden! Dies ist die Variante mit for-Schleife. Die Variante ohne for-Schleife finden Sie nachstehend.

```
5 Vgl. Datei: fCheckMat2.m

7
```

HINWEISE:
Die oben vorgestellte Funktion `fCheckMat2` muss in einer Datei mit Namen `fCheckMat2.m` abgespeichert werden. Erst danach kann sie mit folgendem Testskript verwendet werden. Achten Sie darauf, dass sich Testskript und Funktion in demselben Verzeichnisordner befinden!

```
9 Vgl. Datei: bTestskriptLoesungFor_MatrixPruefen.m
```

7.7:

```
1 Vgl. Datei: fMyCount.m

3
```

HINWEISE:
Die oben vorgestellte Funktion `fMyCount` muss in einer Datei mit Namen `fMyCount.m` abgespeichert werden. Erst danach kann sie im folgenden Testskript verwendet werden. Achten Sie darauf, dass sich Testskript und Funktion in demselben Verzeichnisordner befinden!

```
5 Vgl. Datei: bTestMyCount.m

7
```

HINWEISE:
Das oben vorgestellte Testskript sollte in demselben Verzeichnisordner wie die zuvor geschriebene Funktion gespeichert werden. Danach ist das Testskript mit unterschiedlichen Belegungen für die Parameter auszuprobieren. Ebenso kann die Funktion aber auch direkt von der Kommandokonsole aus aufgerufen werden.

7.8:

```
1 Vgl. Datei: bLoesungWhile_MatrixWerteErsetzen.m
```

7.9:

```
1 Vgl. Datei: fMySplit.m

3
```

HINWEISE:
Die oben vorgestellte Funktion fMySplit muss in einer Datei mit Namen fMySplit.m abgespeichert werden. Erst danach kann sie im folgenden Testskript verwendet werden. Achten Sie darauf, dass sich Testskript und Funktion in demselben Verzeichnisordner befinden!

```
5 Vgl. Datei: bTestMySplit.m

7
```

HINWEISE:
Das oben vorgestellte Testskript sollte in demselben Verzeichnisordner wie die zuvor geschriebene Funktion gespeichert werden. Danach ist das Testskript mit unterschiedlichen Belegungen für die Parameter auszuprobieren. Ebenso kann die Funktion aber auch direkt von der Kommandokonsole aus aufgerufen werden.

7.10:

```
1 Vgl. Datei: fMyRunCount.m

3
```

HINWEISE:
Die oben vorgestellte Funktion fMyRunCount muss in einer Datei mit Namen fMyRunCount.m abgespeichert werden. Erst danach kann sie im folgenden Testskript verwendet werden. Achten Sie darauf, dass sich Testskript und Funktion in demselben Verzeichnisordner befinden!

```
5 Vgl. Datei: bTestMyRunCount.m

7
```

HINWEISE:
Das oben vorgestellte Testskript sollte in demselben Verzeichnisordner wie die zuvor geschriebene Funktion gespeichert werden. Danach ist das Testskript mit unterschiedlichen Belegungen für die Parameter auszuprobieren. Ebenso kann die Funktion aber auch direkt von der Kommandokonsole aus aufgerufen werden.

7.11:

```
1 Vgl. Datei: bLoesungWuerfel.m
```

7.12:

```
1 Vgl. Datei: bLoesungStPetersburg.m
```

7.13:

```
1  Vgl. Datei: fMyLog.m

3
```

HINWEISE:
Die oben vorgestellte Funktion fMyLog muss in einer Datei mit Namen fMyLog.m abgespeichert werden. Erst danach kann sie im folgenden Testskript verwendet werden. Achten Sie darauf, dass sich Testskript und Funktion in demselben Verzeichnisordner befinden!

```
5  Vgl. Datei: bTest_MyLog.m

7
```

HINWEISE:
Das oben vorgestellte Testskript sollte in demselben Verzeichnisordner wie die zuvor geschriebene Funktion gespeichert werden. Danach ist das Testskript mit unterschiedlichen Belegungen für die Parameter auszuprobieren. Ebenso kann die Funktion aber auch direkt von der Kommandokonsole aus aufgerufen werden.

7.14:

```
1  Vgl. Datei: bAnalyseDatensatzFor.m
```

7.15:

```
1  Vgl. Datei: bMetaDaten2.m
```

7.7. End–of–Chapter–Aufgaben

In der nun folgenden Aufgaben wollen wir nicht nur die Kontrollstrukturen, sondern auch die bereits behandelten Konzepte der vorhergehenden Kapitel wieder aufgreifen. Für die Lösung der folgenden Aufgabe kann es deshalb sinnvoll sein, in die vorhergehenden Kapitel, Übungsaufgaben und Online–Module zu schauen. Lösungselemente, die im Folgenden benötigt werden, wurden dort bereits behandelt, sind aber möglicherweise nicht mehr im Gedächtnis präsent. Auch bei den folgenden Aufgaben ist es beabsichtigt und gewollt, an der einen oder anderen Stelle die Matlab-Hilfe konsultieren zu müssen.

END OF CHAPTER AUFGABEN

Übung 7.1 Glücksspiele

a) Sicherlich kennen Sie Lotterien wie 6 aus 49: Aus einer Urne mit Kugeln nummeriert von 1 bis 49 werden nacheinander 6 Kugel (ohne Zurücklegen) gezogen. Dabei kann auf die gezogene Zahlenfolge gewettet werden. Schreiben Sie eine Funktion, welche das allgemeine Prinzip der Ziehung M aus N mit $M < N$ simuliert. Ihre Funktion soll die Anzahl zu ziehender Kugeln M und die Anzahl maximaler Kugeln N entgegennehmen und Ihnen eine zufällige Ziehung von M gezogenen Kugeln bzw. Zahlen zurückliefern. Zwecks besserer Lesbarkeit sollen die Zahlen in sortierter Reihenfolge zurückgegeben werden. Schreiben Sie ein Testskript, welches Ihre Funktion für die Standardlotterie 6 aus 49 testet.

b) Ein Lotterieanbieter für die oben dargestellte 6 aus 49 Lotterie verspricht Ihnen folgendes: Bei vier übereinstimmenden Zahlen zwischen Ihrem Tipp und der Ziehung erhalten Sie 100 Euro, bei fünf übereinstimmenden Zahlen 10.000 Euro und bei sechs übereinstimmenden Zahlen garantiert 1.000.000 Euro. In allen anderen Fällen verlieren Sie Ihren Einsatz, dafür kostet aber ein Los nur einen Euro. Lohnt sich diese Lotterie für Sie? Schreiben Sie dafür eine Simulation und simulieren Sie mindestens 100.000 Ziehungen. Ist dies ein faires Angebot?

c) Ein Freund erzählt Ihnen von einer angeblich „narrensicheren" Strategie beim Roulette. Die Idee ist es, nur mit dem Mindesteinsatz von z.B. 1 Euro zu spielen und diesen entweder auf Schwarz oder Rot zu setzen. Ohne Beschränkung der Allgemeinheit wollen wir annehmen, Sie setzen (immer) auf Schwarz. Wenn die Roulettekugel auf eine schwarze Zahl fällt, erhalten Sie Ihren Einsatz zurück und noch einmal Ihren Einsatz, im Beispiel also $1 + 1 = 2$ Euro. Wird eine rote Zahl oder die Null ausgelost, verlieren Sie Ihren Einsatz. Ihr Freund schlägt nun folgende Verdoppelungsstrategie vor: Wenn Sie gewinnen, nehmen Sie die Auszahlung entgegen und beenden sofort das Spiel. Sollten Sie verlieren, verdoppeln Sie den Einsatz und spielen weiter, solange, bis Sie gewinnen. Wenn Sie verlieren, verdoppeln Sie den Einsatz immer weiter, bis Sie schlussendlich einmal bei Gewinn aufhören können. Da Sie irgendwann einmal gewinnen müssen, erhalten Sie bei Gewinn wegen der Verdoppelung der Einsätze Ihre gesamten jemals geleisteten Einsätze zurück plus einem kleinen Gewinn, so seine Argumentation. Man könne also bei diesem Spiel zwar nicht besonders viel in einem Durchgang (als Durchgang sei hier eine Folge von Roulettespielen gemeint, bis man bei Gewinn aufhören kann) gewinnen, dafür aber mit absoluter Sicherheit. Und wenn man diese Strategie ständig spielen würde, wäre es eine „Gelddruckmaschine". Ein anderer Freund, den Sie um Rat fragen, ist skeptisch. Er verweist darauf, dass an Roulettetischen immer ein Limit für den Einsatz besteht, also man nicht unbegrenzt hohe Beträge einsetzen kann. Außerdem sei die Gewinnwahrscheinlichkeit einer Farbe (Schwarz, Rot) nur 18/37 beim Roulette, da noch die Null (Grün) zu berücksichtigen sei. Ihr erster Freund entgegnet jedoch, dies sei unerheblich, da man egal wie hoch die Gewinnwahrscheinlichkeiten sein mögen, irgendwann gewinnen müsse und dass außerdem das Einsatzlimit nur „theoretischer" Natur und bei dieser Strategie praktisch vernachlässigbar sei. Um die Erfolgsträchtigkeit dieser Strategie abschätzen zu können, entschließen Sie sich zu einer Simulation. Schreiben Sie eine Funktion, welche einen *einmaligen* Durchgang durch das Spiel simuliert. Die Funktion soll als Argumente den Ersteinsatz (z.B. 1 Euro), das Limit (z.B. 2.500 Euro) sowie die Gewinnwahrscheinlichkeit (hier 18/37) entgegennehmen und die einmalige Anwendung dieser Strategie simulieren. Als Ergebnis liefert die Funktion die Auszahlung zurück, die Sie erhalten. Bedenken Sie, dass die Auszahlung theoretisch auch negativ sein kann, falls Sie nämlich laufend Ihren Einsatz verdoppeln mussten, laufend verloren haben und schließlich wegen Erreichen des Limits das Spiel abbrechen mussten. Schreiben Sie ein Testskript, welches Ihre Funktion testet. Wie hoch ist der Gewinn (Auszahlung minus initialer Einsatz) bei einmaliger Anwendung dieser Strategie?

d) In aller Regel wird die Erprobung Ihrer Funktion eine Auszahlung (brutto) von 2 Euro, also einen Gewinn von 1 Euro liefern. Es scheint so, als ob Ihr erster Freund Recht behalten würde. Schreiben Sie eine Simulation, die diese Strategie nun 100, 10.000 und 10.000.000 mal anwendet. Ist diese Strategie eine „Gelddruckmaschine"?

Übung 7.2 Datenmanagement und Zusammenstellung eines Analysedatensatzes
Betrachten Sie den großen Wetterdatensatz aus der vorhergehenden Fallstudie des Abschnitts 7.5. Sie können diesen mit Hilfe des Befehls `load('WetterDatenVorbereitet.mat')` in

den Arbeitsspeicher laden. Aufbau und Umgang mit diesem großen Datensatz ist aus der zuvor behandelten Fallstudie und den dortigen Übungsaufgaben bekannt. Sie möchten eine weitere Analyse der Wetterdaten vorbereiten, für die jedoch der Aufbau der Wetterdaten völlig ungeeignet ist. Bevor Sie Ihre Analyse starten können, müssen daher die Rohdaten aus dem Wetterdatensatz in eine völlig andere Form gebracht werden. Sie haben folgende Anforderungen zu erfüllen:

a) Zunächst wird eine Zusammenstellung bereinigter Meta-Daten benötigt. Die Matrix der Meta-Informationen soll nur so viele Zeilen enthalten, wie es tatsächliche Wetterstationen gibt. Die erste Spalte enthält dann die Stationsidentifikationsnummer. Die zweite Spalte soll den Beginn der Wetterbeobachtungen, die dritte Spalte das Ende der Wetterbeobachtungen für die jeweilige Station enthalten. Alle folgenden Spalten für die Messkategorien Lufttemperatur, Sonnenscheindauer, etc. sollen die Anzahl gültiger Beobachtungen in den jeweiligen Kategorien an der jeweiligen Wetterstation enthalten. Jedoch sind alle Wetterstationen zu entfernen, also von der weiteren Analyse auszuschließen, für die bei irgendeiner Messkategorie weniger als 300 gültige Beobachtungen verfügbar sind. Oder anders ausgedrückt sollen Ihre Meta-Informationen nur diejenigen Wetterstationen berücksichtigen, die in allen Messkategorien mindestens 300 gültige Beobachtungen besitzen. Achten Sie also darauf, vor der Zählung der Beobachtungen ungültige Beobachtungen (Marker -999) davon auszuschließen.

b) Nachdem Sie die relevanten Wetterstationen in einer Matrix mit o.g. Meta-Informationen zusammengestellt haben, möchten Sie für diese Wetterstationen die Messungen von Lufttemperatur, Sonnenscheindauer und Niederschlagsmengen neu anordnen, und zwar in Form von Time Tables (Zeittabellen). Erstellen Sie drei Time Tables, je eine für Lufttemperatur, Sonnenscheindauer und Niederschlagsmengen. In den Spalten der jeweiligen Tabellen sollen die Messwerte der zu berücksichtigenden Stationen ausgewiesen werden. Die Messwerte der einzelnen Stationen sind dabei anhand des Zeitstempels zu synchronisieren. Eine Zeittabelle enthält damit die Datumsspalte (mit dem Datum des Periodenbeginns der Messungen), danach folgen in den weiteren Spalten die Wetterstationen mit ihren Messwerten für Lufttemperatur (bzw. Sonnenscheindauer, Niederschlagsmengen).

c) Beim Aufbau der Zeittabellen sind ungültige Messwerte (Marker -999) durch NaN zu ersetzen.

d) Nachdem eine Zeittabelle aufgebaut worden ist, soll diese unter einem selbstsprechenden Dateinamen inklusive der Meta-Informationen und dem Cell-Array mit den Spaltenbeschriftungen (der originären Datenmatrix) im Matlab-eigenen Format abgespeichert werden.

e) Achten Sie beim Aufbau der Zeittabellen darauf, diese mit vernünftigen Beschriftungen der Spalten zu versehen, so dass später Bedeutung und Inhalt der Zeittabellen nachvollziehbar ist.

Hinweis: Die Aufgabe ist in Teilen nicht mit den vorhandenen Tools in Octave umsetzbar. Die Lösung zur Teilaufgabe der Zusammenstellung von Meta-Informationen ist weitgehend bekannt aus der Fallstudie in Abschnitt 7.5.3; hier sind nur geringfügige Anpassungen notwendig. Aufbau und Synchronisation von Zeittabellen wurde in Abschnitt 6.5.2 behandelt. Schlagen Sie dort gegebenenfalls nach. Neu ist hier, dass nicht zwei Datenreihen zu synchronisieren sind, sondern sehr viele. Am besten erledigen Sie dies mit Hilfe einer for-Schleife. Welche Wetterstationen dafür relevant sind, ergibt sich aus Ihren Meta-Informationen. Grundsätzlich können Sie also diese Lösung aus den vorhergehenden Lösungen „zusammenbasteln", auch wenn dafür etwas Nachdenken und Ausprobieren erforderlich sein wird! Diese Aufgabe ist für Neueinsteiger durchaus herausfordernd, jedoch sehr typisch für empirische Datenanalysen, die - leider - zumeist überwiegend aus Datenmanagement bestehen.

8. Datenimport und Datenexport

Dieses Kapitel beschreibt die Grundlagen zum Im- und Export von Daten. In diesem Kapitel werden auch Hilfestellungen für eine sinnvolle Programmkonzeption geliefert. Damit bildet dieses Kapitel den Abschluss der Programmiergrundlagen. Hier wird nach kurzen Vorbemerkungen (siehe Kap. 8.1) der Import von Daten beschrieben (Kap. 8.2). Daran knüpft der Datenexport (Kap. 8.3) an. Sehr hilfreich ist der Datenimport und Datenexport mittels Tabellen (Kap. 8.4) und Zeittabellen (Kap. 8.5). Falls diese Möglichkeiten nicht zur Verfügung stehen, zeigen wir in einem kurzen Exkurs (Kap. 8.6), wie sich derartige Möglichkeiten auch durch benutzerdefinierte Funktionen realisieren lassen. Anschließend erfolgt die Darstellung hilfreicher Tipps und Tricks (Kap. 8.7). So werden beispielsweise geeignete Benennungskonventionen in der Software-Entwicklung oder das Anlegen sinnvoller Ordnerstrukturen thematisiert. Den Abschluss bildet wiederum die Fortführung unserer Wetterdaten-Fallstudie (Kap. 8.8).

Lernergebnisse

Nach dem Durcharbeiten dieses Kapitels werden Sie in der Lage sein,

⇒ Daten im Matlab-eigenen Format zu speichern oder einzulesen, um so Daten zu archivieren oder zwischen Platformen tauschen zu können.

⇒ Daten aus Microsoft Excel zu importieren oder Ergebnisse dorthin zu exportieren.

⇒ Daten über Textdateien im CSV-Standard zu lesen oder zu schreiben.

⇒ Daten in Matlab-Tabellen einzulesen oder derartige Tabellen zu exportieren.

8.1. Datenimport und Datenexport im Matlab-Format

Bevor wir in die detaillierten Betrachtungen zum Datenimport und Datenexport einsteigen, soll kurz an die Möglichkeit des Abspeicherns von Daten mittels der Funktion `save` und des Ladens früher einmal gespeicherter Daten mittels der Funktion `load` erinnert werden. Wir haben diese beiden Funktionen bisher schon durchgängig benutzt. So wurden z.B. die Daten für die Wetterdaten-Fallstudie für Zwecke dieses Buches durch uns aufbereitet und im Matlab-eigenen Datenformat abgespeichert. Die verschiedenen Befehlsvarianten für diese beiden Funktionen sind der Matlab-Dokumentation zu entnehmen. Die wichtigsten Varianten der Verwendung sind:

- Der Befehl `load('Dateiname')` bzw. `save('Dateiname')` lädt alle in der Datei `Dateiname` befindlichen, früher einmal gespeicherten Matlab-Objekte bzw. speichert **alle** im Workspace befindlichen Matlab-Objekte in der Datei mit Namen `Dateiname`. Dies ist die einfachste und unkomplizierteste Variante, ist aber im Regelfall nicht zu empfehlen, da dabei alle Matlab-Objekte geladen bzw. gespeichert werden, was gerade bei einer Vielzahl an Objekten sehr schnell unübersichtlich sein kann und möglicherweise unbeabsichtigte Seiteneffekte auslöst. Im Regelfall empfehlen wir diese Variante nicht zu verwenden.

- Das gezielte Laden bzw. Abspeichern von ausgewählten Matlab-Objekten gelingt mit der Variante `load('Dateiname','Var1',...)` bzw. `save('Dateiname','Var1',...)`, wobei `'Var1',...` die Namen der zu ladenden bzw. zu speichernden Matlab-Objekte darstellen. Dies erlaubt das gezielte Laden und Speichern interessierender Daten.

Das Laden und Speichern von Daten im Matlab-eigenen Datenformat sollte bei größeren Projekten im Allgemeinen allen anderen Varianten vorgezogen werden. Die Vorteile der Verwendung dieses Datenformates sind:

- Lade- und Speichervorgänge, auch und gerade von sehr großen Datenmengen, laufen sehr schnell ab. Die nachfolgend vorgestellten Varianten sind deutlich langsamer und empfehlen sich im Grunde nur für den **einmaligen** Gebrauch. Gerade bei größeren Projekten ist es sehr empfehlenswert, den Datenimport nur einmalig mit den nachfolgend dargestellten Varianten durchzuführen, und dann die importierten Daten für die Weiterverwendung im Matlab-eigenen Datenformat zu speichern. Dafür reicht ein kleines, selbst geschriebenes Skript zum Datenimport und Konvertierung in das Matlab-eigene Format. Das Import-Skript wird danach nicht weiter (bzw. nur im Bedarfsfalle) verwendet.

- Der Datenaustausch zwischen MATLAB und Octave und auch zwischen verschiedenen Betriebssystemplattformen ist in diesem Format problemlos möglich. Mitunter kann es erforderlich sein, auf bestimmte Kompatibilitätseinstellungen zu achten; die dafür notwendigen Befehlsoptionen und Erläuterungen können der Matlab-Dokumentation entnommen werden.

Insbesondere der Austausch von Daten zwischen Betriebssystemplattformen und Anwendungsprogrammen (MATLAB, Octave) kann bei größeren Projekten notwendig sein. Eine einfache Austauschmöglichkeit von Daten kann es sein, Daten auf einem Gastrechner (z.B. Windows-Betriebssystem mit Microsoft Excel und Matlab-Installation) einmalig zu laden und im Matlab-eigenen Format abzuspeichern, um dann auf dem Zielsystem (z.B. unter Linux, mit Octave, ohne Microsoft Excel) die umfänglichen Entwicklungsarbeiten und Datenanalysen durchzuführen.

8.2. Der grundlegende Datenimport

Um Analysen empirischer Daten durchführen zu können, müssen diese zunächst wenigstens einmal in das jeweilige Analyseprogramm importiert werden; dies gilt grundsätzlich für jedwedes Analyseprogramm, so auch für MATLAB oder Octave. Nach dem erstmaligen Import können diese dann sofort im Matlab-eigenen Datenformat gespeichert und ab dort damit weiter gearbeitet werden (vgl. auch Abschnitt 8.1). Die Datenquellen können dabei sehr vielfältig sein, auch der damit verbundene Komfort, deren Daten in ein Analyseprogramm zu laden. Die nachfolgende Aufzählung gibt einen exemplarischen Überblick, wie Daten allgemein zugänglich sein können und in welcher Form diese grundsätzlich verfügbar sind. Da die Möglichkeiten hier schier grenzenlos sind, werden nur einige typische Fälle aufgezählt.

- Viele Datensätze, so z.B. auch unsere Wetterdaten, werden von öffentlichen Einrichtungen, Behörden, Verbänden oder Instituten, wie z.B. Statistische Landesämter, Eurostat, Deutsche Bundesbank, etc. zum kostenlosen Download bereitgestellt. Verbreitete Formate sind dabei Text- und CSV-Dateien, aber auch das Format für die verbreitete Tabellenkalkulation Microsoft Excel ist sehr häufig anzutreffen. Wir werden uns in diesem Kapitel nahezu ausschließlich auf diese Möglichkeiten konzentrieren.

- Darüber hinaus gibt es spezialisierte Datenbankanbieter, Daten- und Nachrichtendienste, wie z.B. Thomsen Reuters oder Bloomberg, die teilweise spezialisierte Zugriffsmöglichkeiten mit Direktzugriff über spezielle Programmschnittstellen (sog. API - Application Programming Interface) anbieten. Daten können in den o.g. Formaten, aber auch mittels API-Zugriffen direkt ausgelesen werden, was viele Programme, so auch z.B. MATLAB, unterstützt. Letztere Zugriffsmöglichkeit ist die weitaus bequemste und unkomplizierteste, aber zugleich wegen der damit verbundenen Lizenzgebühren und Programme sehr teuer, womit diese Variante einem nur sehr eingeschränkten Nutzerkreis verfügbar ist. Wir werden diese daher nicht weiter beachten.

- Viele für empirische Analysen interessante Daten liegen im Internet in unstrukturierter Form, zumeist eingebettet in gewöhnliche Webseiten, vor. Der Zugriff auf solche Daten ist ebenfalls in aller Regel frei und kostenlos, jedoch erheblich aufwendig, da dafür der Aufbau der Webseiten bekannt sein muss und eine speziell programmierte Auslesefunktion erfordert. Diese Art des Datenimports ist derartig spezifisch (und mitunter auch kompliziert), dass wir diese ebenfalls nicht weiter beachten.

- Schließlich bleibt noch die manuelle Erfassung empirischer Daten, z.B. aus der Literatur, wenn diese in elektronischer Form nicht zur Verfügung stehen. Am einfachsten können die Daten dann direkt in den Programmcode eingegeben werden, so wie es viele vorhergehende Übungsaufgaben bereits illustriert haben. Bei größeren Datenmengen ist dies allerdings wenig komfortabel. Auch beim Abtippen von Daten ist es zumeist sehr viel hilfreicher, dafür zunächst ein Tabellenkalkulationsprogramm, wie z.B. Microsoft Excel, zu benutzen, um dann hinterher daraus die Daten einzulesen.

Unter technischen Aspekten sind damit Datenimporte in Form von Text-, CSV- und Microsoft Excel-Dateien die weitaus verbreitetsten Fälle, alle anderen betrachten wir wegen Exklusivität (Zugriff auf kommerzielle Datenbanken mittels API-Zugriff) oder Kompliziertheit (Auslesen von Webseiten) nicht weiter. Die einfachste Möglichkeit der drei zu betrachtenden Varianten des Datenimports (und auch Datenexports) gelingt über Excel. Dies dürfte für viele Anwender ein sehr naheliegender Weg sein, da sehr häufig die benötigten Daten in Excel vorliegen. Oftmals erscheint auch der Export der Analyseergebnisse nach Excel hilfreich, da z.B. dort die Ergebnisse noch in irgendeiner Form weiter verarbeitet werden sollen. Der Nachteil dieser ersten Möglichkeit ist allerdings die Einschränkung auf Windows-Betriebssysteme. Unter Linux oder MacOS funktioniert die im Folgenden vorgestellte Variante nicht immer zuverlässig. Es werden weiter unten Alternativen betrachtet, die auch unter diesen Betriebssystemen stets zuverlässig funktionieren, obgleich viel umständlicher. Die Standardbefehle für den Datenimport und Datenexport aus bzw. nach Excel sind `xlsread` und `xlswrite`, die in verschiedenen Varianten existieren.[1] Im folgenden Beispiel sollen fiktive Kursinformationen[2] (Datum, Preise und Umsätze) aus einer Excel-Tabelle importiert werden. Die Kursinformationen befinden sich dabei im Zellenbereich `A2:G6002` innerhalb des Tabellenblattes mit dem Namen `Blatt1` in der Datei `DAXzufall.xlsx`. Der Matlab-Befehl zum Einlesen der Daten lautet z.B.: `[mData, cText, cRaw] = xlsread('DAXzufall.xlsx','Blatt1','A1:G6002')`.[3] Die folgende Abbildung 8.1 zeigt einen Ausschnitt aus der Excel-Tabelle.

	A	B	C	D	E	F	G
1	Date	Open	High	Low	Close	Volume	Adj Close
2	2014-08-05	0,926899	0,957433	0,76265	0,337643	0,2887356	0,012951
3	2014-08-04	0,529169	0,692879	0,46966	0,932297	0,7684615	0,906686
4	2014-08-01	0,683889	0,736062	0,97853	0,279044	0,207601	0,111829
5	2014-07-31	0,456953	0,911587	0,73831	0,26186	0,6583813	0,69037
6	2014-07-30	0,59253	0,884948	0,0287	0,293685	0,4446364	0,876968
7	2014-07-29	0,884953	0,381104	0,75696	0,376714	0,5865986	0,488468
8	2014-07-28	0,226445	0,880031	0,14087	0,335922	0,1278883	0,682436

Abbildung 8.1.: Fiktive Kursdaten (genauer: Zufallszahlen) für den deutschen Aktienindex DAX.

Die `xlsread` Funktion liefert drei Rückgabewerte. In der Matrix `mData` werden alle numerischen Daten abgelegt, welche in dem einzulesenden Tabellenbereich gefunden wurden. Das Cell-Array `cText` enthält alle nicht numerischen Daten des eingelesenen Tabellenbereichs, typischerweise nicht als Zahlen interpretierbare, alphanumerische Zeichenketten (Strings). Das Cell-Array `cRaw` enthält den gesamten eingelesenen Tabellenbereich, wobei jede Zelle des Cell-Arrays als Inhalt den Inhalt der korrespondierenden Zelle des eingelesenen Excel-Tabellenbereichs enthält. Der Vorteil des Cell-Array `cRaw` ist es, den gesamten eingelesenen Excel-Tabellenbereich als „1:1" Kopie zu enthalten. Allerdings ist die Information in `cRaw` nicht direkt zu verarbeiten, sondern muss daraus erst extrahiert und gegebenenfalls konvertiert werden.

---

[1] Seit MATLAB R2019 werden die beiden Fuktionen `xlsread` und `xlswrite` als veraltet bezeichnet. Wir stellen beide Funktionen aus den Kompatibilitätsgründen zu Octave vor.

[2] Die fiktiven Kursdaten sind reine Zufallszahlen. Das Format der Excel-Tabelle wurde aber in Anlehnung an einen realen Datenabruf der Indexwerte des Deutschen Aktienindex DAX aus der öffentlich zugänglichen, kostenlosen Finanzdatenbank Yahoo!Finance konstruiert. Aus lizenzrechtlichen Gründen kann diese originäre Datei nicht als Begleitmaterial bereitgestellt werden, sie kann aber vom Leser jederzeit selbst leicht erstellt werden.

[3] Die Befehle `xlsread` und `xlswrite` funktionieren auf jeden Fall problemlos mit MATLAB unter dem Betriebssystem Microsoft Windows. Unter Octave ist das Package `io` erforderlich, wobei sich je nach verwendetem Betriebssystem Probleme ergeben können. Das folgende Beispiel ist unter Windows ohne latent zu erwartende Probleme in der vorgestellten Form ablauffähig. Unter MacOS oder Linux wird die Spezifikation des Tabellenbereichs laut der MATLAB–Hilfe **nicht** funktionieren. Dort werden alle Daten aus dem Tabellenblatt `'Blatt1'` importiert. MacOS– und Linux–Anwenderinnen müssen auf umständlichere, aber zuverlässigere Varianten ausweichen. Dies wird weiter unten detaillierter diskutiert.

Im betrachteten Beispiel enthält die Matrix `mData` die Kursdaten im engeren Sinne, schon im numerischen Format. Die ersten drei Zeilen und vier Spalten der eingelesenen Daten können mit `mData(1:3,1:4)` auf der Kommandokonsole angezeigt werden:

```
1  >> [mData, cText, cRaw] = xlsread('DAXzufall.xlsx','Blatt1');
2  >> mData(1:3,1:4)
3
4  ans =
5
6  1.0e+05 *
7
8  7.3582    0.0000    0.0000    0.0000
9  7.3582    0.0000    0.0000    0.0000
10 7.3581    0.0000    0.0000    0.0000
```

Es handelt sich hier in der (Spalten-) Reihenfolge um die (fiktiven) Eröffnungs-, Höchst-, Tiefst- und Schlusskurse (hier simuliert durch Zufallszahlen) des deutschen Aktienindex DAX der letzten drei Börsentage. Das Programmlisting 8.1 zeigt eine erweiterte Demo zum Import von Daten aus Excel.[4]

Quellcode 8.1: Einfaches Beispiel für den Datenimport aus Excel

```
1  % bDemoExcelImport.m: Demoskript zum Einlesen aus Excel-Dateien
2  clear; clc; close all;
3
4  % Unter Windows problemlos; hilfreich ist dabei die genaue Angabe des
5  % Tabllenblattnames und des Bereiches (in Excel-Notation, nur Windows).
6  % Hier die fiktiven Daten (reine Zufallszahlen)
7  if ispc % prueft, ob es sich um eine Windows-Plattform handelt
8      [mData, cText, cRaw] = xlsread('DAXzufall.xlsx','Blatt1','A1:G6002');
9      % Datum als String in Matlab-Datum (Zahl) konvertieren, nur Windows
10     sDateFormat = 'yyyy-mm-dd'; % Datumsformat
11     vDate = datenum(cRaw(2:end,1),sDateFormat); % Datumsspalte konvertieren
12     mData = [vDate, mData]; % Konvertierte Datum zurueckspeichern
13 else
14     % Nach Matlab-Doku die zu nutzende Variante fuer Nicht-Windows-Systeme
15     [mData, cText, cRaw] = xlsread('DAXzufall.xlsx','Blatt1');
16     % Linux und Mac lasen die Datumsangaben im Excel-Zahlenformat ab.
17     % Dieses Format ist nur noch in das Matlab-Format zu uebertragen
18     mData(:,2)=x2mdate(mData(:,2));
19 end
20
21 % Anzeigen, welche Datenreihen gelesen wurden: Spaltenbeschriftungen
22 iNumCols = size(cRaw,2);
23 for iIdx=1:iNumCols
24     fprintf('Gelesen Reihe: %s\n', cRaw{1,iIdx});
25 end
26
27 % Wenn die Daten richtig eingelesen wurden, koennen sie auch einfach durch
28 % Matlab in eine Textdatei konvertiert werden.
29 dlmwrite('DaxZufallMatlabDate.txt', mData,';');
```

Typisch für praktische Anwendungen ist es, dass die vorhandenen Daten einen Zeitstempel tragen. Im Beispiel enthält die erste Spalte von `cRaw` die zugehörigen Datumsangaben, und zwar im Format `yyyy-mm-dd`, wie es von Yahoo!Finance bereitgestellt wird. Für die Weiterverarbeitung ist es im Allgemeinen sehr hilfreich, die Zeit- und Datumsangaben, falls sie als Strings vorliegen,

---

[4]　In Octave müssen die Packages `io` und `financial` geladen werden, bevor das Programmlisting 8.1 ausgeführt wird.

in ein numerisches Format zu konvertieren, mit dem sich leichter Rechenoperationen oder Vergleiche durchführen lassen. Hier ist eine wichtige Unterscheidung zwischen den Betriebssystemen zu beachten. Während Windows die Datumsangaben, wenn sie als Strings in Excel formatiert sind, als solche importiert, werden sie auf MacOS– und Linux–Systemen immer(!) als eine Zahl im Excel–eigenen Datumsformat importiert. Nach der Matlab–Dokumentation wird der Import im sog. `basic`–Modus vorgenommen. Dann müssen folgende Restriktionen beachtet werden:

- Es werden nur Dateien im `xls`–, `xlsx`–, `xlsm`–, `xltx`– und `xltm`–Format eingelesen.

- Die Angabe des Bereichs in einem Tabellenblatt mittels `xlRange` (z.B. A1:C17) wird nicht unterstützt. Stattdessen wird das gesamte Tabellenblatt eingelesen.

- `function handle` wird nicht unterstützt.

- Alle Datumsangaben werden als „serial date numbers" importiert. Diese numerische Datumsangaben müssen noch in das numerische MATLAB–Format transferiert werden.

Daher ist im Programmlisting 8.1 eine `if`–Abfrage vorhanden, die je nach Betriebssystem unterschiedliche Anweisungen zum Datenimport befolgt. Im Abschnitt 4.3 haben wir die Umwandlung von String–Datum in das numerische Format ausführlich behandelt. Diese Umwandlung ist unter Windows notwendig. Soweit jenes Kapitel übersprungen wurde, möge als Kurzfassung (oder Erinnerung) dienen: Zur Konvertierung von Zeit- und Datumsangaben in Form eines Strings in eine Zahl dient in Matlab die Funktion `datenum`. Die Funktion `datenum` besitzt als erstes Argument eine Zeit- oder Datumsangabe als String (oder Cell-Array, wenn mehrere Datumswerte), als zweites Argument einen Formatstring, der angibt, wie das Zeit- oder Datumsformat aussieht. Mit den folgenden Anweisungen wird das hier betrachtete Datumsformat in das MATLAB-eigene, numerische Datum konvertiert. Unter MacOS oder Linux ist die Umwandlung nicht notwendig. Hier können wir das Excel–Datumsformat in das MATLAB–Format mit der Funktion x2mdate übertragen.

```
1  sDateFormat = 'yyyy-mm-dd'; % Datumsformat
2  vDate = datenum(cRaw(2:end,1),sDateFormat); % Datumsspalte konvertieren
3  mData = [vDate, mData]; % Konvertierte Datum zurueckspeichern
```

Bei der Weiterverarbeitung der Daten ist es oftmals wichtig zu wissen, welche Spalten welche Daten enthalten. Diese Information kann dem Cell-Array `cRaw` entnommen werden. Mit Hilfe der folgenden for-Schleife (siehe dafür Kapitel 7.2.1) werden im Demoskript 8.1 die eingelesenen Spaltenbezeichnungen auf der Konsole dem Anwender angezeigt:

```
1  iNumCols = size(cRaw,2);
2  for iIdx=1:iNumCols
3          fprintf('Gelesen Reihe: %s\n', cRaw{1,iIdx});
4  end
```

Zum Schluss werden mit dem Befehl `dlmwrite('DaxMatlabDate.txt', mData,';')` die eingelesenen und teilweise konvertierten Daten in eine reine Textdatei exportiert, die dann später unter allen Betriebssystemen und MATLAB oder Octave problemlos eingelesen werden kann. Diese Vorgehensweise ist insbesondere dann angeraten, wenn der Datenaustausch mit anderen Programmen, z.B. Ökonometrieprogrammen wie z.B. EViews, z.B. Statistikpaketen wie z.B. R oder z.B. anderen Tabellenkalkulationen wie z.B. LibreOffice, beabsichtigt ist.

Der Datenaustausch zwischen Matlab und Octave funktioniert plattformübergreifend auch im Matlab-eigenen Datenformat, aber eben nicht mit anderen Anwendungsprogrammen.

Falls sich Probleme beim Im- oder Export mit Microsoft Excel (oder irgendeiner anderen Tabellenkalkulation) ergeben, wird als Alternative zum Im- und Export von Daten über CSV- bzw. TXT-Dateien geraten.[5] Dazu ist zunächst die betreffende Tabelle unter der jeweils benutzten Tabellenkalkulation (am besten zugleich unter dem Betriebssystem, unter dem auch Matlab benutzt wird) im CSV-Format abzuspeichern. Für den Im- und Export stehen dann die Befehle `csvread` und `csvwrite` bzw. alternativ `dlmread` und `dlmwrite` zur Verfügung. Empfehlenswert sind `dlmread` und `dlmwrite`, da `csvread` und `csvwrite` nur Kommata als Trennzeichen zulassen, was bei Verwendung des Dezimalkommas in Excel (oder einer anderen Tabellenkalkulation) zu Fehlern führt. Daher sollte beim Abspeichern einer Datei innerhalb der Tabellenkalkulation als Separationszeichen das Semikolon oder der Tabulator angegeben werden, welches man dann wieder bei `dlmread` bzw. `dlmwrite` als Separationszeichen angibt. Wichtig ist auf jeden Fall, nur rein numerische Daten (nicht die Textbezeichnungen) als CSV-Datei abzuspeichern. Dies betrifft insbesondere das Datum, welches bereits innerhalb von Excel in ein numerisches Format zu überführen ist (z.B. die betreffenden Zellen als „Zahl" formatieren).[6] Nach dem erfolgreichen Export der Daten in eine CSV-Datei sollte man sich diese zunächst in einem Texteditor anschauen, wie es die Abbildung 8.2 beispielhaft für den Datensatz der fiktivien DAX-Daten (hier: Zufallszahlen) zeigt. Die ersten Zeilen der CSV-Datei sollten dann im Matlab-Editor etwa wie in Abbildung 8.2 dargestellt aussehen.

```
1   7.3582e+05;0.077841;0.34402;0.64251;0.10885;0.74415;0.55508
2   7.3582e+05;0.29771;0.35853;0.95418;0.2457;0.91954;0.35504
3   7.3581e+05;0.6842;0.65622;0.54747;0.57686;0.9794;0.45387
4   7.3581e+05;0.81405;0.56281;0.59447;0.01761;0.042539;0.8859
5   7.3581e+05;0.3826;0.9577;0.98282;0.85648;0.68513;0.78118
6   7.3581e+05;0.87395;0.58498;0.88407;0.54268;0.036841;0.4061
7   7.3581e+05;0.91983;0.90142;0.623;0.8285;0.74986;0.62665
8   7.3580e+05;0.16292;0.03715;0.010595;0.80108;0.2122;0.6451
```

Abbildung 8.2.: CSV-Datei im Matlab-Editor.

Wichtig ist die Kontrolle des Separationszeichens (in Abbildung 8.2 das Semikolon ;), des Dezimaltrennzeichens (unbedingt Dezimalpunkt[7]) und die Beschränkung auf rein numerische Daten. Danach lassen sich die Daten mit (beispielhaft wollen wir die gerade exportierte Datei sofort

---

[5]   Die weitere Bedeutung dieser beiden Formate ergibt sich aus ihrer hohen Verbreitung. Da diese beiden Dateiformate oftmals den „kleinsten gemeinsamen Nenner" für den Datenaustausch zwischen unterschiedlichsten Betriebssystemen und Anwendungsprogrammen darstellen, werden oftmals Daten nur in diesem Format angeboten. Die folgenden Ausführungen gelten dabei sinngemäß, d.h., es ist nicht erforderlich, dass die Daten jemals im Ausgangsformat als Excel-Datei vorgelegen haben müssen. Sie können auch gleich als CSV- oder TXT-Dateien von einem Datenabieter abgerufen worden sein.

[6]   Den betreffenden Bereich in Excel markieren, dann mit der rechten Maustaste das Auswahlmenü öffnen, „Zellen formatieren" auswählen und als Kategorie „Zahl" ohne Nachkommastellen bestimmen.

[7]   Gegebenenfalls ist im Texteditor mittels der Suchen-und-Ersetzen-Funktion das Dezimalkomma gegen den Dezimalpunkt zu tauschen; komfortabler kann man dies aber beim CSV-Export mit angeben.

wieder einlesen) dlmread('DAXZufallMatlabDate.txt',';') (Semikolon als Separationszeichen) oder dlmread('DAXZufallMatlabDate.txt','\t') (Tabulator als Separationszeichen) einlesen. Das erste Argument 'DAXZufallMatlabDate.txt' der Funktion dlmread ist der Dateiname der einzulesenden Datei, das zweite Argument (z.B. ';' oder '\t' bezeichnet das Separationszeichen (in Abbildung 8.2 ein Semikolon, alternativ der Tabulator), kann beliebig anders gewählt werden).[8]

```
 1  >> mData = dlmread('DAXZufallMatlabDate.txt',';');
 2  >> mData(1:3,1:4)
 3
 4  ans =
 5
 6  1.0e+05 *
 7
 8          7.3582    0.0000    0.0000    0.0000
 9          7.3582    0.0000    0.0000    0.0000
10          7.3581    0.0000    0.0000    0.0000
```

Anders als oben liegt jetzt aber das Datum nicht als String, sondern bereits als numerischer Wert gemäß der Matlab-Datumskonvention vor.[9] Nach der Umformatierung der Datumswerte in das Matlab-numerische Format werden meist sehr hohe Zahlen angezeigt. Es handelt sich dabei um die Anzahl der Tage seit dem 00.00.0000.

Für Excel-Anwender unter Windows mag der Datenim- und -export über dlmread und dlmwrite auf den ersten Blick sehr umständlich erscheinen, jedoch besitzt dieser auch Vorteile. Als reine Textdatei ist eine CSV-Datei zwischen verschiedenen Betriebssystemen und Tabellenkalkulationsprogrammen austauschbar, bietet also ein sehr hohes Maß an Portierbarkeit. MacOS- und Linux-Anwender werden auf diese Variante vermutlich häufiger zurückgreifen müssen, da xlsread hier nicht immer problemlos arbeitet.

AUFGABEN

Diese Übungsaufgaben simulieren einen bewusst sehr einfach gehalten Datenimport aus den unterschiedlichen Quellen, damit das Prinzip trainiert werden kann. Die grundsätzlichen Lösungsschritte lassen sich später auch sehr leicht auf sehr große Datenmengen übertragen.

Aufg. 8.1 Betrachten Sie die folgende Tabelle:

Name	Größe	Gewicht	Sport
Peter	180	73	Tennis
Martin	172	69	Schwimmen

Tippen Sie diese Tabelle in Microsoft Excel ein und importieren Sie diese danach in Matlab! Schreiben Sie dafür ein kurzes Skript!

Aufg. 8.2 Neben Microsoft Excel ist eine beliebte, kostenlose Open Source Tabellenkalkulation LibreOffice. Tippen Sie dieselbe Tabelle wie oben unter LibreOffice ab und speichern Sie

---

[8] Unter Octave funktioniert dies in genau derselben Weise, jedoch bereitet mitunter das Semikolon als Separationszeichen Probleme, d.h., die Daten werden dann nicht richtig erkannt und falsch eingelesen. Alternativ kann der Tabulator verwendet werden, der die geringsten Probleme bereitet.

[9] Dies gilt natürlich nur für den speziellen Fall, dass die Daten zuvor in Excel vorlagen, in Matlab eingelesen und dann die Datumswerte mit Hilfe von Matlab in numerische Werte umgewandelt wurden.

diese anschließend als CSV-Datei. Benutzen Sie dabei das Semikolon als Separationszeichen. Versuchen Sie danach, die Tabelle unter Matlab einzulesen! Geht dies so einfach? Falls das Einlesen scheitert, weshalb? Wie lässt sich das Problem lösen? Hinweis: Excel-Anwender können diese Aufgabe genauso mit Excel lösen und brauchen nicht extra LibreOffice zu installieren.

8.3. Der grundlegende Datenexport

Die bisherigen Betrachtungen haben den Datenimport betrachtet, jedoch bereits den Datenexport angedeutet. Zur Illustration wird mit mDaten = randn(5,5) eine 5x5 Matrix mit standard-normalverteilten Zufallszahlen erzeugt. Danach werden diese Daten in eine Excel- und eine CSV-Datei mit xlswrite bzw. dlmwrite exportiert.[10]

```
 1  >> mDaten = randn(5,5)
 2
 3  mDaten =
 4          0.5377   -1.3077   -1.3499   -0.2050    0.6715
 5          1.8339   -0.4336    3.0349   -0.1241   -1.2075
 6         -2.2588    0.3426    0.7254    1.4897    0.7172
 7          0.8622    3.5784   -0.0631    1.4090    1.6302
 8          0.3188    2.7694    0.7147    1.4172    0.4889
 9  >> xlswrite('DatenExport.xlsx',mDaten,'Tabelle1','A1');
10  >> dlmwrite('DatenExport.csv',mDaten,';');
```

Die Daten werden in Dateien DatenExport.xlsx (Excel) bzw. DatenExport.csv (CSV-Datei) exportiert, die Datenquelle ist in beiden Fällen die zuvor erzeugte Datenmatrix mDaten. Die weiteren Argumente Tabelle1 und A1 in xlswrite bezeichnen den Namen der Tabelle (Tabelle1), in welche die Daten geschrieben werden sollen, und die linke, obere Zelle, ab der die Daten dann geschrieben werden (hier die Zelle an der Position A1). Die Angabe von A1 kann weggelassen werden, weil MATLAB standardmäßig mit der Zelle A1 beginnt. Bei dlmwrite bezeichnet das dritte Argument der Funktion ';' das Separationszeichen. Alternativ kann der Tabulator '\t' als Separationszeichen verwendet werden, der beim Arbeiten mit Octave zuverlässiger funktioniert. Nach dem Datenexport können die Dateien entweder in Excel („DatenExport.xlsx") oder in einem Texteditor („DatenExport.csv") angeschaut werden. Das direkte Öffnen der CSV-Datei in Excel ist ebenfalls problemlos über die Datenimport-Funktion von Excel möglich.

Der hier nur an einfachen Beispielen illustrierte Datenim- und -export funktioniert natürlich in derselben Weise mit beliebig großen Datenmengen, insofern ist ein problemloser Datenaustausch zwischen Excel und Matlab sowie zwischen Matlab und jedem anderen Programm (über Text- und CSV-Dateien) möglich.

AUFGABEN

Aufg. 8.3 Erzeugen Sie eine 10×10 Matrix mit Zufallszahlen zwischen Null und Eins und speichern Sie diese als CSV-Datei. Importieren Sie die CSV-Datei danach in ein Tabellenkal-

---

[10] Für die Funktionen xlswrite und dlmwrite gelten die zuvor gegebenen Hinweise bei anderen Programmen (z.B. Octave) und anderen Betriebssystemen (z.B. MacOS) in analoger Weise.

kulationsprogramm Ihrer Wahl! Vergleichen Sie hinterher, ob die Daten richtig in der Tabellenkalkulation angezeigt werden. Hinweis: Oftmals scheitert der anschließende Datenimport in die Tabellenkalkulation an dem Dezimalpunkt; die Daten werden dann falsch erkannt oder überhaupt nicht importiert. Wie lässt sich dieses Problem lösen? Hinweis: Der anschließende Import ist - trotz Dezimalpunkt - in LibreOffice sehr einfach; am besten wählen Sie beim Import als Sprache „Englisch". Der Import in Microsoft Excel ist umständlicher und erfordert dem Import-Assistenten. Der Dezimalpunkt ist hier ein kleines Problem; eine Lösungsvariante ist es, die CSV-Datei zuvor mittels eines Texteditors zu bearbeiten und mit der Suchen-und-Ersetzen-Funktion alle Dezimalpunkte gegen Dezimalkommata zu tauschen. Eine andere Variante ist es, im Betriebssystem die Regionaleinstellungen zu ändern. Es gibt noch viele weitere Möglichkeiten; dies ist aber hier nicht unser Thema.

8.4. Datenimport und Datenexport von Tabellen

In jüngeren Matlab-Versionen gibt es seit Einführung der Objekte vom Typ *Table* und *Time Table* komfortablere Einlese- und Ausgabefunktionen, die dies erledigen. Diese wollen wir kurz nachfolgend behandeln. Ein Nachteil dabei ist aber die Beschränkung auf MATLAB, da Octave diese Objekttypen nicht kennt und auch nicht über vergleichbare Einlese- und Ausgabefunktionen verfügt. Wir werden daher weiter unten in einem kleinen Exkurs darstellen, wie sich solche Einlese- und Ausgabefunktionen aber mit dem bereits Erlernten auch selber programmieren lassen. Octave-Anwender können auf die weiter unten vorgestellten, benutzerdefinierten Einlese- und Ausgabefunktion zurückgreifen.

Die Funktion zum Einlesen einer Tabelle (mit Spaltenbeschriftungen, inklusive gemischter numerischer und alpha-numerischer Informationen) heißt `readtable`. Sie erzeugt als Ergebnis ein Objekt vom Typ *Table*, siehe auch Abschnitt 6.5.1. Zur Demonstration von `readtable` sei auf das Beispiel aus Aufgabe 8.1 zurückgegriffen. Dort scheiterte das Einlesen der Tabelle an den dort enthaltenen, gemischten numerischen und alpha-numerischen Informationen. Ein unbefriedigender Lösungansatz bestand bislang nur darin, die rein numerischen Informationen aus der Tabelle in einer CSV- oder TXT-Datei zu speichern, jedoch die Spaltenbeschriftungen und alpha-numerischen Informationen auszulassen. Dies ist oftmals wenig hilfreich, denn für die weitere Verarbeitung der Daten wären die Spaltenbeschriftungen schon wichtig und die alpha-numerischen Informationen in der Tabelle stellen einen wesentlichen Bestandteil der Gesamtinformationen dar, der oftmals nicht einfach ignoriert werden kann. Das folgende Code-Beispiel demonstriert in Form eines kurzen Skriptes, wie die gesamte Tabelle aus Aufgabe 8.1 komplett als Tabellenobjekt eingelesen werden kann. Nach dem Einlesen wird diese Tabelle sofort mit `writetable` wieder als CSV-Datei exportiert. Mit Hilfe eines Texteditors oder durch Import in eine Tabellenkalkulation lässt sich überprüfen, ob Im- und Export einwadfrei geklappt haben.

```
1 % Alles loeschen
2 clc; clear; close all;
3
4 % Einlesen als Tabellen-Objekt
5 tTabelle = readtable('TabellePeterMartin.csv','Delimiter',';');
```

```
6
7  % Tabelle wieder unter anderem Namen exportieren
8  writetable(tTabelle,'TabellePeterMartinNeu.csv','Delimiter',';');
```

Der Umweg über eine CSV–Datei ist häufig gar nicht notwendig. Die Funktion `readtable` importiert problemlos die Daten auch aus Excel–Dateien, wie das nachfolgende Beispil zeigt.

```
1  >> tTabelle = readtable('TabellePeterMartin.xlsx')
2  Warning: Column headers from the file were modified to make them valid MATLAB identifiers before
3  creating variable names for the table. The original column headers are saved in the
4  VariableDescriptions property.
5  Set 'PreserveVariableNames' to true to use the original column headers as table variable names.
6
7  tTable =
8
9  2x4 table
10
11  Name        Gr__e      Gewicht        Sport
12  _________    _______    _______    _____________
13
14  {'Peter' }      180         73       {'Tennis'   }
15  {'Martin'}      172         69       {'Schwimmen'}
```

Die ausgegebene Warnung bezieht sich auf die deutschen Umlaute in der Benennung der Tabellenspalten. Nach der MATLAB–Namenskonvention sind Umlaute keine zugelassene Symbole für die Variablennamen. MATLAB hat die Umlaute durch zwei Striche in der ursprünglichen Spaltenüberschrift (von Größe zu Gr__e) ersetzt.

AUFGABEN

Aufg. 8.4 Bauen Sie ein Tabellen-Objekt auf, welches in der ersten Spalte die Namen Peter, Martin, Lisa und Jennifer enthält und in der zweiten Spalte zufällig gewählte Größenangaben in Zentimetern. Erzeugen Sie die Größenangaben mit Hilfe des Zufallszahlengenerators in Matlab, wobei die Größenangaben zwischen 160 und 180 cm variieren sollen. Exportieren Sie danach die Tabelle als CSV-Datei mit dem Semikolon als Trennzeichen. Importieren Sie die zuvor exportierte CSV-Datei sofort wieder in ein Tabellenobjekt mit anderem Namen. Kontrollieren Sie, ob originäre und importierte Tabelle identisch zueinander sind. Zusatzaufgabe: Importieren Sie die CSV-Datei auch in eine Tabellenkalkulation Ihrer Wahl und prüfen Sie, ob dort die Informationen richtig angekommen sind.

8.5. Datenimport und Datenexport von Zeittabellen

Ein wichtiger Spezialfall der vorhergehenden Darstellungen ist der Import und Export von Zeittabellen (*Time Tables*). Eine unmittelbare Im- und Exportfunktion ist dafür nicht vorhanden. Daher sind die Funktionen `readtable` und `writetable` für gewöhnliche Funktionen zu verwenden, die jedoch von Tabellenobjekten ausgehen. Für die Konvertierung zwischen Tabellen und Zeittabellen gibt es ferner die Funktionen `table2timetable` und `timetable2table`. Für den Import ist daher die (Zeit-) Tabelle als CSV-Datei zunächst als gewöhnliche Tabelle einzulesen, danach gegebenenfalls die relevante Datumsspalte zu konvertieren und anschließend die gesamte Tabelle in eine Zeittabelle umzuwandeln. Ein Miniaturbeispiel soll die Vorgehensweise illustrieren. Angenommen sei die folgende Zeittabelle als CSV-Datei mit fiktiven Datums- und Aktienkursangaben.

Datum	Aktienkurs
31.01.1999	123.45
28.02.1999	145.78

Das nachfolgende Code-Beispiel in Form eines kurzen Matlab-Skriptes zeigt das Einlesen und Konvertierung in eine Zeittabelle im ersten Teil des Skriptes. Danach wird die importierte Zeittabelle wieder in eine Tabelle zurück umgewandelt und anschließend wieder exportiert. Mit Hilfe eines Texteditors kann verglichen werden, ob die erste und zweite CSV-Datei identisch sind.

Quellcode 8.2: Einlesen und Konvertieren einer Zeittabelle

```matlab
1  % Demoskript zum Datenimport aus CSV-Datei
2  % Diese Variante mittels readtable und angepasst fuer Zeittabellen
3
4  % Alles loeschen
5  clc; clear; close all;
6
7  % Einlesen als Tabellen-Objekt
8  tTabelle = readtable('ZeittabelleAktienkurse.csv','Delimiter',';');
9
10 % Datumsspalte in datetime-Objekte konvertieren und ersetzen
11 vDate = datetime(tTabelle{:,1},'InputFormat','dd.MM.yyyy');
12 tTabelle.Datum = vDate;
13
14 % Tabelle in Zeitabelle konvertieren
15 ttAktienkurse = table2timetable(tTabelle,'RowTimes','Datum');
16
17 % Zum Exportieren wieder konvertieren
18 tTabelle2 = timetable2table(ttAktienkurse);
19
20 % Optional: Umwandeln der datetime-Objekte in Datumsstrings
21 cDates = datestr(tTabelle2{:,1},'dd.mm.yyyy');
22 tTabelle2.Datum = cDates;
23
24 % Tabelle jetzt exportieren
25 writetable(tTabelle2,'ZeittabelleAktienkurseNeu.csv','Delimiter',';');
```

AUFGABEN

Aufg. 8.5 Erstellen Sie ein Zeittabellenobjekt. Die Zeittabelle soll die ersten 10 Tage beginnend mit dem 1.1.1999 ausweisen sowie dazugehörige, rein zufällige Werte. Exportieren Sie danach die Zeittabelle als CSV-Datei. Lesen Sie die zuvor exportierte CSV-Datei wieder ein und wandeln Sie diese wieder in ein Zeittabellenobjekt um. Kontrollieren Sie, ob die Ausgangstabelle und importierte Zeittabelle übereinstimmen!

8.6. Exkurs: Datenimport und Datenexport von Tabellen mit benutzerdefinierten Funktionen

Die zuletzt angestellten Betrachtungen und Übungen zum Datenimport und Datenexport mittels der Funktionen `readtable` und `writetable` schließen die eventuell verbleibenden Lücken an Anwendungsfällen, falls der Weg über Microsoft Excel nicht gangbar sein sollte. Damit können in sehr universeller Weise unter beliebigen Betriebssystemen Daten ausgetauscht werden. Die zuletzt angestellten Betrachtungen besitzen allerdings die Einschränkung, nur unter MATLAB anwendbar zu sein, sodass Anwender von Octave möglicherweise in bestimmten Fällen immer noch Probleme mit dem Datenimport und Datenexport haben könnten. Die Lösung hier besteht darin, sich für diese Zwecke eigene benutzerdefinierte Funktionen zu schreiben. Die folgenden Betrachtungen sind dabei bewusst als Exkurs ausgewiesen, da sie für die meisten Matlab-Anwender mit reinem Interesse an dem Datenimport und Datenexport uninteressant sind. Vielmehr soll der folgende Exkurs die grundlegenden Dateioperationen in MATLAB und Octave in Form einer kleinen Fallstudie illustrieren. In diesem Fallstudienkontext wird auf alle bislang erarbeiteten Grundlagen zurückgegriffen und diese werden erstmalig an einer inhaltlich deutlich komplexeren Aufgabenstellung illustriert. Wir zeigen hier das Zusammenspiel von Kontrollstrukturen, Stringoperationen und grundlegenden Dateioperationen.

Beispielhaft soll es hier zunächst um eine Funktion gehen, mit welcher der Export eines Cell-Arrays aus Matlab in eine CSV-Datei vorgenommen werden kann. Für den Datenim- und Datenexport stehen in Matlab, wie oben dargestellt, verschiedene Funktionen zur Verfügung, so unter Anderem auch die Funktionen `csvwrite` und `dlmwrite`, mit denen grundsätzlich (numerische) Matrizen leicht im CSV-Format in eine reine Textdatei exportiert werden können. Die direkte Ausgabe eines Cell-Arrays, welches z.B. als Ersatz für ein Tabellenobjekt (in Octave) herangezogen werden kann, ist dabei nicht trivial. Ein typischer Fall ist es, dass ein Cell-Array als Ausgabetabelle vorformatiert wurde, um dieses dann nach Excel oder in eine Textverarbeitung zu exportieren. Funktionen für diese Aufgabe finden sich in großer Anzahl im Internet als Open Source, insbesondere auch auf dem Matlab File Exchange Server.

Die folgende Funktion `fPrintCellArrayAsTable` zeigt beispielhaft, wie dieses Problem gelöst werden kann. Wie bei allen Skripten und Funktionen in diesem Buch gilt hier, dass besondere Fehlerprüfungen nicht erfolgen, insbesondere die Inputparameter nicht auf Zulässigkeit überprüft oder im Funktionsablauf auftretende Fehlerkonditionen nicht abgefangen werden. Diese Funktion setzt den einfachen Standardfall voraus, bei dem eine als Cell-Array vorformatierte Tabelle vorliegt. Diese besitzt zwingend vorausgesetzt in der ersten Spalte als Strings die Zeilenbeschriftungen (die Strings können aber auch leer sein) sowie in der ersten Zeile (auch als Strings) die Spaltenbeschriftungen. Der innere Teil der vorformatierten Tabelle darf nur numerische Werte enthalten. Das Programmlisting 8.3 zeigt die Umsetzung dieser Funktion in Matlab. Aus Platzgründen wird die Funktion im Folgenden nicht abgedruckt, sondern lediglich der Verweis auf die korrespondierende Datei im Begleitmaterial gesetzt.

Quellcode 8.3: Export eines Cell-Arrays als CSV-Datei

```
1 Vgl. Datei: fPrintCellArrayAsTable.m
```

Die Funktion verarbeitet die als Inputparameter übergebene, gemäß den gesetzten Annahmen vorformatierte Tabelle cCellArray. Nach Abfrage der Dimension des zu exportierenden Cell-Arrays wird die angegebene Datei mit als Inputparameter übergebenem Dateinamen sFilename geöffnet. Danach werden die Inhalte der ersten Zeile von cCellArray, also die Spaltenbeschriftungen, als Strings interpretiert (Formatstring %s in fprintf) und geschrieben. Im nächsten Schritt werden dann alle weiteren Zeilen von cCellArray geschrieben. Per Voraussetzung enthält die erste Spalte immer die Zeilenbeschriftung als String, danach folgen dann numerische Werte. Die einzige Flexibilität dieser Funktion ist die Möglichkeit, den Formatstring für das Schreiben der numerischen Werte im Inputparameter sFormat zu übergeben. Dieser wird jedoch auf alle numerischen Einträge des inneren Teils von cCellArray angewendet. Eine weitere Verbesserung könnte es sein, ein Cell-Array mit Formatstrings für jede einzelne numerische Zelle einer Zeile von cCellArray zu übergeben.

Das Demoskript 8.4 zeigt die Anwendung der Funktion an einem einfachen Beispiel (auch hier Drucken wir aus Platzgründen das Demoskript nicht ab, sondern geben lediglich den Verweis). Zunächst löscht das Demoskript den gesamten Arbeitsspeicher, Ausgaben auf der Kommandokonsole und eventuell vorhandene Grafiken in Matlab. Danach wird mit cTabelle = cell(3,3); ein leeres Cell-Array angelegt. In den folgenden Programmzeilen werden dann die Zellinhalte gefüllt. Anschaulich ersichtlich ist, wie in einem Cell-Array Daten unterschiedlichen Typs (hier Strings und numerische Daten) gemeinsam abgelegt werden können. Der Aufruf der Funktion fPrintCellArrayAsTable schreibt dann die so angelegte Tabelle als CSV-Datei. Diese kann dann in einem Editor angeschaut oder in Excel als Tabelle importiert werden.[11]

Quellcode 8.4: Demoskript zum Export eines Cell-Arrays als CSV-Datei

```
1 Vgl. Datei: bDemoCSVexport.m
```

Die in den Programmlistings 8.5 und 8.6 dargestellten Funktionen fTxtReadAsCellArray und fWriteCellArrayAsTxt erweitern die zuvor entwickelten Betrachtungen noch ein wenig weiter. Hier haben wir beispielhaft zwei Funktionen entwickelt, welche den Datenimport aus und Datenexport nach .txt-Dateien unabhängig vom verwendeten Betriebssystem, dem verwendeten Programmierwerkzeug und den zu verwendenden Datentypen erlauben sollen (aus Platzgründen erfolgt kein Abdruck der Funktionen, nur der Verweis auf das Begleitmaterial).

Quellcode 8.5: Datenimport aus .txt-Datei

```
1 Siehe Datei: fTxtReadAsCellArray.m
```

Quellcode 8.6: Datenexport nach .txt-Datei

```
1 Siehe Datei: fWriteCellArrayAsTxt.m
```

Die Funktion fTxtReadAsCellArray erwartet zwei Eingabeparameter. Der erste Eingabeparameter ist der Name der einzulesenden .txt-Datei (inkl. Dateinamenende). Der zweite Eingabeparameter gibt die Art der Spaltentrennung an. Die Funktion erlaubt hier die Verwendung von '\t'

---

[11] Beim Import in Excel ist zu beachten, dass beim direkten Öffnen der CSV-Datei die Tabellenstruktur von Excel nicht zuverlässig erkannt wird. Daher sollte immer die Datenimportfunktion von Excel verwendet werden.

für Tabulator-Trennung und ';' für Semikolon-Trennung. Die Funktion liefert drei Rückgabewerte, welche Analog zur `xlsread`-Funktion gewählt sind. Eine wichtige Voraussetzung bei der Verwendung der Funktion `fTxtReadAsCellArray` ist, dass als Dezimaltrennzeichen ein Punkt verwendet wird. Liegen die Daten beispielsweise in Excel vor und sollte dort ein Komma als Dezimaltrennzeichen verwendet werden, so kann dies in den Excel-Optionen umgestellt werden. Anschließend können die Daten Tabstopp-getrennt als .txt-Datei abgespeichert werden und dann mithilfe von `fTxtReadAsCellArray` nach Matlab oder Octave importiert werden.

Die Funktion `fWriteCellArrayAsTxt` erwartet mindestens zwei Eingabeparameter; die beiden letzten sind optional. Der erste Eingabeparameter bezeichnet die in einer .txt-Datei abzuspeichernde Matlab-/Octave-Variable, der zweite Eingabeparameter den Namen der zu schreibenden .txt-Datei. Im dritten Eingabeparameter kann optional der Delimiter (Separationszeichen), im vierten der Formatstring für die Ausgabe der numerische Inhalte angegeben werden.

Das Programmlisting 8.7 demonstriert die Verwendung der Funktionen 8.5 und 8.6 an einer einfachen .txt-Datei

Quellcode 8.7: Demoskript für den Datenimport aus und Datenexport nach .txt-Datei

```
1  Siehe Datei: bDemoReadAndWrite.m
```

Sollen die aus Matlab oder Octave exportierten Daten in Excel weiterverwendet werden, so kann die .txt-Datei als Textdatei in Excel importiert werden.

Die hier kurz vorgestellten, benutzerdefinierten Funktionen illustrieren zugleich die grundlegenden Basisdateioperationen in Matlab und Octave beim Zugriff auf Textdateien. Auf ähnliche Weise können nicht nur Tabellen ausgegeben, sondern z.B. auch umfangreiche Protokolldateien geschrieben werden, die bei sehr umfänglichen Datenanalysen wertvolle Zusatzinformationen enthalten können.

AUFGABEN

Aufg. 8.6 In der Aufgabe 8.1 sollten Sie eine Tabelle in einer Tabellenkalkulation anlegen, als CSV-Datei exportieren und dann in MATLAB einlesen. Dies hatte dort nur für den numerischen Teil der Tabelle mit den Funktionen `csvread` bzw. `dlmread` geklappt. Probieren Sie nun mit Hilfe der benutzerdefinierten Funktion `fTxtReadAsCellArray` diese Tabelle komplett, also inklusive des nicht-numerischen Teils einzulesen!

8.7. Tipps für das Verfassen eines Quellcodes

In diesem Kapitel sollen einige handwerkliche Tipps zum Schreiben eines Quellcodes in MATLAB gegeben werden. Hierbei wird zunächst ausführlicher auf eine zweckmäßige Benennungskonventionen (Kap. 8.7.1) eingegangen. Anschließend erfolgen ein paar Hinweise zur Quellcode-Dokumentation (Kap. 8.7.2). Abschließend wird eine kurze Betrachtung einer hilfreichen Ordnerstruktur (Kap. 8.7.3) angeführt.

8.7.1. Benennungskonventionen in der Software-Entwicklung

Die bereits angeführten Benennungskonventionen werden an dieser Stelle ausführlich beleuchtet, um so hilfreiche Anregungen für die Software-Entwicklung zu liefern. Die ausführliche Darstellung der Benennungskonventionen ergibt sich aus der Notwendigkeit einheitlicher Standards, die im Rahmen eines professionellen Software-Engineering notwendig sind. Damit soll zum einen eine strukturierte und konsistente Codeentwicklung sichergestellt und zum anderen eine Standardisierung im Sinne einer Vergleichbarkeit ermöglicht werden (vgl. POMBERGER und PREE, 2004, S. 3 ff.). Bei der Benennung von Variablen, Konstanten und Funktionen im Sinne einer Dokumentation und der besseren Lesbarkeit für Dritte seien folgende Benennungskonventionen vereinbart. Variablen und Parameter werden in der CamelCase Notation geschrieben. Das ist eine Bennungskonvention der Informatik für Programmabschnitte (vgl. RODEN, 2008, S. 33). Die konsequente Anwendung der Schreibweisen-Empfehlung zeigen die nachfolgenden Beispiele. In diesem Buch werden folgende Konventionen verwendet: Jeder *Variablenname* beginnt mit einem (oder in seltenen Fällen zwei) Kleinbuchstaben. Der erste (und ggf. zweite) Kleinbuchstabe kennzeichnet den Typ der Variable. Dadurch wird implizit dem Programmcode eine einfache Dokumentation mitgegeben, in dem der intendierte Typ einer Variable leichter ersichtlich ist. Die wichtigsten in diesem Buch berücksichtigten Typen werden wie folgt bezeichnet:

- c: Cell Array.

- d: Gleitkommazahl (im double-Format), Skalar.

- i: Integervariable, Skalar.

- l: Logische (boolsche) Variable (1 oder 0), Skalar, Vektor oder Matrix.

- m: Matrix (Zahlenmatrix, Gleitkommazahlen oder Integer).

- r: Struct (für „record" wie in vielen anderen Programmiersprachen).

- s: String.

- v: Vektor (für gewöhnlich Spaltenvektor, auch Zeilenvektor; reine Zeilenvektoren können auch durch das vorangestellte kleine „w" gekennzeichnet sein, Gleitkommazahlen oder Integer).

- h: Handle. Hierbei handelt es sich um einen MATLAB-internen Verweis (Referenz) auf ein MATLAB-Objekt, zumeist eine Grafik oder eine Funktion. Manche MATLAB-Funktionen benötigen eine solche Referenz als Argument der Funktion.

- t: Tabelle, Tabellenobjekt

- tt: Zeittabelle, Zeittabellenobjekt

- dt: Datumsobjekt, datetime-Objekt

Die Kennzeichnung einer Variablen als Vektor oder Matrix drückt aus, dass es sich potenziell um einen Vektor oder eine Matrix handeln könnte. Während des Programmablaufs können sich Vektoren oder Matrizen ggf. zu Skalaren oder Vektoren reduzieren, wenn der Anwender anstelle einer Matrix einen Vektor der Funktion übergibt. Bei den Matrizen sollte in der Dokumentation zusätzlich mit angegeben werden, welche Informationen in Spalten bzw. in Zeilen abgelegt sind. Der zweite (bzw. dritte) Buchstabe ist als Großbuchstabe zu wählen (Stichwort CamelCase). Die weitere Benennung der Variable soll deren Bedeutung ausdrücken. Abkürzungen sind möglich, der Silbenbeginn sollte mit einem Großbuchstaben gekennzeichnet werden. Der Unterstrich _ kann zur Erhöhung der Lesbarkeit von Variablennamen eingesetzt werden. Die Benennung kann sich an angelsächsischen Begriffen orientieren. Beispiele sind:

- iIndex: Integer, Skalar, Laufindex

- vSource: Vektor, Gleitkommazahlen oder Integer, Datenquelle

- mInputData: Matrix, Gleitkommazahlen oder Integer, (Input-) Datenmatrix

- sErrMsg: String, Fehlermeldung

- dLambda: Gleitkommazahl, Skalar, z.B. Multiplikator

Die vielen Programmbeispiele im Buch werden zeigen, dass diese Systematik in aller Regel, aber nicht immer eingehalten wird. Ausnahmen sind z.B. kurze Demoskripte aus Vereinfachungs-gründen oder Übernahme von Variablennamen aus der MATLAB-Dokumentation, um den Bezug zur MATLAB-Dokumentation herzustellen. Die Benennung von *Funktionen* und *Skripten* folgt denselben Prinzipien. Beide beginnen mit einem Kleinbuchstaben, und zwar:

- b: Skript („batch"), oder alternativ direkt beginnend mit Großbuchstaben

- f: Funktion

Danach folgt ein Großbuchstabe. Die weitere Benennung erfolgt in analoger Weise wie bei Variablen. Die Buchstabenfolge „f" plus Großbuchstabe verhindert auf jeden Fall einen Namenskonflikt mit den MATLAB-eigenen Funktionen, da diese stets aus einer Folge von Kleinbuchstaben bestehen. Auch viele Open-Source-Bibliotheken verwenden ausschließlich Kleinbuchstaben zur Benennung von Funktionen, sodass auch mit diesen Namenskonflikte vermieden werden. Jedoch ist dies ein sehr einfaches Regelwerk zur Benennung von Variablen und Funktionen, welches für Zwecke des vorliegenden Buches völlig ausreichend ist, nicht jedoch für umfangreiche Projekte.

8.7.2. Quellcode-Dokumentation

Die in diesem Buch verwendete Quellcode-Dokumentation hat bereits gezeigt, wie wichtig eine Kommentierung der Codezeilen ist. Die Dokumentation von Skripten und Funktionen ist im Allgemeinen lästig und kostet Zeit. Dennoch gilt zu bedenken: Eine gute Dokumentation erlaubt es einem Dritten, den geschriebenen Programmcode schnell zu verstehen, in eigenen Programmen zu verwenden und nicht zuletzt Fehler zu entdecken und zu korrigieren. Im Augenblick des Entwurfs eines Programms ist dem Programmautor alles unmittelbar klar, nach einiger Zeit weiß aber auch dieser selbst leicht nicht mehr, was der Programmcode genau tun soll. Im Zweifelsfalle ist eine ausführlichere Dokumentation hilfreicher als eine knappe. Andererseits ist es auch redundant, Trivialitäten zu kommentieren. Einige Grundsätze für die Dokumentation werden anhand der in diesem Buch vorgestellten Programmierbeispiele durchweg deutlich. Andere haben wir aus Platzgründen nicht umgesetzt, sind aber dennoch zu bedenken. Ein selbst geschriebenes Skript oder eine selbst geschriebene Funktion sollte zu Beginn eine komprimierte, aber vollständige Beschreibung hinsichtlich folgender Aspekte beinhalten:

- Name der Funktion, ggf. Versionsnummer und Datum der letzten Revision.[12]

- Darstellung des Funktionsaufrufs.

- Kurzbeschreibung der Aufgabe, welche die Funktion erfüllt.

- Beschreibung aller Inputparameter hinsichtlich Art, Dimension, Bedeutung, usw. Insbesondere sind notwendige und optionale Inputparameter klar zu kennzeichnen. Alle Inputparameter, die nicht als optional kenntlich gemacht werden, müssen zwingende Inputparameter sein.

- Beschreibung aller Outputparameter (Rückgabewerte der Funktion) hinsichtlich Art, Dimension und Bedeutung. Insbesondere sind die Fehlercodes genau zu dokumentieren, falls eine Funktion solche zurückliefert.

Soweit es bei einem Code möglich erscheint, sollte die Dokumentation auch ein Beispiel zur Arbeitsweise, Funktionsaufruf und korrektem Ergebnis beinhalten. Bei sehr umfangreichen oder komplexen Programmcodes ist stattdessen die Beschreibung ausführlicher zu halten. Die Dokumentation des Funktionskopfs nach diesen Empfehlungen besitzt außerdem folgenden Nebeneffekt: MATLAB liefert als Ergebnis des Befehls `help <Funktionsname>` die Dokumentation, die sich unmittelbar an den Funktionskopf anschließt. Da sich ein Dritter die Dokumentation mit diesem Befehl anzeigen lassen kann, sollte die Dokumentation in kompakter Form alle Informationen (s.o.) enthalten, um die Funktion in zweifelsfreier Weise anwenden zu können. Bei komplexeren oder komplizierten Funktionen kann es ebenfalls sinnvoll sein, in der Dokumentation des Funktionskopfs einen Verweis auf die benutzte Literatur zu geben. Zur Eindeutigkeit und Klarheit der Aufgabe einer Funktion können auch die benutzten Berechnungsformeln genannt werden. Letztere sind auf jeden Fall Gegenstand der Dokumentation des Funktionskörpers, falls sie nicht im Funktionskopf ausgeführt werden. Für die Dokumentation des Funktionskörpers, also diejenigen Teile der Dokumentation, die nicht unmittelbar dem Funktionskopf nach `function` ... folgen und mittels `help` angezeigt werden, gelten folgende Empfehlungen: Wesentliche, in sich abgeschlossene Abschnitte innerhalb einer Funktion sollten durch % -- oder ähnliche Kennzeichnungen voneinander abgegrenzt werden. Bei den eigentlichen Berechnungen ist das Berechnungsprinzip oder die Berechnungsformel zu nennen, ggf. (ergänzend oder ersatzweise)

---

[12] Der Dateiname der Funktion ist auf jeden Fall dann hilfreich, wenn Funktions- und Dateiname nicht identisch sind. Wir führen diesen der Vollständigkeit halber ebenfalls mit auf, auch wenn Funktions- und Dateiname identisch sind.

unter Hinweis auf die Literatur oder eine separate Dokumentation, falls eine kompakte Erläuterung im Rahmen des Programmcodes nicht sinnvoll möglich ist. Trivialitäten oder offensichtliche Operationen brauchen nicht dokumentiert zu werden. Es darf durchaus ein in MATLAB sachverständiger Leser vorausgesetzt werden. Allerdings lassen sich in MATLAB hoch kompakte Ausdrücke formulieren, deren syntaktische Bedeutung dem sachverständigen MATLAB-Leser klar sein mag, nicht jedoch dessen Semantik. Deshalb sollte bei der Kommentierung nicht primär die Syntax, sondern die inhaltliche Bedeutung (Zweckbestimmung) einer Operation erläutert werden. Hinweise auf den Sinn bestimmter (komplexer) Operationen sind immer hilfreich. Insbesondere MATLAB bietet im Gegensatz zu vielen Open-Source Varianten hilfreiche Werkzeuge, um eine professionelle Dokumentation zu ermöglichen. Besonders mit Blick auf das Arbeiten mit anderen Personen ist eine solche Form der Qualitätssicherung unumgänglich. Ein zentrales Instrument hierzu ist der *Publisher*. Wird die Erstellung eines neuen Skriptes aufgerufen, öffnet sich rechts neben der Registerkarte *Editor* der Reiter *PUBLISH*. Dieses Werkzeug liest die Kommentare des aktuellen Skripts aus und generiert daraus eine Dokumentation mit Überschriften, Sektionen und Abbildungen. Alles, was hierzu im Code gemacht werden muss, ist den Code durch %% mit Überschriften zu versehen und die Kommentare durch % hinzuzufügen. Die Besonderheit an dieser Form der Dokumentationserstellung ist, dass auch Formeln mit abgebildet werden können. Das folgende Beispiel 8.8, soll einen Eindruck über die Anwendung der *PUBLISH* Funktion geben.

Quellcode 8.8: Professionelle Quellcode-Dokumentation

```
1  %% bSkript_Dokumentation
2  % Dieses Skript gibt einen Eindruck wie sich eine professionelle Quellcode
3  % Dokumentation erstellen laesst.
4  clear; clc; close all;
5
6  %% Datensatz
7  % Dieser Codeabschnitt erstellt den Datensatz in Form der X-Werte
8  vXWerte = randn(1000,1);
9
10 %% Die Berechnungsformel
11 % Die f(x) Werte ergeben sich aus der folgenden Formel:
12 % $f(x) = x^2 + x + 15$
13 vFxWerte = (vXWerte.^2 + vXWerte + 15);
```

Durch den Klick auf *PUBLISH*[13] wird das Skript einmal ausgeführt und daraus im Standardfall eine `html`-Datei erstellt, sodass das Layout nicht von der MATLAB-eignen Dokumentation zu unterscheiden ist. Formeln werden mit der Notation des Programmes LATEX[14] dargestellt, durch \$\$ eingeleitet und ebenfalls durch \$\$ beendet. Unter der MATLAB-Einstellung kann die generierte Dokumentation auch als `.xml`, `.pdf` oder `.tex` Datei abgelegt werden. Das Ergebnis der *PUBLISH* Funktion zeigt die Abbildung 8.3.

---

[13] Der Hersteller gibt unter der Homepage einen übersichtlichen Einstieg `http://de.mathworks.com/help/` `matlab/matlab_prog/document-and-share-code-using-examples.html`.

[14] Im Internet finde sich eine große Auswahl an Hilfe zum Schreiben von Formeln in der LATEX Schreibweise.

Contents

- bSkript_Dokumentation
- Datensatz
- Die Berechnungsformel

bSkript_Dokumentation

Dieses Skript gibt einen Eindruck wie sich eine professionelle Quellcode Dokumentation erstellen laesst.

```
clear; clc; close all;
```

Datensatz

Dieser Codeabschnitt erstellt den Datensatz in Form der X-Werte

```
vXWerte = randn(1000,1);
```

Die Berechnungsformel

Die f(x) Werte ergeben sich aus der folgenden Formel: $f(x) = x^2 + x + 15$

```
vFxWerte = (vXWerte.^2 + vXWerte + 15);
```

Published with MATLAB® R2019b

Abbildung 8.3.: Das Ergebnis der *PUBLISH* Funktion.

8.7.3. Die Ordnerstruktur anlegen

Neben der angeführten einheitlichen Benennungskonvention ist eine klare Struktur des eigenen Programms ein elementarer Bestandteil, um die Wartbarkeit und damit die Qualität zu steigern. Dies gilt auch schon für das Einlesen von Informationen. Darum ist es empfehlenswert, schon vor dem Schreiben der ersten Programmcodezeile einige Gedanken in die spätere Ordnerstruktur zu investieren. Ausgehend von der Zielsetzung des eigenen Programms lässt sich eine geeignete Struktur der Programmordner ableiten. Geplant ist, das Datenmaterial mit Hilfe von MATLAB bzw. Octave auszuwerten. Dabei werden höchstwahrscheinlich vordefinierte und selbstgeschriebene Funktionen zum Einsatz kommen. Darüber hinaus werden möglicherweise Abbildungen in Form von Diagrammen entstehen, die das Datenmaterial in geeigneter Weise illustrieren. Vor diesem Hintergrund empfiehlt es sich, das gesamte Projekt in einem Hauptordner unterzubringen. Grundsätzlich zeigt die Erfahrung, dass entsprechende Ordnerbezeichnungen die nachträgliche Suche, analog zur Quellcodedokumentation, deutlich vereinfachen. Eventuell könnte das vorangestellte Datum aus Jahr-Monat-Tag eine zusätzliche Ergänzung sein. In diesem Hauptordner werden weitere Unterordner erstellt. Der Ordner *Abbildungen* dient nachher zur automatisierten Ablage der Abbildungsergebnisse. *Datenbank* wird im späteren Verlauf die Daten, beispielsweise in Form von Excel- und Textdateien, aufnehmen. Außerdem befindet sich im Hauptordner das

Hauptsteuerungsskript, welches in diesem Buch mit MATLAB geschrieben wird. Die Abbildung 8.4 illustriert eine denkbare Ordnerstruktur.

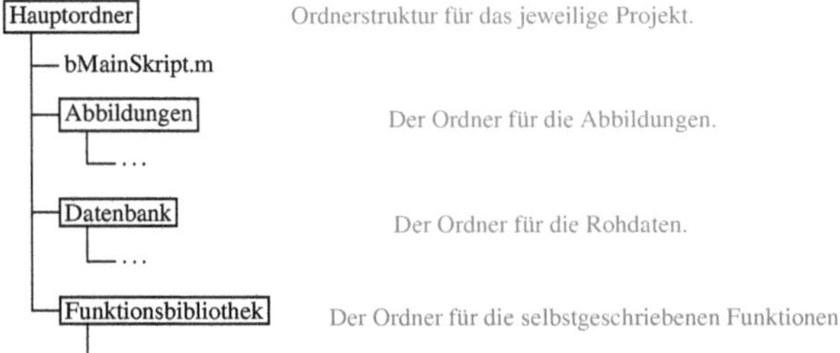

Abbildung 8.4.: Eine anfängliche Ordnerstruktur. Die Struktur wird durch einen Hauptordner sowie weitere Unterordner gebildet. Die genaue Struktur ist immer problemabhängig und teilweise auch eine Frage des persönlichen Geschmacks.

8.8. Fallstudie Wetterdaten

Die Darstellungen zum Datenimport und Datenexport lassen sich im Rahmen einer größeren, praxisgerechten Fallstudie sehr gut an unserem bisherigen Beispiel der Wetterdaten vertiefen. Die bisherigen Abschnitte der Fallstudie basierten auf bereits vorbereiteten Wetterdaten für den Einsatz in MATLAB, die zuvor bereits in das Matlab-eigene Datenformat konvertiert wurden. In dieser Fallstudie wollen wir nun aber die Daten direkt vom Datenanbieter, dem Deutschen Wetterdienst, herunterladen und anschließend ausgehend vom originär bereitgestellten Datenformat weiter verarbeiten. Diejenigen Leser, die den gesamten Prozess nacharbeiten möchten, sollten dazu die Webseite des Deutschen Wetterdienstes www.dwd.de aufsuchen und sich dort aus dem Archiv der Monats- und Tagesdaten die Wetterdaten einer interessierenden Wetterstation, z.B. in der Nähe des eigenen Heimatortes, herunterladen. Diese Daten mögen dann als Basis für das Nacharbeiten dienen.

Für die folgende Fallstudie legen wir die Wetterdaten der Station Zugspitze zugrunde, zu finden in der Datei `produkt_klima_monat_19000801_20181231_05792.txt`, welche die Wetteraufzeichnungen vom 1.8.1900 bis 31.12.2018 in monatlicher Auflösung enthält. Nach dem Herunterladen der Daten empfiehlt es sich, diese zuerst in einem gewöhnlichen Texteditor zu betrachten. Dort ist schnell erkennbar, dass es sich hier um eine CSV-Datei handelt, mit dem Semikolon als Separationszeichnen. Die Aufgabenstellung ist es nun diese Daten zu importieren und als Tabelle oder - noch besser - als Zeittabelle zu halten. Das folgende Code-Beispiel 8.9 zeigt die Umsetzung.[15]

---

[15] Zu beachten ist, dass der Aufbau einer Datendatei des DWD nicht notwendigerweise exakt identisch mit der dort bereitgestellten Dokumentation ist und sich auch im Zeitablauf ändert. Daher ist unbedingt die Analyse der Rohdaten mit Hilfe eines Texteditors notwendig, um sich einen Überblick über den gerade aktuellen Aufbau der Rohdaten zu verschaffen. In diesem Beispiel weicht der Aufbau der geladen Daten leicht von dem bislang benutzten Aufbau der Daten ab, die wir zuvor anhand der vom DWD bereitgestellten Dokumentation umformatiert hatten. Im hier benutzten

Quellcode 8.9: Einlesen der Wetterdaten Zugspitze

```matlab
1  % Skript zum Import der Wetterdaten Zugspitze
2  clc; clear; close all;
3  % Datenimport als Tabellenobjekt
4  tWetterZugspitze = readtable('produkt_klima_monat_19000801_20181231_05792.txt');
5
6  % Datumsspalte extrahieren und konvertieren
7  cDates = tWetterZugspitze{:,2};
8  cDatesAsString = num2str(cDates);
9  vDates = datenum(cDatesAsString,'yyyymmdd');
10 dtDates = datetime(vDates,'ConvertFrom','datenum');
11
12 % Datumsspalte ersetzen
13 tWetterZugspitze.MESS_DATUM = dtDates;
14
15 % In Zeittabellenobjekt konvertieren
16 ttWetterZugspitze = table2timetable(tWetterZugspitze,'RowTimes','MESS_DATUM');
```

Nach dem Import ist die Weiterverarbeitung der Wetterdaten wie bisher leicht möglich. Das Code-Beispiel 8.9 bedient sich dabei der Tabellen- und Zeittabellenobjekte mit zugehörigen Funktionen in MATLAB, welche die Umsetzung dieser Aufgabenstellung in sehr leichter Weise ermöglichen. Schwieriger gestaltet sich die Umsetzung dieser Aufgabenstellung, wenn diese Möglichkeiten nicht zur Verfügung stehen, z.B. beim Arbeiten mit Octave. Hier kann alternativ die Funktion `fTxtReadAsCellArray` aus Abschnitt 8.6 eingesetzt werden, wie es Code-Beispiel 8.10 zeigt.[16]

Quellcode 8.10: Einlesen der Wetterdaten Zugspitze - Alternative

```matlab
1  % Skript zum Import der Wetterdaten Zugspitze
2  % Alternative: Nutzung von fTxtReadTableAsCellArray
3  clc; clear; close all;
4
5  % Datenimport aus .txt-Datei
6  [mNum,cText,cRaw] = fTxtReadAsCellArray('produkt_klima_monat_19000801_20181231_05792.txt',';');
```

Im ersten Augenschein mag dabei die alternative Lösung einfacher erscheinen, jedoch liegen die eingelesenen Daten jetzt in drei Datenstrukturen (mNum = nur numerische Daten, cText = nur alpha-numerische Daten, cRaw = Kopie der Originaltabelle als Cell-Array) vor, was gegebenfalls einen Folgeaufwand bei der Reorganisation der Daten in einer geeignet erscheinenden Datenstruktur nach sich ziehen kann. Andererseits würde dies hier genauso gelten, wenn `xlsread` als Alternative eingesetzt worden wäre, die ebenfalls genau diesen Output liefert.

AUFGABEN

Aufg. 8.7 Nachdem Sie die Wetterdaten der Wetterstation Zugspitze (oder die von Ihnen gewählte Station) eingelesen haben, möchten Sie für eine spätere Verwendung die Daten für eine

---

Rohdatensatz befindet sich beispielsweise die Sonnenscheindauer in der 13. Spalte und die 17. Spalte enthält wieder den (redundanten) 'eor'-Marker.

[16] Soweit Leser diese Variante ausprobieren möchten, ist unbedingt auf das Setzen der notwendigen Suchpfade zu achten, damit die Funktion `fTxtReadTableAsCellArray` gefunden werden kann. Beispielsweise könnte zu Beginn des Skriptes der Matlab-Befehl `addpath` mit Angabe des relevanten Verzeichnisses, in welchem die Funktion gespeichert wurde, hilfreich sein.

Tabellenkalkulation aufbereiten. Dazu möchten Sie das Datum entnehmen sowie die Sonnenscheindauer. Das Datum soll allerdings nicht mehr als numerischer Wert, sondern als String im Datumsformat `'dd.mm.yyyy'` abgespeichert werden. Vor dem Abspeichern der numerischen Werte für die Sonnenscheindauer ist auf ungültige Werte (Marker -999) zu prüfen. Ungültige Werte sollen durch NaN ersetzt werden. Binden Sie danach Datum (als String) und geprüfte Sonnenscheindauer zu einer Tabelle (oder alternativ zu einem Cell-Array) zusammen und geben Sie den Spalten die Überschriften `'Datum'` und `'Sonnenscheindauer'`. Exportieren Sie danach die so vorbereitete Tabelle (oder alternativ das so vorbereitete Cell-Array) nach Microsoft Excel. Hinweis: Die Verwendung der Funktion `xlswrite` wird unter MacOS oder Linux nicht funktionieren. In jüngsten Matlab-Versionen (ab Version 2019a) empfiehlt Mathworks selber auch nicht mehr die Verwendung dieser Funktion. Benutzen Sie stattdessen als mögliche Alternative die Funktion `writetable` oder `writecell`. Konsultieren Sie hierzu die Matlab-Dokumentation. Unter Windows können Sie weiterhin `xlswrite` benutzen. ALTERNATIV: Sofern Sie mit einer anderen Tabellenkalkulation oder nicht unter dem Windows-Betriebssystem arbeiten, exportieren Sie das vorbereitete Cell-Array in eine CSV-Datei. Tipp: Die Funktion `fWriteCellArrayAsTxt` aus Abschnitt 8.6 könnte dafür hilfreich sein oder Sie verwenden auch hier `writetable`.

8.9. Zusammenfassung - Datenimport und Datenexport

Die einfachste Variante des Datenaustauschs (Datenimport, Datenexport) gelingt mittels der Funktionen `xlsread` und `xlswrite` über die Tabellenkalkulation Microsoft Excel. Die universellste und robusteste Variante ist dann der Weg über CSV- oder TXT-Dateien mittels der Funktionen `csvread`, `csvwrite`, `dlmread` und `dlmwrite`. Jedoch erlauben diese nur den Datenaustausch von numerischen Werten. Außerdem sind beim Datenaustausch auf diesem Weg auch die Regionaleinstellungen (Dezimalpunkt vs. Dezimalkomma) zu beachten. Jüngere Matlab-Versionen erlauben mit den Funktionen `readtable` und `writetable` einen komfortablen Datenimport und Datenexport über CSV- und TXT-Dateien. Anwender von Octave müssen sich dafür geeignete, benutzerdefinierte Funktionen schreiben, für die wir Beispiele (`fTxtReadAsCellArray` und `fWriteCellArrayAsTxt`) vorgestellt haben.

Bei der Erstellung eines Programms sollte eine systematische Benennung von Variablen sowie eine ausreichende Dokumentation des Programmcodes erfolgen. Für größere Projekte empfiehlt es sich auch, eine sinnvolle Ordnerstruktur für die Vielzahl an Dateien zu planen.

Lösungen zu den Aufgaben im Kapitel 8

8.1:

1 Vgl. Datei: bDemoExcelLesen.m

8.2:

```
1 Vgl. Datei: bDemoExcelLesenCSV.m
```

8.3:

```
1 Vgl. Datei: bDemoExportCSV.m
```

8.4:

```
1 Vgl. Datei: bUebungWriteReadTable.m
```

8.5:

```
1 Vgl. Datei: bUebungZeittabelle.m
```

8.6:

```
1 >> [mNum,cText,cRaw] = fTxtReadAsCellArray('TabellePeterMartin.csv',';');
```

8.7:

```
1 Vgl. Datei: bAufgabeZugspitze.m
```

8.10. End–of–Chapter–Aufgaben

Nach den begleitenden Übungen, die im Wesentlichen aus einem einfachen Nacharbeiten der zuvor dargestellten Beispiele bestehen, werden im Folgenden einige schwierigere Aufgaben zum Selbsttest gestellt. Die Testaufgaben können mit den bisher erarbeiteten Grundlagen beantwortet werden. Jedoch kann es an der einen oder anderen Stelle notwendig sein, die Matlab-Hilfe zu nutzen. Dies ist beabsichtigt und gewollt. Die End–of–Chapter–Aufgaben nutzen extensiv die jüngeren Konzepte von Tabellen und Zeittabellen. Daher werden diese Aufgaben in Octave, gerade zu Beginn, sehr schwer bis unmöglich zu lösen sein.

END OF CHAPTER AUFGABEN

Übung 8.1

a) Der Deutsche Wetterdienst liefert zu den reinen Messwerten auch Meta-Informationen, z.B. zu der Geschichte und Art der Messinstrumente. Betrachten Sie dazu im Begleitmaterial die Datei `Metadaten_Geraete_Lufttemperatur_05792.txt` zur Geschichte der Messgeräte für die Lufttemperatur an der Wetterstation Zugspitze (alternativ können Sie gerne auch eine selbst gewählte Datei mit Meta-Informationen heranziehen). Lesen Sie die dort enthaltenen Informationen ein und ordnen Sie diese in Form einer Tabelle an! Vergleichen Sie das Ergebnis mit der Datei `Metadaten_Geraete_Lufttemperatur_05792.html`, in der dieselben Informationen als HTML-Datei aufbereitet stehen (kann mit jedem Webbrowser geöffnet werden). Haben Sie die Metainformtionen korrekt eingelesen? Hinweis: Die Datei kann in der originären, vom DWD bereitgestellten Form nur mit einer Fehlermeldung eingelesen werden. Analysieren Sie die Fehlermeldung und identifizieren Sie die Ursache! Tipp: Sie müssen mit Hilfe eines Editors einige Informationen aus der originären Textdatei löschen. Die Fehlermeldung verrät Ihnen, in welcher Zeile der originären Textdatei anscheinend fehlerhafte Informationen stehen.

b) Peter und Martin wollen ihr Gewicht kontrollieren und verfügen über die folgenden Messungen:

Datum	Peter	Martin
31.01.1999	75,7	72,5
28.02.1999	78,2	71,8
31.03.1999	81,3	73,2

Geben Sie diese Tabelle in einem Tabellenkalkulationsprogramm Ihrer Wahl ein, wobei Sie bitte ruhig das Dezimalkomma anstelle des Dezimalpunktes benutzen (wir wollen mit dieser Aufgabe bewusst die Probleme beim Umgang mit dem Dezimalkomma simulieren). Speichern Sie diese Tabelle als CSV-Datei ab. Lesen Sie diese in Matlab wieder ein und erstellen daraus eine äquivalente Tabelle und Zeittabelle (beides!). Achten Sie darauf, dass die Daten korrekt importiert werden, es also nicht zu fehlerhaften Daten, insbesondere wegen des Dezimalkommas kommt. Wie kann man letzteres Problem lösen? Hinweis: Das Dezimalkomma muss vor dem Einlesen in Matlab ersetzt werden. Je nach Art des Tabellenkalkulationsprogramms gibt es hier sehr verschiedene Möglichkeiten. Am einfachsten ist es, wenn Sie die CSV-Datei in einem Texteditor öffnen und dort das Dezimalkomma gegen den Dezimalpunkt ersetzen.

c) Zu Beginn des Kapitels haben wir erläutert, dass es sich für umfängliche Projekte anbietet, einmalig die Daten zu importieren, ggf. nachzubearbeiten und schließlich für die Weiterverwendung im Matlab-eigenen Datenformat abzuspeichern. Genauso haben wir auch die Wetterdaten für die Fallstudie vorbereitet. Dieses Vorgehen wollen wir nachvollziehen: Rufen Sie unter der Adresse (FTP-Server des Deutschen Wetterdienstes mit umfänglichen Klima- und Wetterdaten) ftp://ftp-cdc.dwd.de/pub/CDC//observations_germany/climate/monthly/kl/historical/ die historischen Datenreihen für mindestens drei Wetterstationen ab (im Begleitmaterial finden Sie ersatzweise die Datenreihen für die Wetterstationen 1, 3 und 44, auf denen auch die Musterlösung basiert). Lesen Sie die Datenreihen nacheinander ein und stapeln Sie die Daten in einer großen Matrix untereinander, wie Sie dies bereits von den Fallstudiendaten her kennen. Ersetzen Sie dabei die Datumswerte durch Datumswerte im Matlab-numerischen Format! Speichern Sie danach die gestapelten Daten im Matlab-eigenen Format inklusive der Spaltenbeschriftungen ab!

9. Die Anwendung: Anreizwirkungen in der Nachfrage nach Gesundheitsvorsorge[1]

Mit den bisherigen Ausführungen in diesem Lehrbuch haben wir die wichtigsten Elemente der Nutzung und der Programmierung in MATLAB kennengelernt. In diesem Kapitel wollen wir die erlernten Kompetenzen auf eine umfangreichere Fallstudie übertragen, indem wir empirische Ergebnisse aus der Literatur nachbilden. Dazu werden wir im Abschnitt 9.1 die Fallstudie motivieren und näher vorstellen. Im Abschnitt 9.2 zeigen wir auf, wie die Fallstudiendaten importiert werden können. Verschiedene deskriptive Statistiken werden in den Kapiteln 9.3, 9.4 und 9.5 bestimmt, die wir unmittelbar mit der Literatur abgleichen können. Zum Schluss werden wir uns im Abschnitt 9.6 Gedanken über die Unterscheidung zwischen Kausalität und Korrelation machen.

Lernergebnisse

Nach dem Durcharbeiten dieses Kapitels werden Sie in der Lage sein,

⇒ einfache akademische Studien mit empirischen Daten zu replizieren.

⇒ empirische Daten akademischer Studien zu importieren und zu nutzen.

⇒ statistische Konzepte anzuwenden und geeignete Kennzahlen zu berechnen.

⇒ erworbene MATLAB–Kompetenzen (insb. Datenimport, Kontrollstrukturen, Schleifen, Nutzung von MATLAB–Funktionen) sachgerecht einzusetzen.

⇒ gewonnenen Ergebnisse zu interpretieren.

⇒ selbstständig empirische Forschung durchzuführen.

9.1. Die Einführung in die Fallstudie

Die Fallstudie zeigt den Einsatz von in diesem Buch erworbenen MATLAB–Kompetenzen in der Forschung auf. Gleichzeitig dient die Fallstudie allgemein zur Verdeutlichung des Einsatzes von MATLAB innerhalb der empirischen Forschung in den Sozialwissenschaften und Wirtschaftswissenschaften. Anstelle der bisherigen, eher einfachen Fallstudien, die wir didaktisch für die Zwecke des jeweiligen Kapitels und der dort vermittelten Kompetenzen aufbereitet hatten, wollen

---

[1] Der Titel dieses Kapitels ist unsere Übersetzung des englischen Artikeltitels „Incentive effects in the demand for health care" von RIPHAHN et al. (2003).

wir jetzt auf die selbstständige Durchführung einer aufwendigeren empirischen Studie eingehen. Hierzu greifen wir auf die Studie von RIPHAHN et al. (2003)[2] zurück. Die Auswahl der Studie erfolgt aufgrund von zwei Überlegungen. Erstens, die Autoren haben die Daten ihrer eigenen empirischen Studie über die Webseite der Zeitschrift allen Interessierten zur Verfügung gestellt. Daher sind wir in der Lage, mit den Originaldaten der Autoren zu arbeiten und unsere Ergebnisse mit den Studienergebnissen zu vergleichen. Zweitens, wir können einen Teil ihrer empirischen Studie ohne umfassendes Hintergrundwissen über Statistik, Ökonometrie, Sozialwissenschaften oder Gesundheitsökonomik umsetzen. Die notwendigen Kenntnisse zur Umsetzung der nachfolgenden Fallstudie umfassen die MATLAB–Kompetenzen aus den vorangegangenen Kapiteln sowie die Bildung von Mittelwerten, Medianen und Standardabweichungen. Diese Kennzahlen haben wir bisher häufig in den Wetterdaten–Fallstudien verwendet.

Die empirischen Daten können wir über die Webseite der Zeitschrift entweder bei dem Artikel, ganz nach unten zu „Supporting Information" scrollen, oder unter `http://qed.econ.queensu.ca/jae/datasets/riphahn001/` herunterladen. Auf der Webseite sind mehrere Dateien verfügbar, von denen wir diejenigen mit den Bezeichnungen „rwm-data.zip" sowie „Readme file" benötigen. Die Datei „Readme file" beinhaltet die Bezeichnung und die Beschreibung der Variablen. Die Daten befinden sich im Zip-Archiv „rwm-data.zip". Nach dem Herunterladen ist das Zip-Archiv zu entpacken, falls das jeweilige Betriebssystem die Aufgabe nicht bereits automatisch übernommen hat. Die entpackte Datei trägt die Bezeichnung `rwm.data`, wobei es sich um eine Text-Datei handelt. Wir können die Datei ohne vorheriges Öffnen in `rwm.txt` umbenennen, d.h. die Endung der Datei ist anzupassen. Nach dem Umbenennen können wir `rwm.txt` in den Ordner auf dem Rechner kopieren, in dem wir die MATLAB-Dateien der nachfolgende Fallstudie ablegen wollen.

Vor der Umsetzung unserer Fallstudie in MATLAB ist es hilfreich, den Artikel von RIPHAHN et al. (2003) sorgfältig zu lesen. Das Lesen des Artikels ist vor allem für die Leserinnen wichtig, die nicht nur an der unmittelbaren MATLAB–Umsetzung, sondern auch an der selbstständigen Durchführung eigener empirischer Analysen interessiert sind. Der Artikel weist eine typische Struktur auf. Nach der Einleitung wird im 2. und 3. Kapitel ein Literaturüberblick über das deutsche Gesundheitssystem und die Modellierung der Gesundheitsnachfrage aus der Literatur gegeben. Im Kapitel 4 werden die Daten sowie sog. deskriptive Statistiken beschrieben, die den Kern der Fallstudie in diesem Kapitel darstellen werden. Das 5. Kapitel beinhaltet den eigentlichen Beitrag des Artikels zur existierenden Literatur. Dort wird das „Bivariate Panel Count Data Model" (das bivariate Panelzähldatenmodell) vorgestellt. Dieses Modell geht weit über die Grundlagen dieses Buches hinaus und daher werden wir es nicht behandeln. Im 6. Kapitel stellen die Autoren ihre Ergebnisse vor. Dort fokussieren sie sich auf die Analyse von adverser Selektion und sog. moralischem Risiko („Moral Hazard"). Vereinfachend ausgedrückt, wird damit ein opportunistisches Verhalten seitens der Versicherten untersucht. Das opportunistische

---

[2] Der Beitrag ist unter `https://doi.org/10.1002/jae.680` einsehbar, wenn Ihre Institution das Abonnement mit der Zeitschrift abgeschlossen hat. Typischerweise haben deutsche Hochschulen über Bibliotheksnetzwerke den Zugang erworben. Ansonsten kann der Artikel über die Webseiten der Autoren heruntergeladen werden, weil die Verlage den Forschern typischerweise erlauben, die Artikel auf den Hochschulseiten nach einer Frist zum Download bereitzustellen. Beispielsweise kann die letzte Version des Artikels auch über `http://lsw.rw.fau.de/team/prof-regina-t-riphahn-phd.shtml` bezogen werden.

Verhalten könnte beispielsweise dadurch zum Ausdruck kommen, dass die Versicherten, die eine freiwillige Zusatzversicherung kaufen, auch häufiger zu Ärztinnen gehen.[3]

Die empirische Studie von RIPHAHN et al. (2003) benutzt einen kleinen Teil der Daten aus dem sog. sozioökonomischen Panel (SOEP), das jährlich vom deutschen Institut für Wirtschaftsforschung (DIW)[4] erhoben wird. Der Datensatz ist als ein „Stacked–Paneldatensatz" aufgebaut. Unser empirischer Datensatz aus der Datei `rwm.txt` beinhaltet 25 Variablen für den Zeitraum 1984–1995 und Individuen im Alter zwischen 25 und 65 mit deutscher Nationalität. Ausgenommen sind die Jahre, in denen nicht nach den Krankenhausbesuchen gefragt wird (Jahre 1989, 1990, 1992, 1993). Die originalen Bezeichnungen der Variablen (für die jeweilige Spalte aus `rwm.txt`) und die Originaldefinition sind aus der Datei „Readme file" entnommen und in der Tabelle 9.1 zusammengefasst.

Der empirische Datensatz ist umfangreich und beinhaltet 25 Variablen für 27326 Personen. Selbst nach heutigen Maßstäben ist der Umfang des Datensatzes so groß, dass eine Analyse mit den gängigen Tabellenkalkulationen nicht sinnvoll ist. Wir werden im folgenden Abschnitt diese Daten in MATLAB importieren und für spätere Analysen vorbereiten.

Aufgrund unserer selbstgesteckten Ziele, kein spezielles Hintergrundwissen außerhalb dieses Buches von den Leserinnen vorauszusetzen, werden wir in diesem Kapitel die ersten drei Tabellen (Table I bis Table III) aus RIPHAHN et al. (2003) replizieren. Bereits die Auseinandersetzung mit diesen Tabellen wird die Anwendung von nahezu allen MATLAB–Konzepten aus diesem Buch notwendig werden lassen. Außerdem eröffnet die Beschäftigung mit den Daten erhellende Einsichten und gibt Hinweise für weitergehende Analysen und schrittweise Erweiterungen der Ausgangsstudie. Die schrittweisen Erweiterungen der Studie bzw. der eigentlichen Forschungsfrage führen häufig zu neuen Einsichten. Nach ähnlichem Muster vollzieht sich die wissenschaftlich–empirische Auseinandersetzung mit einer Fragestellung. Dabei führen sehr häufig vermeintlich einfache Nachbildungen zu neuen Einsichten und Ergebnissen. Unsere eigenen Hinweise auf derartige schrittweisen Erweiterungen in Bezug auf die ersten drei Tabellen haben wir als Aufgaben verpackt. Die Musterlösungen stellen die technische Umsetzung der Fragestellung dar. Die Interpretation der Ergebnisse sind dann Aufgaben für die Leserinnen.

9.2. Daten importieren

Für den Datenimport werden wir hier eine Option betrachten. Unter Anwendung aller möglichen, wenn auch nicht immer sinnvollen Optionen bieten sich uns mehr als 10 Alternativen für den Datenimport an, inklusive der GUI-Nutzung von MATLAB.

Wir haben uns an dieser Stelle für den Datenimport mit der Funktion `readtable` entschieden, die eingehend im Unterabschnitt 8.4 behandelt wurde.[5] Die Umsetzung des Datenimports für die

---

[3] Ähnliche Überlegungen könnten wir über die Rechtsschutzversicherung anstellen. Demnach würden die Versicherten häufiger klagen, weil sie die Prozesskosten nicht direkt (jedoch indirekt über die Prämien) zahlen müssen.

[4] `http://www.diw.de/deutsch`.

[5] Eine andere Alternative ist die Nutzung der MATLAB–Funktion `xlsread`. Der grundlegende Datenimport aus Excel ist Gegenstand des Unterabschnitts 8.2. Für die Nutzung der MATLAB–Funktion `xlsread` müssen wir die Daten aus der Datei `rwm.txt` in eine Tabellenkalkulationsanwendung (z.B. Excel) importieren. In Excel gelingt

Tabelle 9.1.: Übersicht der Variablenbezeichnung und –definition aus der Studie von RIPHAHN et al. (2003). Die Bezeichnungen und Beschreibungen sind aus der Datei „Readme file" von RIPHAHN et al. (2003) unverändert entnommen.

Variablenname	Definition und Beschriebung
id	person - identification number
female	female = 1; male = 0
year	calendar year of the observation
age	age in years
hsat	health satisfaction, coded 0 (low) - 10 (high)
handdum	handicapped = 1; otherwise = 0
handper	degree of handicap in percent (0 - 100)
hhninc	household nominal monthly net income in German marks / 1000
hhkids	children under age 16 in the household = 1; otherwise = 0
educ	years of schooling
married	married = 1; otherwise = 0
haupts	highest schooling degree is Hauptschul degree = 1; otherwise = 0
reals	highest schooling degree is Realschul degree = 1; otherwise = 0
fachhs	highest schooling degree is Polytechnical degree = 1; otherwise = 0
abitur	highest schooling degree is Abitur = 1; otherwise = 0
univ	highest schooling degree is university degree = 1; otherwise = 0
working	employed = 1; otherwise = 0
bluec	blue collar employee = 1; otherwise = 0
whitec	white collar employee = 1; otherwise = 0
self	self employed = 1; otherwise = 0
beamt	civil servant = 1; otherwise = 0
docvis	number of doctor visits in last three months
hospvis	number of hospital visits in last calendar year
public	insured in public health insurance = 1; otherwise = 0
addon	insured by add-on insurance = 1; otherswise = 0

Fallstudie ist im Programmlisting 9.1 dargestellt. Dort werden die Daten aus der Datei der Variable `tTable` zugewiesen. Es ist eine Besonderheit zu beachten. Da die Variablennamen nicht Bestandteil der Datei `rwm.txt` sind, müssen wir sie händisch nachtragen. Dies geschieht über die Tabelleneigenschaft „Variablennamen" mittels der Anweisung `tTable.Properties.VariableNames`. Bei den Variablenbezeichnungen halten wir uns an die Originalbezeichnungen der Autoren. Am Ende von Programmlisting 9.1 wird die angelegte Variable `tTable` in die Datei `rwm.mat` für den schnelleren Abruf in den nachfolgenden Analysen abgespeichert. In Octave ist die Datei `b0_Datenimport_oct.m` zu verwenden.

---

dies über das Tool „Datenimport" (Ribbon Daten, Button „Aus Text"), wobei als Trennzeichen das Leerzeichen gesetzt werden sollte. Nach dem Import der Daten aus `rwm.txt` in Excel, müssen wir die Datei, z.B. unter dem Dateinamen `rwm.xlsx`, speichern. Im Anschluss können wir mittels der Funktion `xlsread` die Daten einlesen. In den Dateien `rwm.xlsx` sowie `rwm.txt` befinden sich nur nummerische Daten, daher müssten wir lediglich einen Rückgabeparameter der Funktion `xlsread` berücksichtigen.

Quellcode 9.1: Einlesen der Fallstudiendaten

```matlab
1  % b0_Datenimport.m
2  clear;clc;close all;
3
4  %% Daten laden
5  tTable=readtable('rwm.txt');
6  % Variablenbezeichnungen festlegen
7  tTable.Properties.VariableNames={'id','female','year','age','hsat','handdum',...
8     'handper', 'hhninc' , 'hhkids'    ,'educ' ,'married','haupts','reals', 'fachhs',...
9  'abitur',       'univ', 'working',      'bluec' , 'whitec',    'self', 'beamt' ,   'docvis',...
10 'hospvis',       'public','addon'};
11
12 %% Daten speichern
13 save('rwm.mat','tTable')
```

AUFGABEN

Aufg. 9.1 Der Datenimport in Programmlisting 9.1 nutzt die Funktion `readtable`. Erstellen Sie ein Skript, das die Daten aus einer Excel–Datei in eine Variable `mData` einliest. Legen Sie dann eine MATLAB–Variable, z.B. in Form eines `Cell-Arrays`, mit den Namen der Variablen aus der Fallstudie an. Fassen Sie die beiden Variablen in eine neue Variable mit dem Namen `rData` vom Typ `struct` zusammen und speichern Sie diese ab.

9.3. Arzt– und Krankenhausbesuche: Deskriptive Statistiken

Die Variablen Arztbesuche (`docvis`) und Krankenhausbesuche (`hospvis`) sind die abhängigen Variablen, die in der Studie von RIPHAHN et al. (2003) durch unterschiedliche Determinanten erklärt werden sollen. Vor den Analysen ist es sehr hilfreich, sich ein Bild über die Variablen zu machen. Diese Aufgabe kann auf unterschiedliche Weisen umgesetzt werden. Eine Möglichkeit stellen Abbildungen wie Scatter–Plots, Box–Plots oder Histogramme dar, die im Kapitel 5 behandelt werden. Eine weitere Möglichkeit, die typischerweise in den akademischen Zeitschriften vorzufinden ist, sind die deskriptiven Statistiken. Deskriptive Statistiken umfassen im Regelfall den Mittelwert, den Median, die Anzahl der Beobachtungen und die Streuung, typischerweise durch die Standardabweichung (STD) gemessen.

Die deskriptiven Statistiken können für den gesamten Datensatz und/oder einzelne Teilbereiche, die interessant erscheinen, bestimmt werden. RIPHAHN et al. (2003) haben in ihrer Tabelle 1 („table I") die deskriptiven Statistiken je Geschlecht für die Stichprobe berechnet. Zusätzlich haben sie den relativen Anteil an den Arzt– bzw. Krankenhausbesuchen für unterschiedliche Personengruppen bestimmt. Sie haben dazu den Datensatz in sechs Gruppen unterteilt und unterscheiden zwischen den Personen, die einen Arzt oder ein Krankenhaus 0, 1, 2, 3, 4–9 oder 10 oder mehr mal besucht haben. Folglich ergeben sich je 6 verschiedene Personengruppen für Männer und Frauen, deren jeweilige Anteile innerhalb der Geschlechtergruppe bestimmt werden.

Quellcode 9.2: Skript zur Nachbildung der Tabelle 1 aus RIPHAHN et al. (2003)

```matlab
1 Vgl. Datei: b1_Tabelle1.m
```

Programmlisting 9.2 zeigt eine beispielhafte Umsetzung an, wie wir die Werte aus der Tabelle 1 von RIPHAHN et al. (2003) mithilfe der erworbenen MATLAB–Kompetenzen dieses Buches nachrechnen können. Nach dem Laden der Datei `rwm.mat` legen wir mit `vSortVal=[0,1,2,3,4,10]`; die Variable an, mit deren Hilfe die Unterteilung der Personen in Gruppen anhand der Anzahl der Arzt– und Krankenhausbesuche vorgenommen wird. Bei der späteren Berechnung muss auf die Besonderheit der Gruppen „4-9" und „10 und mehr" geachtet werden. Die Variablen `vVar1` bzw. `vVar2` beinhalten die Anzahl der Arzt– bzw. Krankenhausbesuche. Mit der Bildung der logischen Variable `lIndFrau`, wobei logische Variablen im Unterabschnitt 4.4 behandelt werden, wird eine Indexvariable definiert, die uns für jede Zeile (und somit für jede Person) ihr weibliches Geschlecht anzeigt. Durch die logische Negation `~lIndFrau` können wir die „Nicht–Frauen" (nach der Definition von RIPHAHN et al. (2003) sind das Männer) indizieren. Nach der Ermittlung der Gesamtzahl der Arzt– und Krankenhausbesuche sowie Frauen und Männer können wir in einer Schleife über die Werte aus der Variable `vSortVal` die relativen Anteile bestimmen. Hierbei nutzen wir die `if`–Kontrollstruktur, um die Sonderfälle der Gruppen „4-9" und „10 und mehr" zu unterscheiden. Für die gewöhnlichen Gruppen werden in der `else`–Verzweigung die Arztbesuche durch die Anweisung `lInd1 = vVar1==vSortVal(ij)`; bestimmt. Im ersten Durchlauf der Schleife wird entsprechend `vSortVal(ij)` den Wert Null annehmen und die logische Variable `lInd1` zeigt die Arztbesuche an. Die anschließend definierte Variable `lInd3a` zeigt Arztbesuche von Männern an. Mit der Anweisung `mTab(ij,1)=sum(lInd3b)/iTotMann`; bestimmen wir schließlich den relativen Anteil der Arztbesuche der jeweiligen Personengruppe (z.B. kein Arztbesuch) für das jeweilige Geschlecht. Wir können die ermittelten Werte mit 100 multiplizieren, um die Zahlen als Prozentwerte wie in RIPHAHN et al. (2003) anzugeben. Somit ist der Wert von 92.2% in der Tabelle 1 aus RIPHAHN et al. (2003) so zu interpretieren: im Paneldatensaz haben 92.2% der Personenjahre bei Männern ein Krankenhaus während des Untersuchungszeitraumes nicht besucht.[6] Die Ergebnisse für die relativen Anteile sind im oberen Abschnitt der Tabelle 9.2 zu finden. Die Anzahl der Nachkommastellen ist in der Tabelle 9.2 an die Darstellung von RIPHAHN et al. (2003) angepasst. Interessanterweise ist die Angabe, dass die Zeile „10" in der Tabelle 1 von RIPHAHN et al. (2003) sich auf die Personengruppe „10 oder mehr Besuche" bezieht, nicht im Text zu finden. Erst nach der Inspektion der Daten und eigenen Berechnung wird eine Forscherin sich dieser Unschärfe in der Beschreibung bewusst.

Neben den relativen Anteilen werden in der Tabelle 9.2 auch die Mittelwerte, Mediane und Standardabweichungen (STD) ausgewiesen. Da im Datensatz keine fehlenden Werte existieren, können wir auf die MATLAB–Funktionen `mean`, `median` und `std` zurückgreifen. Allerdings sind die deskriptiven Statistiken separat für die beiden Geschlechter unter Nutzung der Variable `lIndFrau` zu bestimmen. Nach der Berechnung werden im Programmlisting 9.2 die Ergebnisse in eine Tabelle mit Spalten– und Zeilenbezeichnungen (`tErgebnisse`) überführt. Diese Variable exportieren wir mit der Funktion `writetable`, die wir im Abschnitt 8.4 kennengelernt haben,

---

[6] Über die genaue Interpretation des Ergebnisses lässt sich diskutieren. Es bedeutet nicht, dass 92.2% der Männer das Krankenhaus in den Jahren der Untersuchung nicht besucht haben. In einem Datensatz über 10 Jahre mit identischen Männern wäre es möglich, dass jeder Mann einmal in den 10 Jahren in einem Krankenhaus war, und dennoch 90% der Beobachtungen einen Eintrag von Null bei der Variable „Krankenhausbesuch" aufweisen. Die Interpretation von deskriptiven Statistiken im Pandeldatensatz sind oft nicht einfach und keine Besonderheit dieser Studie.

Value	Relative Anteile, %			
	Hospital visits		Doctor visits	
	Male	Female	Male	Female
0	92.2	90.2	44.0	29.5
1	6.2	7.9	13.8	13.2
2	1.1	1.3	11.6	13.4
3	0.1	0.3	8.5	11.5
4-9	0.2	0.3	15.3	21.8
10	0.2	0.1	6.7	10.6
Mean	0.128	0.150	2.63	3.79
Std dev.	0.930	0.831	5.21	6.11
Median	0	0	1	2
N	14243	13083	14243	13083

Tabelle 9.2.: Replizierte Ergebnisse aus der Table I aus RIPHAHN et al. (2003). Der Aufbau der Tabellen ist identisch.

in die Exceldatei `Ergebnisse.xlsx`, Tabellenblatt `table_I`. Gleichzeitig exportieren wir die Zeilenbezeichnungen, wobei hier eine Besonderheit zu beachten ist. MATLAB lässt es nicht zu, eine Tabelle zu erstellen, wenn zwei Zeilenbezeichnungen identisch sind. Das wird beispielsweise bei der Nachbildung der Tabelle 3 aus RIPHAHN et al. (2003) die Nutzung der Datenstruktur `table` unmöglich werden lassen.[7]

Bei einem genauen Vergleich unserer Tabelle 9.2 und der Tabelle 1 aus RIPHAHN et al. (2003) entdecken wir einen Unterschied. Dort scheinen die Zeilen 3 und 4–9 für Männer vertauscht zu sein. Aufgrund der freien Datenverfügbarkeit ist dieser Umstand auch anderen Forscherinnen aufgefallen, die RIPHAHN et al. (2003) auf diese und weitere Unstimmigkeiten hingewiesen haben. Auf der Webseite mit den „Supporting Information" (`http://qed.econ.queensu.ca/jae/datasets/riphahn001/`) finden wir in der Datei `Oeppen-comments-Riphahn-2003.pdf` derartige Hinweise und Kommentare. Auf der gleichen Webseite finden wir auch die Antworten von RIPHAHN et al. (2003) (Datei: `Response-to-Oeppen-comments.pdf`), die die Richtigkeit unserer Ergebnisse aus der Tabelle 9.2 bestätigen.

AUFGABEN

Aufg. 9.2 RIPHAHN et al. (2003) geben bei der Beschreibung ihrer Tabelle 1 die Korrelationen zwischen den Arztbesuchen und Krankenhausbesuchen für Frauen und Männer an. Dazu schreiben sie: „The statistically significant positive correlation between the two health care utilization measures takes on values of 0.15 for the male and 0.13 for the female sample." Bestimmen Sie die Korrelation zwischen Arztbesuchen und Krankenhausbesuchen getrennt für Frauen und

---

[7]   Unter Octave wird ersatzweise statt einer Tabelle ein Cell-Array angelegt.

Männer und ihre statistische Signifikanz.
Hilfreiche Funktion: `corr`.

Aufg. 9.3 RIPHAHN et al. (2003) geben bei der Beschreibung ihrer Tabelle 1 folgende Angaben: „The group of individuals who are privately insured combines civil servants, and those who indicated a private insurance. They make up about 14% in the male and 9% in the female subsample." Die angesprochene Variable ist `public` (bzw. die logische Negation). Rechnen Sie die Angaben nach.

Aufg. 9.4 RIPHAHN et al. (2003) geben bei der Beschreibung ihrer Tabelle 1 folgende Angaben: „The second insurance indicator describes whether an individual who is covered by the public insurance system purchased add-on insurance, as described in Section 2 above. This applies for only about 2% of the publicly insured subsamples." Die angesprochene Variable ist `addon`. Rechnen Sie die Angaben nach.

Aufg. 9.5 Nutzen Sie die Daten aus RIPHAHN et al. (2003) für diese Aufgabe. Replizieren Sie die Tabelle 9.2 für die Personen mit einer freiwilligen Zusatzversicherung (Variable `addon`), getrennt nach Männern und Frauen, aus.

Aufg. 9.6 Bei der Beschreibung des Datensatzes geben RIPHAHN et al. (2003) an: „After dropping observations with missing values on key variables the sample contained 3691 male [...] individuals." Rechnen Sie diese Angabe nach.

Aufg. 9.7 Bei der Beschreibung des Datensatzes in RIPHAHN et al. (2003) gibt es eine Ungenauigkeit. RIPHAHN et al. (2003) geben an: „[...] the sample contained [...] 3689 female individuals which make up a sample of [...] 13,794 female person-year observations." Allerdings wird in ihrer Tabelle 1 (und unserer Tabelle 9.2) die Anzahl der „female person-year observations" mit 13083 angegeben. Welche Zahl ist richtig?

9.4. Deskriptive Statistiken für abhängige und unabhängige Variablen

Nach einer eingehenden Betrachtung ihrer abhängigen Variablen bestimmen RIPHAHN et al. (2003) den Mittelwert und die Standardabweichung (STD) für diejenigen Variablen, die in der empirischen Analyse verwendet werden. Dieser Umstand erscheint trivial, aber er ist wichtig. RIPHAHN et al. (2003) beziehen exakt die Variablen hier ein, die sie später brauchen. Gerade erste empirische Arbeiten begehen bei diesem Punkt Fehler. Sie berechnen die deskriptiven Statistiken häufig für alle Variablen, die ihnen zur Verfügung stehen, auch wenn diese später in der eigentlichen empirischen Analyse nicht verwendet werden. Das ist zumindest ungeschickt, da die Frage aufkommt, warum diese Variablen nicht verwendet werden. Ferner kann Verwirrung entstehen, weil die Leserin der Studie von der eigentlichen Fragestellung abgelenkt wird. Ein weiterer häufiger Fehler ist es, überhaupt keine deskriptiven Statistiken anzugeben. Genauso wie wir mit dem Datensatz vertraut werden wollen, können deskriptive Statistiken Einsichten bieten. Daher ist es am besten, wenn in der empirischen Forschung analog zu RIPHAHN et al. (2003) die Variablen betrachtet werden, die tatsächlich in der empirische Studie eingesetzt werden.

Die Ergebnisse aus der Tabelle 2 aus RIPHAHN et al. (2003) sind in unserer Tabelle 9.3 dargestellt. Für das Verständnis des nachfolgenden Codes kann es hilfreich sein, sich den Aufbau und die dargestellten Ergebnisse anzuschauen. Denn bei der Bestimmung der deskriptiven Statistiken für die Tabelle 2 aus RIPHAHN et al. (2003) sind zwei Besonderheiten zu beachten. Zum einen muss das monatliche Haushaltseinkommen durch 1000 geteilt werden.[8] Zum anderen werden die Anteile der Beobachtungen für die Jahre nach 1984 berechnet. Beide Besonderheiten können wir durch die Verwendung von Kontrollstrukturen, z.B. `if`-Verzweigung, berücksichtigen.

> **Quellcode 9.3:** Skript zur Nachbildung der Tabelle 2 aus RIPHAHN et al. (2003)

```
1 Vgl. Datei: b2_Tabelle2.m
```

Programmlisting 9.3 zeigt eine exemplarische Umsetzung der Bestimmung der deskriptiven Statistiken. Nach dem Laden der Stichprobe und der Erzeugung der logischen Variable für Frauen `lIndFrau` werden im Cell–Aray `cVarvonInteresse` die Namen der Variablen aus der Tabelle `tTable` festgelegt, für die die Mittelwerte und STD bestimmt werden. Aufgrund der Tatsache, dass wir a priori nicht durch die Variable `cVarvonInteresse` die Anzahl der Zeilen einer Ergebnistabelle bestimmen können, definieren wir die Zähl–Variable `iCount`, deren Wert sich in jedem relevanten Durchlauf der Schleife um Eins (`iCount=iCount+1;`) erhöht. Mit der Zähl–Variable können wir die deskriptiven Statistiken für jede relevante Variable in eine Zeile der Ergebnistabelle schreiben. In der Schleife wird durch die `if`-Verzweigung geprüft, ob es sich bei der Variable von Interesse um `hhninc` oder `year` handelt. Falls `hhninc` vorliegt, werden die Werte mit 10^{-3} multipliziert. Falls `year` vorliegt, werden die vorliegenden Jahre mittels `vJahre=unique(vVar);` ermittelt, dann das Jahr 1984 entfernt, um anschließend die Mittelwerte und STD pro Jahr in der inneren Schleife zu ermitteln.

Die Ergebnisse unserer Berechnungen sind in der Tabelle 9.3 zusammengetragen. Der Erstellung der Ergebnistabelle in MATLAB sowie ihr Export wird analog zu den Beschreibungen aus dem Abschnitt 9.3 vorgenommen. Daher verweisen wir dorthin. Die Darstellung der Ergebnisse in Tabelle 9.3 ist nicht exakt identisch im Vergleich zu RIPHAHN et al. (2003). Zur besseren Übersicht haben wir explizite Spaltenüberschriften für Mittelwerte (Mean) und STD (Std) eingefügt. Ferner kann MATLAB keine Zeilenbezeichnungen darstellen, die mit einer Ziffer starten. Daher steht vor jedem Jahr (als Ziffer) zusätzlich das Wort „year_" davor. Das Wort „year" muss in einer Tabellenkalkulation durch `Suchen&Ersetzen` aus der Tabelle entfernt werden.

Bei der Betrachtung der Ergebnisse in der Tabelle 9.3 mag Verwunderung entstehen, warum wir die Standardabweichung für die Anteile der Jahre bestimmen. In unserer Tabelle sind die Ergebnisse dargestellt, weil sie auch in der „Table II" von RIPHAHN et al. (2003) ausgewiesen werden. Uns ist dabei nicht bekannt, warum sie dort präsentiert werden. Ferner kann

---

[8]　An dieser Stelle kann Verwunderung entstehen, warum die Zahlen durch 1000 zu teilen sind, da in der Tabelle 9.1 als Einheit 1000 DM für die Variable `hinc` angegeben wird. Das stimmt zwar für die Ergebnisangaben in den Tabellen des Artikels, aber nicht für den eigentlichen Datensatz. Dort sind die Daten in DM angegeben. Die Ergebnisse des Artikels lassen sich nur replizieren, wenn die Daten für das Haushaltseinkommen durch 1000 geteilt bzw. mit 10^{-3} multipliziert werden.

Value	Males		Females	
	Mean	Std	Mean	Std
docvis	2.626	5.21	3.791	6.11
hospvis	0.128	0.93	0.150	0.83
age	42.653	11.27	44.476	11.32
hsat	6.924	2.25	6.634	2.33
handdum	0.227	0.42	0.200	0.40
handper	8.134	20.33	5.791	17.96
hhninc	3.591	1.74	3.445	1.80
married	0.765	0.42	0.752	0.43
educ	11.729	2.44	10.876	2.11
hhkids	0.413	0.49	0.392	0.49
self	0.086	0.28	0.037	0.19
beamt	0.118	0.32	0.028	0.16
bluec	0.340	0.47	0.139	0.35
working	0.850	0.36	0.488	0.50
public	0.861	0.35	0.913	0.28
addon	0.018	0.13	0.020	0.14
year_1985	0.139	0.35	0.139	0.35
year_1986	0.138	0.35	0.139	0.35
year_1987	0.134	0.34	0.134	0.34
year_1988	0.162	0.37	0.166	0.37
year_1991	0.158	0.36	0.160	0.37
year_1994	0.127	0.33	0.120	0.32
N	14243		13083	

Tabelle 9.3.: Replizierten Ergebnisse aus der Table II aus RIPHAHN et al. (2003). Der Aufbau der Tabellen ist analog.

Verwunderung entstehen, warum wir für eine Variable, die lediglich die Werte 0 und 1 annimmt, die MATLAB–Funktion `std` bemühen. Denn derartige Variablen werden in der Statistik als Bernoulli–Variablen bezeichnet, für die eine einfache Varianz– bzw. Standardabweichung–Formel existiert. Die Formel ist $Std(X = 1) = \sqrt{p \cdot (1 - p)}$, wobei p für den Anteil der Erfolge (also Einsen, die ein Jahr anzeigen) steht. Beispielsweise hätten wir für das Jahr 1985 auch $Std(X = 1) = \sqrt{0.139 \cdot (1 - 0.139)} \approx 0.35$ rechnen können. Wir benutzen an dieser Stelle MATLAB, weil wir keine Statistik–Kenntnisse voraussetzen und weil wir die Umsetzung der Fallstudie eben mithilfe von MATLAB aufzeigen wollen.

AUFGABEN

Aufg. 9.8 Erstellen Sie einen Scatterplot mit den Daten aus RIPHAHN et al. (2003), mit dem der Zusammenhang zwischen Einkommen auf der x-Achse (Variable `hhninc`) und den Arztbesuchen auf der y-Achse (Variable `docvis`) dargestellt wird. Können Sie einen Zusammenhang, auch angesichts des Modells aus dem Artikel, erahnen?

Aufg. 9.9 Erstellen Sie einen Boxplot des Haushaltseinkommens (Variable `hhninc`), wobei es getrennt für die Personen mit der und ohne die Zusatzversicherung (Variable `addon`) dargestellt werden soll. Hinweis: In Octave ist das Package `statistics` notwendig.

9.5. Bedingte Erwartungswerte der Arzt– und Krankenhausbesuche

Unsere letzte unmittelbare Replikation der Ergebnisse aus RIPHAHN et al. (2003) betrifft die dortige Tabelle 3. Dort weisen die Autoren die sog. bedingten Mittelwerte der Arzt– bzw. Krankenhausbesuche aus. Damit sind, vereinfachend ausgedrückt, Mittelwerte für Personen mit spezifischen Eigenschaften gemeint. Beispielsweise besuchen Männer mit einer gesetzlichen Krankenversicherung im Schnitt 2.74 mal den Arzt, während die Männer mit einer privaten Krankenversicherung im Schnitt 1.90 mal den Arzt aufsuchen. Ähnliches lässt sich für Frauen beobachten. Dieses Ergebnis ist an dieser Stelle konsistent mit mindestens zwei alternativen Erklärungen. Erstens, die Art der Versicherung beeinflusst die Anzahl der Arztbesuche bzw. den Gesundheitszustand. Daher gehen die privat Versicherten seltener zum Arzt. Zweitens, die persönlichen Merkmale der Versicherten entscheiden, welche Art der Versicherung gewählt wird. Demnach werden sich die gesünderen eher für die private Krankenversicherung und alle anderen für die gesetzliche entscheiden. Welche der Erklärung zutrifft, lässt sich nur durch weitergehende Analyse klären.

Vor weitergehenden Betrachtungen kehren wir zu den bedingten Mittelwerten zurück. Die Tabelle 9.4 stellt die Ergebnisse unserer Berechnungen dar. Für das Verständnis unseres MATLAB–Codes ist es hilfreich, sich den Aufbau der Tabelle 3 in RIPHAHN et al. (2003) oder unserer Tabelle 9.4 und die dortigen Ergebnisse in Erinnerung zu rufen. Am Anfang der Tabelle 3 in RIPHAHN et al. (2003) stehen die Mittelwerte für die Anzahl der Arzt– und Krankenhausbesuche für Männer und Frauen. Es sollte sich dabei um die gleichen Werte wie in der Tabelle 2 von RIPHAHN et al. (2003) bzw. in unserer Tabelle 9.3 handeln. Dann werden die Mittelwerte für die Anzahl der Besuche für verschiedene Personenmerkmale dargestellt. RIPHAHN et al. (2003) unterscheiden dabei, bis auf zwei Ausnahmen, zwischen dem Vorhandensein (Zeile „yes") und dem Fehlen (Zeile „no") des jeweiligen Merkmales. Die beiden Ausnahmen betreffen das Alter und das Haushaltseinkommen. Für das Alter unterscheiden RIPHAHN et al. (2003) vier Altersgruppen (25–35, 35–45, 45–55, 55–65). Die Personen werden ferner in vier Einkommensgruppen (unter 2400, 2400-3200, 3200-4300, mehr als 4300) klassifiziert. Diese beiden Ausnahmen müssen wir, wie auch in den vorangegangenen Abschnitten, mittels Kontrollstrukturen, z.B. durch `if`–Verzweigungen, berücksichtigen.

Quellcode 9.4: Skript zur Nachbildung der Tabelle 3 aus RIPHAHN et al. (2003)

```
1 Vgl Datei: b3_Tabelle3.m
```

Programmlisting 9.4 zeigt exemplarisch auf, wie die Ergebnisse aus der Tabelle 3 von RIPHAHN et al. (2003) bestimmt werden könnten. Nachdem wir eine Indexvariable für Personenmerkmal „Frau" und die beiden relevanten Variablen `vVar1` und `vVar2` bilden, bestimmen wir mit der MATLAB–Funktion `mean` die Mittelwerte der Arzt– und Krankenhausbesuche für Männer und Frauen. Diese Werte entsprechen der Zeile „Total" in der Tabelle 3 von RIPHAHN et al. (2003). Mit der Variable `cVarvonInteresse` vom Datentyp `Cell-Array` legen wir die Variable fest, für die wir in der später kommenden Schleife die Mittelwerte berechnen wollen. Mit der Variable `cKriterium` (`Cell-Array`) werden die auszuwertenden Gruppenmerkmale definiert. Diese Gruppenmerkmale kommen in der gleichen Reihenfolge wie die Variablen in `cVarvonInteresse` vor. Folglich beziehen sich die ersten Gruppenmerkmale $\{0, 1\}$ auf die Variable `public`. Die meisten Gruppenmerkmale zeigen an, ob ein Merkmal vorliegt (1) oder nicht vorliegt (0). Lediglich bei den Variablen `age` und `hhninc` geben wir andere Werte vor. Wir benutzen wie bei der Nachbildung der Tabelle 2 im Abschnitt 9.4 eine Zähl–Hilfsvariable `iCount`, um die Ergebnisse der richtigen Zeile der Variable `cTab` zuzuweisen. Im Unterschied zu den bisherigen Analysen nutzen wir für die Ergebniszusammenstellung aus zwei Gründen keine numerische Variable (z.B. `mTab`). Erstens, die Tabelle 3 von RIPHAHN et al. (2003) hat Zeilenüberschriften, die identisch lauten (z.B. „yes"). Ein Variable vom Typ `table`, die identisch lautende Zeilenbezeichnungen hat, kann in MATLAB nicht erstellt werden. Zweitens, die besagte Tabelle 3 hat auch Zwischenüberschriften, deren Konstruktion mittels MATLAB–Tabellen zwar möglich, aber umständlich ist. Daher weisen wir die berechneten Mittelwerte dem `Cell-Array` `cTab` zu. Mit der Verzweigung `if ... elseif ... end` werden analog zu den bisherigen Programmlistings die beiden Spezialfälle `age` und `hhninc`, die jeweils eine von–bis–Unterteilung benötigen, behandelt.

Der Export der Ergebnisse erfolgt mit der Variable `cTab`. Diese Variable kann entweder von Windows–Anwenderinnen mit der MATLAB–Funktion `xlswrite`[9] oder von allen Anwenderinnen mit der Funktion `fWriteCellArrayAsTxt` exportiert werden. Bei dem Export der Ergebnisse im Programmlisting 9.4 prüfen wir mit der MATLAB–Funktion `ispc`, ob die Anwenderin ein Windows–System benutzt. Falls ja, werden die Ergebnisse mit der Funktion `xlswrite` in ein spezifiziertes Tabellenblatt von Excel geschrieben. Falls die Funktion `ispc` ein `false` als Ergebnis liefert, wird in der `try`–Verzweigung versucht, die Funktion `fWriteCellArrayAsTxt` zu nutzen und sonst in der `catch`–Verzweigung der Hinweis gegeben, wo die Anwenderin die Funktion bekommen kann. Die Funktion kann entweder in den `Current Folder` kopiert oder über `Set Path` dauerhaft in das eigene MATLAB–System integriert werden.

---

[9] Diese Variante ist eher als ein Hinweis auf eine theoretische Möglichkeit zu betrachten, da Mathworks in den neueren Versionen darauf hinweist, dass die Nutzung von `xlswrite` nicht zu empfehlen ist.

	Doctor visits		Hospital visits	
	Male	Female	Male	Female
Total	2.62	3.79	0.128	0.150
public				
yes	2.74	3.90	0.133	0.151
no	1.90	2.69	0.099	0.138
addon				
yes	2.50	3.71	0.176	0.170
no	2.63	3.79	0.127	0.149
age				
25-35	1.94	3.03	0.103	0.158
35-45	1.93	3.28	0.111	0.136
45-55	2.98	3.98	0.143	0.142
55-65	4.28	4.98	0.166	0.175
handdum				
yes	4.01	5.36	0.178	0.228
no	2.22	3.40	0.113	0.130
self				
yes	1.88	2.70	0.118	0.102
no	2.70	3.83	0.129	0.151
married				
yes	2.71	3.71	0.131	0.147
no	2.34	4.02	0.117	0.157
hhkids				
yes	2.13	3.05	0.122	0.138
no	2.98	4.27	0.132	0.157
hhninc				
<2400	3.12	4.18	0.141	0.144
2400-3200	2.78	3.95	0.138	0.135
3200-4300	2.43	3.60	0.128	0.153
>4300	2.20	3.39	0.102	0.163

Tabelle 9.4.: Replizierte Ergebnisse aus der Table III aus RIPHAHN et al. (2003). Der Aufbau der Tabellen ist identisch.

Die Tabelle 9.4 fasst die Ergebnisse unserer Berechnungen zusammen. Schon bei einer ersten Durchsicht der Ergebnisse fallen Unterschiede zu den Ergebnissen von RIPHAHN et al. (2003) auf. Bei den Männern scheinen die Zeile für „yes" und „no" bei den Variablen hhkids und married vertauscht zu sein. Ferner sind nahezu alle Mittelwerte für Frauen geringfügig anders. Aus der bereits dargestellten Diskussion im Abschnitt 9.3 innerhalb der „Scientific Community" wissen wir, dass unsere Ergebnisse korrekt sind. Die geringfügigen Abweichungen bei Frauen ergeben sich aus der Datenbereinigung von RIPHAHN et al. (2003), über die sie zwar berichten, die wir mit dem verfügbaren Datensatz aber nicht nachbilden können.

AUFGABEN

Aufg. 9.10 In der Tabelle 9.4 werden die Anzahlen der Besuche bei einem Arzt bzw. im Krankenhaus getrennt nach Frauen und Männern sowie weiterer Variablen dargestellt. Verwunderung über die Ergebnisse kann für die Variable addon entstehen, denn die Zusatzversicherung macht nur für die Versicherten in der gesetzlichen Krankenversicherung (GKK) Sinn und wird nur von dieser Versichertengruppe erworben. Nun könnten wir das Ergebnis erwarten, nach dem z.B. einer der Durchschnitte der Anzahl von Arztbesuchen für Männer mit/ohne Zusatzversicherung (Zeilen yes und no bei addon) höher oder kleiner als die durchschnittliche Arztbesuchsanzahl von Männern in der GKK ist (Zeile yes bei public). Das wäre jedoch an dieser Stelle ein Irrtum. Die Zeile yes bei addon bezieht sich tatsächlich nur auf die GKK–Versicherten, denn nur sie erwerben die Zusatzversicherung. Dennoch haben wir dieses Ergebnis in MATLAB nicht selbst programmiert. Vielmehr ergibt sich das Ergebnis aus den inhaltlichen Überlegungen. Die Zeile no bei addon bezieht sich auf alle Personen ohne die Zusatzversicherung, d.h. für ihre Bestimmung werden auch die privat versicherten Personen berücksichtigt. Für die Erstellung der Tabelle 9.4 haben wir lediglich die Werte von RIPHAHN et al. (2003) repliziert.

Erstellen Sie ein Skript, das (1) verifiziert, dass privat versicherte Personen keine Zusatzversicherung haben, und (2) die durchschnittliche Anzahl der Arztbesuche von gesetzlich versicherten Männern mit und ohne Zusatzversicherung bestimmt.

9.6. Korrelation vs. Kausalität

Mit den Daten von RIPHAHN et al. (2003) können wir auf einen weiteren wichtigen Punkt von empirischen Analysen hinweisen. Im vorangegangenen Abschnitt haben wir die mittlere Anzahl der Arztbesuche von Männern betrachtet, die entweder in der privaten Krankenversicherung (PKK) oder in der gesetzlichen Krankenversicherung (GKK) versichert sind. Im Schnitt haben Männer mit GKK 2.74 mal und Männer mit PKK 1.90 mal den Arzt aufgesucht. Wie können wir dieses Ergebnis interpretieren? Sind die Männer mit PKK gesünder und gehen daher seltener zum Arzt? Das grundlegende Problem bei der Interpretation der obigen Ergebnisse ist die Unterscheidung zwischen der Korrelation und Kausalität. Scheinbar gibt es eine Korrelation zwischen PKK und der Anzahl der Arztbesuche. Jedoch ist Vorsicht geboten, die Ursache für die geringere Anzahl der Arztbesuche in einer PKK-Versicherung alleine aufgrund der bisherigen Ergebnisse zu begründen. Dazu müssten wir auch etwas über die Richtung der Kausalität sagen können. Beispielsweise könnten die Gesünderen sich für die PKK und gegen die GKK entscheiden. Die Ursache für die geringere Anzahl der Arztbesuche wäre in diesem Fall die (gute) Gesundheit und nicht zwangsläufig die Mitgliedschaft in einer PKK.

Um die Problematik zu verdeutlichen, wählen wir ein anderes Beispiel, bei dem das zugrunde liegende Problem deutlicher wird. Mit unserem Datensatz können wir eine Auswertung vornehmen, mit der wir die Zufriedenheit mit der Gesundheit von Personen bestimmen. Dazu berechnen wir die mittlere Zufriedenheit mit der Gesundheit (Variable `hsat`) getrennt nach ledigen und nach verheirateten Personen. Die Ergebnisse sind in der Tabelle 9.5 zusammengefasst.

Familienstand	Anzahl Beob.	Mittel HSAT
ledig	6596	6.87
verheiratet	20730	6.75

Tabelle 9.5.: Tabelle gibt die Anzahl der Beobachtungen sowie die mittlere Zufriedenheit mit der eigenen Gesundheit von ledigen und verheirateten Personen.

Die Ergebnisse aus der Tabelle 9.5 sind mithilfe von Programmlisting 9.5 erstellt.

Quellcode 9.5: Skript zur Nachbildung der Tabelle 9.5

```
1 Vgl Datei: b_HSAT_Mar.m
```

Aus der Tabelle 9.1 wissen wir, dass es sich bei der Variable `hsat` um eine kodierte Variable handelt, bei der 0 sehr geringe und 10 eine sehr hohe Zufriedenheit mit der Gesundheit anzeigt. Wenn wir die Ergebnisse aus der Tabelle 9.5 unkritisch und ohne Hinterfragen interpretieren wollten, könnten wir auf die Idee kommen, dass die Heirat Personen unzufriedener mit ihrer Gesundheit werden lässt. Die Differenz der Zufriedenheit zwischen den beiden Gruppen beträgt 0,1 Punkte, aber sie ist statistisch signifikant.[10] Diese Interpretation ist natürlich nicht völlig unbegründet. Schließlich könnte die Heirat die Wahrnehmung der eigenen Zufriedenheit, inkl. der Zufriedenheit mit der Gesundheit, senken. Die Interpretation ist zwar möglich, aber eher unwahrscheinlich. Es ist vermutlich nicht die Heirat, die die Personen unzufriedener mit der Gesundheit werden lässt, sondern ihre eigene Gesundheit bzw. das Fehlen dieser.

AUFGABEN

Aufg. 9.11 In der Tabelle 9.5 ist die mittlere Gesundheitszufriedenheit von Ledigen und Verheirateten aus dem Datensatz von RIPHAHN et al. (2003) dargestellt.
Erstellen Sie ein Skript, indem Sie die jeweilige mittlere Zufriedenheit von verheirateten und ledigen Frauen sowie von verheirateten und ledigen Männern ausrechnen. Sie können hierzu das Programmlisting 9.5 erweitern.

Dennoch könnten wir, unreflektiert, das Ergebnis derart interpretieren, dass eine Heirat die Zufriedenheit mit der Gesundheit senken lässt. Unser Beispiel ist offensichtlich nicht vollständig, da es eine wichtige Variable, das Vorhandensein einer Krankenheit, nicht berücksichtigt. In vielen empirischen Anwendungen ist diese Unvollständigkeit jedoch nicht immer offensichtlich und häufig führt eine Verzerrung der Stichprobe zu falschen Schlussfolgerungen. Wir können diesen Umstand formal beschreiben. Eine Variable $D_i = \{1,0\}$ zeigt an, ob die Person i verheiratet ist oder nicht. Die Ergebnisvariable Y_i misst ihre Gesundheitszufriedenheit. Die interessante Frage

---

[10] Zum Nachrechnen: Die Standardfehler für die Mittelwerte betragen 0.0291 (ledig) und 0.0158 (verheiratet). Somit ist die Differenz der Mittelwerte nach dem t–Test statistisch signifikant.

ist es, ob Y_i durch die Heirat beeinflusst wird. Um diese Frage beantworten zu können, müssen wir wissen, wie sich die Gesundheitszufriedenheit von einer Person, die ledig ist, ändert, wenn sie heiratet. Ebenso ist es interessant zu bestimmen, wie sich eine Scheidung (also Änderung des Zustandes von verheiratet zu ledig) auf die Gesundheitszufriedenheit auswirkt. In den folgenden formalen Betrachtungen werden wir uns auf den ersten Fall (Änderung von ledig auf verheiratet) fokussieren. Die formalen Analysen gelten analog für den zweiten Fall (Änderung von verheiratet auf ledig). In den empirischen Analysen mit MATLAB werden wir beide Fälle berücksichtigen.

Zur weiteren Analyse definieren wir die Variable $\tilde{Y}_i$ derart, dass sie potenzielle Gesundheitszufriedenheit von Personen i misst. Ferner ist $\tilde{Y}_{1i}$ die potenzielle Gesundheitszufriedenheit einer verheirateten Person, während $\tilde{Y}_{0i}$ die potenzielle Gesundheitszufriedenheit einer ledigen Person anzeigt. Folglich haben wir:

$$\tilde{Y}_i = \begin{cases} \tilde{Y}_{1i}, & \text{falls } D_i = 1 \\ \tilde{Y}_{0i}, & \text{falls } D_i = 0 \end{cases} \tag{9.1}$$

$\tilde{Y}_{1i}$ ist die potenzielle Gesundheitszufriedenheit einer verheirateten Person, *und zwar unabhängig davon, ob sie tatsächlich verheiratet ist.* $\tilde{Y}_{0i}$ zeigt analoges für diese Person, wenn sie ledig wäre, unabhängig davon, ob sie tatsächlich ledig ist oder nicht. In Analogie könnte $\tilde{Y}_{1i}$ den potenziellen Unternehmenserfolg einer Firma nach der Fusion messen, und zwar unabhängig davon, ob die Firma i tatsächlich fusioniert hat oder nicht.

Wir können die Variable $\tilde{Y}_i$ umschreiben und erhalten die Gleichung 9.2.

$$\tilde{Y}_i = \tilde{Y}_{0i} + (\tilde{Y}_{1i} - \tilde{Y}_{0i})D_i \tag{9.2}$$

Tatsächlich beobachten können wir entweder $Y_i = Y_{0i} + (Y_{1i} - Y_{0i}) \cdot 1 = Y_{1i}$, wenn die Person verheiratet ist oder $Y_i = Y_{0i} + (Y_{1i} - Y_{0i}) \cdot 0 = Y_{0i}$, wenn die Person ledig ist. Der Effekt der Heirat ist die Differenz $(Y_{1i} - Y_{0i})$, die für *eine* Person gebildet wird, die sowohl ledig als auch verheiratet sein müsste. Die Differenz misst den kausalen Effekt der Heirat auf die Gesundheitszufriedenheit.

Diesen kausalen Effekt können wir in unserem Datensatz natürlich nicht beobachten, weil wir keine Person haben, die gleichzeitig verheiratet und ledig ist. Wir haben lediglich die Beobachtungen von ledigen und Beobachtungen von verheirateten Personen. Unsere oben vorgenommene Bildung der Differenz zwischen den Gruppenmittelwerten birgt einen Fehler, denn wir bilden $E(Y_i|D_i = 1) - E(Y_i|D_i = 0)$ und erhalten:

$$E(Y_i|D_i = 1) - E(Y_i|D_i = 0) =$$
$$= E(Y_{1i}|D_i = 1) \underbrace{- E(Y_{0i}|D_i = 1) + E(Y_{0i}|D_i = 1)}_{=0} - E(Y_{0i}|D_i = 0)$$
$$= \underbrace{E(Y_{1i} - Y_{0i}|D_i = 1)}_{\text{Effekt Heirat}} + \underbrace{(E(Y_{0i}|D_i = 1) - E(Y_{0i}|D_i = 0))}_{\text{Fehler durch Stichprobenauswahl}}$$

Das Zusammenziehen beider Variablen in den Erwartungswert $E(Y_{1i} - Y_{0i}|D_i = 1)$ ist erlaubt, weil beide Variablen auf die gleiche Informationsmenge bedingt sind. Die Erwartungswerte (bzw. ihre Durchschnitte in einer Stichprobe) sind für $E(Y_{1i}|D_i = 1)$ und $E(Y_{0i}|D_i = 0)$ berechenbar. Der Erwartungswerte von $E(Y_{0i}|D_i = 1)$, d.h. Zufriedenheit von verheiraten Personen, wenn sie ledig wären (Y_{0i}), kann nicht auf Beobachtungen basieren, weil sie fehlen. Aber genau diese Variable ist für die Messung des kausalen Effekts der Heirat auf die Gesundheitszufriedenheit notwendig.

Unsere oben gebildete Differenz in der Gesundheitszufriedenheit von 0,1 Punkten ist daher als naiv anzusehen. Der *kausale* Effekt der Heirat ist die Differenz zwischen dem Mittelwert der Gesundheitszufriedenheit von verheirateten Personen und dem Mittelwert der Gesundheitszufriedenheit von den *gleichen* Personen, wenn sie ledig wären. Den ersten Mittelwert können wir in der Stichprobe beobachten, den zweiten nicht. Ferner gibt es einen Fehler durch die Stichprobenauswahl. Denn die Gesundheitszufriedenheit von ledigen Personen ($E(Y_{0i}|D_i = 0)$) ist beobachtbar, während ihre Gesundheitszufriedenheit, wenn sie verheiratet wären ($E(Y_{0i}|D_i = 1)$), nicht bekannt ist. Da wir nicht wissen, ob eine zufriedene Person eher heiratet oder nicht, können wir keine Aussage nach der Richtung der Verzerrung durch die Stichprobenauswahl treffen. Beispielsweise könnten eher die zufriedenen Personen heiraten und die unzufriedenen eher ledig bleiben. Oder es könnte genau umgekehrt sein. Daher wissen wir nicht, ob es eine Stichprobenverzerrung gibt und, falls sie vorhanden ist, ob es sich um positive oder negative Verzerrung handelt. Die Stichprobenverzerrung bezeichnen Statistiker und Ökonometriker auch als das Problem der Endogenität. Denn die Heirat ist nicht eine exogen vorgegebene Tat, die die Menschen umzusetzen haben. Sie ist vielmehr eine eigenständige Entscheidung, die bewusst herbeigeführt wird. Bei der Analyse der Daten müssen wir als Forschende sicherstellen, dass die Variable Heirat nicht zufällig mit der interessierten Zielgröße, bei uns mit der Gesundheitszufriedenheit, korreliert ist.

Bislang haben wir das Problem beschrieben, denn offenbar dürfen wir die Mittelwerte der Gesundheitszufriedenheit zwischen den beiden Gruppen nicht vergleichen, soweit es sich um diese Fragestellung handelt, obwohl dies sehr häufig in der Tagespresse berichtet wird. Um den tatsächlichen Effekt der Heirat auf die Gesundheitszufriedenheit zu bestimmen, müssten wir Kenntnis von Variablen haben, die wir nicht direkt beobachten können. Wie können wir mit diesem Problem umgehen? In der Ökonometrie gibt es dazu zwei Lösungen.

Die erste Lösung ist die Durchführung eines Experiments, bei dem wir zufällig zwei Stichproben von Personen erheben. Die erste Gruppe würde im Anschluss eine andere Person heiraten. Die zweite Gruppe bleibt ledig, unabhängig davon, ob die Personen heiraten wollen oder nicht. Beide Gruppen würden am Ende nach ihrer Gesundheitszufriedenheit befragt werden. Die Wahrscheinlichkeit, eine kranke bzw. gesunde Person in die erste und zweite Gruppe zu ziehen, ist gleich. Daher wird aufgrund statistischer Überlegungen die Bildung von Zufallsstichproben dazu führen, dass die Differenz der Gruppenmittelwerte tatsächlich den Effekt der Heirat anzeigt, weil kein Stichprobenfehler mehr vorliegt. Diese erste Lösung ist jedoch aufwendig, da die Durchführung von Experimenten teuer ist und ethisch zu verwerflichen Handlungen führen kann. In unserem Experiment müssten wir einer heirats(un)willigen Person die Heirat verwehren (aufzwingen).

Die zweite Lösung orientiert sich an den Fall, wenn wir Beobachtungsdaten haben und kein Experiment durchführen können; das ist bei uns tatsächlich der Fall. Die Strategie in diesem Fall ist es, Tupel von Personen[11] zu identifizieren, die „identisch" sind oder sich zumindest sehr ähneln. Das ist naturgemäß sehr schwierig, weil sich Personen selten in allen Aspekten ähnlich sind. Wir können uns das als die Suche nach einem „statistischen Zwilling" vorstellen. Einer

---

[11] Wenn wir anstelle von Personen Firmen in der Stichprobe hätten, würden wir nach ähnlichen Firmen suchen.

der „statistischen Zwillinge" ist dabei verheiratet und der andere nicht und wir untersuchen, ob sich die Gesundheitszufriedenheit der beiden unterscheidet. Unter bestimmten Voraussetzungen gibt es ökonometrische Verfahren (z.B. Regressionsanalysen), die die beschriebene Strategie berücksichtigen.[12] Ein anderes, eher einfaches, Verfahren kann benutzt werden, wenn ein Paneldatensatz, so wie in unserer Fallstudie, zur Verfügung steht. Dieses Verfahren wird in der Literatur als eine Ereignisstudie bezeichnet. Bei den Ereignisstudien wird untersucht, ob ein Ereignis einen Einfluss auf eine Zielvariable ausübt. So könnten wir untersuchen, ob eine Fusion zu einer Erhöhung der Rentabilität von Unternehmen führt oder welche Wirkung von politischen Wahlen auf die Börsen ausgehen oder wie sich die Verpflichtung von Stars für Werbezwecke (z.B. Verpflichtung von Kardashians von Calvin Klein) auf den Unternehmenswert auswirkt.

Das Verfahren der Ereignisstudie eignet sich für unsere Zwecke, um die erworbenen MATLAB–Kompetenzen einzusetzen. Das Ziel der nachfolgenden Ausführungen ist die Vorstellung einer beispielhaften Umsetzung einer Ereignisstudie in MATLAB. Insbesondere steht keine inhaltliche Auseinandersetzung mit der Thematik über die Gesundheitszufriedenheit im Mittelpunkt unserer Betrachtungen. In unserem Paneldatensatz haben wir Beobachtungen zu der gleichen Person über mehrere Jahre. Wir wollen die Annahme treffen, dass sich wesentliche Merkmale (außer Gesundheitszufriedenheit und Heirat) in den Jahren um das Ereignis nicht wesentlich ändern. Dies wird nicht für alle Personen zutreffen, aber im Schnitt erscheint die Annahme nicht zu vereinfachend. Dann können wir die Änderung der Zufriedenheit einer Person beobachten, die während des Beobachtungszeitraumes heiratet (Wechsel von ledig zu verheiratet). In diesem Zusammenhang wird die Heirat als ein Ereignis definiert. In einem ersten (naiven) Schritt wollen wir die Gesundheitszufriedenheit vor dem Ereignis mit der Gesundheitszufriedenheit nach dem Ereignis vergleichen.[13]

Die intendierte Vorher–Nachher–Analyse ist in der Regel zu vereinfachend, weil sowohl die Gesundheitszufriedenheit als auch die Heirat mit der eigenen Gesundheit und/oder allgemeinen Lebenseinstellung korreliert sein könnten. Es bestünde die Gefahr, dass unser Ereignis kein exogener Einfluss ist, den wir für das Gedankenexperiment analog zur Bildung von zufälligen Stichproben brauchen. Für didaktische Zwecke der Durchführung einer Ereignisstudie ist dieses Beispiel jedoch hinreichend geeignet.[14]

---

[12] Für eine lehrbuchmäßige Darstellung zu diesem Punkt vgl. z.B. WOOLDRIDGE (2016). Da unser Werk als ein einführendes Lehrbuch in MATLAB konzipiert ist, werden wir die Regressionsanalyse nicht weiter betrachten. PODDIG et al. (2015) geben eine Einführung in die Regressionsanalyse mit MATLAB.

[13] In analoger Weise können wir die Zufriedenheit von Personen beobachten, die sich scheiden lassen (Wechsel von verheiratet zu ledig). Wenn die Heirat einen kausalen Effekt auf die Gesundheitszufriedenheit hat, dann sollten wir für diese Personen die Umkehrung der Effekte beobachten: ihre Zufriedenheit mit der Gesundheit sollte steigen. Wir werden auf diesen Punkt in der empirischen Fallstudie zurückkommen. In einer umfangreichen empirischen Analyse wären noch zahlreiche Effekte zu berücksichtigen. Beispielsweise kann die Gesundheitszufriedenheit durch Ereignisse ausgelöst werden, die nicht in einer Person begründet sind. Beispielweise ist es bekannt, dass die Gesundheitszufriedenheit während ökonomischer Krisen abnimmt, auch wenn die Menschen nicht häufiger krank werden.

[14] Diese Problematik ist fast jeder Ereignisstudie inhärent. Ausnahmen bilden nur exogene Schocks wie z.B. Naturkatastrophen, (unerwartete) Gerichtsurteile oder aufgedeckte Skandale. Wenn wir beispielsweise den Einfluss von Fusionen auf den Unternehmenserfolg messen wollten, ist das Ereignis Fusion nicht exogen, da es vom Firmenmanagement absichtlich herbeigeführt wurde. Die Forschung kann sich auf den Standpunkt zurückziehen, dass eine Fusion zur Hebung von Synergieeffekten genutzt wird, die zu einem höheren Marktwert des Unternehmens führen, wenn

Die fehlende Exogenität des Ereignisses kann ein Problem darstellen, weil wir $E(Y_{0i}|D_i = 1)$ nicht basierend auf Beobachtungen bilden können. Wir müssten die Gesundheitszufriedenheit von verheirateten Personen beobachten, wenn sie nicht geheiratet hätten. Wenn wir an Fusionen denken, müssten wir den Erfolg von fusionierten Unternehmen messen können, wenn sie gar nicht fusioniert hätten. Obwohl diese Beobachtungen nicht existieren, können wir dennoch Erwartungswerte bilden. Formal könnten wir zwei Mittelwertgleichungen aufstellen, wobei die Gleichung 9.3 die mittlere Zufriedenheit vor der Heirat und für die Gleichung 9.4 nach der Heirat anzeigt.[15]

$$\bar{Y}_t = a_t + \delta_t D_t, \quad t = 0, D_t \in \{0,1\} \xrightarrow{D=1} \bar{Y}_0 = a_0 + \delta_0 \cdot 1 \tag{9.3}$$

$$\bar{Y}_t = a_t + \delta_t D_t, \quad t = 1, D_t \in \{0,1\} \xrightarrow{D=1} \bar{Y}_1 = a_1 + \delta_1 \cdot 1 \tag{9.4}$$

Der Zeitraum $t = 0$ zeigt die Jahre vor und $t = 1$ nach der Heirat an. In den Gleichungen repräsentiert a_0 (a_1) den Durchschnitt für ledige Personen, die ledig bleiben. Der Summand $\delta_t D_t$ ist der Effekt der Heirat. Dabei misst $\delta_0 \cdot 1$ den Effekt der Heirat VOR der tatsächlichen Durchführung der Heirat. Es ist die mittlere Zufriedenheit von Verheirateten, bevor sie geheiratet haben. In Analogie zu unseren Vorüberlegungen ist $\bar{Y}_0 = a_0 + \delta_0 \cdot 1$ der Erwartungswert der Zufriedenheit von verheirateten, wenn sie ledig sind. $\bar{Y}_1 = a_1 + \delta_1 \cdot 1$ ist analog die mittlere Zufriedenheit von Verheirateten, nachdem sie geheiratet haben.

Die Differenz $\hat{\Delta} = \bar{Y}_1 - \bar{Y}_0 = (a_1 + \delta_1 \cdot 1) - (a_0 + \delta_0 \cdot 1) = \delta_1 - \delta_0$ misst den kausalen Effekt der Heirat, wenn wir die Annahme treffen, dass die Gesundheitszufriedenheit vor der Heirat in der Gruppe der Ledigen, die ledig bleiben, und der Gruppe der später Verheirateten identisch verteilt ist. Diese Annahme kann sie durch Hinzunahme von Personenmerkmalen als Kontrollvariablen überwunden werden. Dazu sind Schätzungen der Mittelwert $\bar{Y}_{it}$ mittels der Regressionsmethoden notwendig, die nicht Gegenstand unseres einführenden Buches in MATLAB sind.[16]

Bisher haben wir mit $D = 1$ den Fall für die Personen betrachtet, die heiraten. Nachfolgend analysieren wir den Effekt der Heirat allgemeiner und schauen uns die Zufriedenheit $\bar{Y}_{dt}$ von Verheirateten und Ledigen sowie die Änderung der Zufriedenheit an. Die Indizes bei $\bar{Y}_{dt}$ zeigen den Zeitraum t (0 vor dem Ereignis, 1 nach dem Ereignis), $d = 1$ die Gruppe der Verheirateten und $d = 0$ die Gruppe der Ledigen, die auch ledig bleiben. $\bar{Y}_{10}$ ist beispielsweise die Gesundheitszufriedenheit von den Verheirateten vor ihrer Heirat und $\bar{Y}_{01}$ ist die Zufriedenheit der Ledigen nach der Heirat der Personen, die geheiratet haben. Für unsere Demonstrationszwecke der Ereignisstudie genügt die Beobachtungen, nach den $\bar{Y}_{00} = a_0$, $\bar{Y}_{01} = a_1$, $\bar{Y}_{10} = a_0 + d_0$ und $\bar{Y}_{11} = a_1 + d_1$ ist. Damit haben wir $\delta_1 = \bar{Y}_{11} - \bar{Y}_{01}$ und $\delta_0 = \bar{Y}_{10} - \bar{Y}_{00}$. Dann können wir die Differenz $\hat{\Delta}$ zu

$$\hat{\Delta} = \delta_1 - \delta_0 = \underbrace{(\bar{Y}_{11} - \bar{Y}_{01})}_{\text{Nach der Heirat}} - \underbrace{(\bar{Y}_{10} - \bar{Y}_{00})}_{\text{Vor der Heirat}} = \underbrace{(\bar{Y}_{11} - \bar{Y}_{10})}_{\text{Verheiratete}} + \underbrace{(\bar{Y}_{00} - \bar{Y}_{01})}_{\text{Ledige}} \tag{9.5}$$

---

das Management diese umsetzt. Die Fusion könnte jedoch auch aus anderen Gründen angestrebt werden, z.B. weil das Management eines größeren Unternehmens höhere Bezüge erhält. Es ist daher nicht offensichtlich, mit welcher Variable das Ereignis Fusion korreliert.

[15] Die nachfolgenden Darstellungen über die Mittelwerte unterschiedlicher Gruppen und im Zeitablauf sind angelehnt an WOOLDRIDGE (2016), S. 454–458.

[16] Bei der Fusionsforschung könnten wir beispielsweise die erwartete Rendite mittels des vor dem Ereignis geschätzten Marktmodells bestimmen.

umschreiben. Nach der letzten Umformung zeigt die erste Klammer die Änderung der Gesundheitszufriedenheit der Verheirateten vor und nach der Heirat. Sollten im Durchschnitt die Personenmerkmale sich nicht dramatisch nach der Heirat geändert haben, dann misst diese Differenz den unmittelbaren kausalen Effekt der Heirat. Die zweite Differenz für die Ledigen stellt formal sicher, dass mögliche Zeiteffekte (z.B. Konjunktureinbruch), die die Gesundheitszufriedenheit aller Personen betreffen könnten, berücksichtigt werden.

Die formalen Vorüberlegungen sollen aufzeigen, dass unter bestimmten Voraussetzungen die Vorher–Nachher–Vergleiche einer Ereignisstudie für unterschiedliche Gruppen den kausalen Effekt eines Ereignisses messen können. Für unsere nachfolgende empirische Auswertung wollen wir zwei Typen von Personen identifizieren. Als ersten Typ („Typ Heirat") berücksichtigen wir die Personen, deren Familienstand sich einmal in der Stichprobe von ledig auf verheiratet geändert hat. Als zweiten Typ („Typ Scheidung") interessieren wir uns für die Personen, deren Familienstand sich einmal in der Stichprobe von verheiratet auf ledig geändert hat. Alle anderen Personen wollen wir in der nachfolgenden Fallstudie nicht einbeziehen, da wir sog. „Cofounding–Effects" berücksichtigen müssten.

Programmlisting 9.6 zeigt beispielhaft die Werte der Variable MARRIED für drei Personen aus der Stichprobe mit den IDs 6, 7 und 21 an. Die Werte der ersten (zweiten, dritten) Person werden in der Variable vA (vB, vC) abgelegt. Es handelt sich dabei um eine sog. Dummy–Variable, die nur die Werte 1 (verheiratet) und 0 (ledig) annimmt. Die erste Person gehört zum ersten Typ, denn ihr Zustand ändert sich von ledig auf verheiratet. Die dritte Person ist vom Typ zwei, weil sie einen Wechsel von verheiratet auf ledig erfährt. Die zweite Person gehört keinem der beiden Typen an. Wir untersuchen in dieser Fallstudie nur, ob ein einmaliger Wechsel stattfindet. In einer Erweiterung der Fallstudie könnten wir auch die unterschiedliche Anzahl und Richtung der Wechsel von ledig zu verheiratet und umgekehrt einfließen lassen. Ferner benötigen wird die Jahre, aus denen die Beobachtungen stammen. Die Jahre der Beobachtungen legen wir in der Variablen vAJahr (vBJahr, vCJahr) ab.

Quellcode 9.6: Familienstand von Person mit der ID 6, 7 und 21

```
 1
 2  >> vA = tTable.married(tTable.id==6)
 3
 4  vA =
 5
 6  0
 7  1
 8  1
 9  1
10  1
11
12  >> vB = tTable.married(tTable.id==7)
13
14  vB =
15
16  1
17  1
18  1
19
20  >> vC = tTable.married(tTable.id==21)
21
22  vC =
23
```

```
24   1
25   0
26   0
27   0
28   0
29
30   >> vAJahr=tTable.year(tTable.id==6)
31
32   vAJahr =
33
34   1985
35   1986
36   1987
37   1988
38   1991
39
40   >> vBJahr=tTable.year(tTable.id==7)
41
42   vBJahr =
43
44   1987
45   1988
46   1991
47
48   >> vCJahr=tTable.year(tTable.id==21)
49
50   vCJahr =
51
52   1985
53   1986
54   1988
55   1991
56   1994
```

Um die beiden Typen von Personen, die den Wechsel des Familienstandes erfahren haben, zu identifizieren, führen wir eine logische Hilfsvariable ein, deren Elemente mit 1 (0) verheiratet (ledig) anzeigen. Diese Variable zeigt noch nicht den Wechsel an. An dieser Stelle mag verwundern, warum noch eine logische Variable notwendig ist, da MARRIED bereits eine logische Variable darstellt. Unser Ziel ist es, einen allgemeinen MATLAB–Code zu entwickeln, der auch dann funktioniert, wenn die Ereignisvariable anders definiert ist. So könnten wir als Ereignis die Anzahl der Krankenhausbesuche festlegen und die nachfolgende Funktion wird dennoch die korrekte Ereigniszeitmatrix generieren. Die logischen Variablen weisen wir den Variablen lIndA (lIndB, lIndC) mit dem Programmlisting 9.7 zu. Wir interessieren uns für das Jahr des Wechsels von „ledig" zu „verheiratet" und umgekehrt. Dieser Wechsel wird in der Literatur als ein Ereignis bzw. als ein Event bezeichnet. Als Ereignisse könnten uns weitere Gegebenheiten dienen, z.B. Wechsel von GKK zu PKK, Wechsel von kein Arztbesuch zu mindestens einem Arztbesuch, eine Fusion/Übernahme, Wechsel des CEOs etc. Das Jahr des Wechsels wird in der Literatur gewöhnlich als Ereignisdatum bzw. Event–Date bezeichnet. Wir werden diese Terminologie beibehalten.

Quellcode 9.7: Logischer Index des Familienstandes der drei Personen aus der Stichprobe

```
1   >> lIndA=vA~=0
2
3   lIndA =
4
5   5x1 logical array
```

```
 6
 7  0
 8  1
 9  1
10  1
11  1
12
13  >> lIndB=vB~=0
14
15  lIndB =
16
17  3x1 logical array
18
19  1
20  1
21  1
22
23  >> lIndC=vC~=0
24
25  lIndC =
26
27  5x1 logical array
28
29  1
30  0
31  0
32  0
33  0
```

Das genaue Jahr des Events können wir zunächst manuell mit der Variable `lIndA` nachvollziehen. Dort stehen in der ersten Zeile der Eintrag Null und in den nachfolgenden Zeilen die Einträge 1. Zusätzlich können wir auch mit der Variable `vA` verifizieren, dass die Person im ersten Jahr ledig und anschliessend verheiratet war. Anhand der logischen Variable `lIndA` können wir auch den Wechsel von 0 auf 1 mithilfe der MATLAB–Funktion `diff` automatisch detektieren. Diese Funktion bildet die erste Differenz der Elemente zwischen den Zeilen eines Vektors bzw. einer Matrix.[17] Der erste Aufruf der Funktion im Programmlisting 9.8 zeigt exemplarisch das Ergebnis der Differenzbildung auf den logischen Index `lIndA` an. Die Differenz zwischen dem zweiten und dem ersten Element ist 1, daher ist das erste Element des Ergebnisses 1. Die Differenz zwischen dem dritten und zweiten Element ist 0, zwischen dem vierten und dritten sowie zwischen dem fünften und dem vierten auch 0. Folglich ist das Event-Jahr das 2. Jahr, in dem der Wechsel von ledig zu verheiratet stattfindet. Der zweite Aufruf im Programmlisting 9.8 fügt dem Ergebnis der `diff`–Funktion noch zusätzlich eine Null an, um die Dimension des Ergebnisvektors `vDiffA` und der bisherigen Vektoren in Übereinstimmung zu bringen.

Quellcode 9.8: Ergebnis der `diff`–Funktion

```
1  >> diff(lIndA)
2
3  ans =
4
5  1
6  0
7  0
```

---

[17] Die Funktion `diff` hat mehrere Möglichkeiten zum Aufrufen. U.A. könnten wir auch die Anzahl der Differenzen sowie die Richtung der Differenzbildung bestimmen. Vgl. auch die MATLAB–Dokumentation mit `doc diff`.

```
 8  0
 9
10  >> vDiffA=[0; diff(lIndA)]
11
12  vDiffA =
13
14  0
15  1
16  0
17  0
18  0
```

Ausgehend von der Variable `vDiffA` können wir zunächst überprüfen, ob die Person nur einmalig einen Wechsel von ledig auf verheiratet bzw. von verheiratet auf ledig hatte. Die dazugehörigen MATLAB–Befehle sind im Programmlisting 9.9 angegeben, wobei dort eine Bedingung formuliert wird, die wir in einer Funktion auf den Wahrheitsgehalt prüfen werden. Dazu bilden wir die Summe der absoluten Werte von `vDiffC`. Wenn die Summe exakt 1 ist, können wir von einem einmaligen Wechsel ausgehen, da anderenfalls die Summe entweder 0 (gar kein Wechsel) oder größer 1 (mehrere Wechsel) wäre. Die Bildung der Summe `sum(abs(vDiffA))` wird uns bei der Erstellung einer Funktion helfen, weil wir dort mit den `if-else`–Kontrollstrukturen überprüfen können, ob eine Person einmalig den Wechsel vollzogen hat. Der letzte Aufruf im Programmlisting 9.9 dient zur Identifikation des Event-Jahres, das für die Person mit der ID 6 das Jahr 1986 ist. Auch hier können wir in einer Funktion mittels einer `if-else`–Kontrollstruktur prüfen, ob die einmalige Differenz in `vDiffA` positiv (Typ 1) oder negativ (Typ 2) ist.

Quellcode 9.9: Zuordnung des Typen 1

```
 1  >> dSum=sum(abs(vDiffA))
 2
 3  dSum =
 4
 5  1
 6
 7  >> dAJahr=vAJahr(vDiffA>0)
 8
 9  dAJahr =
10
11  1986
```

Programmlisting 9.10 zeigt den Code, den wir brauchen, um den Typ 2 zu identifizieren. Zu beachten ist, dass die Differenzbildung mit der Funktion `diff` ein negatives Element anzeigt, wenn Typ 2 vorliegt. Mit der letzten Anweisung im Programmlisting wird das Event–Jahr, im Beispiel 1986, angezeigt werden.

Quellcode 9.10: Zuordnung des Typen 2

```
 1  >> vDiffC=[0; diff(lIndC)]
 2
 3  vDiffC =
 4
 5  0
 6  -1
 7  0
 8  0
 9  0
10
```

```
11  >> dSum=sum(abs(vDiffC))
12
13  dSum =
14
15  1
16
17  >> dCJahr=vCJahr(vDiffC<0)
18
19  dCJahr =
20
21  1986
```

Die Funktion `fIdentChange` im Programmlisting 9.11 fasst die bisherigen Überlegungen zusammen. Die Funktion nimmt eine Inputvariable `mInput` an, die die Dimension $N \times 3$ haben muss. In der ersten Spalte stehen die Identifikationsnummern der Untersuchungsobjekte. In unserem Beispiel sind das die IDs der Personen. In der zweiten Spalte haben wir das Jahr, aus dem die Beobachtungen stammen. In der dritten Spalte muss die Variable stehen, mit deren Hilfe wir die Ereignisse identifizieren wollen. In unserem Fall ist das der Familienstand. Die Inputvariable für unser Beispiel könnte mittels `mInput = [ tTable.id, tTable.year, tTable.married ];` erstellt werden. Der Output der Funktion ist eine $K \times 3$ Matrix. Ihre 1. Spalte beinhaltet die Identifikation der Beobachtungen, ihre 2. Spalte das Event–Jahr und die dritte Spalte die Art des Event. Die Ziffer 1 zeigt dabei den ersten Typ und die Ziffer -1 den zweiten Typ an.

In der Funktion werden in der Schleife für jede „unique" Personen zunächst die Ereignisvariable (Familienstatus) `vTempTarget`, analog zu den Variablen `vA` bis `vC` und der logische Index `lIndNotNull` (analog zu `lIndA`) extrahiert. Anschließend wird das Ergebnis der Differenzbildung in der Variable `vDiffY` abgelegt. Die erste `if`–Kontrollstruktur prüft, ob ein einmaliger Wechsel geschehen ist. Analog haben wir in Programmlisting 9.9 die Summen über `abs(vDiffA)` gebildet. Wenn die Kontrollstruktur passiert wird, werden in die Outputvariable `mErg` die ID, das Jahr und, nach einer zweiten Kontrollprüfung, der Typ hineingeschrieben.

Quellcode 9.11: Funktion <code>fIdentChange</code>

```
1  Vgl. Datei: fIdentChange.m
```

ID	Jahr	Typ
6	1986	1
9	1988	1
21	1986	-1

Tabelle 9.6.: Auszug aus der Outputvariable `mErg` nach der Ausführung der Funktion `fIdentChange`.

Das Ergebnis der Funktion `fIdentChange` für drei Personen aus der Stichprobe ist in der Tabelle 9.6 dargestellt. In der Tabelle ist die Person mit der ID 7 nicht vertreten, weil sie keinen Wechsel während des Beobachtungszeitraumes erfahren hat. Anhand der Ergebnisse aus der Tabelle 9.6 lässt sich eine sog. Event–Matrix erstellen. Sie beinhaltet die Werte der Variable, die wir auswerten wollen. In unserem Beispiel ist es die Zufriedenheit mit der Gesundheit.

Typischerweise ist die Event–Matrix um das Event–Jahr angeordnet, wobei die Anzahl der Jahre vor und nach dem Event frei bestimmbar sind. Beispielweise würde ein Event–Vektor für die Person mit der ID 6 und einem sog. Event–Window von einem Jahr um das Event, ihre Zufriedenheit mit der Gesundheit für die Jahre 1985 (ein Jahr vor dem Event), 1986 (Event–Jahr) und 1987 (ein Jahr nach dem Event) beinhalten.

Programmlisting 9.12 demonstriert eine vereinfachte Folge von Anweisungen zur Erstellung von einem Event–Vektor für die Person mit der ID 6 in Bezug auf die Zielvariable Gesundheitszufriedenheit. Zunächst wird das Ergebnis der Funktion fIdentChange aus der Tabelle für das Beispiel abgeschrieben und der Variable vErg zugewiesen. Die Zielvariable, die die Werte der auszuwertenden Variable beinhaltet, wird als Matrix mTarget definiert. Sie hat drei Spalten. In der ersten Spalte sind die ID aller Beobachtungen, in der zweiten die Beobachtungsjahre und in der dritten Spalte die interessierende Zielvariable. In unserem Fall ist es die Zufriedenheit mit der Gesundheit. Die Variablen iVorher und iNachher beinhalten die Anzahl der Jahre, die vor und nach dem Event–Date in die Analyse einbezogen werden sollen. Die logische Variable lIndID hilft zur Einschränkung der Beobachtungen aus der Gesamtstichprobe aus mTarget auf die Beobachtungen für gerade betrachtete Personen in die Variable mTempTarget. Mit der Variable iIndJahr wird die Zeile in mTempTarget gesucht, in der das Event–Jahr steht. Mit der Zeile aus iIndJahr und mithilfe von iVorher und iNachher können wir die Event–Matrix bilden, indem wir ausgehend von der Zeile die Anzahl der Jahre vor dem Event (iVorher) subtrahieren und die Anzahl der Jahre nach dem Event (iNachher) addieren.

Quellcode 9.12: Bildung eines Event–Vektors für ein Event, Schritt 1

```
 1
 2  >> vErg=[6, 1986, 1];
 3
 4  >> mTarget=[tTable.id,tTable.year,tTable.hsat];
 5
 6  >> iVorher=1;
 7
 8  >> iNachher=1;
 9
10  >> lIndID=vErg(1,1)==mTarget(:,1);
11
12  >> mTempTarget=mTarget(lIndID,:);
13
14  >> iIndJahr=find(vErg(1,2)==mTempTarget(:,2));
15
16  >> vEventWindow = mTempTarget(iIndJahr-iVorher:iIndJahr+iNachher,3)
17  vEventWindow =
18
19  10
20  9
21  8
```

Das obige Programmlisting 9.12 zeigt die grundsätzliche Vorgehensweise zur Erstellung der Event–Matrix, die wir in eine Funktion übertragen können. Das bisherige Programmlisting hat allerdings zwei grundsätzlich mögliche Fehler außer Acht gelassen. Der erste Fehler kann beim Zugriff auf die Zeilen von mTempTarget passieren, da die gewünschte Anzahl der Beobachtungen vor und nach dem Event insgesamt höher als die tatsächlich vorhandene Anzahl der Beobachtungen sein könnte. In diesem Fall würden wir evtl. auf eine Zeile mit negativer Nummer oder auf eine nicht existierende Zeile von mTempTarget zugreifen wollen. Zur Veranschaulichung können wir versuchen, eine Event–Matrix zu bilden, bei der 5 Jahre vor und nach dem Event für die Zielvariable berücksichtigt werden sollen. Programmlisting 9.13 setzt dieses Beispiel um und provoziert absichtlich einen Fehler.

Quellcode 9.13: Bildung eines Event–Vektors für ein Event, Schritt 2

```
1
2  >> vErg=[6, 1986, 1];
3
4  >> mTarget=[tTable.id,tTable.year,tTable.hsat];
5
6  >> iVorher=5;
7
8  >> iNachher=5;
9
10 >> lIndID=vErg(1,1)==mTarget(:,1);
11
12 >> mTempTarget=mTarget(lIndID,:);
13
14 >> iIndJahr=find(vErg(1,2)==mTempTarget(:,2));
15
16 >> vEventWindow = mTempTarget(iIndJahr-iVorher:iIndJahr+iNachher,3)
17 Index in position 1 is invalid. Array indices must be positive integers or logical values.
```

Die Vorgabe von 11 (=5 Jahre vor dem Event + 5 Jahre nach dem Event + das Event–Jahr) Jahren ist offensichtlich zu viel, weil für die ID 6 lediglich 5 Jahre von Beobachtungsdaten vorliegen. Im Programmlisting 9.13 wird die entsprechende Fehlermeldung bei dem Zugriff auf die Zeilen von mTempTarget ausgegeben. Dieser Fehler lässt sich durch die Nutzung der MATLAB–Funktionen max und min vermeiden. Beispielsweise können wir durch die Anweisungen iStartRow = max(1, iIndJahr - iVorher); und iEndRow = min(iNumObsTemp, iIndJahr + iNachher); in Verbindung mit vEventWindow = mTempTarget(iStartRow:iEndRow,3) einen Zugriff auf inexistente Zeile verhindern. Diese Vorgehensweise ist im Programmlisting 9.14 dargestellt.

Quellcode 9.14: Bildung eines Event–Vektors, Schritt 3

```
1
2  >> vErg=[6, 1986, 1];
3
4  >> mTarget=[tTable.id,tTable.year,tTable.hsat];
5
6  >> iVorher=5;
7
8  >> iNachher=5;
9
10 >> lIndID=vErg(1,1)==mTarget(:,1);
11
12 >> mTempTarget=mTarget(lIndID,:);
13
14 >> iNumObsTemp=size(mTempTarget,1);
15
16 >> iIndJahr=find(vErg(1,2)==mTempTarget(:,2));
17
18 >> iStartRow=max(1,iIndJahr-iVorher);
19
20 >> iEndRow=min(iNumObsTemp,iIndJahr+iNachher);
21
22 >> vEventWindow = mTempTarget(iStartRow:iEndRow,3)
```

Der zweite Fehler im Programmlisting 9.12 kann in Bezug auf die Ergebnisvariable auftreten, in die die Zufriedenheitswerte pro Event (für den gesamten Event–Zeitraum) abgelegt werden. In unserem bisherigen Beispiel haben wir den **Vektor** vEventWindow generiert, da wir die Gesundheitszufriedenheit im Event–Window nur für die Person mit der ID 6 betrachtet haben. Normalerweise werden wir in empirischen Untersuchungen eine Vielzahl von Events haben und entsprechend eine Event-**Matrix** anlegen, deren Zeilenanzahl der Anzahl von Jahren im Event–Window und Spaltenanzahl der Anzahl von Events entspricht.

In unserem nächsten Beispiel, das den zweiten potenziellen Fehler im Programmlisting 9.12 und seine Lösung aufzeigt, bilden wir die Event–Matrix für die Personen mit der ID 6 und 9 für das Event–Window mit 11 Jahren. Das Beispiel ist im Programmlisting 9.15 dargestellt. Dazu wird das Ergebnis der Funktion fIdentChange aus der Tabelle 9.6 für die IDs 6 und 9 abgeschrieben und der Variable mErg zugewiesen, die jetzt eine Matrix ist.

Wir ermitteln die Anzahl der Events und weisen sie der Variable iNumEvents zu. Die Definitionen der Variablen mTarget, iVorher und iNachher bleiben unverändert. Die Variable mEventWindow wird im Beispiel als eine NaN–Matrix mit 11 Zeilen (Event–Window) und 2 Spalten (Anzahl der Events) initialisiert. An dieser Stelle kann der zweite Fehler bereits antizipiert werden. In mEventWindow ist die 6. Zeile das Event–Jahr. In die Zeilen davor (danach) werden die Beobachtungen vor (nach) dem Event geschrieben. Es kann aber passieren, dass die Events unterschiedliche Anzahl von Beobachtungen vor und nach dem Event haben. Wir haben für die ID 6 eine Beobachtung vor dem Event und 3 nach dem Event und somit 5 Beobachtungen insgesamt. Für die ID 9 haben wir auch 5 Beobachtungen, aber davon sind 2 vor dem Event und 2 nach dem Event. Wir müssen sicherstellen, dass die Beobachtungen in Bezug auf das Event-Jahr in die richtigen Zeilen von mEventWindow geschrieben werden. Die nächsten Anweisungen im Programmlisting 9.15 sind identisch zum Programmlisting 9.14. Allerdings wird jetzt inhaltlich die Person mit der ID 6 mit dem Event–Jahr 1986 untersucht, weil sie in der Variable mErg zuerst vorkommt. Die richtigen Zeilen für die Variable mEventWindow, um die zweite potenzielle Fehlerquelle aus dem ursprünglichen Programmlisting 9.12 zu berücksichtigen, werden in die Variablen iStart und iEnd geschrieben. Anstelle der üblichen if–Kontrollstruktur verwenden wir die Funktionen min und max.

Ausgehend von den ermittelten Variablen iIndJahr (im konkreten Fall 2) und iVorher (im konkreten Fall 5) können wir eine Differenz bilden und prüfen, ob sie kleiner als 1 ist. Falls ja, gibt es für die ID 6 vor dem Event keine 5 Beobachtungen. Dann können wir die Start–Zeile in der Event–Matrix mittels iStart = 2 - (iIndJahr-iVorher) bestimmen. Konkret rechnen wir $2-(2-5)=5$. Falls die Differenz kleiner 1 ist, wird als Startzeile die erste Zeile festgelegt. Auf ähnliche Weise prüfen wir, ob die Summe (iIndJahr+iNachher) höher als die Anzahl der Beobachtungen für die ID 6 ist. Dann wird die letzte Zeile der Event–Matrix als iEnd = iVorher + 1 + (iNumObsTemp -iIndJahr) bestimmt, also $5+1+(4-2)=8$. Sonst wird die letzte Zeile einfach als iEnd = iVorher+iNachher+1; bestimmt.


```
1
2  >> mErg=[2,1985,1;3,1987,1];
3
4  >> iNumEvents=size(mErg,1);
5
```

```matlab
6 >> mTarget=[tTable.id,tTable.year,tTable.hsat];

8 >> iVorher=5;

10 >> iNachher=5;

12 >> mEventWindow=NaN(iVorher+iNachher+1,iNumEvents);

14 >> lIndID=mErg(1,1)==mTarget(:,1);

16 >> mTempTarget=mTarget(lIndID,:);

18 >> iNumObsTemp=size(mTempTarget,1);

20 >> iIndJahr=find(mErg(1,2)==mTempTarget(:,2));

22 >> iStartRow=max(1,iIndJahr-iVorher);

24 >> iEndRow=min(iNumObsTemp,iIndJahr+iNachher);

26 >> iStart=max(2-(iIndJahr-iVorher),1);

28 >> iEnd=min(iVorher+1+(iNumObsTemp-iIndJahr),iVorher+iNachher+1);

30 >> mEventWindow(iStart:iEnd,1) = mTempTarget(iStartRow:iEndRow,3)

32 mEventWindow =

34    NaN    NaN
35 NaN    NaN
36 NaN    NaN
37 NaN    NaN
38 10    NaN
39 9    NaN
40 8    NaN
41 10    NaN
42 2    NaN
43 NaN    NaN
44 NaN    NaN

46 >> lIndID=mErg(2,1)==mTarget(:,1);

48 >> mTempTarget=mTarget(lIndID,:);

50 >> iIndJahr=find(mErg(2,2)==mTempTarget(:,2));

52 >> iStartRow=max(1,iIndJahr-iVorher);

54 >> iEndRow=min(iNumObsTemp,iIndJahr+iNachher);

56 >> iStart=max(2-(iIndJahr-iVorher),1);

58 >> iEnd=min(iVorher+1+(iNumObsTemp-iIndJahr),iVorher+iNachher+1);

60 >> mEventWindow(iStart:iEnd,2) = mTempTarget(iStartRow:iEndRow,3)

62 mEventWindow =

64 NaN    NaN
65 NaN    NaN
66 NaN    NaN
67 NaN     9
68 10      8
69 9      8
70 8      7
```

```
71  10     9
72  2      NaN
73  NaN    NaN
74  NaN    NaN
```

Die Überlegungen zur Ermittlung der Event–Matrix sind in der Funktion `fEventMatrix` im Programmlisting 9.16 zusammengefasst. Die Funktion erwartet 4 Inputs. Der erste Input `mErg` ist eine $K \times 2$ Matrix, die die ID sowie das Event–Jahr anzeigt. Es handelt sich bei uns um die ersten beiden Spalten der Outputvariable aus der Funktion `fIdentChange`, das auf einen der beiden Typen eingeschränkt wird, z.B. mittels `mErg(mErg(:,3)==1,:)`. Es handelt sich um unsere K Events, die wir in die Analyse einbeziehen wollen. Um die Events zu identifizieren, unabhängig vom konkreten Beispiel, werden die Identifikation der Einheit (bei uns die ID) und das Event–Datum (bei uns das Event–Jahr) benötigt. Der zweite Input `mTarget` ist eine $N \times 3$ Matrix, die in der ersten Spalte die ID, in der zweiten Spalte das Datum und in der dritten Spalte die Zielvariable von allen Personen, unabhängig davon ob ein Event vorliegt oder nicht, beinhaltet. Diese Variable umfasst alle Beobachtungen und daher ist im Regelfall $N >> K$. Der dritte (vierte) Input ist `integer` und gibt die Anzahl der Perioden vor (nach) dem Event, die in die Analyse einbezogen werden sollen.


```
1  Vgl. Datei: fEventMatrix.m
```

Programmlisting 9.17 zeigt eine exemplarische Umsetzung einer Studie, in der wir die Gesundheitszufriedenheit von Personen von Typ 1 und 2 untersuchen. Zur Identifizierung der Beobachtungen mit einem Event vom Typ 1 oder 2 nutzen wir die vorgestellte Funktion `fIdentChange`. Die Funktion liefert als Ergebnis die Matrix `mErg` mit drei Spalten. In der ersten Spalte steht die ID der Event–Personen, in der zweiten das Event–Jahr und in der dritten der Typ des Events. Die Ergebnismatrix `mErg` wird anschließend der Funktion `fEventMatrix` übergeben, die uns die Event–Matrix, zunächst für den Typ 2, ausgibt. Unsere Analyse der Event–Matrix beschränkt sich auf die Bestimmung der Mittelwerte für die Jahre der Untersuchung. Die Anzahl der Beobachtungen sowie die ermittelten Mittelwerte werden mittels einer Grafik visualisiert. Im untereren Abschnitt von Programmlisting 9.17 wird die Analyse für den Typ 1 wiederholt.


```
1  Vgl. Datei: b_EventStudy.m
```

Die Grafik, die im Programmlisting 9.17 erstellt wird, ist in der Abbildung 9.1 dargestellt. Dort sind Mittelwerte der Gesundheitszufriedenheit abgebildet. Es ist unmittelbar auffällig, dass die Zufriedenheit mit der Gesundheit für den Typ 1 (Wechsel von ledig zu verheiratet) nach dem Event sinkt. Erst im 4. Jahr nach dem Event steigt die Zufriedenheit an. Allerdings haben wir für dieses Event–Jahr sehr wenige Beobachtungen (linke untere Abbildung). Für die Personen von Typ 2 steigt dagegen die Zufriedenheit nach dem Event–Jahr an. Erst im 4. Jahr nach dem Event sinkt sie, wobei auch hier nur wenige Beobachtungen vorhanden sind. Die Differenz der Gesundheitswerte nach und vor dem Event beträgt für den Typ 1 -0.5931 und für den Typ 2 -0.4573. Somit ist die Vorher–Nachher–Differenz der Zufriedenheit für die beiden Typen deutlich höher als die Differenz zwischen allen Ledigen und Verheirateten, die wir eingangs festgestellt

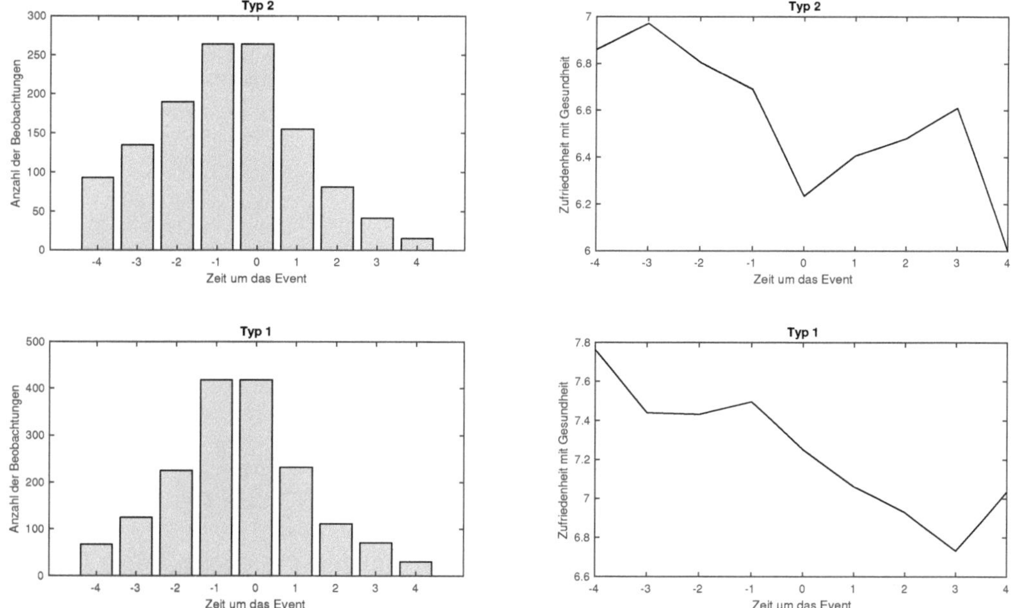

Abbildung 9.1.: Anzahl der Beobachtungen (links) und Zufriedenheit mit der Gesundheit (rechts) vor und nach dem Event sowie im Jahr des Events. Oben ist der Typ 2 („Typ Scheidung") und unten der Typ 1 („Typ Heirat") dargestellt.

haben. Die Zufriedenheit der Personen, die den Wechsel von ledig auf verheiratet durchführen, sinkt nach der Heirat. Ferner steigt für den Typ 2, der den Familienstand von verheiratet auf ledig geändert hat, die Zufriedenheit mit der Gesundheit. Dieses Ergebnis wäre zu erwarten, wenn das Ereignis Heirat für die negative Wahrnehmung der Gesundheitszufriedenheit verantwortlich wäre. Allerdings gilt es zu bedenken, dass die absoluten Zufriedenheitswerte von Typ 1 durchgängig höher im Vergleich zum Typ 2 sind.

Gegen unsere einfache Analyse lassen sich sehr viele Einwände erheben. Beispielsweise haben wir die Einsichten aus der Gleichung 9.5 nicht berücksichtigt. Dazu müssten wir die Gesundheitszufriedenheit von ledigen Personen benutzen, die nicht zum Typ 1 gehören. Ihre mittlere jährliche Gesundheitszufriedenheit ist von den jährlichen Werte des Typs 1 abzuziehen. Analog sollten wir die Gesundheitszufriedenheit von verheirateten Personen benutzen, die nicht zum Typ 2 gehören. Grundsätzlich wird in der Literatur empfohlen, eine Art Überraschungseffekt oder „Abnormalen Effekt" auszurechnen. Dies können wir uns als Differenz $Diff_{ijt}$ zwischen der erwarteten Zufriedenheit $E(HSAT_{i=0,j})$ ohne das Event und der tatsächlichen Zufriedenheit $HSAT_{i=1,jt}$ mit Event einer Person j zum Zeitpunkt t vorstellen.

$$Diff_{ijt} = HSAT_{i=1,jt} - E(HSAT_{i=0,j,t}) \tag{9.6}$$

Wenn wir diese Gleichung inspizieren, werden wir die Analogie zu den obigen Ausführungen über die kausalen Effekte erkennen, die zur Formulierung der Gleichung 9.5 geführt haben.

$E(HSAT_{i=0,j})$ ist die Erwartung für die Zielvariable ohne das Ereignis, d.h. Gesundheitszufriedenheit für verheiratete Person, die nicht geheiratet hat. Während wir die Zufriedenheit einer Person in unserer Stichprobe beobachten können, ist die Bestimmung der erwarteten Zufriedenheit an weitere Annahmen geknüpft. Das einfachste Modelle zu ihrer Bestimmung wäre das jahrestypische Mittelwertmodell, wobei wir rechnen:

$$A_{it} \equiv E(HSAT_{it}) = \frac{1}{N} \sum_{j=1}^{N} HSAT_{jt} \qquad \forall t \tag{9.7}$$

Folglich bestimmen wir die erwartete Zufriedenheit als mittlere Zufriedenheit eines Jahres.

Eine Alternative, die sich eher an der Gleichung 9.5 orientiert, ist die Bestimmung der mittleren Zufriedenheit eines Jahres getrennt nach ledigen Personen, die nicht zum Typ 1 gehören, und von verheirateten Personen, die nicht zum Typ 2 gehören.

$$B_{it} \equiv E(HSAT_{ijt}) = \begin{cases} \frac{1}{Z} \sum_{z=1}^{Z} HSAT_{zt} & \text{wenn ledig UND kein Typ 1} \\ \frac{1}{K} \sum_{k=1}^{K} HSAT_{kt} & \text{wenn verheiratet UND kein Typ 2} \end{cases} \forall t \tag{9.8}$$

Wir werden nachfolgend die Mittelwerte B benutzen, um den abnormalen Effekt $Diff$ zu bestimmen. Positive (negative) Werte von $Diff$ zeigen eine Zufriedenheit, die höher (niedriger) als die erwartete Zufriedenheit ist. Die Bestimmung der abnormalen Gesundheitszufriedenheit für beide Typen ist im Programmlisting 9.18 dargestellt.

Quellcode 9.18: Skript zur Bestimmung der abnormalen Zufriedenheit in der Fallstudie

```
1 Vgl. Datei: b_EventStudy_Abnormal.m
```

Wir haben im Anschluss die Ereignisstudie wiederholt, wobei wir nicht die originären Gesundheitszufriedenheit, sondern die abnormalen Werte $Diff$ als Zielvariable benutzt haben. Die Abb. 9.2 stellt die Mittelwerte als Ergebnisse der Untersuchungen dar.

Unser Anliegen mit dieser Fallstudie ist das Aufzeigen der Durchführung einer einfachen Ereignisstudie. Die inhaltliche Interpretation der Ergebnisse steht für uns an dieser Stelle nicht im Vordergrund und allgemeine Schlussfolgerungen sind weder das Ziel der Analyse noch mit diesem veralteten Datensatz geboten. Wenn wir die reinen Werte betrachten, sinkt die Zufriedenheit für Typ 1 nach dem Event. Für den Typ 2 steigt die Zufriedenheit nach dem Event an, jedoch ausgehend von einem sinkenden Trend vor der Scheidung. Die Nachher–Vorher–Differenz für Typ 1 (Typ 2) ist -0.6011 (-0.2905).

Bei der Bestimmung der Kennzahl $Diff$ haben wir mit den Jahresdurchschnitten mögliche allgemeine Effekte berücksichtigt, die alle Personen betreffen. Allerdings haben wir viele weitere Effekte nicht explizit in die Berechnung einbezogen. Eine interessante Beobachtung ist das Niveau der abnormalen Zufriedenheit bei dem Typ 1. Es ist im positiven Bereich. Dagegen ist die abnormale Zufriedenheit des Typ 2 fast durchgängig negativ. Warum ist der Typ 1 im Niveau zufriedener als Typ 2, auch wenn seine Zufriedenheit nach dem Event sinkt? Eine bisher offensichtlich vernachlässigte Variable ist das Alter von Personen. Wir können ein sinkendes Niveau der Zufriedenheit mit dem Alter vermuten. Dabei sind die Personen bei der Heirat ten-

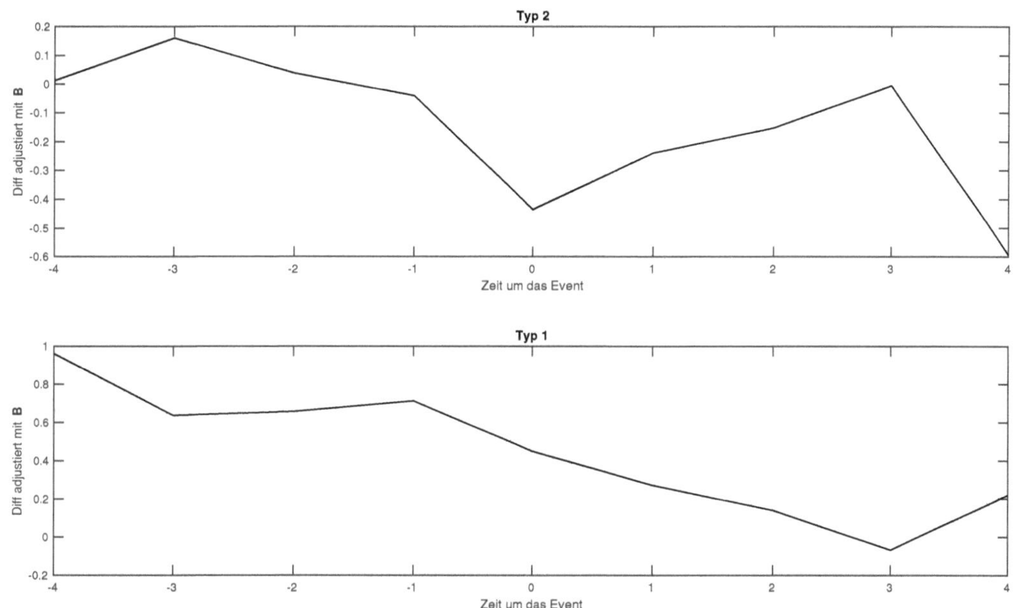

Abbildung 9.2.: Abnormale Gesundheitszufriedenheit vor und nach dem Event sowie im Jahr des Events. Oben ist der Typ 2 und unten der Typ 1 dargestellt.

denziell jünger als bei der Scheidung.[18] Folglich ist das höhere Niveau der Zufriedenheit von Typ 1 vermutlich mit dem Alter korreliert und zeigt lediglich den Befund an, nach dem ältere Personen weniger mit der Gesundheit zufrieden sind als jüngere. Prinzipiell könnten wir auf analoge Art und Weise zu der bisherigen Untersuchung die mittleren Zufriedenheit von Gleichaltrigen bestimmen (oder die Unterscheidung nach Geschlecht vornehmen). Allerdings gibt es Verfahren (z.B. die zuvor angesprochenen Regressionsanalysen), die deutlich ausgeklügelter sind, um die Erwartungswerte für die Gesundheitszufriedenheit unter Berücksichtigung zahlreicher Personenmerkmale zu bestimmen. Diese Verfahren sind nicht Teil dieses einführenden Buches.

Das Ziel dieses Unterabschnittes war es, mit der Ereignisstudie eine einfachte Vorgehensweise aufzuzeigen, wie wir mit Beobachtungsdaten auf kausale Effekte schließen können. Dazu brauchen wir eine Zielvariable, für die wir uns interessieren, und ein Ereignis. Das Ereignis soll eine Veränderungen im Bezug ein Merkmal implizieren. Das ist bei uns beispielsweise Heirat/Scheidung, welche eine Veränderung implizieren könnte. Anschließend können wir prüfen, ob das Ereignis die Zielvariable beeinflusst.

AUFGABEN

Aufg. 9.12 Replizieren Sie unsere Abbildung 9.2. Basis kann das Programmlisting 9.17 sein.

---

[18] Unser Programmlisting 9.17 kann sehr einfach angepasst werden, um das Alter der Personen von Typ 1 und Typ 2 vor und nach der Heirat zu bestimmen. Im Schnitt sind die Personen in unserem Datensatz ca. 35 Jahr alt bei der Heirat und ca. 45 Jahre bei der Scheidung.

Aufg. 9.13 Im Text wird die Aussage getroffen, nach der der Mittelwert von der Variable $Diff$ Null ist, also es gibt keine mittlere Überraschung, wenn das Ereignis keinen Einfluss auf die Zielvariable entfaltet. Wie könnten wir diese Aussage verifizieren?

9.7. Zusammenfassung - Die Anwendung

Die Fallstudie hat gezeigt, wie eine umfangreiche empirische Analyse durchgeführt wird. Hierzu haben wir drei Tabellen aus einer veröffentlichen Studie repliziert und auch Ungenauigkeiten in der Beschreibung der Studie gefunden. Zusätzlich haben wir uns mit dem Begriff der Kausalität auseinandergesetzt, der eine sehr wichtige Rolle in empirischen Studien einnimmt. Darüber hinaus haben wir die ersten Schritte hin zu einer Ereignisstudie durchgeführt und eine Funktion zur Erstellung von Event–Matrizen erstellt.

Lösungen zu den Aufgaben im Kapitel 9

9.1:

```
1 Vgl. Datei: 1_Aufgabe1.m
```

9.2:

```
1 Vgl. Datei: 1_Aufgabe2.m
```

9.3:

```
1 Vgl. Datei: 1_Aufgabe3.m
```

9.4:

```
1 Vgl. Datei: 1_Aufgabe4.m
```

9.5:

```
1 Vgl. Datei: 1_Aufgabe5.m
```

9.6:

```
1 Vgl. Datei: 1_Aufgabe6.m
```

9.7:

```
1  Vgl. Datei: 1_Aufgabe7.m

3
```

HINWEISE:
Nach der Inspektion der Variablen `iAnzahlFrau` und `iTotFrau` sind die nachgerechneten Werte 3602 und 13083. Somit sind die Werte aus der Tabelle 1 im Artikel korrekt.

9.8:

```
1  Vgl. Datei: 1_Aufgabe8.m
2
```

HINWEISE:
Der Verlauf der Arztbesuche in Abhängigkeit des Einkommens ähnelt einer Poisson–Verteilung.

9.9:

```
1  Vgl. Datei: 1_Aufgabe9.m
```

9.10:

```
1  Vgl Datei: 1_Aufgabe10.m

3
```

ANTWORTEN:
Die Antworten sind: iNumAddOnPriv = 0, dAvgDocNoAddon = 2.7481 und dAvgDocAddon = 2.5040.

9.11:

```
1  Vgl. Datei: 1_Aufgabe11.m

3
```

HINWEIS:
Die Ergebnisse der Berechnungen sind:

Familienstand	Anzahl Beob.	Mittel $HSAT$	Mittel $HSAT$ Frauen	Mittel $HSAT$ Männer
ledig	6596	6.87	6.59	7.14
verheiratet	20730	6.75	6.65	6.86

Scheinbar existieren Unterschiede zwischen ledigen Frauen und Männern im Hinblick auf die Gesundheitszufriedenheit.

9.12:

```
1  Vgl. Datei: 1_Aufgabe12.m
```

9.13: Ausgehend von der Musterlösung der letzten Aufgabe können wir den Mittelwert von Δ bilden. Wir würden rechnen `mean(vHSATID)`.

Literaturverzeichnis

Brauer, J.: Grundkurs Smalltalk – Objektorientierung von Anfang an. Eine Einführung in die Programmierung, Band 3., erweiterte und überarbeitete Auflage mit 224 Abbildungen, Vieweg+Teubner, Wiesbaden, 2009

Hoelzl, M., Raed, A. und *Wirsing, M.*: Java kompakt - Eine Einführung in die Software-Entwicklung mit Java, Springer Verlag, Berlin, Heidelberg, 2013

Kecher, C.: UML 2 - Das umfassende Handbuch, Band 4. aktualisierte und erw. Auflage., Galileo Press, Bonn, 2011

Majumdar, N.: MATLAB Graphics and Data Visualization Cookbook, Packt Pub, Birmingham, 2012

Opitz, O. und *Klein, R.*: Mathematik-Lehrbuch für das Studium der Wirtschaftswissenschaften, Walter de Gruyter GmbH & Co KG, 11 Auflage, 2014

Poddig, T., Dichtl, H. und *Petersmeier, K.*: Statistik, Ökonometrie, Optimierung, Band 4. erweiterte Auflage., Uhlenbruch Verlag, Baden Soden /Ts., 2008

Poddig, T., Varmaz, A. und *Fieberg, C.*: Computational Finance - Eine Matlab, Octave und Freemat basierte Einführung, Uhlenbruch Verlag, Baden Soden /Ts., 2015

Pomberger, G. und *Pree, W.*: Software-Engineering Architektur-Design und Prozessorientierung, 3., völlig überarbeite Auflage, Hanser, München, 2004

Riphahn, R. T., Wambach, A. und *Million, A.*: Incentive Effects in the Demand for Health Care: A Bivariate Panel Count Data Estimation, in: *Journal of Applied Econometrics*, 18 (4), (2003), S. 387–405

Roden, G.: Auf der Fährte von C - Einführung und Referenz, Springer-Verlag, Berlin, Heidelberg, 2008

Schwabish, J. A.: An Economist's Guide to Visualizing Data, in: *Journal of Economic Perspectives*, 28 (1), (2014), S. 1209–234

Schweizer, W.: MATLAB kompakt, Aktualisierte Auflage, Oldenbourg, München, 2009

Stry, Y. und *Schwenkert, R.*: Mathematik kompakt - für Ingenieure und Informatiker, Band 4., neu bearb. und erw. Aufl., Springer Verlag, Berlin, Heidelberg, 2013

Ueberhuber, C., Katzenbeisser, S. und *Praetorius, D.*: MATLAB 7, Springer-Verlag, Schweitz, 2005

Waldemar, C.: UML in logistischen Prozessen - Graphische Sprache zur Modellierung der Systeme, Vieweg+Teubner Verlag/ GWV Fachverlage GmbH, Wiesbaden, 2010

Wooldridge, J. M.: Introductory econometrics: A modern approach, Nelson Education, 2016

Der Anhang

Anhang A.

Tabelle der Dateien in den Begleitmaterialien

Auf den Webseiten `www.matlab-intro.de` und `https://bit.ly/2UtZKf5` finden Sie die identische Archiv–Datei `matlab_intro_listings.zip`. Die Archivdatei enthält MATLAB– und Octave–Dateien mit Skripten und Funktion aus dem Buch. Der *entpackte* Ordner `matlab_intro_listings` hat insgesamt acht Unterorder, die mit Kap2, Kap3 etc. benannt sind. Beispielsweise enthält der Unterordner Kap2 die Dateien aus dem Kapitel 2, soweit es sich nicht um einfache Code–Schnipsel in `Command Window` handelt. Die nachfolgende Tabelle zeigt für jedes Kapitel bzw. für jeden Unterordner die Übersicht der Dateien, ihre Zuordnung zu einem Programmlisting aus dem jeweiligen Kapitel, Lauffäigkeit in MATLAB und Octave sowie eventuelle Abhängigkeit von Toolboxen.

Skript/Funktion	Beschreibung	Matlab	Octave	Toolboxen
Kapitel 2				
bSkript_Beispielskript.m	Quellcode 2.3: Multiplizieren zweier Matrizen	x	x	keine
bSkript_BeispielskriptMitFunktion.m	Quellcode 2.7: Multiplizieren zweier Matrizen mit Funktion	x	x	keine
fHalbieren.m	Quellcode 2.4: Funktionen erstellen - Teil I	x	x	keine
fMyMMult.m	Quellcode 2.6: Multiplizieren zweier Matrizen als Funktion	x	x	keine
fQuadFunc.m	Lösung der Aufgabe 2.5 im Text	x	x	keine
fQuadFuncArg.m	Lösung der Aufgabe 2.6 im Text	x	x	keine
bSkript_Wetterdaten_Kap_2.m	Quellcode 2.9 und 2.10: Fallstudie zu Wetterdaten aus dem Kapitel 2	x	x	keine
Kapitel 3				
bSkript_Wetterdaten_Kap_3.m	Quellcode 3.22: Die Untersuchung der Schwankungsbreite der Temperaturen	x	x	keine
bLoesung_3_16.m	Lösung der Aufgabe 3.16	x	x	keine
Kapitel 4				
bSkript_Wetterdaten_Kap_4.m	Quellcode 4.23: Fallstudie zu Wetterdaten aus dem Kapitel 4	x	x	keine
bLoesung_4_14.m	Lösung der Aufgabe 4.14	x	x	keine
Kapitel 5				
bLoesung_5_1.m	Lösung der Aufgabe 5.1 im Text	x	x	keine
bLoesung_5_2.m	Lösung der Aufgabe 5.2 im Text	x	x	keine
bLoesung_5_3.m	Lösung der Aufgabe 5.3 im Text	x	x	keine
bLoesung_5_4.m	Lösung der Aufgabe 5.4 im Text	x	x	keine
bLoesung_5_5.m	Lösung der Aufgabe 5.5 im Text	x	x	keine
bSkript_Q5_1.m	Quellcode 5.1: Die Erstellung eines Liniendiagramms	x	x	keine
bSkript_Q5_2.m	Quellcode 5.2: Die Erstellung eines individuell angepassten Liniendiagramms	x		keine
bSkript_Q5_2_Octave.m	Quellcode 5.2: Die Erstellung eines individuell angepassten Liniendiagramms, Octave-Variante		x	keine

Skript/Funktion	Beschreibung	Matlab	Octave	Toolboxen
bSkript_Q5_3.m	Quellcode 5.3: Die Erstellung eines Häufigkeitsdiagramms	x		keine
bSkript_Q5_3_Octave.m	Quellcode 5.3: Die Erstellung eines Häufigkeitsdiagramms, Octave-Variante		x	keine
bSkript_Q5_4.m	Quellcode 5.4: Die Erstellung eines Scatterplots	x	x	keine
bSkript_Q5_5.m	Quellcode 5.5: Die Erstellung eines Kreisdiagramms	x	x	keine
bSkript_Q5_6.m	Quellcode 5.6: Die Erstellung eines Sälendiagramms	x	x	keine
Kapitel 6				
b_Loesung_6_5.m	Lösung der Aufgabe 6.5 im Text	x	x	keine
b_Loesung_6_6.m	Lösung der Aufgabe 6.6 im Text	x	x	keine
b_Loesung_6_7.m	Lösung der Aufgabe 6.7 im Text	x	x	keine
b_Loesung_6_8.m	Lösung der Aufgabe 6.8 im Text	x	x	keine
b_Loesung_6_9.m	Lösung der Aufgabe 6.9 im Text	x		keine
b_Loesung_6_10.m	Lösung der Aufgabe 6.10 im Text	x		keine
b_Loesung_6_11.m	Lösung der Aufgabe 6.11 im Text	x		keine
b_Loesung_6_12.m	Lösung der Aufgabe 6.12 im Text	x		keine
b_Loesung_6_13.m	Lösung der Aufgabe 6.13 im Text	x		keine
b_Loesung_6_14.m	Lösung der Aufgabe 6.14 im Text	x		keine
b_Loesung_6_15.m	Lösung der Aufgabe 6.15 im Text	x		keine
b_Loesung_6_16.m	Lösung der Aufgabe 6.16 im Text	x		keine
b_Loesung_6_17.m	Lösung der Aufgabe 6.17 im Text	x		keine
bDemoCellArray.m	Quellcode 6.27 bis 6.30: Fallstudie zu Wetterdaten im Kapitel 6	x		keine
bDemoTimeTable.m	Quellcode 6.31: Konvertierung in time table	x		keine
bDemoTimeTableMatch.m	Quellcode 6.32: Zusammenführen zweier Zeittabellen für die Stationen 3 und 72	x		keine
BeispieleTabelle.m	Quellcode 6.12 bis 6.19: Arbeiten mit Tables	x		keine
BeispielTimeTable.m	Quellcode 6.20 bis 6.26: Arbeiten mit Time Tables			
Kapitel 7				
bAnalyseDatensatz.m	Quellcode 7.15: Analysedatensatz erstellen	x	x	keine
bAnalyseDatensatzFor.m	Lösung der Aufgabe 7.14 im Text	x	x	keine
bLoesungFor_MatrixBefuellen.m	Lösung der Aufgabe 7.4 im Text	x	x	keine
bLoesungFor_MatrixWerteErsetzen.m	Lösung der Aufgabe 7.5 im Text	x	x	keine
bLoesungStPetersburg.m	Lösung der Aufgabe 7.12 im Text	x	x	keine
bLoesungWhile_MatrixWerte-Ersetzen.m	Lösung der Aufgabe 7.8 im Text	x	x	keine
bLoesungWuerfel.m	Lösung der Aufgabe 7.11 im Text	x	x	keine
bMetaDaten.m	Quellcode 7.16: Metadaten ermitteln	x	x	keine
bMetaDaten2.m	Lösung der Aufgabe 7.15 im Text	x	x	keine
bSkript_case.m	Quellcode 7.5: Einfaches Beispiel für eine case-Struktur	x	x	keine
bSkript_for.m	Quellcode 7.6: Einfaches Beispiel für eine for-Schleife	x	x	keine
bSkript_if_1_Kontrollstruktur.m	Quellcode 7.1: Beispielskript für eine if-then-else-Kontrollstruktur	x	x	keine
bSkript_if_2_Kontrollstruktur.m	Quellcode 7.3: Beispielskript für eine if-then-else-Kontrollstruktur	x	x	keine
bSkript_if_3_Kontrollstruktur.m	Quellcode 7.4: Beispielskript für eine mehrfach verschachtelte Kontrollstruktur	x	x	keine
bSkript_Kombi_forUndWhile-Schleife.m	Quellcode 7.9: Kombination von Schleifen	x	x	keine
bSkript_QuellcodeAnalyse-Profiler_Octave.m	Quellcode 7.13: Quellcode Analyse mit dem Profiler, Octave-Variante		x	keine
bSkript_QuellcodeAnalyseProfiler.m	Quellcode 7.13: Quellcode Analyse mit dem Profiler	x		keine
bSkript_TryCatch.m	Quellcode 7.11: Try and Catch - Anweisung	x	x	keine
bSkript_tryCatchKomplex.m	Quellcode 7.12: Try and Catch - Anweisung - Fehlermeldungen abfangen	x	x	keine
bSkript_while.m	Quellcode 7.7: Einfaches Beispiel für eine while-Schleife	x	x	keine
bSkript_while2.m	Quellcode 7.8: Einfaches Beispiel für eine while-Schleife mit break	x	x	keine

Skript/Funktion	Beschreibung	Matlab	Octave	Toolboxen
bSplitData.m	Quellcode 7.14: Daten nach Stationsnummern zerlegen	x	x	keine
bTest_MyLog.m	Lösung der Aufgabe 7.13 im Text	x	x	keine
bTestMyCount.m	Lösung der Aufgabe 7.7 im Text	x	x	keine
bTestMyDiv.m	Lösung der Aufgabe 7.1 im Text	x	x	keine
bTestMyDiv2.m	Lösung der Aufgabe 7.2 im Text	x	x	keine
bTestMyOp.m	Lösung der Aufgabe 7.3 im Text	x	x	keine
bTestMyRunCount.m	Lösung der Aufgabe 7.10 im Text	x	x	keine
bTestMySplit.m	Lösung der Aufgabe 7.9 im Text	x	x	keine
bTestskriptLoesungFor_Matrix-Pruefen.m	Lösung der Aufgabe 7.6 im Text	x	x	keine
fCheckMat.m	Lösung der Aufgabe 7.6 im Text	x	x	keine
fCheckMat2.m	Lösung der Aufgabe 7.6 im Text	x	x	keine
fMyCount.m	Lösung der Aufgabe 7.7 im Text	x	x	keine
fMyDiv.m	Lösung der Aufgabe 7.1 im Text	x	x	keine
fMyDiv2.m	Lösung der Aufgabe 7.2 im Text	x	x	keine
fMyLog.m	Lösung der Aufgabe 7.13 im Text	x	x	keine
fMyOp.m	Lösung der Aufgabe 7.3 im Text	x	x	keine
fMyRunCount.m	Lösung der Aufgabe 7.10 im Text	x	x	keine
fMySplit.m	Lösung der Aufgabe 7.9 im Text	x	x	keine
Kapitel 8				
bAufgabeZugspitze.m	Lösung der Aufgabe 8.7 im Text	x	x	keine
bDemoCSVexport.m	Quellcode 8.4: Demoskript zum Export eines Cell-Arrays als CSV-Datei	x	x	keine
bDemoExcelImport.m	Quellcode 8.1: Einfaches Beispiel für den Datenimport aus Excel	x	x	io
bDemoExcelLesen.m	Lösung der Aufgabe 8.1 im Text	x	x	io
bDemoExcelLesenCSV.m	Lösung der Aufgabe 8.2 im Text	x	x	keine
bDemoExportCSV.m	Lösung der Aufgabe 8.3 im Text	x	x	keine
bDemoReadAndWrite.m	Quellcode 8.7: Demoskript für den Datenimport aus und Datenexport nach .txt-Datei	x		keine
bDemoReadTable.m	Quellcode aus dem Kapitel 8.4	x		keine
bDemoReadTimeTable.m	Quellcode 8.2: Einlesen und Konvertieren einer Zeittabelle	x		keine
bDemoWriteExcel.m	Quellcode aus dem Kapitel 8.3	x	x	io
bImportZugspitze.m	Quellcode 8.9: Einlesen der Wetterdaten Zugspitze	x		keine
bImportZugspitze_Alternative.m	Quellcode 8.10: Einlesen der Wetterdaten Zugspitze - Alternative	x		keine
bSkript_Dokumentation.m	Quellcode 8.8: Professionelle Quellcode-Dokumentation	x	x	keine
bUebungWriteReadTable.m	Lösung der Aufgabe 8.4 im Text	x		keine
bUebungZeittabelle.m	Lösung der Aufgabe 8.5 im Text	x		keine
fPrintCellArrayAsTable.m	Quellcode 8.3: Export eines Cell-Arrays als CSV-Datei	x	x	keine
fTxtReadAsCellArray.m	Quellcode 8.5: Datenimport aus .txt-Datei	x		keine
fWriteCellArrayAsTxt.m	Quellcode 8.6: Datenexport nach .txt-Datei	x		keine
Kapitel 9				
b_EventStudy_Abnormal.m	Quellcode 9.17: Skript zur Umsetzung der Fallstudie	x	x	keine
b_EventStudy.m	Quellcode 9.18: Skript zur Bestimmung der abnormalen Zufriedenheit in der Fallstudie	x	x	statistics
b0_Datenimport_oct.m	Quellcode 9.1: Einlesen der Fallstudiendaten		x	keine
b0_Datenimport.m	Quellcode 9.1: Einlesen der Fallstudiendaten	x		keine
b1_Tabelle1.m	Quellcode 9.2: Skript zur Nachbildung der Tabelle 1 aus RIPHAHN et al. (2003)	x	x	keine
b2_Tabelle2.m	Quellcode 9.3: Skript zur Nachbildung der Tabelle 2 aus RIPHAHN et al. (2003)	x	x	keine
b_HSAT_Mar.m	Quellcode 9.5: Skript zur Nachbildung der Tabelle 9.5	x	x	keine
b3_Tabelle3.m	Quellcode 9.4: Skript zur Nachbildung der Tabelle 3 aus RIPHAHN et al. (2003)	x	x	keine
fEventMatrix.m	Quellcode 9.16: Funktion zur Erstellung der Event-Matrix	x	x	keine
fIdentChange.m	Quellcode 9.11: Funktion `fIdentChange`	x	x	keine

Skript/Funktion	Beschreibung	Matlab	Octave	Toolboxen
l_Aufgabe1.m	Lösung der Aufgabe 9.1 im Text	x	x	io
l_Aufgabe2.m	Lösung der Aufgabe 9.2 im Text	x	x	keine
l_Aufgabe3.m	Lösung der Aufgabe 9.3 im Text	x	x	keine
l_Aufgabe4.m	Lösung der Aufgabe 9.4 im Text	x	x	keine
l_Aufgabe5.m	Lösung der Aufgabe 9.5 im Text	x	x	keine
l_Aufgabe6.m	Lösung der Aufgabe 9.6 im Text	x	x	keine
l_Aufgabe7.m	Lösung der Aufgabe 9.7 im Text	x	x	keine
l_Aufgabe8.m	Lösung der Aufgabe 9.8 im Text	x	x	statistics
l_Aufgabe9.m	Lösung der Aufgabe 9.9 im Text	x	x	keine
l_Aufgabe10.m	Lösung der Aufgabe 9.10 im Text	x	x	keine
l_Aufgabe11.m	Lösung der Aufgabe 9.11 im Text	x	x	keine
l_Aufgabe12.m	Lösung der Aufgabe 9.12 im Text	x	x	keine

Anhang B.

Octave

Im Gegenzug zu MATLAB gestaltet sich die Installation von Octave etwas anderes. Darum wird im Rahmen dieses Werks kurz auf die Installation und die Benutzeroberfläche eingegangen.

B.1. Installation

Die Installation von Octave vollzieht sich unter den Betriebssystemen Windows, Mac OS und Linux recht unterschiedlich. Am einfachsten gelingt die Installation unter Windows. Dazu ist die Projektseite unter der URL `https://www.gnu.org/software/octave/` aufzusuchen. Dort findet sich das offizielle Installationspaket für Windows. Nachdem dieses Installationspaket heruntergeladen ist, braucht dieses nur noch ausgeführt werden. Am besten werden bei der Installation alle Voreinstellungen des Octave-Installationsprogramms übernommen, danach ist Octave sofort einsatzbereit.

Unter Linux ist Octave manchmal Bestandteil der Distribution, so z.B. unter Ubuntu.[1] Die Installation unter Ubuntu gelingt recht einfach mit Hilfe des Software-Center von Ubuntu. Dort sucht man am besten nach „Octave" und wird dann zur Octave-Installation geführt. Nach Ausführung der Installation ist Octave ebenfalls einsatzbereit.

Soweit die benutzte Linux-Distribution Octave nicht bereits enthält, ist die Installation schwierig. Hier müssen die Quellcodes von Octave von der Projektseite heruntergeladen und auf dem Zielsystem kompiliert werden. Dieser Prozess ist nur versierten Anwendern zu empfehlen, die viel Zeit und Geduld mitbringen und auch die Auseinandersetzung mit kryptischen Anleitungen aus Internet-Foren nicht scheuen. Erforderlich ist hierfür das Herunterladen von Compilern und Laufzeitbibliotheken sowie ggf. die zusätzliche Installation von Hilfsprogrammen.

Die Entwicklung eines einfachen Installationspakets für Mac OS ist seit längerem Gegenstand der Octave-Community. Hier gab es in der Vergangenheit immer wieder mehr oder weniger unkompliziert arbeitende Prototypen, aktuell hat das Arbeiten an einem einfachen Installationspaket auch wieder Dynamik gewonnen. Mit Stand August 2020 findet sich eine ready-to-use App für Mac OS zum Download. Diese ist nach dem Download und Kopieren des Programmpaketes in den Applikationenordner von MacOS sofort lauffähig. Hier ist allerdings zu beachten, dass die Sicherheitseinstellungen von MacOS per Voreinstellung die Programmausführung verhindern

---

[1] Leider zeigt die Erfahrung über die Jahre, dass dies sich auch von Release zu Release ändert. Zu Ubuntu gibt es jedoch sehr ausführliche Dokumentationen und Wikis im Internet, in denen die Installation genau beschrieben ist. Den dort dargestellten Anleitungen ist dann einfach zu folgen.

und die Programmausführung vom Anwender bewusst erzwungen werden muss (Rechtsklick auf das Programm-Icon, im Kontextmenü den Menüpunkt „Öffnen" wählen und Sicherheitswarnungen übergehen). Anwender von Mac OS können alternativ Octave in einer virtuellen Maschine, die Windows ausführt, installieren oder in einer unter Bootcamp laufenden nativen Windows-Installation, falls die prototypischen Apps für Mac OS Probleme bereiten.

Die aktuellen MacOS Applikationen befinden sich oftmals in einem Beta-Stadium. Hier kann es sinnvoll sein, sich nicht das aktuellste Release herunter zu laden, sondern auf ein als „stable" ausgewiesenes Release zurückzugreifen.

B.2. Bedienoberfläche

Octave in der Version 4.0.x und höher besitzt eine inzwischen offiziell freigegebene grafische Benutzeroberfläche, die sich nur unwesentlich von derjenigen von MATLAB unterscheidet. Insbesondere sind alle beschriebenen Fenster (z.B. *Current Folder*, *History*, *Workspace*, *Console*) vorhanden, lediglich anders arrangiert. Auch die Menüleiste von Octave ist etwas anders aufgebaut, enthält aber alle wesentlichen Bedienelemente, wie aus der MATLAB-Menüleiste bzw. Menüleisten bekannt. Der Umgang mit der grafischen Oberfläche ist unkompliziert, sodass Anwender hier sehr schnell zurecht kommen sollten. Wir verzichten daher auf eine nähere Beschreibung.

Ältere Octave-Versionen sind hinsichtlich des Bedienungskomforts nur eingeschränkt zu empfehlen. Sowohl MATLAB als auch Octave sind vollständig über die Kommandokonsole bedienbar, sodass auch ältere Versionen für Zwecke dieses Buchs benutzt werden können. Die Konsole ist zwar absolut „minimalistisch", aber ausreichend. Das Installationspaket der Version 4.0.x (und höher) unter Windows legt standardmäßig bei der Installation zwei Verknüpfungen an, und zwar eine zur GUI- und eine zur reinen Konsolen-Variante. Wenn Probleme mit der GUI-Version auftreten, was angesichts des frühen Entwicklungsstadiums der GUI-Version nicht ausgeschlossen werden kann, so kann immer noch auf die Konsolenversion zurückgegangen werden.

Anhang C.

Die Befehlssammlung

Die Befehlssammlung stellt die elementaren Funktionen, die in diesem Werk vorgestellt wurden, vor. Diese Sammlung systematisiert die MATLAB-eigenen Befehle nach Themenbereichen, um so ein effizientes Nachschlagewerk darzubieten.

Vorbereitungsphase

clc	Clear Command Window löscht die Anzeige in der Konsole
clear	Workspace-Inhalte werden gelöscht
who	Workspace-Variablen werden angezeigt

Elementare mathematische Operationen

+	Addition
-	Subtraktion
*	Multiplikation
.*	Elementweise Multiplizieren
/	Division oder Lösen von Gleichungssystemen
./	Elementweise Dividieren
=	Zuweisung von Variablen an bzw. zu einem Objekt bzw. einem Datenfeld

Vergleichsoperatoren

>	größer
<	kleiner
>=	größer gleich
<=	kleiner gleich
==	Gleichheitsprüfung

Mathematische und statistische Funktionen

cumsum	Bildet die kumulierte Summe
cov	Bildet die Kovarianz
diff	Bildet die Differenzen zwischen aufeinanderfolgenden Werten
floor	Rundet die Werte ab
max	Sucht das Maximum
mean	Bildet den Mittelwert
median	Ermittelt den Median
min	Sucht das Minimum
var	Ermittelt die Varianz

nancov	Ermittelt die Kovarianz auch mit NaN Belegungen
nanmax	Sucht das Maximum, vernachlässigt NaN Einträge
nanmean	Berechnet den Mittelwert, vernachlässigt NaN Einträge
nanmin	Ermittlung des Minimums unter Vernachlässigung von NaN
nanvar	Ermittelt die Varianz trotz NaN Daten
round	Rundet die Werte
randn	Normalverteilte Zufallszahl
sqrt	Berechnung der Wurzel
std	Ermittelt die Standardabweichung
sum	Bildet die Summe aus einem gegebenen Datenfeld
sort	Sortiert die Werte in effizienter Form
sortrows	Sortiert die Werte spalten- bzw. zeilenweise

Matrizen mit Werten belegen

zeros	Matrixfelder werden mit Null vorbelegt
ones	Vorbelegung mit Einsen
nan	Alle Felder werden als nicht numerisch (Not-a-Number) deklariert

Struct

struct	Legt eine MATLAB-Struktur an

Kontrollstrukturen

if-Anweisung

if	Bedingungsabfrage
else	Alternativzweig
end	Ende der if-Anweisung

for-Schleife

for	Initialisierung der for-Schleife

while-Schleife

while	Initialisierung der while-Schleife

try-catch

try	Zu versuchender Programmzweig
catch	Abfangen einer Fehlerbedingung
error	Abbruch und Fehlermeldung

Konvertierung

char	Wandelt eine Zahl in das ASCII-Symbol um
double	Wandelt einen Datentyp in einen double um

Prüffunktion

isnan	Prüft, ob in der Datenstruktur NaNs vorhanden sind
isempty	Prüft auf leere Datenstruktur

Visualisierung

bar Balkendiagramm

bar3 Balken im dreidimensionalem Raum

boxplot Boxplot

histogram Erstellt ein Häufigkeitsdiagramm

pie Erstellt ein Kreisdiagramm

plot Erzeugt ein Graphen-Koordinatensystem mit Abszisse und Ordinate

plot3 Koordinatensystem mit dritter Dimension

scatter Punkt-Koordinatensystem mit Abszisse und Ordinate

Zusatzbefehle für Diagramme

axis off Achsen werden ausgeblendet

grid on Trennlinien einschalten

grid off Trennlinien ausschalten

title Bekommt einen String übergeben und setzt diesen als Überschrift

xlabel Beschriftung der Abszisse

ylabel Beschriftung der Ordinate

zlabel Beschriftung der Applikate

print -djpeg Dateinamen.jpg Speichert das Diagramm im aktuellem Ordner im JPEG-Format

Import von Daten

csvread Liest Daten im CSV-Format ein

load Liest Daten im MATLAB-Format ein

dlmread Liest Daten aus Textdateien ein

xlsread Liest Datensätze aus Excel ein

Export von Daten

dlmwrite Speichert die gewünschten Daten in einer Textdatei

save Speichert das gesamte Projekt bzw. einzelne Objekte im MATLAB-Format

csvwrite Speichert die Daten in einer CSV-Datei

xlswrite Speichert die Daten in einer Excel-Tabelle

Das Register